高等学校教材

铁道概论

（第3版）

主　编　李海军　李德福　张春民

主　审　王小平

西南交通大学出版社

·成　都·

内容简介

本书比较全面、系统地介绍了铁路运输业、铁路主要技术设备、运输组织工作的基本知识与基本原理。全书内容包括：铁路线路、铁道车辆、铁路机车、铁路信号与调度指挥自动化、电气化铁道牵引供电、铁路车站、铁路运输组织、铁路运输安全及管理等。

全书内容选材适当，文字通俗易懂，结合现场实际运用增强现实（AR）技术将核心知识点“溢于纸上”，有助于沉浸教学模式的展开，适用于高等院校、高职高专类学校和各类职业学校铁路专业教学使用，也可作为铁路系统广大干部、职工学习铁路相关知识的基础性参考书。

图书在版编目（CIP）数据

铁道概论 / 李海军，李德福，张春民主编. —3 版. —成都：西南交通大学出版社，2023.3
ISBN 978-7-5643-9126-3

Ⅰ. ①铁… Ⅱ. ①李… ②李… ③张… Ⅲ. ①铁路工程－概论②铁路运输－概论 Ⅳ. ①U2

中国版本图书馆 CIP 数据核字（2022）第 255948 号

Teidao Gailun
铁道概论
（第 3 版）

主编　李海军　李德福　张春民

责任编辑　王　旻
封面设计　何东琳设计工作室

出版发行　西南交通大学出版社
（四川省成都市金牛区二环路北一段 111 号
西南交通大学创新大厦 21 楼）
邮政编码　610031
发行部电话　028-87600564　028-87600533
官网　http：//www.xnjdcbs.com
印刷　四川煤田地质制图印务有限责任公司

成品尺寸　185 mm × 260 mm
印张　17.25
字数　429 千
版次　2013 年 8 月第 1 版　2018 年 1 月第 2 版　2023 年 3 月第 3 版
印次　2023 年 3 月第 9 次
定价　49.80 元
书号　ISBN 978-7-5643-9126-3

课件咨询电话：028-87600533
图书如有印装质量问题　本社负责退换

第 3 版前言

“铁道概论”课程是以铁路线路、桥梁隧道、机车车辆、站场站房、信号通信、运输组织和运输安全等基础设备的基本结构及工作原理为主要内容的专业基础课程。通过该门课程的学习，可以使学生对各类铁路运输设备的结构、组成、作用、工作原理及运输组织有较为系统和深入的理解和掌握，为学生后续学习各门专业课程，培养学生的铁路专业情感，培养学生从事铁路运输及相关工作的基本能力，激发学生对我国铁路运输事业的热情奠定坚实的基础。

近年来，铁路科技创新取得历史性成就，总体技术水平进入世界先进行列，部分领域达到世界领先水平，为中国铁路发展提供了全方位的科技支撑。复兴号中国标准动车组、智能高铁技术体系架构、复杂地质及气候条件下高速铁路和不同轴重等级重载铁路的建造技术等关键技术的突破，成为中国铁路亮丽的名片。《新时代交通强国铁路先行规划纲要》《“十四五”铁路科技创新规划》，均提出发展自主先进、现代化的技术装备体系。针对当前铁路技术装备水平的日新月异和今后铁路发展趋势，以及课程思政的育人作用，我们组织骨干力量重新修订了《铁道概论（第 2 版）》。本次修订继续保持原书深度，对部分章节的结构做了调整，从铁路生产实际需要出发，通俗易懂地阐述铁路的基本知识和原理，紧扣铁路运输生产的最新规章制度和最新技术成果，适时更新了相关内容，并在每章末加入了铁路课程思政的拓展阅读。本教材适用于高等院校、高职高专类学校铁路相关专业教学使用，也可作为铁路系统广大干部、职工学习铁路相关知识的基础性参考书。

本教材由兰州交通大学李海军、李德福、张春民主编，由兰州交通大学王小平教授主审。全书分为九章，其内容分别为绪论、铁路线路、车辆、机车、铁路信号与调度指挥自动化、电气化铁道牵引供电、车站、铁路运输组织工作、铁路运输安全及管理。各章节分工如下：兰州交通大学李海军编写第一章，刘永河、张春民编写第二章，冉虎珍、张春民编写第三章第一节～第三节，冉虎珍、江雨星编写第三章第四节，徐永胜、宋琦编写第四章，王蓓、孙丽芳编写第五章，陈海俊、焦红编写第六章，胡海涛、江雨星编写第七章，宋琦编写第八章，李德福、焦红编写第九章。

本书在编写过程中，参考了大量的文献和资料，在此一并向所有文献和资料的作者致以衷心的感谢！

由于编者水平有限，其内容或表达难免存在不足之处，恳请读者批评指正。

编　者

2022 年 5 月

第 2 版前言

“铁道概论”是轨道交通专业学生的必修课程，其任务是比较全面、系统地介绍铁路运输业、铁路主要技术设备、运输组织工作的基本知识与基本原理。读者通过对本课程的学习，可对铁路行业有大致的了解与认识、树立铁路全局观念、了解铁路各专业之间的关系，为后续课程学习奠定基础。因此，本课程是高校、高职和中职铁路各专业的公共基础课。

为更好地发挥铁路运输的骨干优势作用，推进综合交通运输体系建设，国家发改委等部门于 2016 年 7 月修编了《中长期铁路网规划》，规划期为 2016—2025 年，远期展望到 2030 年。路网方案实现后远期铁路网规模将达到 20 万 km 左右，其中高速铁路 4.5 万 km 左右，同时也将会有一大批先进的技术装备投入运用。随着当前铁路各项技术的全面进步、管理水平的全面提升以及新设备的采用和今后铁路发展趋势，亟需对《铁道概论》（第 1 版）内容进行修订。

得益于数字出版技术的发展，增强现实（Augmented Reality，简称 AR）技术可以实现纸质教材和数字教材的融合，为学习者创设一种体验和沉浸的学习环境，能很好地弥补纸质教材资源的不足。在第 2 版的编写中，我们利用 AR 技术，将《铁道概论》涉及的铁路运输设备、基本原理等知识，生动、直观地呈现在读者面前，使读者“身临其境”，缩短获取知识的时间。

为深入推进信息技术与教育教学深度融合，我们组织骨干教师与西南交通大学出版社深度合作，在修订内容的基础上，对适宜于 AR 技术的知识点进行数字资源开发，力图丰富教学内容、提升课堂教学效果。

本次修订基本保持原书的结构和深度，从铁路生产实际需要出发，通俗易懂地阐述铁路的基本知识和原理，紧扣铁路运输生产的最新规章制度和最新技术成果，并增加了电气化铁道牵引供电、铁路运输安全及管理的相关内容，适用于高等院校、高职高专类学校铁路专业教学使用，也可作为铁路系统广大干部、职工学习铁路相关知识的基础性参考书。

本教材由兰州交通大学李海军主编，由兰州交通大学王小平教授主审。全书分为九章，其内容分别为绪论、铁路线路、铁道车辆、铁路机车、铁路信号与调度指挥自动化、电气化铁道牵引供电、铁路车站、铁路运输组织工作、铁路运输安全及管理。各章节编写分工如下：兰州交通大学李海军编写第一章、第八章，刘永河编写第二章，李晋武编写第三章第一至三节、冉虎珍编写第三章第四节，徐永胜编写第四章，王蓓编写第五章，陈海俊编写第六章，胡海涛编写第七章，李德福编写第九章。

本书在编写过程中，参考了大量的文献和资料，在此一并向所有文献和资料的作者致以衷心的感谢！

由于编者水平所限，其内容或表达难免存在不足之处，恳请读者批评指正。

编　者

2018 年 1 月

第 1 版前言

“铁道概论”是铁路及城市轨道交通专业学生的必修课程。其任务是比较全面、系统地介绍铁路运输业、铁路主要技术设备、运输组织工作的基本知识与基本原理。学生通过对本课程的学习，可对铁路行业有大致的了解与认识、树立铁路全局观念、了解铁路各专业之间的关系，为后续课程学习奠定基础。因此，本课程是高校、高职和中职铁路各专业的公共基础课。

“十二五”是铁路发展的又一个重要战略机遇期，铁路建设将继续保持快速发展的良好势头。预计到 2015 年，国家铁路运营的总里程要从现在的 9.1 万 km 增长到 12 万 km 左右。其中快速铁路能够达到 4.5 万 km，西部地区的铁路可以达到 5 万 km，同时也将会有一大批先进的技术装备投入运用。针对当前铁路各项技术的全面进步、管理水平的全面提升以及新设备的采用和今后铁路发展趋势，我们组织骨干力量编写了本书。

本书从铁路生产实际需要出发，内容选材适当，文字通俗易懂，突出先进性、应用性和实践性，适合高等院校、高职高专类学校铁路专业教学使用，也可作为铁路系统广大干部、职工学习铁路相关知识的基础性参考书。

本书由兰州交通大学李海军、张文婷以及呼和浩特职业学院侯立新主编，由兰州交通大学朱昌锋教授主审。全书分为九章，其内容分别为铁路运输概述、铁路线路、铁道车辆、铁路机车、铁路车站、通信信号与调度指挥自动化、铁路运输组织工作、高速铁路与重载运输、动车组。各章节编写分工如下：兰州交通大学胡海涛、董凯旋编写第一章，张文婷编写第二章、第六章、第九章，曹振国编写第四章，李海军编写第五章，杨菊花编写第三章、第八章；呼和浩特职业学院侯立新编写第七章。

本书在编写过程中，参考了大量的文献和资料，在此一并向所有文献和资料的作者致以衷心的感谢！

由于编者水平有限，其内容或表达难免存在不足之处，恳请读者批评指正。

编　者

2013 年 4 月

AR 超媒体数字资源目录

序号	章	节	资源名称	资源类型	页码
1	第二章　铁路线路	第一节　轨道工程	轨道的基本组成	模型	8
2			接头联结零件	模型	10
3		第二节　路基工程	路基地下排水原理	动画	15
4		第三节　隧道工程	柱式隧道洞门	动画	19
5		第四节　桥梁工程	桥梁的基本构成	模型	23
6	第三章　铁道车辆	第一节 铁道车辆的基本构造	铁道车辆组成	动图	41
7			铁道车辆车体结构	模型	46
8			转 K6 型货车转向架	模型	47
9			客车滚动轴承轴箱装置	模型	49
10			转 K6 型转向架侧架	模型	50
11			转 K6 型转向架摇枕	模型	51
12			变摩擦楔式减振器	动画	51
13			货车车钩的零部件	模型	53
14			车钩三态作用图	动画	54
15			自动空气制动机的工作原理	模型	59
16			单侧闸瓦式基础制动装置	动画	60
17			盘形制动装置	动画	61
18		第四节　动车组简介	动力转向架	动画	82
19			拖车转向架	动画	83

续表

序号	章	节	资源名称	资源类型	页码
20	第四章　铁路机车	第二节　内燃机车	单缸四冲程柴油机工作循环	模型	100
21			DF_4 内燃机车转向架	模型	104
22		第三节　电力机车	HXD1C 型电力机车基本构造	动画	111
23		第四节　机车新技术	HXD3 型电力机车	动画	116
24	第五章　铁路信号和调度指挥自动化	第一节　铁路信号概述	进站、出站、预告信号机设置位置	动画	124
25			发车线路表示器	动画	127
26		第二节　联锁设备	转辙机	动画	138
27			直流无极继电器	动画	140
28		第三节　闭塞设备	ZPW-2000A 型自动闭塞系统	动画	151
29	第六章　电气化铁道牵引供电系统	第三节　牵引变电所	直供加回流供电区段三相牵引变电所电气主接线图	动画	174
30	第七章　铁路车站	第四节　编组站	压力式钳形减速器	模型	212
31			减速顶	模型	213
32	第八章　铁路运输组织	第三节　铁路行车组织	驼峰调车作业	动画	245
33			单推单溜驼峰调车作业	动画	246
34			双推单溜驼峰调车作业	动画	247
35			双推双溜驼峰调车作业	动画	247
36			推送调车法	动画	248
37			溜放调车法	动画	248

目　录

第一章　绪　论 ……………………………………………… 1

复习与思考 ……………………………………………… 7

第二章　铁路线路 ……………………………………………… 8

第一节　轨道工程 ……………………………………………… 8

第二节　路基工程 ……………………………………………… 12

第三节　隧道工程 ……………………………………………… 17

第四节　桥梁工程 ……………………………………………… 22

第五节　线路养护维修技术 ……………………………………………… 28

第六节　土木工程信息化技术 ……………………………………………… 34

复习与思考 ……………………………………………… 40

第三章　铁道车辆 ……………………………………………… 41

第一节　铁道车辆的基本构造 ……………………………………………… 41

第二节　车辆标记及主要技术参数 ……………………………………………… 63

第三节　车辆的检修运用管理 ……………………………………………… 69

第四节　动车组简介 ……………………………………………… 74

复习与思考 ……………………………………………… 93

第四章　铁路机车 ……………………………………………… 94

第一节　概　述 ……………………………………………… 94

第二节　内燃机车 ……………………………………………… 97

第三节　电力机车 ……………………………………………… 106

第四节　机车新技术 ……………………………………………… 111

第五节　机车的检修和运用 ……………………………………………… 116

复习与思考 ……………………………………………… 121

第五章　铁路通信信号和调度指挥自动化 ……………………………………………… 122

第一节　铁路信号概述 ……………………………………………… 122

第二节　联锁设备 ……………………………………………… 135

第三节　闭塞设备 ……………………………………………… 145

第四节　行车调度指挥自动化系统 ……………………………………………… 152

复习与思考 ……………………………………………… 159

第六章　电气化铁道牵引供电系统 ······ 161

第一节　牵引供电系统概述 ······ 161
第二节　牵引供电方式 ······ 165
第三节　牵引变电所 ······ 168
第四节　接触网 ······ 176
复习与思考 ······ 186

第七章　铁路车站 ······ 187

第一节　车站基础知识 ······ 187
第二节　中间站 ······ 196
第三节　区段站 ······ 199
第四节　编组站 ······ 204
第五节　高速铁路车站 ······ 216
第六节　铁路枢纽 ······ 218
复习与思考 ······ 220

第八章　铁路运输组织 ······ 222

第一节　旅客运输 ······ 222
第二节　货物运输组织 ······ 230
第三节　铁路行车组织 ······ 241
复习与思考 ······ 250

第九章　铁路运输安全及管理 ······ 252

第一节　铁路运输安全现状 ······ 252
第二节　铁路运输安全影响因素 ······ 252
第三节　铁路运输安全系统分析及评价 ······ 254
第四节　铁路运输安全管理 ······ 259
复习与思考 ······ 262

参考文献 ······ 263

第一章　绪　论

一、我国现代交通运输业概述

所谓现代交通运输业，是指现代社会从事旅客和货物运输业的总称。可以说交通运输业是人类生活的要素，是连接生产与消费的桥梁，是沟通工农业、城乡、地区、企业之间经济活动的纽带，同时交通运输业也是合理配置生产要素的重要决定性因素之一。交通运输业又是面向社会为公众服务的公用事业，是对国民经济和社会发展具有全局性、先行性影响的基础行业。国民经济发展的规模和速度在很大程度上是以交通运输业的发展为前提条件的。

现代化的交通运输方式主要有公路运输、铁路运输、水路运输、航空运输和管道运输。这 5 种运输方式在技术经济上各有长短，都有适宜的使用范围。2019 年，中共中央、国务院印发了《交通强国建设纲要》，明确指出建设现代化高质量综合立体交通网络，以国家发展规划为依据，发挥国土空间规划的指导和约束作用，统筹铁路、公路、水运、民航、管道、邮政等基础设施规划建设，以多中心、网络化为主形态，完善多层次网络布局，优化存量资源配置，扩大优质增量供给，实现立体互联，增强系统弹性。

1. 公路运输

公路运输是在公路上运送旅客和货物的运输方式，是交通运输系统的组成部分之一，主要承担短途客货运输。公路运输所用运输工具主要是汽车，因此，公路运输一般指汽车运输。在地势崎岖、人烟稀少、铁路和水运不发达的边远和经济落后地区，公路运输为主要运输方式，起着运输干线作用。截至 2020 年年底，全国公路总里程 519.81 万 km，公路密度 54.14 km/百 km^2。公路养护里程 514.40 万 km，占公路总里程 99%。全国四级及以上等级公路里程 494.45 万 km，占公路总里程的 95.1%。高速公路里程 16.10 万 km。全国拥有公路营运汽车 1 171.51 万辆，拥有载客汽车 61.26 万辆，载货汽车 1 110.28 万辆。

2. 铁路运输

铁路运输是一种陆上运输方式，以两条平行的铁轨引导。铁路运输是已知陆上交通方式中最有效的一种。铁路既是社会经济发展的重要载体之一，同时又为社会经济发展创造了前提条件。截至 2020 年年底，全国铁路营业里程已达 14.6 万 km，其中高速铁路 3.8 万 km。高速铁路运营里程居世界第一。全国铁路路网密度 129.2 km/万 km^2；电气化铁路里程达到 8.0 万 km，铁路复线率为 59.5%，电气化率为 72.8%；全国铁路路网密度 152.3 km/百 km^2。全国拥有铁路机车 2.2 万台，其中内燃机车 0.8 万台，电力机车 1.38 万台。拥有铁路客车 7.6 万辆，其中动车组 3918 标准组、31 340 辆。拥有铁路货车 91.2 万辆。

2020 年，中国国家铁路集团有限公司（简称国铁集团）正式发布了《新时代交通强国铁路先行规划纲要》，明确指出我国铁路下一阶段发展目标：即到 2035 年，率先建成服务安全优质、保障坚强有力、实力国际领先的现代化铁路强国。到2050年，全面建成更高水平的现代化铁路强国，全面服务和保障社会主义现代化强国建设。

3. 水路运输

水路运输是以船舶为主要运输工具，以港口或港站为运输基地，以水域（包括海洋、河流和湖泊）为运输活动范围的一种运输方式。水运至今仍是世界上许多国家最重要的运输方式之一。截至2020年年底，全国内河航道通航里程12.77万 km，等级航道6.73万 km，占总里程的52.7%，三级及以上航道里程1.44万 km，占总里程的11.3%；全国港口拥有生产用码头泊位22 142个，万吨级及以上泊位2 592个，其中，沿海港口万吨级及以上泊位2 138个，内河港口万吨级及以上泊位454个。全国拥有水上运输船舶12.68万艘，净载质量27 060.16万 t，载客量85.99万客位，集装箱箱位293.03万标准箱。

4. 航空运输

航空运输是使用飞机、直升机及其他航空器运送人员、货物、邮件的一种运输方式，具有快速、机动的特点，是现代旅客运输，尤其是远程旅客运输的重要方式，也是国际贸易中的贵重物品、鲜活货物和精密仪器运输所不可缺的运输方式。机场作为航空运输的起讫点，是航空运输系统的重要基础设施。截至2020年年底，全国共有颁证民用航空机场241个，其中定期航班通航机场240个，定期航班通航城市237个。年旅客吞吐量达到100万人次以上的通航机场有85个，年旅客吞吐量达到1 000万人次以上的有27个，年货邮吞吐量达到10 000 t以上的有59个。

5. 管道运输

管道运输是用管道作为运输工具的一种长距离专门由生产地向市场输送石油、煤和化学产品的运输方式。管道运输系统的基本设施包括管道、储存库、压力站（泵站）和控制中心。管道是管道运输系统中最重要的部分，由于管道运输的过程是连续进行的，因此管道两端必须建造足够容纳其所承载货物的储存槽。截至2020年年底，全国管道输油（气）总里程14.5万 km，其中原油管道约3.1万 km，成品油管道约2.9万 km，天然气管道约8.5万 km，管道货运量8.5万吨。对于具有易燃特性的石油运输来说，管道运输有着安全、密闭等特点。管道运输具有建设周期短，投资少，占地少；运输损耗少，无“三废”排放，有利于环境生态保护；可全天候连续运输，安全性高，事故少；运输自动化，成本和能耗低等明显优势。

二、铁路运输业的发展史

（一）世界铁路的发展

自1825年英国出现世界上第一条从斯托克顿至达林顿的铁路以来，铁路至今已有180多年的历史。16世纪中叶，英国兴起了采矿业，为提高运输效率，在道路上铺了两根平行的木材作为轨道。17世纪时，将木轨换成了角铁形状的钢轨，角铁的一边起导向作用，马车则在另一条边上行驶。后经多年的改进，才逐渐形成今天的钢轨，因此，各国至今都沿用“铁路”这一名称。

铁路运输一出现就显示出多方面的优越性，很快在世界上得到迅速发展。目前，世界铁路运营里程总长达到 113 万 km 以上，美国铁路运营里程居世界第一位，现有铁路 25.772 2 万 km，俄罗斯和中国分别为 14.6 万 km 和 8.56 万 km，居第二、三位。

继英国 1846 年采用了臂板信号机、1868 年采用了自动车钩和空气制动系统后，铁路的行车速度和可靠性大大增加，铁路运输得到很大发展。此后，特别是第二次世界大战以后，在第三次工业革命浪潮的推动下，世界交通领域发生了革命性变化，传统的陆路运输格局被彻底改变，公路、航空、管道等现代交通运输方式迅速兴起，对铁路形成了强大的替代性竞争，综合交通运输体系逐步形成，再加上铁路自身管理体制的不适应和经营管理不善等原因，使得铁路在这一时期发展相对迟缓，有的国家和地区甚至出现停滞局面，造成世界铁路网规模缩小，客货运量比重下降，经营亏损严重，铁路发展进入低谷，一度被视为“夕阳产业”。

1973 年，世界能源危机，使公路和航空运输发展受到限制，而铁路运输受此影响相对较小，加上运输过程中排放的废气及产生的噪声对生态环境的污染和其他交通运输工具相比最低，特别是高速、重载铁路运输的出现，更使人们认识到铁路在国民经济发展和人民物质文化生活提高中，具有不可忽视的地位和作用。世界各国铁路正在步入一个新的发展时期，铁路网结构进一步优化，客货运量有了较大回升。

世界主要国家铁路相继修通的年份如表 1.1 所示。19 世纪末，世界铁路总长已达 65 万 km，第一次世界大战前夕达到 110 万 km，20 世纪 20 年代达到 127 万 km。其后由于公路、航空运输的迅速发展，世界铁路修筑速度逐渐缓慢下来，目前世界铁路总长稳定在 110 万 km 左右。

表 1.1　世界主要国家铁路修通年份

国　名	修通年份	国　名	修通年份	国　名	修通年份	国　名	修通年份
英　国	1825	加拿大	1836	瑞　士	1844	埃　及	1855
美　国	1830	俄　国	1837	西班牙	1848	日　本	1872
法　国	1832	奥地利	1838	巴　西	1851	中　国	1876
比利时	1835	荷　兰	1839	印　度	1853		
德　国	1835	意大利	1839	澳大利亚	1854		

（二）我国铁路的发展

1. 旧中国铁路概况

1876 年，英国用欺骗的手段修筑了中国第一条上海至吴淞的 14.5 km 的窄轨铁路，这条铁路在经营了 1 年多以后，被清政府以 28.5 万两白银收回并拆除。时隔 5 年即 1881 年，清政府为了运煤的需要，由中国人自己出资、自己设计、自己修筑了唐山至胥各庄间 11 km 的标准轨距铁路，从而揭开了中国自主修建铁路的序幕。此后又在我国台湾修筑了台北到基隆港和新竹的铁路。但由于清政府的昏庸愚昧和闭关锁国政策，早期修建铁路的阻力很大，到 1894 年中日甲午战争前夕，近 20 年的时间里仅修建了约 400 km 多的铁路。从 1876 年至 1949 年的 70 多年间，旧中国共修筑了 2.1 万 km 多的铁路。这些铁路既不成网，布局也极不合理，更没有统一的管理。每条铁路都各自为政，互相排挤，设备陈旧，运输效率低。旧中国铁路设备繁杂，一切铁路设备、零件全靠外国进口，成为各国陈旧技术设备的高价倾销地，机车多达 120 种，钢轨 130 多种，故有“万国博览会”之称。

1905—1909 年，在我国杰出的铁路工程师詹天佑的领导下，修筑了由我国自主设计、自行施工的京张铁路，全长 206 km，并在青龙桥车站设计了“人字形”展线方案。京张铁路的成就显示了中国人民的智慧和力量，在中国铁路史上写下了光辉的一页。

2. 新中国铁路运输业的发展

（1）路网建设。

铁路路网是铁路运输的重要基础设施。铁路路网的规模、结构和质量，不仅直接反映出一个国家铁路的发展水平，也深刻地影响着一个国家铁路甚至整个国民经济的发展速度。国家历来高度重视铁路发展，2004 年，国务院批准实施《中长期铁路网规划》（以下简称《规划》）以来，我国铁路发展成效显著，基础网络初步形成，服务水平明显提升，创新能力显著增强，铁路为增强我国综合实力和国际影响力方面发挥了重要作用。截至 2016 年年底，全国铁路营业里程已达 12.4 万 km，其中高速铁路 2.2 万 km，提前实现原规划目标。

为更好地发挥铁路骨干优势作用，推进综合交通运输体系建设，国家发改委等部门于 2016 年 7 月修编了《规划》，规划期为 2016—2025 年，远期展望到 2030 年。《规划》目标是在原规划“四纵四横”主骨架基础上，增加客流支撑、标准适宜、发展需要的高速铁路，同时充分利用既有铁路，形成以“八纵八横”主通道为骨架、区域连接线衔接、城际铁路补充的高速铁路网。重点围绕扩大中西部路网覆盖，完善东部网络布局，提升既有路网质量，推进周边互联互通。其中“八纵”通道为：沿海通道、京沪通道、京港（台）通道、京哈—京港澳通道、呼南通道、京昆通道、包（银）海通道、兰（西）广通道；“八横”通道为：绥满通道、京兰通道、青银通道、陆桥通道、沿江通道、沪昆通道、厦渝通道、广昆通道。

普速铁路网方面，重点围绕扩大中西部路网覆盖，完善东部网络布局，提升既有路网质量，推进周边互联互通。一是形成区际快捷大能力通道。包含 12 条跨区域、多径路、便捷化的大能力区际通道。二是面向“一带一路”国际通道。从西北、西南、东北 3 个方向推进我国与周边互联互通，完善口岸配套设施，强化沿海港口后方通道。三是促进脱贫攻坚和国土开发铁路。四是强化铁路集疏运系统。规划建设地区开发性铁路以及疏港型、园区型等支线铁路，完善集疏运系统。

综合交通枢纽方面，枢纽是铁路网的重要节点，为更好发挥铁路网整体效能，配套点线能力，按照“客内货外”的原则，进一步优化铁路客、货运枢纽布局，形成系统配套、一体便捷、站城融合的现代化综合交通枢纽，实现客运换乘“零距离”、物流衔接“无缝化”、运输服务“一体化”。

上述路网方案实现后，远期铁路网规模将达到 20 万 km 左右，其中高速铁路 4.5 万 km 左右。全国铁路网全面连接 20 万人口以上城市，高速铁路网基本连接省会城市和其他 50 万人口以上大中城市，实现相邻大中城市间 1 ~ 4 h 交通圈，城市群内 0.5 ~ 2 h 交通圈。

（2）其他发展。

中华人民共和国成立以来，在路网优化和发展的同时，我国机车、车辆、信号、通信及组织管理方式也发生了翻天覆地的变化。表 1.2 反映了近年来铁路主要运输设备数量变化情况。尤其是近十多年，铁路部门在关注铁路基础设施不断增加以适应国民经济需要的同时，更注重技术的改革与创新。

表 1.2　1985—2020 年铁路主要运输设备数量

项　目	年份/年							
	1985	1990	1995	2000	2005	2010	2016	2020
线路/万 km	5.50	5.78	6.26	6.87	7.54	9.10	12.4	14.6
机车/台	12 140	13 970	15 554	15 253	17 473	19 431	21 000	22 000
客车/辆	21 106	27 526	32 663	37 249	40 328	52 130	71 000	76 000
货车/辆	304 613	368 561	436 414	443 902	541 824	622 284	764 000	91 200

在线路方面，无砟轨道、无缝线路、复线以及重型轨道的建设标志着我国高速铁路、重载铁路技术的进一步成熟；在机车车辆装备技术方面，国产 6 轴 7 200 kW、8 轴 9 600 kW 和 6 轴 9 600 kW 大功率电力机车，以及 6 000 马力（1 马力 = 0.735 kW）大功率内燃机车实现大批量生产，车体头型优化、转向架、牵引传动、制动系统、弓网关系、智能化、气密性、减振、降噪、舒适性等十大技术创新成果已在高速列车上应用；在大型机械方面，成功研制大修列车等大型养路机械；在车站方面，自动化、现代化的大型编组站、客运站和货运站相继建成，太阳能光伏发电系统与建筑一体化技术成功应用于上海虹桥站；在铁路通信方面，采用铁路数字移动通信系统（GSM-R）来构建现代铁路的地面调度中心与移动体之间的信息交换和传输通道；在车辆运行安全保障设施方面，从单一的红外线轴温探测发展为 5T 系统（车辆运行安全监控系统）的综合运用，从最早的红外线一代人工判别发展为计算机自动判别、全路联网判别、5T 综合判别。这些新技术和新设备的广泛使用进一步推进了铁路运营管理向综合化、自动化发展。

《新时代交通强国铁路先行规划纲要》中指出，要进一步发展自主先进技术装备系统，在基础设施方面，要完善无砟轨道结构体系和标准体系，优化服役性能品质，延长使用周期，提升无砟轨道紧急抢修、大修更换技术，推广应用自主先进的无砟轨道结构。推进工电技术装备标准化、简统化。自主研发新型智能列控系统、智能牵引供电系统、智能综合调度指挥系统以及新一代铁路移动通信系统；载运工具方面，要加快复兴号系列化动车组研制，研究新一代高速动车组、智能动车组、城际及市域动车组、旅游新型列车，换代升级普速客车。研发高速货运动车组、3 万 t 级重载列车以及速度 160 km 及以上快捷货运、27 t 及以上轴重重载货运、标准化集装化货运装备、新型冷链、驼背运输、跨境联运及特种货运等新型专用车辆。

三、我国铁路运输分类

（1）按铁路管理权限的不同，可将铁路分为国家铁路、地方铁路、合资铁路、专用铁路、铁路专用线等。

① 国家铁路。国家铁路是指由国家出资修建的中国铁路总公司（以下简称铁路总公司）管理的铁路，它在国民经济中具有重要的地位和作用。

② 地方铁路。地方铁路主要是地方自行投资修建或者与其他几种铁路联合投资修建，由地方人民政府管理，担负地方公共客货短途运输任务的铁路。

③ 合资铁路。合资铁路分为国内合资铁路和中外合资铁路。国内合资铁路是指由两个或两个以上企业或其他单位合资修建的铁路。中外合资铁路是指由中方具有法人资格的企业或者其他单位与外商投资者联合修建的铁路。

④ 专用铁路。专用铁路是指由企业或其他单位管理，并配有机车动力、车辆、站段等铁路设备，专为本企业或本单位内部提供运输服务的铁路。专用铁路主要用于非营业性运输，但经省、自治区、直辖市人民政府批准，也可用于公共旅客、货物营业性运输。

⑤ 铁路专用线。铁路专用线是指由企业或其他单位管理的与国家铁路或其他铁路线路接轨的专为企业使用的铁路岔线，铁路专用线一般不配备机车，大型企业也可配置自己的专用机车及专用自备车辆。

（2）按运输方式多少，铁路运输分为单一方式运输和铁路多式联运。

铁路多式联运一般有国内铁路与国内公路、航空、水路联运；同时，也应包括国内铁路与国际海上相互间的联运。《中华人民共和国铁路法》规定：国家铁路、地方铁路参加国际联运，必须经国务院批准。

（3）按是否以营利为目的，可将铁路运输分为营业性运输和非营业性运输。

① 营业性运输。营业性运输是指为社会服务、发生各种方式运输费用结算的运输。目前我国铁路的客、货运输都是营业性运输。

② 非营业性运输。非营业性运输是指为本单位服务、不发生各种方式运输费用结算的运输。

四、我国铁路运输的特点

1. 铁路运输是高度集中、统一指挥的大企业

铁路是国家重要的基础设施、国民经济的大动脉，关系到国计民生；而铁路运输又是在点多、线长、流动分散的情况下，夜以继日、连续不断地在高速运输中进行生产活动。这就决定了铁路必须强调高度集中、统一指挥，只有这样，才能保证重点物资运输，才能保证铁路运输任务的完成，也才能获得最好的经济效益和社会效益。

2. 铁路运输是一部大联动机

铁路的运输生产是由车务、机务、工务、电务、车辆等多部门和多工作环节紧密联系而共同完成的。各部门、各单位、各工种、各工作环节必须紧密配合、协调动作，如同钟表一样准确而有节奏地工作，才能安全、有序地完成繁重的运输任务。铁路运输生产中，如果一个局部、一个单位或一个关键岗位出现疏忽或差错，就可能造成事故，影响整条线路的畅通。因此，要求每一个铁路职工必须有高度认真负责和互相协作的精神。

3. 铁路是半军事化的大企业

铁路实行半军事化管理，有严格的组织性、纪律性，这就要求铁路职工战时全力以赴服从战争需要，日常工作必须严格遵章守纪、服从上级命令。铁路的各项规章制度具有科学性，其中有些条文是用血的代价换来的，因而带有权威性、强制性，是铁的纪律。每个铁路职工必须接受纪律的约束，增强纪律观念，培养执行规章制度和严守纪律的自觉性，做到有令则行、有禁则止。

由于铁路具有上述特点，因此，要求铁路的企业管理、组织运输生产和各项改革都必须适应这些特点。只有这样，铁路运输生产才能做到安全正点、畅通无阻。

五、铁路运输的基本设备

铁路运输设备是铁路完成运输任务的物质基础。为完成客货运输任务，必需的基本设备有以下几类：

（1）线路：是机车、车辆和列车的运行基础。

（2）车辆：是装载货物和运送旅客的工具。

（3）机车：是牵引列车和调车的基本动力。

（4）车站：是办理旅客和货物运输的生产基地。

（5）信号及通信设备：完备先进的信号通信设备是确保行车安全和提高运输效率的必要手段。人们通常把它们比作铁路运输的“耳目”。

（6）铁路信息技术设施及安全保障设施：现代化的信息技术和相关设施，是提高铁路基础设施利用率和更加有效地组织运输生产的保障；而安全保障设施是我国铁路行车安全的基本保证。

当然，为了确保运输工作安全、顺利、有序、不间断地进行，铁路各种基础运输设施必须经常保持良好的状态，这就需要对各种运输设备进行各项保养、维护和检修工作，铁路部门为此专门设置了不同种类的修理工厂、业务段、检修所和信息所等。

复习与思考

1. 简述铁路运输业的特点。
2. 简述我国铁路运输设备的发展趋势。
3. 简述世界铁路运输设备的发展趋势。

第二章　铁路线路

第一节　轨道工程

一、概　述

轨道结构是列车行驶的基础，其主要功能是引导列车运行，直接承受车轮的动压力，并将其传递到路基或桥隧建筑物上。同时，轨道具有组合性和散体性；轨道荷载各部件受力具有随机性和重复性。

二、轨道的组成

轨道由钢轨、扣件、轨枕、道床等组成，是列车行驶的基础。高速铁路轨道结构分为有砟和无砟轨道两种类型，以采用无砟轨道为主。

轨道的基本组成如图 2.1 所示。

轨道的具体组成展示请使用移动设备浏览下方 AR 资源——“轨道的基本组成”。

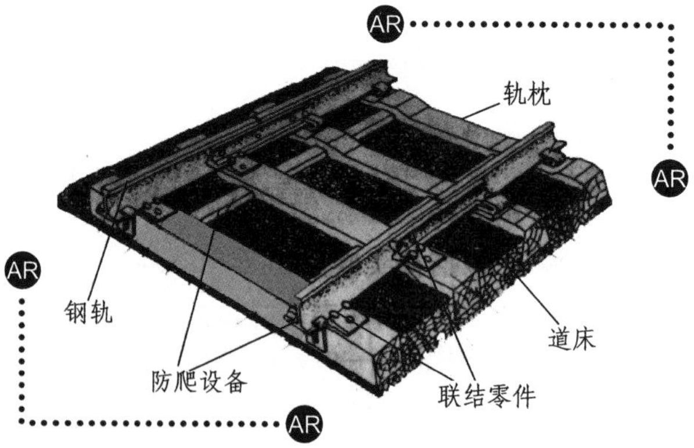

图 2.1　轨道的基本组成

三、无砟轨道与有砟轨道的区别

有砟轨道就是传统的铺轨枕和碎石的轨道。无砟轨道就是没有碎石的轨道，由钢筋混凝土浇筑而成，如图 2.2 所示。与有砟轨道相比，无砟轨道可以长久地保持钢轨的形状和位置，如图 2.3 所示。

图 2.2　无砟轨道

图 2.3　有砟轨道

四、各组成结构的作用及类型

1. 钢　轨

钢轨是铁路轨道的重要部件，其作用是引导机车车辆运行，直接承受车轮的荷载和冲击，并将其传布于轨枕，如图 2.4 所示。

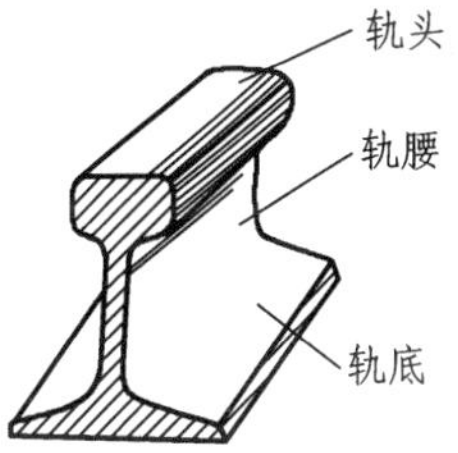

图 2.4　钢轨的组成

在我国，钢轨的类型或强度以每米长度的大致质量（kg）表示，现行的标准钢轨类型有：75 kg/m、60 kg/m、50 kg/m、43 kg/m 等。

钢轨的长度长一些好，可以减少接头的数量，列车运行平稳并可节省接头零件和线路的维修费用，但是由于加工条件和运输条件的限制，一根钢轨的轧制长度是有限的。我国钢轨的定尺长度有 12.5 m，25 m，75 m 和 100 m。其中，60 kg/m 钢轨标准轨定尺长度为 12.5 m、25 m、100 m。75 kg/m 钢轨标准轨定尺长度为 25 m、75 m、100 m。选用时，普通线路可选用 25 m 的定尺钢轨及相应的短尺轨；75 kg/m 钢轨选用 75 m 或 100 m 定尺钢轨；60 kg/m 钢轨选用 100 m 定尺钢轨。新建、改建、大修铁路无缝线路地段选用长定尺钢轨。

此外，还有专供曲线地段铺设内轨用的标准缩短轨若干种。

2. 轨　枕

轨枕是保持钢轨的位置、方向和轨距，并将它承受的钢轨力均匀地分布到道床。

轨枕按照制作材料分，主要有钢筋混凝土枕和木枕两种。我国铁路所使用的主要是混凝土枕；目前我国使用的混凝土轨枕可以分为Ⅰ、Ⅱ、Ⅲ型。其中Ⅲ型混凝土结构合理，强化了轨道结构，提高了设计承载能力及保持线路稳定的能力。

我国铁路规定：木枕轨道，每千米轨枕数最多为 1 920 根，最少为 1 440 根；混凝土枕轨道，每千米轨枕数最多为 1 840 根，最少为 1 440 根。图 2.5 所示为木枕，图 2.6 所示为混凝土木枕。

图 2.5　木枕

图 2.6　混凝土枕

3. 联结零件

联结零件分为接头联结零件和中间联结零件。

接头联结零件：两节钢轨的末端用接头联结零件联结。先用两块鱼尾板夹住钢轨，然后用螺栓拧紧，如图 2.7 所示。为防止螺栓松动，在螺帽与鱼尾板之间加有弹簧垫圈。

接头联结零件的具体组成请浏览下方 AR 资源——“接头联结零件”。

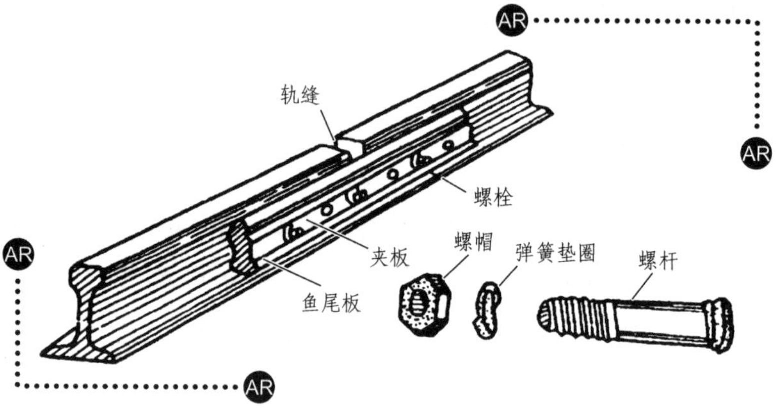

图 2.7　接头联结零件

中间联结扣件的作用是把钢轨与轨枕牢固地联结起来，以确保钢轨位置稳定，如图 2.8 所示。根据轨枕的性质，中间联结扣件可以分为木枕联结扣件和混凝土枕联结扣件。

图 2.8　中间联结扣件

4. 道　床

道床介于轨枕与路基之间，是轨道的重要组成部分。道床是铺设在路基面上的道砟垫层，主要作用是支撑轨枕，把从轨枕上部的压力均匀地传递给路基；并固定轨枕的位置，阻止轨枕纵向或横向移动，保持轨道稳定和正确的几何行位；缓和机车车辆轮对对钢轨的冲击，保证行车安全。图 2.9 所示为道床横断面。

道床可以分为混凝土道床和典型的碎石道床。

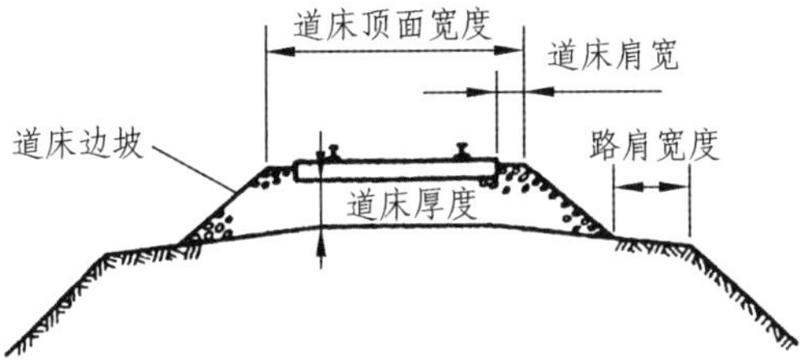

图 2.9　道床横断面

5. 防爬设备

防爬设备能有效地防止钢轨与轨枕之间发生纵向的相对移动，制止钢轨爬行，如图 2.10 所示。

6. 道　岔

道岔是一种使机车车辆从一股道转入另一股道的轨道联结设备，通常在车站、编组站大量铺设。有了道岔，可以充分发挥线路的通过能力。即使是单线铁路，铺设道岔，修筑一段大于列车长度的叉线，就可以对开列车。图 2.11 所示即为道岔。

图 2.10　防爬设备

图 2.11　道岔

由于道岔具有数量多、构造复杂、使用寿命短、限制列车速度、行车安全性低、养护维修投入大等特点，与曲线、钢轨接头并称为轨道的三大薄弱环节。它的基本形式有 3 种：即线路的联结、交叉、联结与交叉的组合。常用的线路联结设备有各种类型的单式道岔和复式道岔；交叉设备有直交叉和菱形交叉；联结与交叉的组合形式有交分道岔和交叉渡线等。

第二节　路基工程

铁路路基是承受并传递轨道重力及列车动态作用的结构，是轨道的基础，是保证列车运行的重要建筑物。路基是一种土石结构，处于各种地形地貌、地质、水文和气候环境中，有时还遭受各种灾害，如洪水、泥石流、崩塌、地震等。

路基工程包括路基本体工程、路基排水工程、路基防护和加固工程以及因修筑路基而必需的改河、改沟等配套工程。这些工程组成完整的体系，从而保证了路基正常、良好地工作。

一、路基的类型和构造

通常根据铁路（或公路）路线设计确定的路基高程与天然地面高程是不同的。路基设计高程高于天然地面时，需进行填筑；路基设计高程低于天然地面时，需进行挖掘。根据填挖情况不同，路基横断面基本形式可分为以下几种：

（1）路堤：当铺设轨道或路面的路基面高程高于天然地面时，路基以填筑方式构成，这种路基称为路堤。

（2）路堑：当铺设轨道或路面的路基面高程低于天然地面时，路基以开挖方式构成，这种路基称为路堑。

（3）半路堤：当天然地面横向倾斜，路堤的路基面边线和天然地面相交时，路堤体在地面和路基面相交线以上部分无填筑工程量，这种路堤称为半路堤。

（4）半路堑：当天然地面横向倾斜，路堑路基面的一侧无开挖工作量时，这种路基称为半路堑。

（5）半路堤半路堑：当天然地面横向倾斜，路基一部分以填筑方式构成而另一部分以开挖方式构成时，这种路基称为半路堤半路堑。

（6）不填不挖路基：当路基的路基面和经过清理后的天然地基面平齐，路基无填挖土方时，这种路基称为不填不挖路基。

图 2.12 所示为路基横断面形式。

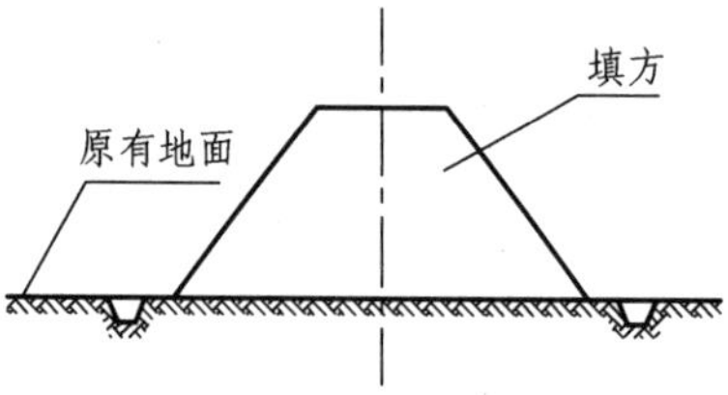

（a）路堤式路基

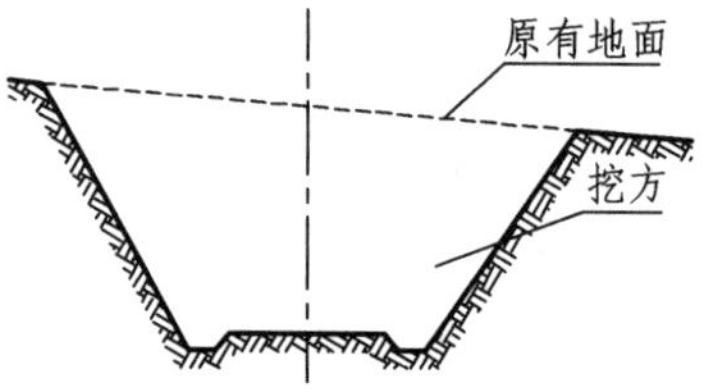

（b）路堑式路基

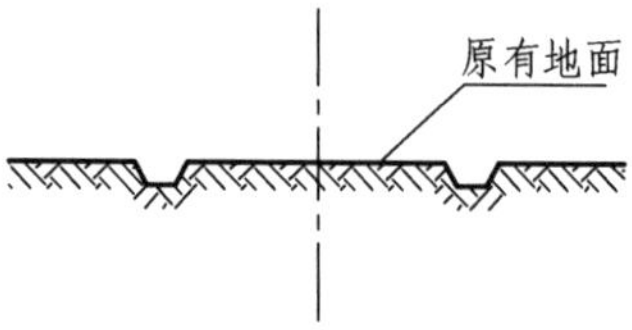

（c）不填不挖式路基

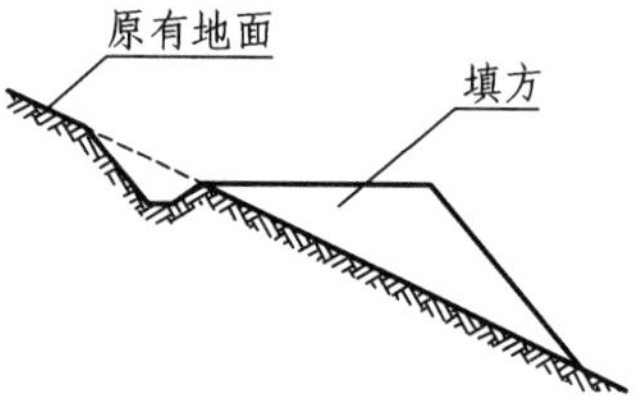

（d）半堤式路基

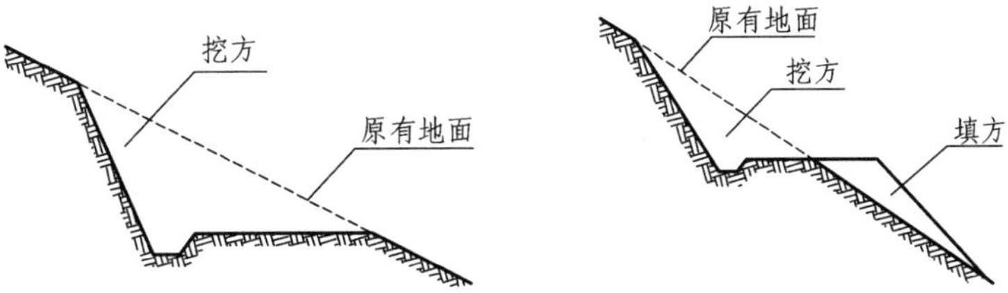

（e）半堑式路基　　（f）半堤半堑式路基

图 2.12　路基横断面形式

在各种路基形式中，为了能按线路设计要求铺设轨道或路面而构筑的部分，称为路基本体，它是路基工程的主体建筑物。在路基横断面中，路基本体由路基顶面、路肩、基床、基床下部、边坡、路基基底几部分构成。图 2.13 所示为路堤，图 2.14 所示为路堑。

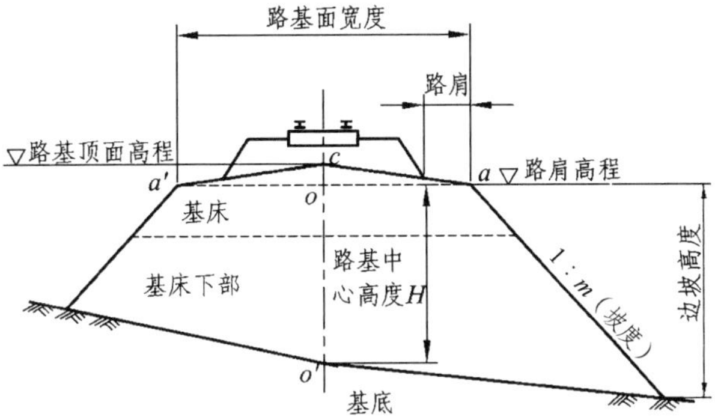

图 2.13　路堤

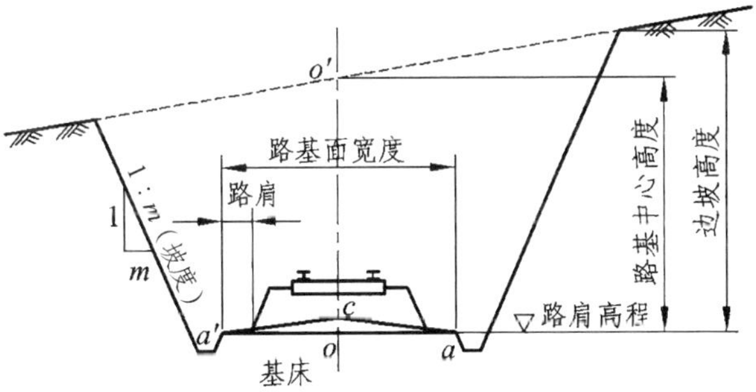

图 2.14　路堑

路基作为一种土工结构物，具有以下特点：

（1）路基工程修筑在土石地基上，并以土石为建筑材料。

岩石和土都是不连续介质，具有碎散性、多相性和自然变异性，各种岩石性质差异悬殊，并具有多种结构面。在自然营力和人类活动的作用下，土石的工程性质在不断变化。所以，在以岩土力学为基础的路基工程设计中，如何取得正确反映土石工程性质的物理力学指标和如何建立表达土石的应力-应变-时间关系的结构模型，成为岩土工程的重要研究内容，也是提高路基设计和路基施工水平的基础。

（2）路基完全暴露在大自然中。

随着线路的延伸，路基除了可能遇见各种复杂的地形、地貌和地质条件外，还常受严寒、酷暑、水位涨落、狂风、暴雨、暴雪等气候、水文以及地震等自然条件的影响，从而引发各种路基病害。如黄土路基遇水湿陷引起路基边坡浅层溜坍，南方阴雨、北方冬冻、春融引起路基隆起、下沉，翻浆冒泥等线路病害，雨季引起大滑坡，地震时砂土液化引起路基滑走等路基病害，均与自然条件有密切关系。所以，路基的设计、施工和养护均不能离开具体的自然条件，应该在充分调查研究的基础上，认识和克服自然灾害，这是路基工作的重要内容。

（3）路基同时受静荷载和动荷载作用。

路基上的轨道或路面结构和附属建筑物产生静荷载，列车、汽车运行产生动荷载，动荷载是造成基床、路床病害的主要原因之一。要研究土体在动力作用下的变形、稳定问题，必须了解土的动力特性，包括土的动强度和液化、动孔隙水压力增长及消散模式、土的震陷等。一些新的测试手段和计算模型的出现，为进一步研究基（路）床土动力响应提供了更完善的条件。在一般路基设计中，将动荷载视为静荷载计算，而高速铁路路基的设计，必须考虑作用在路基面上的动荷载的特性。

二、高速铁路路基特点

1. 路基结构形式的变化

高速铁路一般为双线路基，也有路堤、路堑、半路堤半路堑等形式。增大了线间距，加大了路肩宽度。高速铁路轨道结构主要有有砟轨道和无砟轨道两种类型。高速铁路有砟轨道线路结构已经突破了传统的轨道-道床-土路基的结构形式，具有强化基床表层的特性。

2. 控制路基工后沉降是高速铁路路基设计的关键

路基工后沉降包括长期行车引起的基床累积下沉以及路基本体填土和地基的压缩下沉。

3. 与列车-轨道系统相匹配的路基刚度是实现列车高速和舒适运行的根本

这不仅关系到高速列车运行的舒适性和安全性，还直接影响到路基的设计、施工和线路维修标准。

三、路基排水及防护

1. 路基排水

水是造成路基路面及其沿线构造物病害的主要原因。

路基排水的任务，就是将路基工作区内的填料含水量降低到一定限度以内，保持常年处于干燥状态，以确保路基及路面具有足够的强度、刚度与稳定性。为此，路基设计时，必须考虑将影响路基稳定性的地面水排除和拦截于路基用地范围以外，并防止地面水漫流、滞积或下渗。对于影响路基稳定性的地下水，则应予以隔断、疏干和降低，并引导至路基范围以外的适当地点。所以，路基排水可分为地面排水和地下排水两大类，图 2.15 所示为地面排水，图 2.16 所示为地下排水。

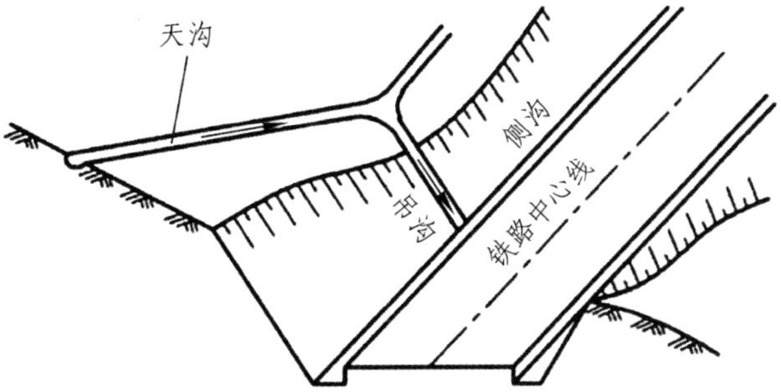

图 2.15　地面排水

路基地面排水设备常见的类型有：排水沟、侧沟、天沟、截水沟、跌水、急流槽和缓流井等。这些排水结构物，分别设在路基的不同部位，各自的主要功能、布置要求或构造形式，均有所差异。

路基地下排水设备常见的类型有：当地下水埋藏浅或无固定含水层时，可采用明沟、排水槽、渗水暗沟等；当地下水埋藏较深或为固定含水层时，可采用渗水隧洞、渗井、渗管或仰斜式钻孔等；在有多层含水层时，宜用立式排水设备（如渗井或渗管）与其下的平式排水设备（如排水隧洞或渗沟）相配合，以集引和排除有危害的地下水。

地下排水原理难以理解？请浏览下方 AR 动画——“路基地下排水原理”。

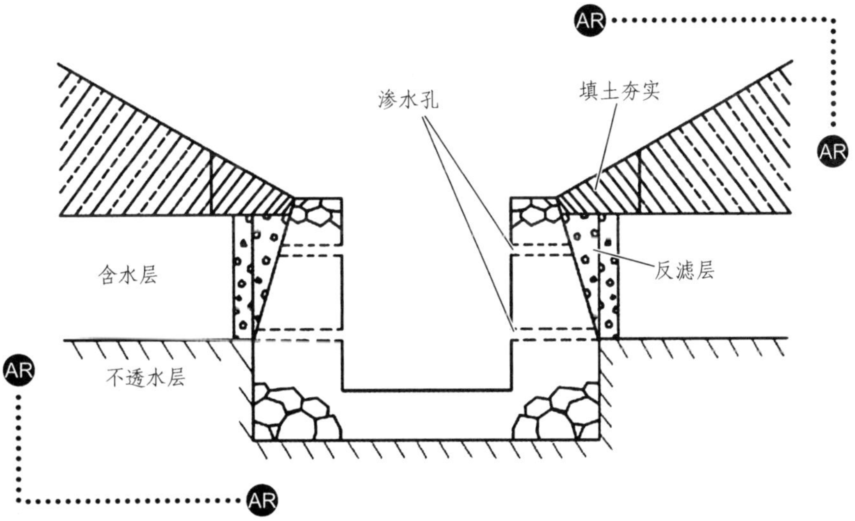

图 2.16　路基地下排水原理

2. 路基防护

由岩土所筑成的路基，大多暴露于外界中，长期受自然因素的作用，岩土在不利水温条件作用下，物理、力学性质将发生变化。浸水后湿度增大，土的强度降低；岩性差的岩体，在水温变化条件下，加剧风化；在路基表面的温差作用下形成胀缩循环，在湿度差作用下形成干湿循环，可导致强度衰减和剥蚀；地表水流冲刷，地下水源侵入，使岩土表层失稳，易造成和加剧路基的水毁病害；沿河路堤在水流冲击、淘刷和侵蚀作用下，易遭破坏；湿软地基承载力不足，易导致路基沉陷。

坡面防护主要是保护路基边坡表面免受雨水冲刷，减缓温差及湿度变化的影响，防止和延缓软弱岩土表面的风化、碎裂、剥蚀演变进程，从而保护路基边坡的整体稳定性，在一定程度上还可兼顾路基美化和协调自然环境。

常用的坡面防护设施有植物防护（种草、铺草皮、植树等）和工程防护（灌浆、勾缝、抹面、捶面、喷浆、喷混凝土、干砌片石、浆砌片石、浆砌片石骨架、浆砌片石护墙等）。前者可视为绿色防护，后者属工程防护。绿色防护以土质边坡为主，工程防护以石质路堑边坡为主。在一定程度上，绿色防护在边坡稳定和改善路容方面，优于工程防护。图 2.17 为铺草皮防护边坡示意图，图 2.18 所示为浆砌片石护坡。

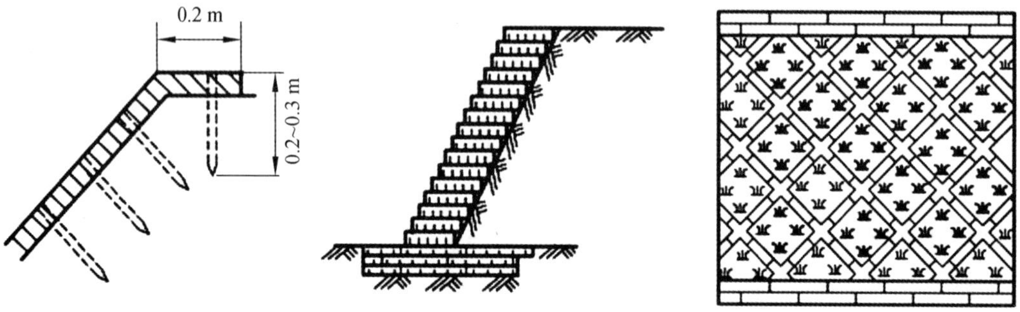

（a）平铺草皮　　（b）平铺叠植草皮　　（c）方格式草皮

图 2.17　铺草皮防护边坡示意图

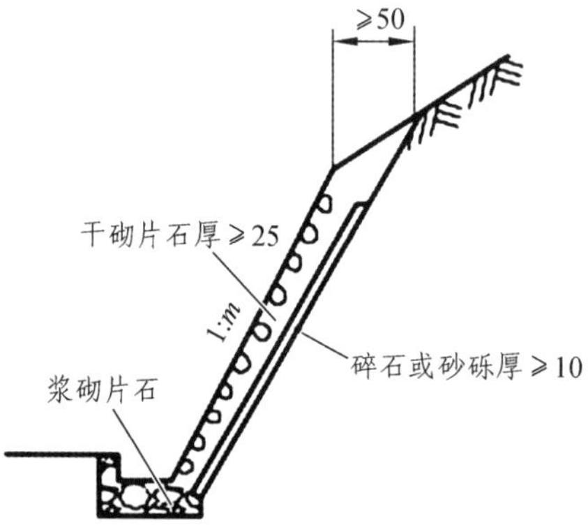

图 2.18　浆砌片石护坡（单位：cm）

冲刷防护主要对沿河滨海路堤、河滩路堤及水库区路堤，也包括桥头引道以及路基边的防护堤岸等。此类堤岸常年或季节性浸水，受流水冲刷、拍击和掏蚀，造成路基浸湿、坡脚掏空或水位骤降时路基内细粒填料流失，致使路基失稳，边坡崩坍。所以，冲刷防护主要针对水流的破坏作用而设，起防水治害作用。

冲刷防护设施可分为直接和间接两类。直接防护设施中包括植物防护和石砌防护两种，常用的有植树、铺石、铺混凝土板、抛石或石笼等。间接防护指沿河路堤修筑导致构造物和对河道进行整治，将危害路基的较大水流引向指定位置，以减小水流对路基的直接冲刷。改变水流流速、流向和原来状态，可能导致堤岸对面及路基附近上下游遭害，必须慎重对待，掌握流水运动规律，因势利导，防治结合，综合治理。图 2.19 所示为河岸防护。

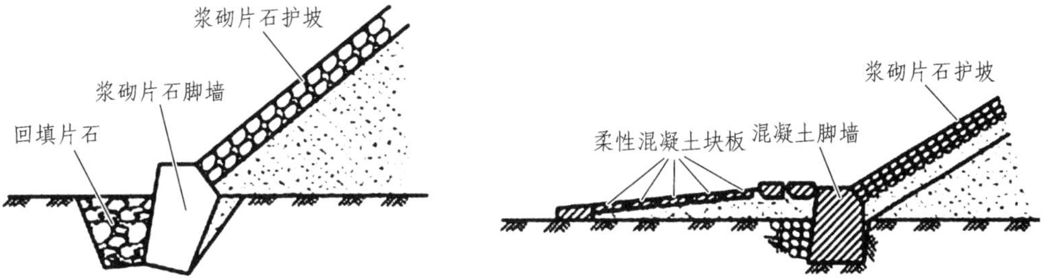

图 2.19　河岸防护

第三节　隧道工程

隧道是修建在地下或水下并铺设轨道列车通行的建筑物。

根据其所在位置可分为山岭隧道、水下隧道和城市隧道 3 大类。1970 年国际经济合作与发展组织召开的隧道会议综合了各种因素，对隧道所下的定义为：“以某种用途、在地面下使用任何方法规定形状和尺寸修筑的断面面积大于 2 m^2 的洞室。”

一、隧道的组成

隧道的结构包括主体建筑物和附属设备两部分。主体建筑物是为了保持隧道的稳定，保证隧道正常使用而修建的，主体建筑物由洞身衬砌和洞门组成，也包括必要时在洞门口加筑明洞。附属建筑物是为了保证隧道正常使用、方便养护、维修作业，以及满足供电、通信等方面需要的各种辅助设施，附属设备包括避车洞、消防设施、应急通信和防排水设施，长大隧道还有专门的通风和照明设备，如图 2.20 所示为隧道断面。

图 2.20　隧道断面

二、隧道分类

隧道根据其长度分为：

（1）特长隧道：全长 10 000 m 以上。

（2）长隧道：全长 3 000 m 以上至 10 000 m，含 10 000 m。

（3）中隧道：全长 500 m 以上至 3 000 m，含 3 000 m。

（4）短隧道：全长 500 m 及以下。

三、铁路隧道的特点

高速铁路隧道数量多、长度大，并且要求“高平顺度”。如果“随山就势”意味着小半径影响列车速度，因此高速铁路需要截弯取直修建使线路顺直的隧道。高速铁路隧道断面面积比普速铁路隧道大得多。高速铁路隧道宽约 13 m，高约 9 m，其高度相当于 3 层楼高，净空断面面积达到 100 m^2。隧道断面借鉴拱桥的设计原理，选择抗压效果最好的圆形断面，保证隧道围岩自重的结构力最为合理并节省工程造价。

四、隧道的结构形式

（1）隧道的衬砌：整体式混凝土、锚喷式、复合式。

（2）洞门：环框式、端墙式、翼墙式、柱式、台阶式，如图 2.21 所示。

（3）明洞：拱式、棚式。

环框式

翼墙式

端墙式

图 2.21　隧道洞门的结构形式

隧道洞门剖面请浏览下方 AR 资源——“柱式隧道洞门”，如图 2.22 所示。

图 2.22　柱式隧道洞门

五、隧道的施工

隧道工程施工包括：隧道施工方法、隧道施工技术和隧道施工管理。

隧道工程是属于地下结构物，地下结构是多种多样的，构筑地下结构的施工方法和技术也是多种多样的。施工方法和技术形成与发展和地下结构物的特点有关。其特点是纵向长度从几米到十几千米，断面相对比较小，一般高 5～6 m，宽 5 m 至十几米的纵长地下结构物。

1. 隧道工程施工特点

（1）隐蔽性大，未知因素多。

（2）作业空间有限，工作面狭窄，施工工序干扰大。

（3）施工过程作业的循环性强，因隧道工程是纵长的，施工严格地按照一定顺序循环作业，如开挖就必须按照“钻孔—装药—爆破—通风—出渣”的顺序循环。

（4）施工作业的综合性强，在同一工作环境下进行多工序作业（掘进、支护、衬砌等）。

（5）施工过程的地质力学状态是变化的，围岩的物理力学性质也是变化的，因此施工是动态的。

（6）作业环境恶劣，作业空间狭窄，施工噪声大，粉尘、烟雾，潮湿，光线暗，地质条件差及安全问题等给施工人员带来了不利的工作环境。

（7）作业风险性大。风险性是和隐蔽性和动态性相关联的，在施工过程中，施工人员必须随时关注隧道施工的风险性。

2. 隧道工程施工方法

隧道工程施工中最重要的是合理选择施工方法，施工方法选择的是否合理，直接影响到隧道工程施工的速度、安全、质量和环境。

隧道工程施工的方法是多种多样的，目前我们在公路、铁路、水底隧道中常采用的方法有：全断面开挖、台阶法、环形开挖留核土法、单侧壁导坑法、双侧壁导坑法、中洞法、中隔壁法、交叉中隔壁法、矿山法、新奥法、盾构法、沉管法等，如图 2.23 所示。

全断面开挖

台阶法

单侧壁导坑法

图 2.23　隧道施工方法

六、具有典型代表的铁路隧道

1. 太行山隧道

石太客运专线太行山隧道全长 27.848 km，最大埋深 445 m，设计为双洞单线隧道两线距离 35 m，是目前我国最长的高速铁路山岭隧道，如图 2.24 所示。

图 2.24　太行山隧道

2. 大瑶山隧道

京广高速铁路大瑶山隧道群由大瑶山 1、2、3 号隧道组成，隧道长度分别为 10.081 km、6.024 km、8.373 km，其中 1、2 号之间距离 167 m，2、3 号之间距离 47 m，3 座隧道均为双线隧道。图 2.25 所示即为大瑶山隧道。

图 2.25　大瑶山隧道

3. 浏阳河隧道

京广高速铁路浏阳河隧道全长 10.1 km，下穿京珠高速公路、星沙开发区、浏阳河、长沙市机场高速公路等困难地段，不良地质较多，设计、施工困难，如图 2.26 所示。

图 2.26　浏阳河隧道

4. 狮子洋隧道

广深港客运专线狮子洋隧道全长 10.49 km，其中盾构段长 9.34 km，盾构内径 9.8 m，穿越珠江口狮子洋河段，水流急、难度大。建设中采用洋底“地中对接，洞内解体”的盾构方法为国内首创，如图 2.27 所示。

图 2.27　狮子洋隧道

5. 函谷关隧道

郑西线函谷关隧道，全长 7.85 km，是我国最长、断面最大的黄土隧道，开挖断面面积达 164 m^2，如图 2.28 所示。

图 2.28　函谷关隧道

第四节　桥梁工程

一、概　述

桥梁是供铁路、道路、渠道、管线、车辆、行人等跨越河流、山谷、湖泊、低地或其他交通线路时使用的建筑结构。

从线路的角度讲，也是线路在跨越上述障碍时的延伸或连接部分，如图 2.29 所示。

图 2.29　桥梁

我国桥梁的建筑历史悠久，周文王时期在渭河上架设浮桥。隋唐时期桥梁兴盛，其间在桥梁形式上及结构构造方面有很多创新。宋代之后，建桥数量大增，桥的跨越能力、造型和功能有所提高。我国是最早有吊桥的国家，距今至少有三千多年的历史。

中华人民共和国成立后，我国的公路、铁路建设事业突飞猛进，桥梁建设取得了很大成就。20 世纪 90 年代，我国的交通事业和桥梁建设出现了一个全新的时期，道路建设和国道系统以及桥梁技术、桥型、跨越能力和施工管理水平大大提高。

二、桥梁的组成、分类和结构体系

（一）桥梁的组成

桥梁是由桥跨结构、支座系统、桥墩、桥台和桥梁基础组成，如图 2.30 所示。

桥梁的具体组成演示请浏览下方 AR 资源——“桥梁的基本组成”。

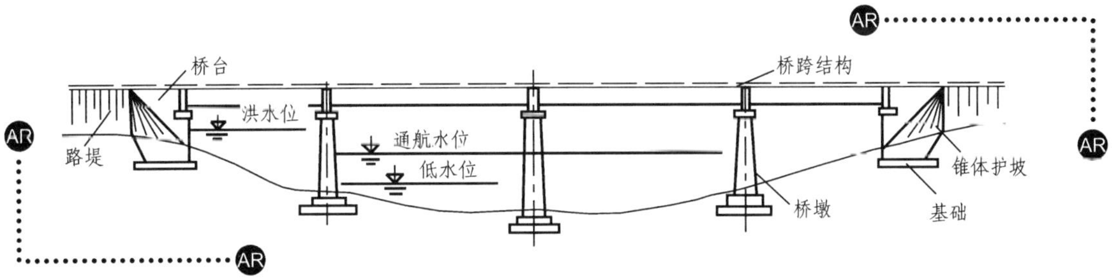

图 2.30　桥梁的基本组成

1. 桥跨结构

桥跨结构是承担线路荷载、跨越障碍物的结构物，也称桥孔结构、上部结构，由桥面系和主要承重结构组成。桥面系一般由桥面、纵梁和横梁组成。主要承重结构是承担上部结构的全部荷载并传给支座，如桁架梁桥的主桁、实腹梁桥的主梁、拱桥的拱肋。

2. 桥梁支座

（1）支座的作用。

支座设置在桥梁的上部结构与墩台之间。它的作用是：① 传递上部结构的支撑反力，包括恒载和活载引起的竖向力和水平力；② 保证结构在活载、温度变化、混凝土收缩和徐变等因素作用下能自由变形，以使上、下部结构的实际受力情况符合结构的静力图式。

（2）支座的分类。

按其变位的可能性分为固定支座和活动支座。固定支座传递竖向力和水平力，允许上部结构在支座处能自由转动但不能水平移动；活动支座则只传递竖向力，允许上部结构在支座既能自由转动又能水平移动。

按材料分为简易支座、钢支座、钢筋混凝土支座、橡胶支座、特种支座等。

（3）支座的布置原则。

固定支座和活动支座的布置，应以有利于墩台传递纵向水平力为原则：

对于桥跨结构，最好使梁的下缘在水平力的作用下受压，从而能抵消一部分竖向荷载在梁下缘产生的拉应力。

对于桥墩，应尽可能使水平力的方向指向河岸，以使桥墩顶部在水平作用下不是受拉。

对于桥台，应尽可能使水平力的方向指向桥墩中心，以使桥台顶部受压，并能平衡一部分台后产生的土压力。

3. 桥　墩

桥梁的支撑结构为桥台与桥墩，桥台是桥梁两端桥头的支撑结构，是道路与桥梁的连接点，桥墩是多跨桥的中间支撑结构，桥台和桥墩都是由台帽、台身和基础组成。

桥墩的作用是支撑在它左右两跨的上部结构通过支座传来的竖向力和水平力。由于桥墩建筑在江河之中，因此它还要承受流水压力、水面以上的风力和可能出现的冰压力、船只等的撞击力。所以桥墩在结构上必须有足够的强度和稳定性，在布设上要考虑桥墩与河流的相互影响。

桥墩的形式取决于桥上路线或道路条件、桥下水流速度、水深、水流方向与桥梁中轴线的夹角、通航及桥下漂流物、基底土壤的承载能力、梁部结构及施工方法等情况，一般分为重力式实体墩、空心墩、柱式墩、轻型墩、拼装式墩。

具体桥梁建筑时采用什么类型的桥墩，应依照地质、地形及水文条件，墩高，桥跨结构要求及荷载性质、大小，通航和水面漂浮物，桥跨以及施工条件等因素综合考虑。但是在同一座桥梁内，应尽量减少桥墩的类型。

（1）重力式实体墩。

重力式实体墩的主要特点是依靠自身重量来平衡外力而保持稳定，它一般适宜作为荷载较大的大、中型桥梁的桥墩，或建于流水、漂浮物较多的江河之中。此类桥墩的最大缺点是圬工体积大，因而其自重阻水面积大，有时为了减轻自重，将墩定做成悬臂式。

（2）空心式桥墩。

空心式桥墩克服了实体式桥墩在许多情况下材料强度得不到充分发挥的缺点，而将混凝土或钢筋混凝土桥墩做成空心薄壁结构等形式，这样可以节省圬工材料，还减轻重量，缺点是经不起漂浮物的撞击。

空心桥墩的截面形式有圆形、长方形等。

（3）桩或柱式桥墩。

由于大孔径钻孔灌注桩基础的广泛使用，桩式桥墩在桥梁工程中得到普遍采用，这种结构是将桩基一直向上延伸到桥跨结构下面，桩顶浇筑墩帽，桩作为墩身一部分，桩和墩帽均由钢筋混凝土制成。

4. 桥　台

桥台是两端桥头的支撑结构物，是连接两岸道路的路桥衔接构造物，既要承受支座传递来的竖直力和水平力，还要挡土护岸，承受台后填土荷载产生的土压力。因此桥台必须有足够的强度，以免发生荷载作用下的位移过大、沉降等。

（1）实体式桥台。

U 形桥台是最常用的桥台形式，由支承桥跨台身与两侧翼墙在平面上构成，一般用圬工材料砌筑，构造简单，适合于填土高度在 8 ~ 10 m 以下，跨度大的桥梁。

（2）埋置式桥台。

它是将台身大部分埋入锥形护坡中，只露出台帽，以安置支座上部结构物。这样，桥台体积可以大为减少，但是由于台前护坡用作永久性表面防护设施，存在着被洪水冲走的可能性，故一般用于桥头为浅滩、护坡受冲刷较小的场合。

（3）柱式、框架式桥台。

柱式、框架式桥台是由埋置式桥台改造而成。柱式可以做成单柱或双柱，框架式桥台也可以称为多柱加衡向支撑的桥台。台帽两侧设置耳墙与路堤连接，下部采用桩基础。这类桥台所承受土压力较小，适用于台身较高、地基承载力较低、跨径较大的桥梁。

（4）撑墙及箱式桥台。

撑墙式、箱式桥台都属于薄壁轻型桥台，能充分发挥材料力学性能，节约材料，施工较快，适用于地基承载力较差、填土高度不太大的情况，可以采用适当形式的挡土侧墙，也可以做成埋置式桥，用耳墙连接路堤，减少撑墙宽度可不设撑墙，就形成了扶壁式或悬臂梁式桥台。

5. 桥梁基础

桥梁的基础承载着桥墩、桥跨结构（桥身）的全部重量以及桥上的可变荷载，桥梁基础往往修建于江河的流水之中，遭受水流的冲刷，所以桥梁基础一般比房屋基础的规模大，需要考虑的问题多，施工条件也困难。

桥梁基础的分类有刚性扩大基础、桩基础及沉井基础等。在特殊情况下，也用气压沉箱基础，现分别简单介绍。

（1）刚性扩大基础。

刚性扩大基础是桥梁实体式墩台浅基础的基本形式。它的主要特点是基础外伸长度与机车高度的比值必须限制在材料刚性角的正切 $\tan\alpha$ 的范围内。若满足此条件，则认为基础的刚性很大，基础材料只承受压力，不会发生弯曲和剪切破坏。刚性扩大基础即由此得名。此基础施工简单，可就地取材，稳定性好，也能承受较大的荷载。

（2）桩基础。

桥梁的桩基础是桥梁中常用的形式。当地基上面的土层较厚时，如采用刚性扩大基础，地基的强度和稳定性往往不能满足要求。这时采用桩基础是比较好的方案。水流稍深的江河道上的桥梁也多用桩基础。

桩基础由若干根桩与承台两部分组成。每根桩的全部或部分沉入地基中，桩在平面排列上可成为一排或几排，所有桩的顶部由承台联成一个整体，在承台上再修筑墩台。

（3）沉井基础。

沉井基础是以沉井作为基础结构，将上部荷载传至地基的一种深基础。

沉井是一种四周有壁、下部无底、上部无盖、侧壁下部有刃脚的筒形结构物。通常用钢筋混凝土制成。它通过从井孔内挖土，借助自身重量克服井壁摩阻力下沉至设计标高，再经混凝土封底并填塞井孔，便可成为桥梁墩台的整体式深基础。沉井基础的特点是埋深大、整体性强、稳定性好，能承受较大的竖向作用和水平作用。沉井井壁既是基础的一部分，又是施工时的挡土和挡水结构物，施工工艺也不复杂。因此这种结构形式在桥梁基础中得到广泛应用。

（4）沉箱基础。

沉箱基础又称为气压沉箱基础，它是以气压沉箱来修筑的桥梁墩台或其他构筑物的基础。

沉箱形似有井盖的沉井，在水下修筑大桥时，若用沉井基础施工有困难，则改用气压沉箱施工，并用沉箱做基础，它是一种较好的施工方法和基础形式。它的工作原理是：当沉箱在水下就位后，将压缩空气压入沉箱内部，排出其中的水，这样施工人员就能在箱内施工，并通过升降筒和气闸，将弃土外运，从而使沉箱在自重和顶面压重作用下逐步下沉至设计标高，最后用混凝土填实工作室，即成为沉箱基础。由于施工过程中都通入压缩空气，使其气压保持或接近刃脚处的静水压力，故称为气压沉箱。

（二）桥梁的分类

桥梁按照其用途、大小规模和建筑材料等方面可以分为：

（1）按工程规模分：特大桥、大桥、中桥、小桥等。

（2）按用途分：铁路桥（见图 2.31）、公路桥（见图 2.32）、公铁两用桥（见图 2.33）、人行及自行车桥、农桥等。

图 2.31　铁路桥

图 2.32　公路桥

图 2.33　公铁两用桥

（3）按建筑材料分：钢桥、钢筋混凝土桥、预应力混凝土桥、结合桥、圬工桥、木桥等。
（4）按结构体系分：梁桥、拱桥、悬索桥、组合体系桥等，如图 3.34 ~ 3.36 所示。

图 2.34　梁桥

图 2.35　拱桥

图 2.36　悬索桥

（5）按桥跨结构与桥面的相对位置分：上承式、下承式、中承式。

（6）按桥梁的平面形状分：直桥、斜桥、弯桥。

（7）按预计使用时间分：永久性桥、临时性桥。

第五节　线路养护维修技术

铁路线路设备是铁路运输业的基础设备，它常年裸露在大自然中，经受着自然界风霜雨雪冻融的侵蚀，更重要的是不断重复的列车荷载的作用。在自然条件和列车荷载的共同作用下，轨道结构的几何形位不断发生变化，钢轨、连接零件及轨枕不断磨损甚至破坏，因而使线路设备的技术状态不断地发生变化。

为确保列车能以规定的最高速度，安全、平稳和不间断地运行，就必须对轨道在运营过程中出现的各种变形采取相应的修养措施，包括对轨道的经常维护和定期修理，借以保持和提高线路设备的质量，使轨道经常处于良好的工作状态，符合线路规定的技术标准，并最大限度地延长线路设备的使用寿命。由此可见科学合理的线路维护工作，不仅是安全运输的必要保障，同时可节省大量的运营投入。为此，应当合理地划分与组织维护工作，规定各类工作的性质、内容、标准、要求和实施周期。

根据线路设备技术状态变化的规律，我国铁路线路设备的修理分为线路设备大修和线路设备维修两种修程。

一、线路设备修理概述

为适应大型机械化、开天窗维护及大型机械化维修工队的现代化作业方法的需要，经常维护宜实行线路“检修分开”的维修体制，将以大型机械作业为主的线路维修和以人工零星作业为主体的线路养护分开管理。线路维修工作应贯彻“预防为主，防治结合，修养并重”的原则。按线路设备技术状态的变化规律和程度，相应地进行综合维修、经常保养和临时补修，有效地预防和整治线路病害，有计划地补偿线路设备损耗，以取得较好的技术经济效益。

线路维修工作的基本任务是：通过科学合理和经济的维修策略，保持和恢复线路设备安全性、可靠性。

线路设备修理分为线路设备大修和维修。线路设备大修是为全面恢复和提高线路设备固有可靠度而对线路进行的大规模修理；线路设备维修是根据线路设备变化规律，维持列车以规定速度安全和不间断地运行而对线路进行的日常维护和小规模修理。

线路设备修理采用周期修与状态修相结合。线路设备大修以周期修为主，日常维修以状态修为主。

线路设备修理实行天窗修制度，应大力推广“集中修”。用于线路大修及大型养路机械作业的施工天窗不少于 180 min，维修天窗双线不应少于 120 min、单线不应少于 90 min。支线铁路应优化天窗设置，宜安排昼间天窗。

（一）线路设备大修

线路设备大修是恢复或提高轨道结构强度的修理作业，根据线路设备各部件状态变化规律的不同，线路设备大修涉及以下 8 项主要内容。

（1）钢轨大修：主要包括有无缝线路或普通线路更换新轨和再用轨，更换失效轨枕及严重伤损混凝土枕，补充道砟，整修线路，恢复、安装轨道加强设备，扣件涂油，混凝土枕螺旋道钉改锚，整修道口等作业内容。

（2）道岔大修：主要包括有成组更换新道岔和新岔枕，同步清筛道岔前后夹直线道床，整修道岔及其前后线路等作业内容。

（3）轨枕大修：主要包括有成段更换轨枕及扣件，成段增加轨枕配置及扣件，成段更换再用轨枕及扣件，清筛道床，补充道砟，整治道床翻浆冒泥和超过 15 mm 的冻害，整修线路，安装轨道加强设备，整修道口等作业内容。

（4）道床大修：主要包括有成段道床全断面清筛，补充道砟，改善道床断面，整治道床翻浆冒泥和超过 15 mm 的冻害，更换失效轨枕和严重伤损混凝土枕，整修或更换螺旋道钉和失效的联结零件，更换一级道砟，校正、改善线路纵断面和平面，整修道口及其排水设备等作业内容。

（5）线路中修：主要包括有道床边坡清筛，补充道砟，整治道床翻浆冒泥，道岔及其夹直线、站线道床清筛或更换道砟，更换失效轨枕和严重伤损混凝土枕、失效联结零件，整修、补充轨道加强设备、道口及其排水设备等作业内容。

（6）扣件大修：主要包括有成段更换状态不良、锈蚀伤损严重的扣件，扣件涂油等，成段混凝土枕螺旋道钉改锚，调整线路几何尺寸等作业内容。

（7）道口大修：主要包括有整修道口平台，更换道口铺面、护轨，清筛道床或更换道砟，更换失效及严重伤损的轨枕、扣件，整修线路及其排水设备，补充、更新、修理、刷新防护设施等作业内容。

（8）其他大修：包括前面 7 种大修没有涵盖的线路设备大修的作业内容。

（二）线路设备维修

线路设备维修采用计划维修与临时补修相结合的方式。

1. 计划维修

计划维修是根据线路及其各部件的变化规律，依据维修周期、结合设备状态评价，运用大型养路机械，全面调整和改善轨道空间的线形线位，消除轨道结构病害，恢复道床弹性，更换失效轨枕和联结零件，调整轨道几何尺寸，消除钢轨轨头病害，达到钢轨目标廓形，以及其他各结构部件的修理等为主要内容的单项或多项修理，以恢复线路完好技术状态。

（1）大型养路机械捣固维修。

（2）钢轨打磨列车打磨。

（3）扣件维修。

（4）有砟轨道精调整理。

（5）无砟轨道精调整理。

（6）无砟道床维修。

（7）整治道床翻浆冒泥，均匀道砟，整理道床。

（8）整治绝缘接头病害。

（9）调整轨缝，修理、补充轨道加强设备，锁定线路。

（10）焊补钢轨、高锰钢辙叉，采用小型养路机械打磨钢轨、焊缝、尖轨、辙叉，整治钢轨接头病害。

（11）无缝线路应力放散、调整、锁定。

（12）更换伤损钢轨、道岔（调节器）轨件，钢轨焊复。

（13）曲线上股钢轨侧面润滑及钢轨顶面摩擦控制。

（14）更换、修理轨枕。

（15）成段整修护轨。

（16）修补达到Ⅱ级及以上伤损的无砟道床。

（17）整修防沙设备，整治冻害。

（18）整修道口，清除道床杂草和路肩大草。

（19）补充、修理并刷新标志、标记。

（20）季节性工作及其他工作。

2. 临时补修

临时补修是用小型养路机械对轨道几何不平顺超过临时补修容许偏差管理值的地方，其他线路状态不良之处等进行的临时性整修，以保证行车安全和平稳。主要内容有：

（1）整修轨道几何不平顺超过临时补修容许偏差管理值的处所。

（2）更换或处理折断、重伤钢轨及焊缝。

（3）更换达到更换标准的伤损夹板，更换折断的接头螺栓、道岔护轨螺栓、可动心轨凸缘与接头铁联结螺栓、可动心轨咽喉和叉后间隔铁螺栓、长心轨与短心轨联结螺栓、钢枕立柱螺栓等。

（4）处理不良绝缘接头。

（5）调整严重不良轨缝。

（6）更换或整治失效无砟道床。

（7）整修严重不良的道口设备。

（8）处理线路其他故障。

（9）其他需要临时补修的工作。

二、线路养护

线路养护是根据线路变化情况，有计划、有重点地养护，以保持线路质量处于均衡状态。经常保养的时间是全年度，范围是线路全长。对经常保养既没有周期规定，也没有遍数要求，而是根据线路变化情况，有计划、有重点地进行。在一年之中，除计划维修和临时补修以外，都属于经常保养。经常保养的目的是保持线路质量经常处于均衡状态。

（一）线路、道岔养护的基本内容

（1）根据轨道几何尺寸超过经常保养容许偏差管理值的状态，成段整修线路。

（2）处理道床翻浆冒泥，均匀道砟，整理道床。

（3）更换和修理轨枕。

（4）调整轨缝，锁定线路。

（5）焊补、打磨钢轨和整治接头病害。

（6）有计划地成段整修扣件，螺栓涂油。

（7）无缝线路应力放散或调整。

（8）更换伤损钢轨，断轨焊复。

（9）整修防沙、防雪设备，整治冻害。

（10）整修道口，疏通排水设备，清除道床杂草和路肩大草。

（11）季节性工作、周期短于计划维修的单项工作和其他工作。

（二）养护的季节性工作

线路设备变化和作业内容与季节特点密切相关。所以，除按公里（组）安排线路（道岔）综合维修以外，还要针对不同地区、季节特点，加强季节性工作。

1. 春融时期

（1）加强线路和山体检查。加固或清除山体危石，及时撤换冻害垫板，以整修轨道几何尺寸为重点，成段整修线路。

（2）调整轨缝，按计划进行夹板及螺栓涂油，抽换接头及连续失效轨枕，在道床缺砟地段补充和均匀道砟，为夏季综合维修作业做好准备。

（3）疏通排水设备，排除路基积水，整治路基翻浆冒泥，防止春汛水漫路基。

2. 炎热季节

注意调整连续轨缝，加强轨道框架的整体稳定性，防止胀轨跑道。

3. 防洪时期

雨季前应做好防洪准备，落实防洪重点地段，尽可能做好整修路基排水设备及整治路基道床病害。对维修解决不了的病害，应安排好洪期行车安全措施。执行雨前、雨中、雨后检查制度，加强巡山、巡河，及时掌握线路变化规律及险情，确保行车与人身安全。

4. 冬前检查工作

（1）整正线路方向，全面拨正直线和曲线。

（2）整治低接头，消灭三角坑、空吊板，加强钢轨接头和桥头线路捣固，整治线路坑洼。

（3）备足过冬材料，如冻害垫板、冻害道钉等。

5. 冬季作业

（1）进行冻害垫板作业，除冰雪，保持线路状态良好。

（2）检查、更换伤损轨件，预防钢轨、夹板和辙叉的折损。

（3）为夏季综合维修尽可能多做准备工作，如调整“三不密”扣件、路料卸车等。

三、线路设备维修管理组织

1. 维修管理组织

铁路线路修理工作实行工务段、工务机械段—修理车间—修理班组三级管理制度。其中，工务段和工务机械段是铁路线路养护、修理的基层生产单位。

工务机械段依靠大型养路机械，负责大型养路机械作业的项目，例如线路大型机械捣固作业，道岔、线路大修换轨，换岔作业及道床清筛等均属大型机械作业的内容。

工务段主要靠人工和小型工机具养路，负责铁路线路及桥隧设备的保养与维修，铁路巡道，铁路道口的看守，大型养路机械作业地段的工作量调查、维修计划制订、维修方案设计、质量验收及其他作业项目等。

工务段的管辖范围：正线线路延展长度不宜超过 1 200 km，特殊情况下由铁路局集团公司规定；山区铁路、管辖范围内有编组站或一等及以上车站时，管辖正线长度可适当减少。

工务段下设安全生产调度指挥中心和线路车间、重点维修车间、综合机修车间、探伤车间等。

其中，线路车间的管辖范围：正线延展长度单线以 60 ~ 80 km 为宜，双线以 100 ~ 120 km 为宜。线路车间又下设检查工区、维修工区、线路工区。

2. 检修分开制度

线路设备维修实行检修分开制度。

检修分开的基本原则是实行专业检查和机械化集中修理，实现检查与维修的异体监督。

检修分开的基本原则是实行独立检查以及专业化、机械化集中修理。

安全生产调度指挥中心负责指挥和监控全段日常生产，掌握作业和设备安全信息；汇总分析设备检查、监控数据，跟踪设备病害和缺陷的调查、复核及处理情况；掌握全段日作业计划，对日作业计划进行审核、协调和过程监控；跟踪掌握工电自轮运转特种设备、专用车辆运行状态和路料运输情况；指挥、处理突发情况等。

线路车间作为组织维修生产的主体，组织制订车间年、月生产计划，周天窗维修计划以及日作业计划；组织设备检查、维护、验收；定期分析评价设备质量，跟踪考核维修、日常保持状态等。

重点维修车间作为段实施机械化修理和专业修理的主体，负责配合大型养路机械作业、集中修作业，钢轨和道岔焊接等工作。

综合机修车间负责养路机械维修保养，工具制作修理及线路配件修理，轨道车的运行及管理等工作。

探伤车间负责钢轨探伤工作。

线路工区负责线路巡查、临时补修、应急值守等。

维修工区负责采用小型养路机械进行线路成段和道岔成组维修、配合大型养路机械作业、轨道伤损部件更换、道床翻浆整治、线路和道岔钢轨打磨、道口翻修及季节性重点工作等。

检查工区负责线路的周期性设备静态检查、设备质量分析、作业验收和重点病害的调查、复核等。

四、线路设备维修工作计划

线路设备维修应根据管内线路的实际情况，制订周密科学的维修工作计划，并按照批准的计划进行维修工作。

1. 工务段

工务段应根据铁路局集团公司线路设备维修工作安排，编制年度分月维修计划，下达各线路车间（机械化维修车间）。其主要内容包括：线路、道岔综合维修数量，经常保养工作的重点安排，各项技术指标，劳力和主要材料计划。

工务机械段应根据铁路局集团公司下达的年度计划，编制年度分月维修计划。线路设备状态和线路保养质量的主要技术指标：

（1）线路设备状态评定合格率。

（2）线路日常保持状态评定合格率。

（3）道岔日常保持状态评定合格率。

（4）调节器日常保持状态评定合格率。

（5）轨道检查车检测质量合格率。

2. 线路车间（机械化维修车间）

线路车间（机械化维修车间）应根据工务段下达的年度分月维修计划和各项技术指标，编制月度维修计划。其主要内容包括：

（1）维修主要项目、数量、地点、材料和人工数。

（2）工作量调查、设备检查、验收的人工数。

（3）日常巡查的主要内容、材料和人工数。

（4）临时补修人工数。

（5）天窗计划。

3. 探伤车间

探伤车间应根据有关规定和要求编制月度检查计划。其主要内容包括：

（1）检查的项目、范围、数量及时间。

（2）使用的仪器、量具、材料和人工数。

第六节　土木工程信息化技术

一、工程建设信息化技术——数字建造

随着计算机、网络、通信等技术的发展，信息技术在工程建设领域的发展突飞猛进，其中以 BIM 为代表的新兴信息技术，成为前述各类信息技术的集大成者，它们正改变着当前工程建造的模式，推动工程建造模式转向以全面数字化为特征的数字建造模式。

数字建造的提出旨在区别于传统的工程建造方法和管理模式。数字建造的本质在于以数字化技术为基础，带动组织形式、建造过程的变革，并最终带来工程建造过程和产品的变革。从外延上讲，数字建造是以数字信息为代表的新技术和新方法的驱动下的工程建造的模式转移，包括组织形式、管理模式、建造过程等全方位的变迁。数字建造将极大提高建造的效率，使得工程管理的水平和手段发生革命性的变化。其中，建筑信息模型（BIM）技术是数字建造技术体系中的重要构成要素。

建筑信息模型（BIM）可以从 Building，Information，Model 3 个方向去解释。Building 代表的是 BIM 的行业属性，BIM 服务的对象主要是建设行业；Information 是 BIM 的灵魂，BIM 的核心是创建建设产品的数字化设计信息，从而为工程实施的各个阶段、各个参与方的建设活动提供各种与建造产品相关的信息，包括几何信息、物理信息、功能信息、价格信息等；Model 是 BIM 的信息创建和存储形式，BIM 中的信息是以数字模型的形式创建和存储的，这个模型具有三维、数字化和面向对象等特征。

基于 BIM 技术的数字建造具有如下特征：

（一）两个过程

在 BIM 技术支持下，工程建造活动包括两个过程，即不仅仅是物质建造的过程，还是一个管理数字化、产品数字化的过程。

1. 物质建造过程

物质建造过程的核心是构筑一个新的存在物，其过程主要体现为把工程设计图纸上的数字产品在特定场地空间变成实物的施工。施工的主要任务有：地基与基础施工，如支护开挖、基础浇筑等；主体结构施工，如梁、板、柱等承重构件的浇筑，以及各类非承重构件的砌筑；防水工程施工；装饰与装修工程施工，如暖通等设备安装、幕墙安装等。通过上述任务，将物质供应链提供的“物料”，如钢筋、混凝土等，通过人机设备加工浇筑安装成为具备特定功用的建筑构件与空间。

2. 产品数字化过程

产品数字化过程不是一蹴而就的，而是一个不断丰富完善的过程，体现为随着项目不断推进，从初步设计、施工图设计、深化设计到建筑安装再到运行维护，建设项目全生命周期不同阶段都有相应的数字信息不断地被增加进来，形成一个完整的数字产品，其承载着产品设计信息、建造安装信息、运营维修信息、管理绩效信息等。在设计阶段，数字产品信息从概要设计信息丰富为产品的深化设计信息；在建筑安装阶段，以深化设计而成的数字产品为载体，建造过程的各类信息，如设备及其备件的数字描述、设备调试信息、建设质量性能数据等被添加进来。项目竣工后提交一个完整的数字建筑产品至运营阶段。在运营维护阶段，设施运行和维护信息又不断地被附加进来。

基于 BIM 的数字建造有效地连接了设计施工乃至全过程各个阶段，工程数字化成为与工程物质化同等重要的一个并行过程。

（二）两个工地

与工程建造活动数字化过程和物质化过程相对应，同时存在着数字工地和实体工地两个战场。数字工地以整个建造过程的可计算、可控制为目标，基于先进的计算、仿真、可视化、管理信息等技术，实现对实体工地的数字驱动与管控，数字工地与实体工地密不可分，体现在数字建造模式下工程建造的“虚”与“实”的关系，以“虚”导“实”，即数字建造模式下的实体工地在数字工地的信息流动驱动下，实现物质流和资金流的精益组织，工地按章操作，有序施工。

（三）两个关系

数字建造模式下，越来越凸显建造过程中的两个关系，即先试与后造，后台支持与前台操作。

一方面，数字建造过程越来越多地采用“先试后造”，譬如，现代工程结构越来越复杂，在有限的施工空间中往往存在着大量的交叉作业过程，通过虚拟建造能够更好地发现空间的冲突，并优化交叉作业的顺序，避免空间碰撞；再如大型设备和重型建筑构件的吊装，需要精确模拟吊装工程的受力状况，从而选择合适的吊机和吊具。通过 BIM 技术，从设计到施工再到维护，始终存在一个以可视化的“BIM 模型”为载体的虚拟数字建筑。以设计阶段的 BIM 为载体，到施工阶段的深化设计，再到基于 BIM 的虚拟施工仿真与演练，实现着工程建设领域的“先试后造”。通过“先试”环节发现潜在的问题并加以解决，从而可极大提高施工现场的“后造”的效率。BIM 模式下的“先试后造”，正推动着工程建设领域向实现类似制造业领域的虚拟制造迈进。

另一方面，数字建造工程也越来越显示出后台与前台的关系。数字建造中少不了后台的知识和智慧的支持，也少不了前台的人力与物力的支撑。工程建造体现为前台与后台的不断交互过程。譬如在工程施工中需要来自后台的监控，规范指导前台工人的施工以及监理工程师的质量监督。后台质量数据的统计分析支持前台发现施工中的质量控制薄弱点，并采取针对性的措施。再如，在地铁工程施工中，前台需要不断地采集地表沉降等各类数据并送往后台，后台基于数据挖掘结果与专家智慧给出风险点和风险预防措施，并反馈至前台。数字建造正是以“后台”的知识驱动着“前台”的运作 。

（四）两个产品

基于 BIM 的数字建造，工程交付有两个产品，即不仅仅是交付物质产品，同时还交付一个虚拟的数字产品。工程建设的上一阶段不仅向下一阶段交付实体的工程产品，还向下一阶段提交描述相应工程的数字模型（产品）。每一阶段的实体交付与数字交付都体现着一个价值增值的过程。项目竣工时，功能完整的实体建筑和描述完整的数字建筑两个产品同时交付。并且这一数字产品在工程运营存续的整个过程中起着重要作用，为工程的运营维护乃至改造报废提供支持。

BIM 技术不仅仅支撑物质产品更好地交付，其本身就是数字产品交付的载体和体现。美国国家标准技术研究院将 BIM 定义为：在 3D 数字技术的基础上，集成建设工程项目全生命周期各阶段不同信息的数据模型，是对工程设施实体与功能特性的数字化表达。

基于 BIM 的数字建造的核心在于数字化集成管理。传统的模式下，由于缺乏统一的信息编码与有效的集成载体，工程建造过程中各类信息的交换与流动显得杂乱无章，工程建造过程中的信息流动及其驱动的工程物质流动常显得粗放、不精益。BIM 技术通过集成工程项目信息的收集、管理、交换、更新、储存过程项目业务流程，实现数字建造模式下数字流与物质流的高程度集成与高水平组织，推动工程建造走向精益化，实现精益建造。

简而言之，BIM 技术成为数字建造模式的支撑技术，并最终体现在 BIM 技术对整个建设项目全生命周期各阶段、多要素的集成以及参与各方协同的支持上。BIM 技术在工程建造中的应用，支撑了工程建造全过程、各要素和各实施主体的集成，实现了工程施工的物质产品交付与数字产品交付。

二、BIM 与工程建造过程

工程建造涉及从规划、设计、施工到交付使用全过程的各个阶段。BIM 技术对工程建造过程的支持主要体现为以下两个方面：

（1）BIM 技术降低了工程建造各阶段的信息损失，成为解决信息孤岛问题的重要支撑。

在传统信息创建和管理方式下，工程建造全生命周期信息在各个阶段的传递过程中不断地流失，形成各个阶段的信息孤岛。英国 Constructing the team：The Latham report 表明，工程项目的成本有 10%～30%损失在信息交换的环节。K. Svensson 1998 年研究了工程各阶段信息损失问题。

尽管在设计阶段 CAD 等技术使得工程设计信息以数字化形式存在，如空间信息等，但当信息转变为纸介质形式时，信息就极大地损失掉了。在施工阶段，无法获取必要的设计信息，在项目交付时无法将工程施工信息交付给业主。在运营维护阶段，积累到的新信息又仅以纸质保存，难以和前一阶段的信息集成。因而造成信息的再利用性极差，同一个项目需要不断重复地创建信息。

德国学者 Matti Hannus 在通过图例表示信息技术在工程建设领域的应用历史和发展趋势的同时，也生动刻画了这些信息技术/系统之间存在的信息难以沟通共享和集成的“信息孤岛”现象。同时，各种不同的技术或标准，如 Internet 技术、EDI 电子数据交换、PDM 产品数据管理、IFC 数据模型、STEP 标准等，在试图局部或者是根本性地解决该问题。

BIM 遵循着“一次创建，多次使用”的原则，随着工程建造过程的推进，BIM 中的信息不断补充和完善，并形成一个最具时效性的、最为合理的虚拟建筑。因此，基于 BIM 的数字建造，既包含着对前一阶段信息的无损利用，也包含着新信息的创建、补充和完善，这些过程体现为一个增值的过程。BIM 模型一经建立，将为整个生命周期提供服务，并产生极大的价值，如设计阶段的方案论证、业主决策、多专业协调、结构分析、造价估算、能量分析、光照分析等建筑物理分析和设计文档生成等；施工阶段的可施工性分析、施工深化设计、工程量计算、施工预算、进度分析和施工平面布置等；运营阶段的设施管理、布局分析（产品、家具等）和用户管理等。

（2）BIM 技术成为支撑工程施工中的深化设计、预制加工、安装等主要环节的关键技术。

BIM 在工程建造中的应用领域非常广泛，BIM 支持从策划到运营的工程建造各阶段。其中，在施工阶段的应用主要有 3D 协调、场地使用规划、施工系统设计、数字化加工、3D 控制规划和记录模型等。

目前，国内 BIM 技术在工程施工阶段的应用主要集中在施工前的 BIM 应用的策划与准备，面向施工阶段的深化设计与数字化加工、虚拟施工，施工现场规划以及施工过程中进度、成本控制等方面。本书以对数字建造的认识为基础，分别从 BIM 应用的策划与准备、基于 BIM 的深化设计与数字化加工、基于 BIM 的虚拟建造、基于 BIM 的施工现场临时设施规划，以及两项重要的管控业务，即基于 BIM 的施工进度管理和工程造价管理等方面进行讲解，如图 2.37 所示为 BIM 价值链。

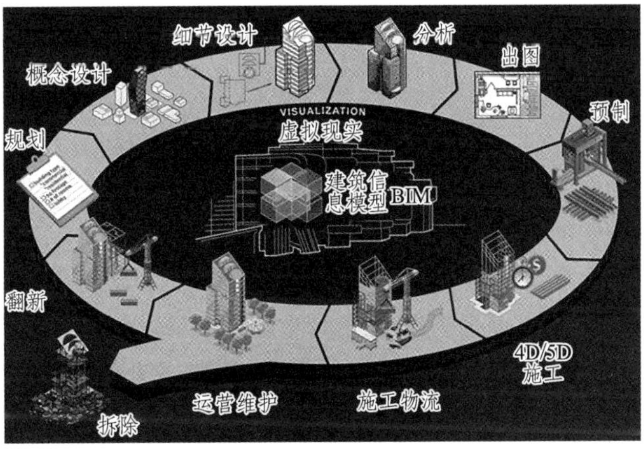

图 2.37　BIM 价值链

三、BIM 技术工程建造过程及特点

1. BIM 应用的策划与准备

在一项工程的施工阶段引入 BIM 应用，首先需要在应用前根据工程的特征和需求情况，进行 BIM 应用的策划和准备工作。BIM 应用的策划与准备工作包括 BIM 应用目标的确立、BIM 模型标准设置、BIM 应用范围界定、BIM 组织构架的搭建、信息交互方式的规定等内容。充分有效的策划与准备工作是施工阶段成功应用 BIM 技术的重要保障。

2. 基于 BIM 的深化设计与数字化加工

深化设计在整个项目中处于衔接初步设计与现场施工的中间环节。专业性深化设计主要涵盖土建结构、钢结构、幕墙、机电各专业、精装修的深化设计等。项目深化设计可基于综合的 BIM 模型，对各个专业深化设计初步成果进行校核、集成、协调、修正及优化，并形成综合平面图、综合剖面图。基于 BIM 的深化设计在日益大型化、复杂化的工程中显露出相对于传统深化设计无可比拟的优越性。有别于传统的平面 2D 深化设计，基于 BIM 的深化设计更能提高施工图的深度、效率及准确性。

传统设计的沟通主要通过阅读 2D 平面图来交换意见，立体空间的想象则要靠设计者的知识及经验积累。即使在讨论阶段获得了共识，在实际执行时也会经常发现有认知不一的情形出现，施工完成后若不符合使用者需求，还需重新施工。基于 BIM 的深化设计通过 BIM 技术的引入，使得每个专业的角色可以更加方便地通过立体模型来沟通，基于 3D 空间浏览设计，在立体空间所见即所得，快速明确地锁定症节点，通过 BIM 技术可更有效地检查出视觉上的盲点。因此，BIM 模型在建筑项目中已经变成业务沟通的关键媒介，即使是不具备工程专业背景的人员，都能参与其中，工程团队各方均能给予较多正面的需求意见，减少设计变更次数。除了实时可视化的沟通，BIM 深化设计导出的施工图还可以帮助各专业施工有序合理地进行，提高施工安装成功率，进而减少人力、材料以及时间上的浪费，很大程度上降低施工成本。

通过 BIM 的精确设计后，可以大大减少专业间交错碰撞，且各专业分包利用模型开展施工方案、施工顺序讨论，可以直观、清晰地发现施工中可能产生的问题，并一次性给予提前解决，大量减少施工过程中的误会与纠纷，也为后阶段的数字化加工、建造打下坚实基础。

基于 BIM 的数字化加工是革命性的突破，基于 BIM 的预制加工技术、现场测绘放样技术、数字物流等技术的综合应用为数字化加工打下了坚实基础。基于 BIM 实现数字化加工，可以自动完成建筑物构件的预制，降低建造误差，大幅度提高构件制造的生产率，从而提高整个建筑建造的生产率。基于 BIM 的数字化加工将包含在 BIM 模型里的构件信息准确地、不遗漏地传递给构件加工单位进行构件加工，这个信息传递方式可以是直接以 BIM 模型传递，也可以是 BIM 模型加上 2D 加工详图的方式，由于数据的准确性和完整性，BIM 模型的应用不仅解决了信息创建、管理与传递的问题，而且 BIM 模型、3D 图纸、装配模拟、加工制造、运输、存放、测绘、安装的全程跟踪等手段为数字化建造奠定了坚实的基础。

3. 基于BIM的虚拟建造

基于BIM的虚拟建造能够极大地克服工程实物建造的一次性过程所带来的困难。在施工阶段，基于BIM的虚拟建造对施工方案进行模拟，包括4D施工模拟和重点部位的可建性模拟等。能够以不消耗实物的形式，对施工过程进行仿真演练，做到多次虚拟建造优化和一次实物安装建造的结合。基于BIM的数字化建造按照施工方案模拟现实的建造过程通过反复的施工过程模拟，在虚拟的环境下发现施工过程中可能存在的问题和风险，并针对问题对模型和计划进行调整和修改，提前制订应对措施，进而优化施工方案和计划，再用来指导实际的项目实施，从而保证项目施工的顺利进行。

把模型和施工方案集成，可以在虚拟环境中对项目的重点或难点进行可建性模拟，如对场地、工序、安装进行模拟等，进而优化施工方案。通过模拟来实现虚拟的施工过程，在一个虚拟的施工过程中可以发现不同专业需要配合的地方，以便真正施工时及早做出相应的布置，避免等待其余相关专业或承包商进行现场协调，从而提高了工作效率。

4. 基于BIM的施工现场临时设施规划

施工现场规划能够减少作业空间的冲突，优化空间利用效益，包括施工机械设施规划、现场物流与人流规划等。将BIM技术应用到施工现场临时设施规划阶段，可更好地指导施工，为施工企业降低施工风险与成本经营。譬如在大型工程中大型施工机械必不可少，重型塔吊的运行范围和位置一直都是工程项目计划和现场布置的重要考虑因素之一，而BIM可以实现在模型上展现塔吊的外形和姿态，配合BIM应用的塔吊规划就显得更加贴近实际。将BIM技术与物联网等技术集成，可实现基于BIM施工现场实时物资需求驱动的物流规划和供应。以BIM空间载体，集成建筑物中的人流分布数据，可进行施工现场各个空间的人流模拟，检查碰撞，调整布局，并以3D模型进行表现。

5. 基于BIM的施工进度管理

进度计划与控制是施工组织设计的核心内容，它通过合理安排施工顺序，在劳动力、材料物资及资金消耗量最少的情况下，按规定工期完成拟建工程施工任务。目前建筑业中施工进度计划表达的传统方法，多采用横道图和网络图的形式。将BIM与进度集成，可形成基于BIM的4D施工。基于BIM的4D施工模拟可将建筑从业人员从复杂抽象的图形、表格和文字中解放出来，以形象的3D模型作为建设项目的信息载体，方便建设项目各阶段、各专业以及相关人员之间的沟通和交流，减少建设项目的信息载体或者信息流失而带来的损失，从而提高从业者的工作效率以及整个建筑业的效率。BIM技术可以支持工程进度管理相关信息在规划、设计、建造和运营维护全过程无损传递和充分共享。BIM技术支持项目所有参建方在工程的全生命周期内以同一基准点进行协同工作，包括工程项目施工进度计划编制与控制。基于BIM技术的施工进度管理，支持管理者实现各工作阶段所需的人员、材料和机械用量的精确计算，从而提高工作时间估计的精确度，保障资源分配的合理化。

6. 基于BIM的工程造价管理

工程造价控制是工程施工阶段的核心指标之一，其依托于工程量与工程计划两项基本工作。基于 BIM 的工程造价相比于传统的造价软件有根本性改变，它可实现从 2D 工程量计算向 3D 模型工程量计算转变，完成工程量统计的 BIM 化；由 BIM4D（3D + 时间/进度）建造模型进一步发展到 BIM5D（3D + 成本 + 进度）全过程造价管理，可实现工程建设全过程造价管理 BIM 化。

工程管理人员通过 BIM5D 模型在工程正式施工前即可确定不同时间节点的施工进度与施工成本，可以直观地查看形象进度，并得到各时间节点的造价数据，从而避免设计与造价控制脱节、设计与施工脱节、变更频繁等问题，使造价管理与控制更加有效。基于 BIM 与工程造价信息的关联，当发生设计变更时，修改模型，BIM 系统将自动检测哪些内容发生变更，并直观地显示变更结果，统计变更工程量。并将结果反馈给施工人员，使他们能清楚地了解设计图纸的变化对造价的影响。

7. 基于 BIM 的工程信息模型集成交付及在设施管控中的应用

施工阶段及其前序阶段积累的 BIM 数据最终能够为建成的建（构）筑物及其设施增加附加价值，在交付后的运营阶段再现、处理交付前的各种数据信息，从而更好地服务于运营阶段。基于 BIM 提供的 ND 数据，可实现建成设施的设施运营模拟、可视化维修与维护管理、灾害识别与应急管控等。

拓展阅读一

复习与思考

1. 简述轨道结构的组成及各部分的作用。
2. 简述地面排水及地下排水类型。
3. 简述隧道施工方法及施工特点。
4. 简述桥梁的组成。
5. 简述铁路线路养护维修的内容。

第三章　铁道车辆

铁道车辆是铁道运输的运载工具，负责运送旅客和货物。广义地说，铁道车辆是那种必须沿着专设的轨道运行的车辆。除在铁路干线运行的铁道车辆外，城市中的轻轨车辆、有轨电车、地下铁道车辆、悬挂式单轨车以及磁悬浮列车等均可列入有轨车辆的范畴。本章所涉及的是铁路干线上运行的铁道车辆。普速（车速低于 200 km/h）铁路上运行的铁道车辆一般没有动力装置，需要把车辆连挂成一列，由机车牵引在线路上运行，才能达到运送旅客和货物的目的。高速铁路上运行的铁道车辆（动车组）是由带有动力装置的动车和不带动力装置的拖车组成。

第一节　铁道车辆的基本构造

铁道车辆种类繁多，每一种类型的车辆构造都有区别，但它们的基本构造都是相似的。每一辆车均由车体、转向架、车钩缓冲装置、制动装置和车辆内部设施 5 个基本部分组成，如图 3.1 所示。

具体组成请浏览 AR 资源——“铁道车辆组成”。

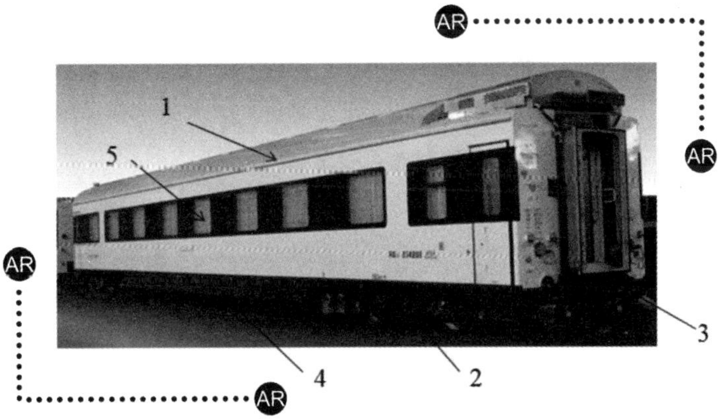

1—车体；2—走行部（转向架）；3—车钩缓冲装置；4—制动装置；5—车辆内部设备。

图 3.1　铁道车辆组成

一、铁道车辆的种类

由于运送的对象不同或有某些特殊需要，铁道车辆按用途分为客车和货车。

（一）客　车

铁道客车是运送旅客或为旅客提供服务的车辆。按用途分，常见的客车有硬座车、软座车、硬卧车、软卧车、餐车、行李车、邮政车、合造车、空调发电车、公务车、试验车、维修车、医疗车等，如图 3.2 ~ 3.9 所示。目前我国普通铁道客车的主型车是 25 型客车，其车内空间宽敞，布置典雅，色调柔和，构造速度高，乘坐舒适，安全性好。25 型客车包括 25B、25K、25G、25Z、25T 等类型，除基本车型外，还有双层客车。按车速分，有高速客车、准高速客车和常速客车。高速客车运行于大城市之间，其最高商业运行速度大于或等于 200 km/h；准高速客车最高商业运行速度介于 160 km/h 与 200 km/h 之间；常速客车指最高商业运行速度小于 160 km/h 的客车。

图 3.2　YZ25K 型空调客车

图 3.3　青藏高原型 YW25T 客车

图 3.4　YZ25T 型软卧客车

图 3.5　敞开式硬卧

图 3.6　餐车厨房

图 3.7　餐车客室

图 3.8 行李车

图 3.9 试验车

(二)货 车

铁道货车是运输货物的车辆。货物类型多，需要的货车车型也很多。按其用途可分为通用货车、专用货车和特种货车；按照货运车辆的轴数可分为 4 轴车、6 轴车和多轴车；按载重可分为 60 t、70 t、80 t 等多种。

1. 通用货车

通用货车指适合于装运各种不同类型货物的车辆，对运送的货物无特殊要求，在铁道车辆中所占比例较大，包括敞车、棚车、平车等几种。

（1）敞车。其车体两侧及端部均设有 0.8 m 以上的固定墙板，无车顶，又称高边车。主要用以装运散粒货物，如煤、焦炭等；可装运木材、集装箱等无须严格防止湿损的货物；也可加盖篷布，运输怕湿损的货物；还可装运重量不大的机械设备。因此，敞车具有很大的通用性，其数量约占我国铁路货车总数的 56%。目前全路敞车新造车均为 70 t 级和 80 t 级。图 3.10 所示为 C70H 型通用敞车，图 3.11 所示为 C80A（H）型敞车。

图 3.10 C70H 型通用敞车

图 3.11 C80A（H）型通用敞车

（2）棚车。车体设有地板、车顶、侧墙、端墙和门窗。用以装运各种需防止湿损、日晒或散失的货物，如布匹、粮食、化肥、棉纺织品和仪器等。除运送货物外，大部分棚车还可以临时代替客车运送旅客。图 3.12 所示为 P70 型通用棚车，图 3.13 所示为 P65 型行包专列用棚车。

图 3.12　P70 型通用棚车

图 3.13　P65 型行包专列用棚车

（3）平车。底架承载面为一平面，通常两侧设有柱插，有的平车还设有可活动下翻式的矮端墙和侧墙，可用来装运矿石、砂土等块粒状货物。平车一般用于装运钢材、木材、集装箱、汽车、拖拉机、机器设备及军用装备等较大的货物。图 3.14 所示为 N17 平车。

图 3.14　N17 平车

图 3.15　X2H 双层集装箱车

2. 专用货车

专用货车专供运送某些限定种类的货物的车辆，其用途比较单一，同一种车辆要求装载的货物重量或外形尺寸比较统一。专用货车一般有罐车、保温车、煤车、矿石车、砂石车、长大货物车、通风车、家畜车、水泥车、活鱼车、集装箱车、漏斗车、守车、毒品车等。下面介绍几种常用的专用货车。

（1）集装箱车。底架承载面与平车相同但无地板，车体上设有固定集装箱的固定式、翻转式锁闭装置和门止挡，以便锁闭集装箱。图 3.15 所示为 X2H 双层集装箱车。

（2）机械保温车。机械保温车（又叫机械冷藏车）是运送鱼、肉、鲜果、蔬菜等易腐货物的专用车辆。因此，保温车的车体装有隔热材料，车内设有冷却装置、加温装置、测温装置和通风装置等，具有制冷、保温和加温 3 种性能。如图 3.16 所示为 B23 型五节式机械保温车组。

（3）罐车。设有圆筒形罐体，专用于装载液体、液化气体或粉状货物的车辆。按货物品种可分为轻油罐车、黏油罐车、机油罐车、沥青罐车、食油罐车、水罐车、化工品罐车、粉状货物罐车、液化气罐车等。按卸货方式可分为上卸式罐车、下卸式罐车等，如图 3.17 所示为 GQ70 轻油罐车。

图 3.16　B23 型五节式机械保温车组

图 3.17　GQ70 轻油罐车

（4）水泥车。车体为圆柱形罐体，上部有装入水泥的舱孔，下部有漏斗式开门。专供运送散装水泥的车辆。还有一种气卸式水泥车，下部设有引进压缩空气的进风口及卸货口，压缩空气与水泥混合后由卸货口通过卸货软管输入存储水泥的库中。如图 3.18 所示为 UXY 型气卸散装水泥车。

图 3.18　UXY 型气卸散装水泥车

（5）矿石车。车体有固定的侧墙、端墙和卸货用的特殊车门。主要用以运送各种矿石和矿粉。有的整个车体能借液压或空气压力的作用向任一侧倾斜，并自动开启侧门，把货物倾泻出来（此种车辆也称为自动倾翻车，简称倾翻车）。图 3.19 所示为 K18 矿石车。

图 3.19　K18 矿石车

3. 特种货车

特种货车是具有特别用途或特殊结构的货车，主要有救援车、检衡车、发电车、除雪车、无缝钢轨输送车等。

二、铁道车辆的基本构造

铁道车辆一般由车体、转向架、车端连接装置、制动装置和车辆内部设施 5 部分组成。

（一）车　体

车辆供装载货物或乘坐旅客的部分被称作车体。车体通过心盘、中心销、旁承与转向架连接，安装车端连接装置、制动装置和车辆内部设施。

车体的主要组成部分包括底架、侧墙、端墙、车顶和车门等。车体底架通过心盘或旁承支承在转向架上。车体的钢结构由许多纵向梁和横向梁（柱）组成，主要承担：自重、载重、整备重量及由于轮轨冲击和簧上振动而产生的垂直动载荷；列车起动、变速、上下坡道时，在车辆之间所产生的牵引和压缩冲击力等纵向载荷；以及包括风力、离心力、货物对侧壁的压力等侧向载荷，图 3.20 所示为车体结构。

具体构成请浏览 AR 资源——“铁道车辆车体结构”。

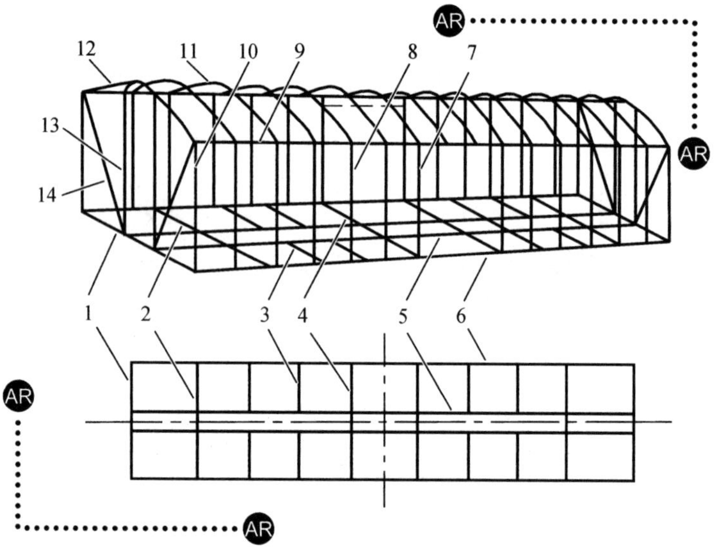

1—端梁（缓冲梁）；2—枕梁；3—小横梁；4—大横梁；5—中梁；6—侧梁；7—门柱；8—中间立柱；9—上侧梁；10—角柱；11—车顶弯梁；12—顶端弯梁；13—端柱；14—端斜柱。

图 3.20　铁道车辆车体结构

（二）转向架

转向架是把两个或几个轮对用专门的构架（侧架）组成的一个小车，它介于车体与钢轨之间，能相对车体回转的一种走行装置。它通常是由构架（或侧架）、轮对、轴箱、弹簧减振装置、摇枕及基础制动装置等组成一个独立结构。它支撑车体，通过轴承装置使车轮沿钢轨的滚动转化为车体沿线路的平移；传递从车体至轮对之间或从轮对至车体之间的各种载荷及作用力，并使轴重均匀分配；保证车辆安全运行，能灵活地沿直线运行及顺利地通过曲线；具有减缓来自车辆运行时带来的振动和冲击的作用。因此转向架的设计也直接决定了车辆的构造速度、走行的稳定性和乘坐的舒适性。

由于车辆的用途不同，对转向架的性能、结构、参数和采用的材料及工艺等要求又有差别，因而就出现了各种形式的转向架。

转向架根据构架结构分有三大件式和整体架构式；按照轴型货车分有 B、C、D、E 等，客车有 HB、HC、HD、HE 等，对应的车轴直径依次增大，车轴直径越粗，容许轴重越大；根据使用轴数不同分为二轴转向架、三轴转向架和多轴转向架。转向架的轴数一般是根据车辆总重和每根车轴的容许轴重确定的。例如采用 2 根 E 轴转向架的货车，每轴容许轴重为 25 t，那么其最大重量（自重与载重之和）不能超过 $4\times25=100$ t。超过就需要三轴或多轴转向架。我国大多数的货车、客车采用二轴转向架，一些大吨位货车、公务车等采用三轴转向架，在长大重载货车上采用多轴转向架或转向架群。

目前，我国国内使用的客车转向架有 20 余种，货车转向架有 30 多种。我国常见货车转向架有转 K2、转 K3、转 K4、转 K5、转 K6、转 K7 等，最高运行速度为 120 km/h；常见客车转向架包括 206G 型、209T 型、209P 型、SW-160 型、CW-200 型、SW-220K 型和 242 型等，主要用于速度 120 ~ 160 km /h 的普通客车。

以二轴货车转向架为例对其结构进行介绍。每一个二轴转向架是由两组轮对、轴箱油润装置、侧架、摇枕、弹簧减振装置及基础制动装置等 5 部分组成的一个整体结构，并通过摇枕上的下心盘、中心销和车体底架枕梁上的上心盘对接后与车体连接为一体。图 3.21 所示是我国铁道货车上广泛使用的 转 K6 型货车转向架，为铸钢三大件式结构（2 侧架和 1 个摇枕）。

具体构成请浏览 AR 资源——“转 K6 型货车转向架”。

图 3.21　转 K6 型货车转向架

1. 轮　对

两个车轮和一根车轴按规定的压力和尺寸牢固地压装在一起形成的一个整体称轮对（见图 3.22）。它承受着来自车辆的全部静、动载荷，并将其传递给钢轨，引导车辆在钢轨上运行，并与钢轨相互作用产生各种作用力。因此，轮轴结合部位采用过盈配合，使两者牢固地结合在一起。目前，我国铁路的客货车全部采用滚动轴承轮对，如图 3.22 所示为货车轮对。

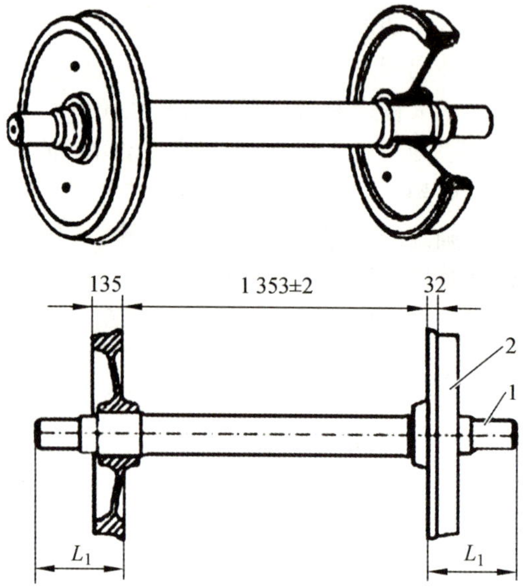

1—车轴；2—车轮。

图 3.22　货车轮对

车轴是轮对转动的中枢。铁道车辆所用的车轴大多是圆截面实心轴，车轴两端安装轴箱的部分称轴颈，安装车轮的地方叫轮座，车轴的中部为轴身。车辆在运行中车轴承受的载荷是不断变化的，而且由于轮对不停地旋转，车轴内产生交变应力。因此，必须提高车轴材质的持久极限。

车轮是车辆直接与钢轨接触的部分，它将车辆的载荷传给钢轨，并在钢轨上滚动，使车辆运行。我国车辆全部使用钢质整体车轮，其中货车车轮的名义直径为 840 mm，客车车轮的名义直径为 915 mm。车轮与钢轨接触的外圆周表面称为车轮踏面，踏面与钢轨头部的接触面接触，引导着车辆的行进。车轮踏面为锥形磨耗型，能自动纠正车轮滚动过程的偏离方向，从而保证车辆中心线与线路中心线一致，以减少车辆的蛇行运动和滑行，使轮对较顺利地通过曲线，并使踏面磨耗沿宽度方向比较均匀。车轮内侧面的径向圆周凸起的部分叫轮缘，起导向作用，防止轮对脱轨，保证车辆在线路上安全运行。

2. 轴箱油润装置

轴箱油润装置的作用是将轮对和侧架或构架联结在一起，把轮对沿钢轨的滚动转换为车体沿线路的平移。它不仅将车辆的垂直、水平载荷传递给轮对，保证车辆能不间断安全运行。而且不断地保持轴承的正常润滑，减少摩擦，降低运行阻力。如果轴箱装置发生故障，将会产生热轴现象，轻微的会延误行车，严重的会使轴颈因激烈磨损而折断，造成严重行车事故。因此，车辆检修人员应加强对轴箱装置的维护和检修，切实防止燃轴事故，确保行车安全。

目前，我国铁路客货车全部采用的是滚动轴承轴箱装置。由于铁路车辆允许轴重比较大，故采用承载能力比较大的滚子滚动轴承。按滚子的形状可分为圆柱滚子轴承和圆锥滚子轴承，轴承由外圈、内圈、滚子和保持架组成。

我国铁道车辆滚动轴承轴箱装置的结构随转向架的形式而有所不同，目前主要分为有轴箱的和无轴箱的轴承轴箱装置。

客车轴箱装置可分为有轴箱的圆柱滚子轴承轴箱装置和圆锥滚子轴承轴箱装置。主要由轴箱体、轴箱后盖、防尘挡圈、油封、轴箱前盖、压板和轴承组成。如图 3.23 所示为客车滚动轴承轴箱装置。

具体构成请浏览 AR 资源——“客车滚动轴承轴箱装置”。

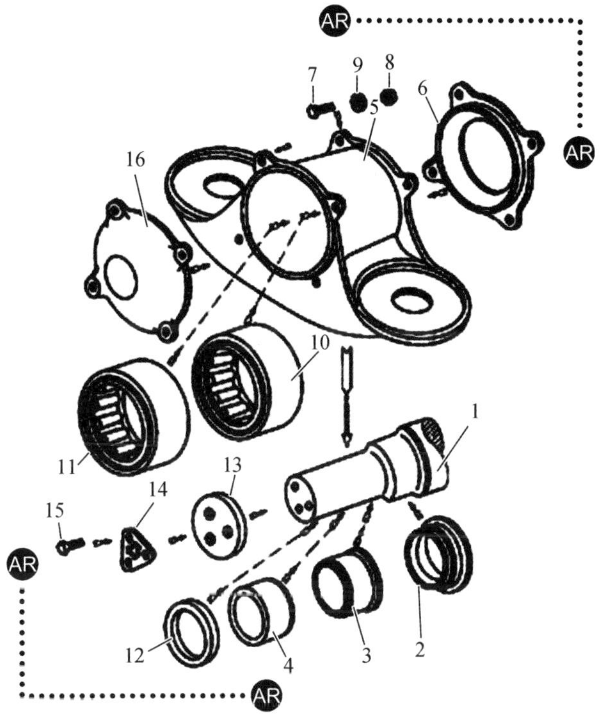

1—车轴；2—防尘挡圈；3—42726T 轴承内圈；4—152726T 轴承内圈；5—轴箱体；
6—轴箱后盖；7—螺栓；8—螺母；9—弹簧垫圈；10—42726T 轴承外圈；
11—152726T 轴承外圈；12—152726T 轴承挡圈；13—压板；
14—防松片；15—螺钉；16—轴箱前盖。

图 3.23　客车滚动轴承轴箱装置

货车滚动轴承一般不使用轴箱（转 K3 型转向架除外），除双列圆锥滚子轴承外，还有前盖、后挡、密封罩、密封圈、密封座、防松片、承载鞍、轴端螺栓、施封锁等组成，承载鞍连接轴承和转向架。

铁道车辆滚动轴承承受着较大负荷和冲击振动，且经常受温度变化的影响，一般均采用润滑脂润滑，它油膜强度高、缓冲性能好、黏附性能好、油脂黏度受温度变化的影响小、密封和防护性能好。图 3.24 所示为密封式滚动轴承轴箱装置。

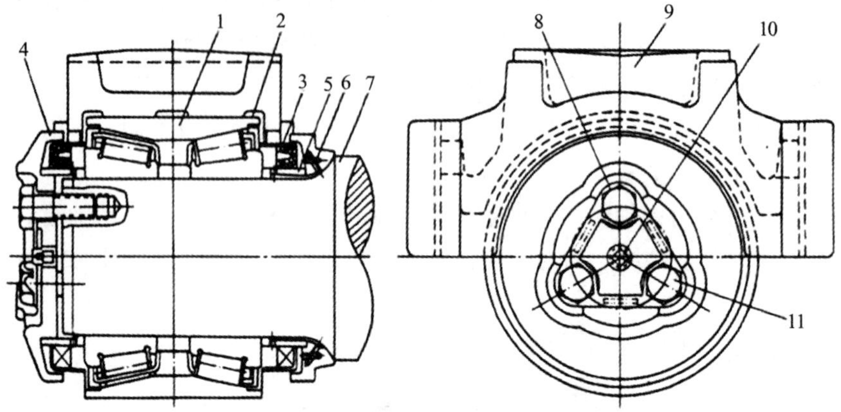

1—滚动轴承；2—密封罩；3—密封圈；4—前盖；5—密封座；6—后挡；
7—车轴；8—防松片；9—承载鞍；10—螺堵；11—螺栓。

图 3.24　密封式滚动轴承轴箱装置

3. 构架（侧架）、摇枕装置

构架（侧架）是转向架的基础，它把转向架各零部件组成一个整体，并承受和传递各种作用力和载荷。

货车三大件式转向架是由左右两个独立的侧架和一个摇枕组成的。每一侧架联系前后两个轮对一侧的轴箱，两侧架间中央部位通过一根横向放置的摇枕联结。

侧架（见图 3.25）的两端有轴箱导框，导框插入承载鞍（轴箱）的导槽之内，连接轴承和转向架。侧架中部有一个方形孔，是安装摇枕和弹簧减振装置的地方，如图 3.25 所示为转 K6 型转向架侧架。

具体构成演示请浏览 AR 资源——“转 K6 型转向架侧架”。

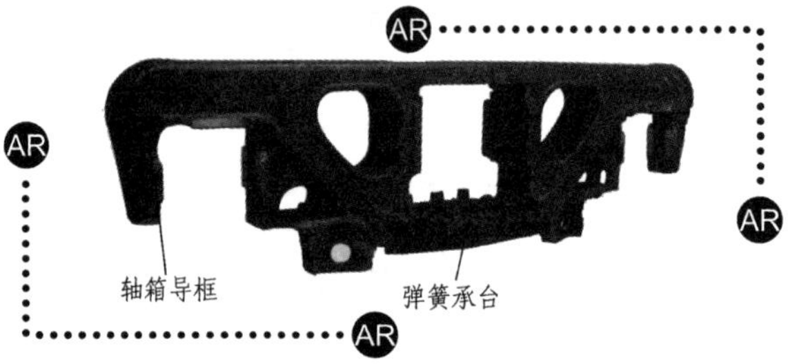

图 3.25　转 K6 型转向架侧架

摇枕（见图 3.26）把两侧架连成一个整体，将车体作用在下心盘上的力传递给支撑在它两端的枕簧上。摇枕中间安装下心盘，与车体上的上心盘配合，承受车体上的垂向力和水平力，上下心盘间可以相对转动，车辆通过曲线时，减小阻力；两旁有下旁承座，安装下旁承，当车辆通过曲线时，车体向内倾斜，一侧的上旁承和下旁承相接触，可以防止车体过分摇动和倾斜。

具体构成演示请浏览 AR 资源——“转 K6 型转向架摇枕”。

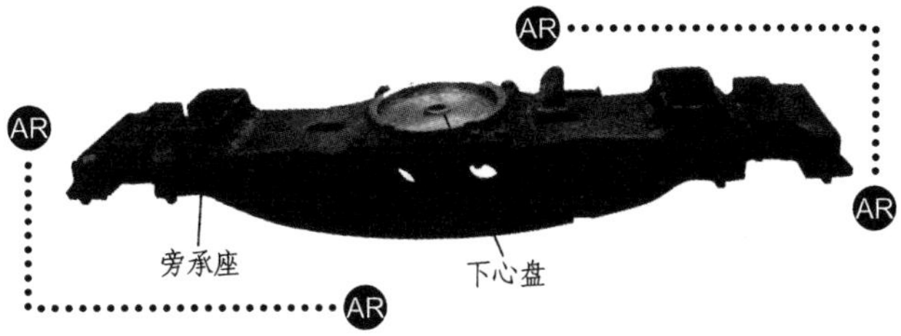

图 3.26 转 K6 型转向架摇枕

客车转向架构架一般是一体式 H 形，由两根侧梁和两根横梁组成。它把转向架各零件组合成一个整体。图 3.27 所示为 209T 型客车转向架，它由构架、轮对轴箱弹簧装置、摇枕弹簧悬挂装置以及基础制动装置组成。

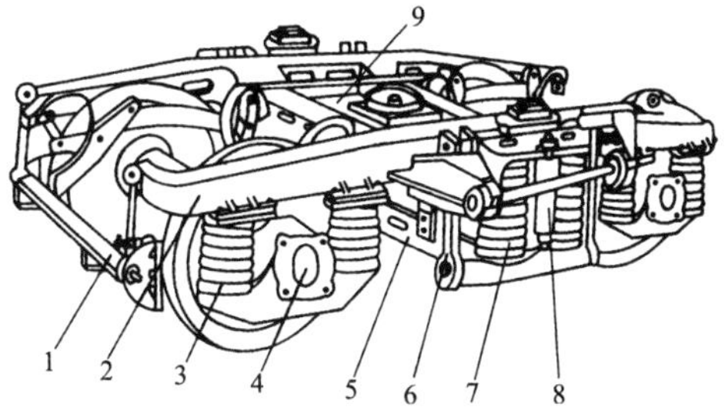

1—基础制动装置；2—构架；3—轴箱弹簧；4—轴箱；5—弹簧托板；6—摇枕吊；7—摇枕弹簧；8—油压减振器；9—摇枕。

图 3.27 209T 型客车转向架

4. 弹簧减振装置

弹簧减振装置的作用是缓和或削减车辆运行受到的振动和冲击，提高车辆运行平稳性。它一般由弹簧和减振器组成。

货车转向架一般在摇枕和侧架之间设置摇枕弹簧（中央弹簧）和斜楔式减振器，这种只在一个位置设置弹簧减振装置的形式，叫一系悬挂，如图 3.28 所示。

变摩擦楔式减振器的原理请浏览 AR 动画——“变摩擦楔式减振器”。

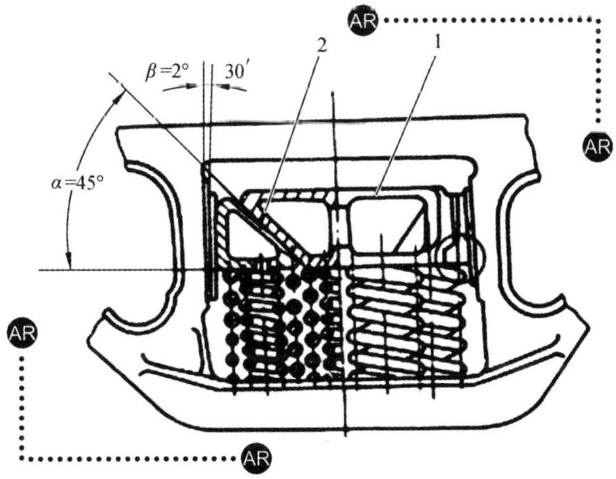

1—摇枕；2—斜块。

图 3.28 变摩擦楔式减振器

客车转向架分别在摇枕和构架之间、构架和轴箱之间各设置一套弹簧减振装置，叫二系悬挂。其进一步改善了转向架的减振性能。209T 型客车转向架除了弹簧装置以外，在摇枕和构架之间还安装了油压减振器，如图 3.27 所示。目前，快速客车在摇枕和构架之间、构架和轴箱之间均装有油压减振器。另外，快速客车、动车组、城轨车辆中央弹簧都用空气弹簧代替了钢弹簧。

（三）车端连接装置

车端连接装置是指连接两车辆间的所有机械、空气和电气装置，主要包括车钩缓冲装置、风挡、车端阻尼装置和车端电气连接装置等，一些货车和动车组上还使用牵引杆装置。风挡和车端阻尼装置仅在客车车辆上使用，而牵引杆则是随着重载运输发展起来的新型的铁路车辆连接方式，其一般仅运用在重载货车车辆上，电气连接装置是列车动力和控制通信的重要设备。

1. 车钩缓冲装置

车钩缓冲装置是用来连接列车中各车辆，使之彼此保持一定距离，并且传递和缓和列车在运行中或在调车时所产生的纵向力和冲击力。

车钩缓冲装置安装在车体中梁两端的牵引梁上，由车钩、缓冲器、钩尾框、前后从板、提升机构、复原装置等组成，具有连挂、牵引和缓冲 3 种功能。车钩与钩尾框通过钩尾销相连。如图 3.29 所示为客车车钩缓冲装置的一般结构形式。

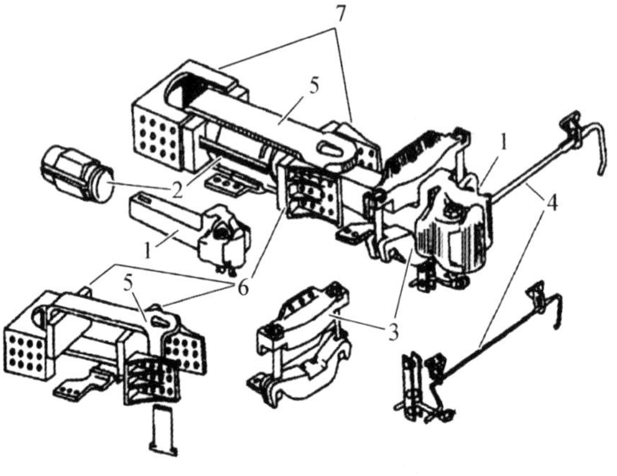

1—车钩；2—缓冲器；3—车钩复原装置；4—解钩装置；
5—钩尾框；6—前后从板；7—前、后从板座。

图 3.29　客车车钩缓冲装置

（1）车钩。

① 车钩的构造。车钩由钩头、钩身和钩尾 3 个部分组成。车钩前端粗大的部分称为钩头，钩头内装有钩舌、钩舌销、锁提销、钩舌推铁和钩锁铁；车钩后部称为钩尾，在钩尾上开有垂直扁销孔，以便与钩尾框联结；钩头与钩尾之间的部分为钩身。图 3.30 所示为货车车钩的零部件。车钩由铸钢制成，并具有标准的联结轮廓，以便相互连挂。

具体构造演示请浏览 AR 资源——“货车车钩的零部件”。

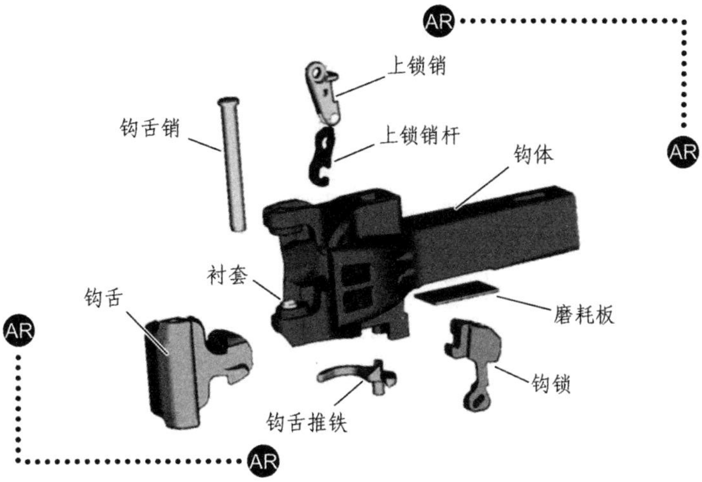

图 3.30 货车车钩的零部件

② 车钩开启方式。车钩的开启方式分为上作用式及下作用式两种。 由设在钩头上部的提升机构开启的，叫上作用式，大部分货车车钩为上作用式。这种方式开启灵活、轻便。下作用式车钩是指车钩由闭锁向开锁或全开位置转换时，通过钩提杆向上推动钩锁的解钩方式。客车因端部设有通过台，故车钩开启方式采用下作用式。近年来，新造货车也采用下作用式，如图 3.31 所示。

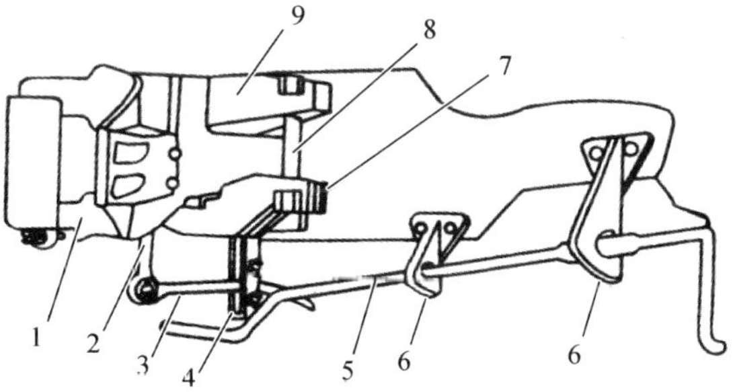

1—钩头；2—锁推销；3—下锁销杆；4—下锁销托吊；5—车钩提杆；
6—车钩提杆座；7—车钩托梁；8—吊杆；9—冲击座。

图 3.31 下作用式车钩

③ 车钩的三态作用。我国铁路客货车上使用的车钩均为自动车钩，钩舌可以绕钩舌销转动。当车钩钩头内的零件处于不同位置时，车钩将具有闭锁、开锁和全开三种作用，俗称车钩的三态作用，如图 3.32 所示。

a. 闭锁位置[见图 3.32（a）]：钩舌不能自由转动。连挂着的两车只有当车钩均处于闭锁位才可传递纵向力。

b. 开锁位置[见图 3.32（b）]：钩舌可以转动。连挂着的两车至少有一个车钩处于开锁位才可分离。

c. 全开位置[见图 3.32（c）]：钩舌转动到最大开位置。相邻两车钩至少有一个车钩处于全开位才可连挂。

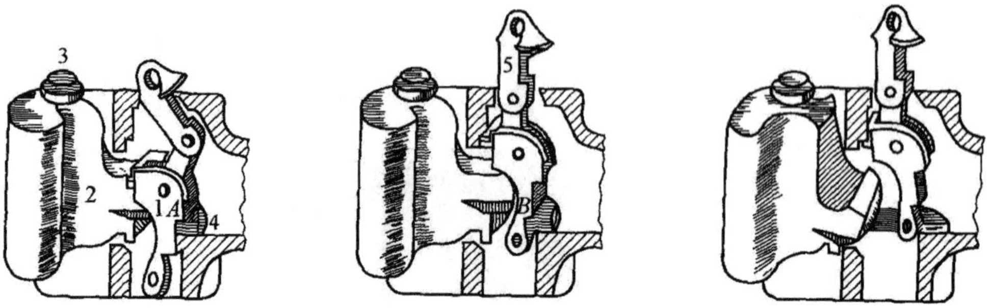

（a）锁闭位置　（b）开锁位置　（c）全开位置

图 3.32　车钩的三态作用

车钩的三态作用原理请浏览 AR 动画——“车钩三态作用图”，如图 3.33 所示。

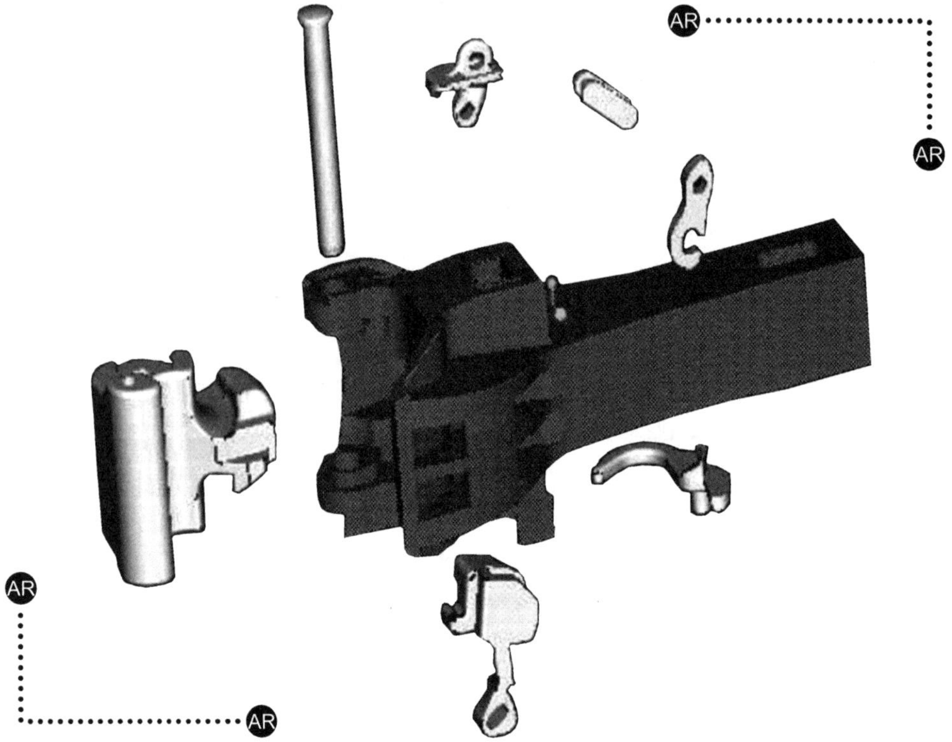

图 3.33　车钩三态作用图

（2）缓冲器。

缓冲器安装在车钩的后面，用来缓和列车在运行中由于机车牵引力的变化或在起动、制动及调车作业时车辆相互碰撞而引起的纵向冲击和振动。缓冲器有耗散车辆之间冲击和振动的功能，从而减轻对车体结构和装载货物的破坏作用。

缓冲器的工作原理是借助于压缩弹性元件来缓和冲击作用力，同时在弹性元件变形过程中利用摩擦和阻尼吸收冲击能量。图 3.34 所示为货车广泛使用的 MT-2 型摩擦式缓冲器。

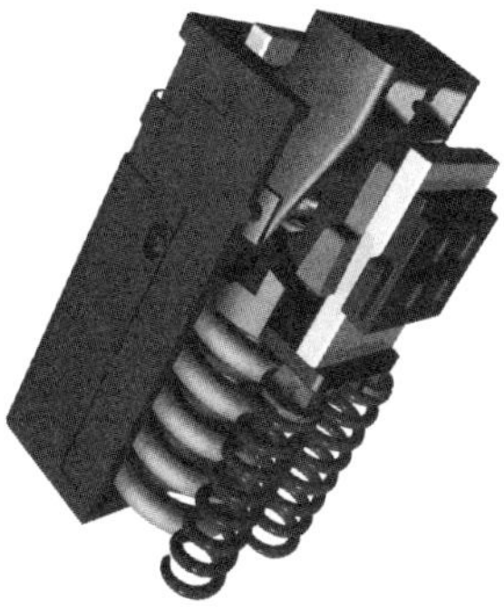

图 3.34　MT-2 型摩擦式缓冲器

2. 风　挡

为了防止风沙、雨水侵入车内及运行时便于旅客安全地在相互连挂的车辆间通过，在车辆两端连接处装有风挡装置。我国的客车风挡有帆布风挡、铁风挡、橡胶风挡、折棚式风挡、密接胶囊式风挡等，如图 3.35 所示。

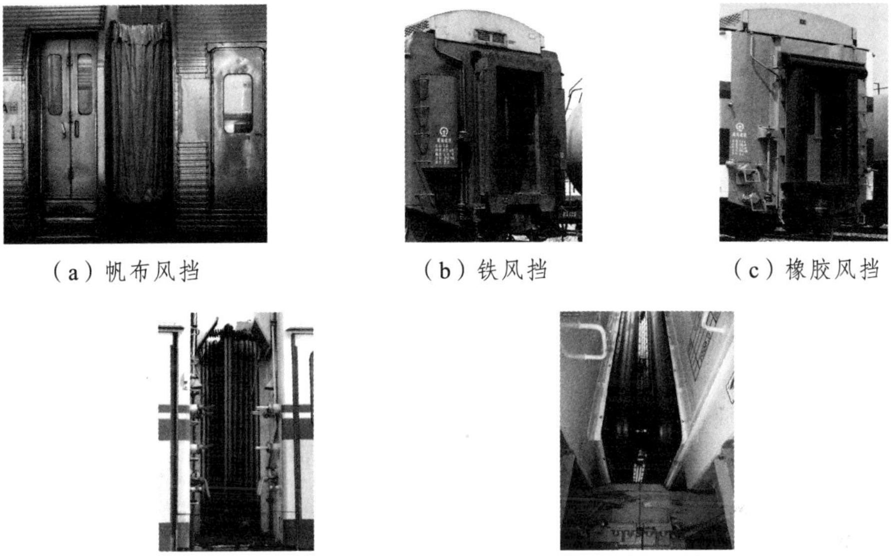

（a）帆布风挡　（b）铁风挡　（c）橡胶风挡

（d）折棚风挡　（e）密接胶囊式风挡

图 3.35　我国铁路客车常见风挡

帆布风挡用于 22 型客车及一些老型客车上，由帆布折棚组成，结构简单，维修方便，但不太美观且易损耗。

铁风挡是我国现有客车上保有量最大的风挡，结构简单，连挂方便，但风挡噪声大，磨损及腐蚀严重，维修量较大。

橡胶风挡由左右立橡胶囊、横橡胶囊、橡胶垫、防晒板、缓冲装置等组成，具有良好的纵向伸缩性和横向、垂向柔性，以适应车辆通过曲线和振动，噪声小，应用广。

折棚风挡配有专用渡板，渡板被风挡包在里面。具有外形美观、密封性较好的优点，但连挂不太方便，车端阻尼小，耐候性较差。

密接胶囊式风挡是为 200 km/h 以上的动车组研制的，具有良好的气密性，过道美观，采用内饰板及新结构渡板，避免乘客挤伤手脚，提高了乘客通过的安全性。风挡胶囊采用特殊橡胶材料制成，可耐高温 150 °C，耐低温 – 40 °C。

（四）制动装置

制动是人为地有控制地对运行着的列车施加阻力，以使列车减速或停车，或使停放的机车车辆继续保持停放状态的作用。为实现列车的制动而安装在列车上的一整套设备称之为列车制动装置。制动技术或者说列车制动机性能是铁路运输实现“高速、重载”目标的关键性前提条件之一。

列车制动装置由机车制动装置和车辆制动装置组成。机车制动装置除了具有使它自己制动和缓解的设备外，还具有操纵全列车制动作用的设备。

制动装置一般由制动机和基础制动装置组成。制动机是通过对其操纵和控制进而产生制动原力的部分。基础制动装置是传送并扩大制动原动力的部分。

我国客货车辆上的制动机有空气制动机、电空制动机、手（人力）制动机。列车运行时一般使用空气制动机或电空制动机，手制动机用在调车作业或车辆停放时使用。此外，在机车和高速车辆上还有轨道电磁制动、电阻制动、再生制动等其他类型的制动形式。

1. 空气制动机

目前，我国使用的空气制动机全部是自动空气制动机。自动空气制动机以压力空气作为制动原动力，以改变制动管压力空气的压力来控制三通阀（分配阀或控制阀）动作，从而实现制动和缓解作用。其制动力大，控制灵敏便当，应用最为广泛。我国铁路习惯把压力空气简称为“风”，把空气制动机简称为“风闸”。

（1）自动空气制动系统的组成。

列车自动空气制动系统包括装在机车上的空气压缩机、总风缸和制动阀，分装在机车和车辆上的制动机和基础制动装置，以及贯通全列车的制动管。

我国货车空气制动机主要使用 120 型。客车空气制动机有 104 型和 F8 型。快速客车使用 104 型和 F8 型电空制动机。现以 120 型空气制动机（见图 3.36）为例，简要介绍安装在货车上的设备。

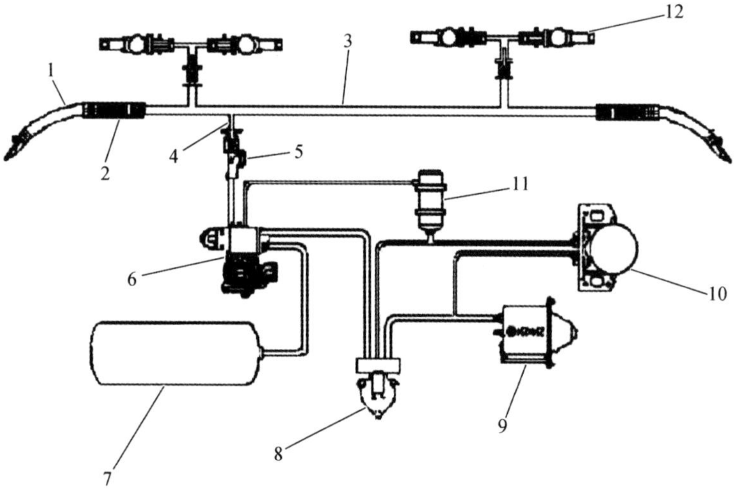

1—制动软管；2—折角塞门；3—制动主管；4—制动支管；5—截断塞门和远心集尘器组成；
6—120 型控制阀；7—副风缸；8—调整阀；9—制动缸；10—传感阀组成；
11—加速缓解风缸；12—脱轨制动装置。

图 3.36　120 型空气制动机组成

① 制动主管与支管：制动主管是贯通全车的传送压缩空气的管路，它两端装有制动软管和折角塞门。通过制动软管连接器可与邻车的制动软管相连，从而使各机车车辆相贯通。在制动主管中部有制动支管连接主管与 120 型控制阀。

② 120 型控制阀：是 120 型空气制动机的主要部件，由中间体、主阀、半自动缓解阀、紧急制动阀等 4 部分组成。它和制动支管、副风缸、制动缸连通，根据制动管空气压力的变化情况，产生相应的作用位置，从而控制向副风缸充入压力空气的同时把制动缸内压力空气排向大气实现制动机缓解作用，或者将副风缸内压力空气充入制动缸产生制动机的制动作用。它自身有半自动缓解阀，在列车解体时，可用来单独缓解个别车辆。

③ 远心集尘器：它利用离心力的作用，将压缩空气中的灰尘、水分、铁锈等杂物，沉淀于集尘器的下部，以免进入三通阀等部件。

④ 副风缸：车辆制动机储存压力空气的装置，制动时制动缸的动力源。

⑤ 制动缸：制动时，用副风缸送来的空气压力推动制动缸活塞，将空气压力转变为机械推力。

⑥ 截断塞门：安装在制动支管上，用以开通或截断制动支管的空气通路。它平时总在开通位置，只有当车辆上所装的货物按规定应停止制动机的作用，或当制动机发生故障时才将其关闭，以便停止该制动机的作用。

通常把因制动机故障或因装载货物的需要而关闭了截断塞门、停止制动机作用的车辆叫“关门车”。

⑦ 折角塞门：折角塞门安装在制动主管的两端，用以开通或关闭主管与软管之间的通路，以便于关闭空气通路和安全摘挂机车、车辆。

⑧ 加速缓解风缸：用于储存压力空气。缓解时，将加速缓解风缸的压缩空气经 120 控制阀充入制动支管，使得制动支管局部增压，加快列车制动支管的增压速度，提高缓解波速，达到加速缓解的目的。

⑨ 调整阀：货车的空重车载重差别较大，在制动时往往需要的制动力不同，调整阀通过调整进入制动缸的压力空气值，达到调整制动力的目的。

⑩ 传感阀：可以自动感知车辆的载重和自重，通过调整进入制动缸的压力空气值，来调整空重车的制动力大小。

⑪ 脱轨制动装置：车辆发生脱轨事故时，迅速排出制动管压力空气，使脱轨列车紧急制动停车。

（2）自动空气制动机的工作原理。

三通阀（分配阀或控制阀）是自动空气制动机的关键部件，控制制动机的各种作用，以三通阀的作用原理为例介绍空气制动机的作用原理。

三通阀与制动管、副风缸、制动缸相通，并设有大气通路。内部装有一个气密性良好的主活塞及带孔道的滑阀、节制阀。主活塞外侧通列车管、内侧通副风缸。当制动管内压力空气的压力发生压力变化，二者之间产生压力差，此压力差是主活塞动作的动力，推主活塞带动节制阀、滑阀移动，形成不同的作用位置，实现以下各种作用。

① 充气、缓解作用位[见图 3.37（a）]。司机将自动制动阀手把放充气缓解位时，总风缸风的压力空气经过自动制动阀向制动管输入，主活塞外侧压力增大，当压力大于内侧副风缸压力时，主活塞带节制阀、滑阀内移，开放充气沟 i，制动管的压力空气经充气气路进入副风缸储存起来（其压力最后可达到与制动管规定压力相等），准备制动时使用。同时滑阀连通制动缸和三通阀排气口，若制动缸内有压力空气，则经排气口排入大气。这就形成副风缸充气，制动缸缓解作用，实现了制动机充气及缓解作用。

② 制动作用位[见图 3.37（b）]。司机将自动制动阀手把放制动位时，自动制动阀将制动管内压力空气排入大气，三通阀主活塞外侧压力下降，当主活塞外侧压力低于内侧副风缸压力时，主活塞带节制阀、滑阀向外移动，移动到滑阀与滑阀座上的孔路将副风缸和制动缸连通，副风缸内压力空气经滑阀与滑阀座上的制动气路进入制动缸，实现制动机的制动作用。

③ 自动空气制动机的特点。自动式空气制动机的特性是制动管排气（减压）时制动缸充气（增压），发生制动。当列车发生分离事故，制动软管被拉断时，列车管风压急剧下降，三通阀活塞主动而急速地挪动转移到制动位，故列车能自动急速制动直至停车。

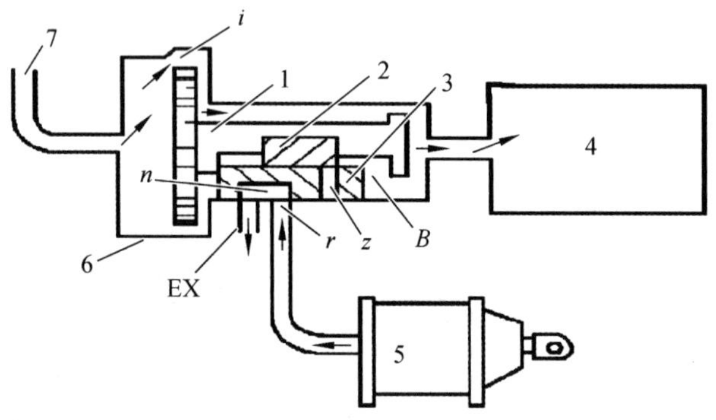

（a）充气缓解位作用原理

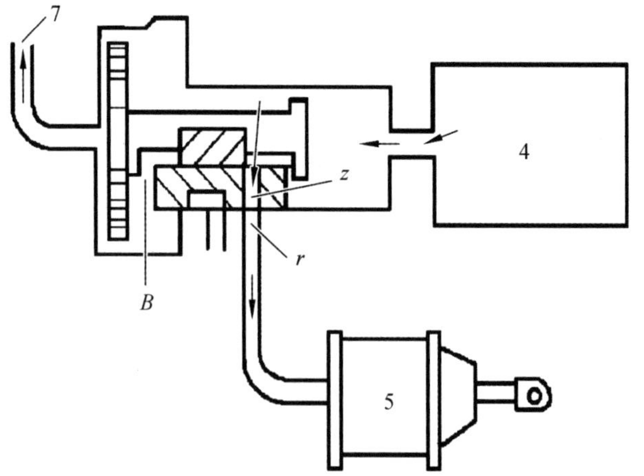

（b）制动位作用原理

1—主活塞及主活塞杆；2—节制阀；3—滑阀；4—副风缸；5—制动缸；6—三通阀；7—制动管；i—充气沟；B—间隙；z—滑阀制动孔；r—滑阀座制动缸孔；n—滑阀缓解联络槽；EX—排气口。

图 3.37　三通阀工作原理图

自动空气制动机的工作原理请浏览AR资源——“自动空气制动机的工作原理”，如图3.38所示。

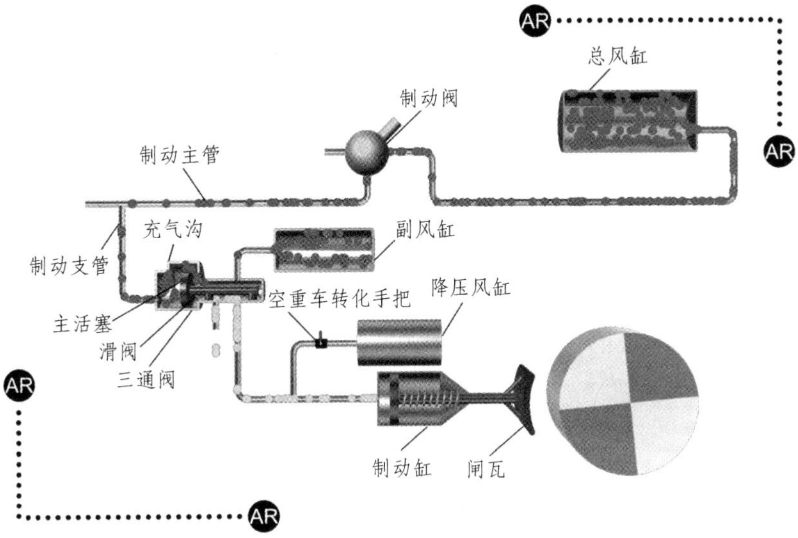

图3.38　自动空气制动机的工作原理

（3）缓解阀和紧急制动阀的使用。

① 缓解阀的使用。在列车或车列中当需要缓解单辆车时，无法通过向制动主管充气的方法来实现，而只能通过个别操纵的方式降低副风缸的压力，从而达到缓解车辆的目的。目前，绝大部分货车空气制动机是120型，120型控制阀自身带有半自动缓解阀，只要拉动拉风线3～5 s，即可缓解制动机。客车无拉风线，在每辆车的空气制动机压力风缸上装有排水阀，需缓解车辆时，搬动排水阀手柄即可。如果客车在运行中，可打开车厢中部的铸钢盖，拉动空中的拉手，即可排出制动缸中的风压。

② 紧急制动阀的使用。除了客、货列车司机室内的制动手柄以外，在每辆铁道客车车厢的端部，有标明“危险！勿动！”的红色手把，这就是“紧急制动阀”，又称“车长阀”，它一端连接制动主管，另一端通大气，平时，阀被弹簧压在阀座上，当拉动手把时，偏心轴使阀离开阀座，打开制动主管与大气的通路，制动主管内的压缩空气就急剧减压，产生紧急制动作用。铁道行车部门规定，列车行驶中旅客不得随意拉动紧急制动阀，列车运行只有在发生危及行车或人身安全的情况时，车长或有关乘务人员才有权使用紧急制动阀。

2. 手制动机

手制动机是指装在车辆制动装置上，以人力作为制动力原动力的部分。用人力转动手轮或手把，以代替压缩空气作用于制动缸活塞的推力带动基础制动装置动作，以达到制动的效果。一般产生的制动力较小，制动作用也相对缓慢，因此，一般只有在不能使用空气制动机的情况下才使用手制动机。手制动机根据用途不同，可分为货车用和客车用两类。目前，新造货车上已经全部使用我国新研制的NSW型手制动机，客车上使用比较多的为蜗轮蜗杆式。如图3.39所示为我国铁道货车上采用的新型NSW型手制动机，其手制动轮很像一个汽车方向盘。制动时，将功能手柄搬到制动位，调车人员可以顺时针迅速转动该手制动轮，使制动链条绕在手轮轴上，拉动制动杠杆，使闸瓦紧压车轮而产生制动作用。缓解时，将功能手柄搬到缓解位，逆时针拨动手轮可快速缓解。

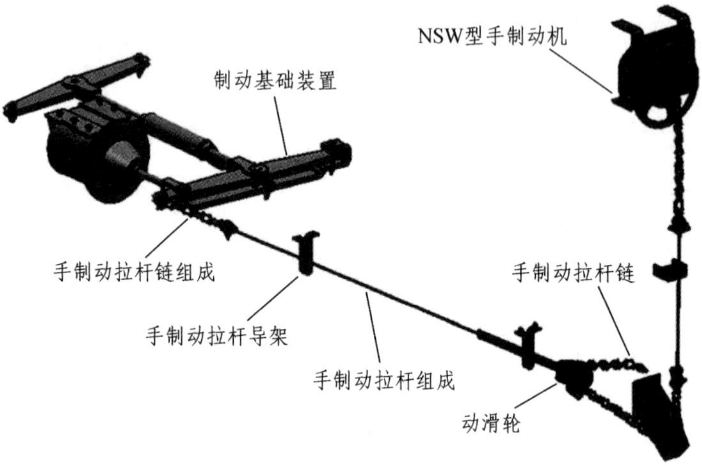

图 3.39　手制动机

3. 基础制动装置

基础制动装置安装在车体底架和转向架上，利用杠杆原理，将空气制动机或手制动机产生的力扩大数倍，再均匀地传递到闸瓦或闸片。货车基础制动装置主要采用的是单侧闸瓦式，客车部分车辆采用双侧闸瓦式，大部分车辆采用盘形制动装置。

单侧闸瓦式基础制动装置的工作原理请浏览AR资源——“单侧闸瓦式基础制动装置”，如图3.40所示。

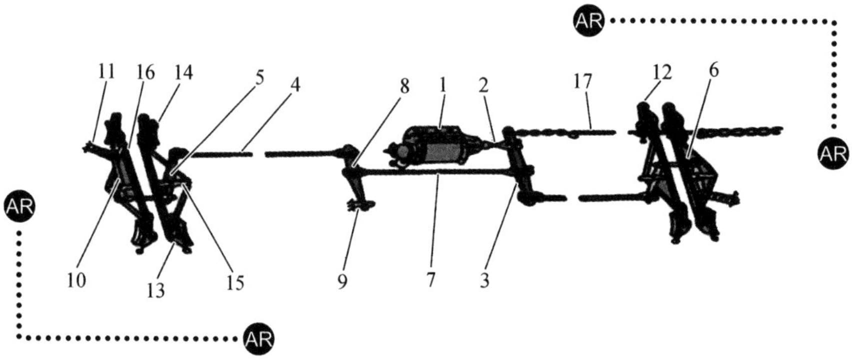

1—制动缸；2—制动缸活塞推杆；3—制动缸前杠杆；4—上拉杆；5—制动杠杆；6—下拉杆；
7—链接拉杆；8—制动缸后杠杆；9—制动缸后杠杆托；10—固定杠杆；
11—固定杠杆支点；12—闸瓦托吊；13—闸瓦托；14—闸瓦；
15—制动梁支点；16—制动梁；17—手制动拉杆。

图 3.40　单侧闸瓦式基础制动装置

盘形制动基础制动装置的工作原理请浏览 AR 资源——“盘形制动装置”，如图 3.41 所示。

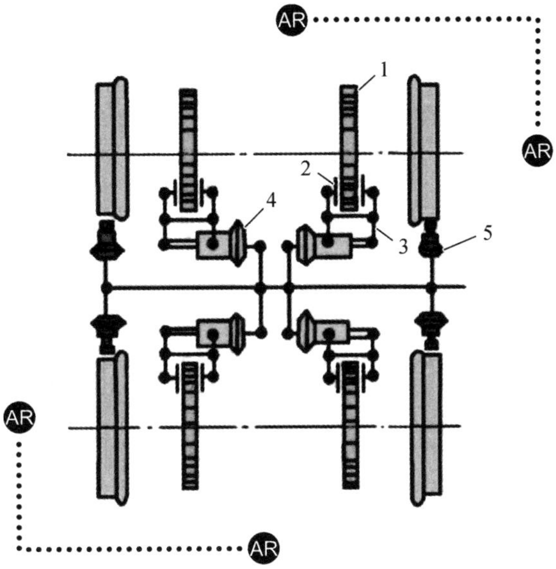

1—制动盘；2—闸片；3—钳形杠杆；4—盘形制动单元；5—踏面清扫器。

图 3.41　盘形制动装置

4. 其他制动装置

（1）电空制动机。在空气制动机的基础上加装电磁阀等电气控制部件而形成电空制动机。它的特点是制动、缓解作用的操纵控制用“电控”，但制动作用原动力还是压力空气。而且，在制动机的电控因故失灵时，它仍可实行“气控”（空气压强控制），变成空气制动机。在列车速度很高或编组很长，空气制动机难以满足要求时，采用电空制动机可以大大改善列车前后部制动和缓解作用的一致性，显著减轻列车纵向冲击，并缩短制动距离。世界上高速列车都采用电空制动机，我国的快速客车也采用了电空制动机。

（2）轨道电磁制动机。这种制动方式的装置是在转向架两轮对之间距轨面适当高度处悬装电磁铁靴或永久磁铁。在制动时，电磁铁靴落下，并接通激磁电源使之产生吸力而吸附在钢轨上，通过摩擦产生制动作用。这种制动不受轮轨间黏着系数的限制，能在保证旅客舒适性的条件下有效地缩短制动距离，但重量较大，增加了车辆的自重并加速了钢轨的磨耗。这种装置通常仅在紧急制动时作为一种辅助制动方式，用于黏着力不能满足紧急制动需要的高速列车上使用，但到目前为止，我国还未采用。其构成如图 3.42 所示。

（3）线性涡流制动（轨道涡流制动）。在每一个转向架上设有可起落的电磁铁，司机操纵制动时，将安装在转向架构架侧梁下的电磁铁放到离轨道表面上方 7 ~ 10 mm 的位置，并通电励磁，由于电磁铁和轨道的相对运动，由法拉第电磁感应定律知，当通过闭合回路的磁通量发生变化时，将在钢轨中产生感生电动势，形成感生电流，由楞次定律可知感应电流的方向总是企图使感应电流本身所产生的通过回路面积的磁通量，去补偿或者说反抗引起感应电流的磁通量的改变。

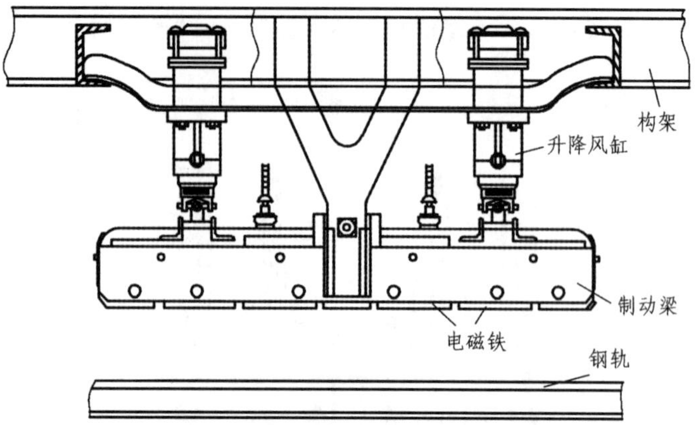

图 3.42　轨道电磁制动机构成

（4）再生制动。列车制动时，使电力机车或用电力牵引的动车组的牵引电动机转变为发电机，将运行中的列车动能通过发电机转变为电能反馈回电网（供电网范围内的其他列车牵引使用）。使列车的动能转变为可利用电能的制动方式。

（5）电阻制动。电力机车、用电力传动的内燃机车、动车组或地下铁道车辆。制动时，变牵引电动机为发电机，将运行中的列车动能通过发电机转变为电能消耗于电阻，用以控制速度。其优点是效率高，不会发生长时间抱死车轮的现象，高速时制动力大，但低速时它的效率就减低，并且一般列车（除动力分散性的城市轨道交通车辆）带电动机的车辆比率不大，故受到一定限制，平常均与空气制动机同时配合使用。

（五）列车尾部安全防护装置

列车尾部安全防护装置，是用于货物列车取消守车后，在尾部无人值守情况下为提高铁路运输的安全性而研制的专用运输安全装置，设备应用计算机编码、无线遥控、语音合成、计算机处理技术，保证列车运行安全而设计生产的安全防护设备，也是重要的铁路行车设备，如图 3.43 所示。

（a）列尾装置主机

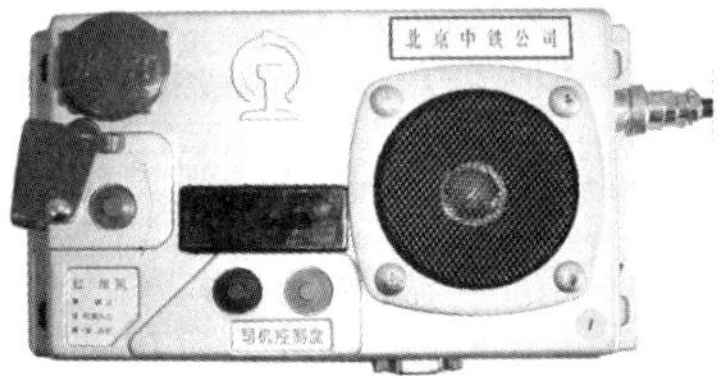

（b）司机控制盒与控制台

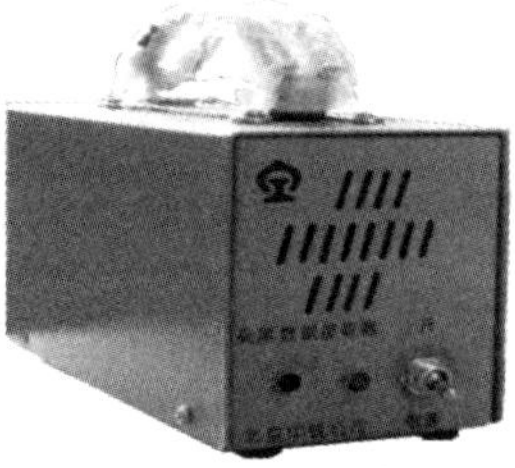

（c）数据接收器

（d）列尾装置的使用

图 3.43　列尾装置的组成及安装位置

列车尾部安全防护装置主要由列车尾部部分和列车机车部分两部分组成。列车机车部分有列尾装置司机控制盒（简称司机控制盒）和列尾机车台。列车尾部部分有列尾装置尾部主机（简称列尾主机）和列尾主机的附属设备。列尾主机的附属设备包括：列尾主机检测台、机车号确认仪、列尾主机电池、列尾主机电池充电器、简易场强计、屏蔽室、列车尾部安全防护装置数据处理系统等。

列车尾部安全防护装置可用于列车尾部风压查询、列车尾部风压异常告警、列车尾部排风制动、列尾主机电池电量不足告警、列车尾部标识、黑匣子记录功能等。使用时机车乘务员操作司机控制盒功能键，首尾以无线数据传输方式传递信令（编码信息），其信令通过机车列调电台（或列尾专用机车电台）发送出去，列尾主机接收到司机控制盒发送的信令后，其响应信息再以同样的方式返回司机控制盒，司机通过司机控制盒合成的语音或显示的信息来了解列车尾部风压及列尾主机的工作状态等情况。

（六）车辆内部设备

车辆内部设备是一些能良好地为运输对象服务而设于车体内的固定附属装置。如客车上的席座、卧铺、照明、给水、取暖、通风、空调、行李架等均是。货车由于类型不同，内部设备也因此千差万别，一般来说比客车简单。如棚车内的拴马环、床托等分别为运送大牲畜及人员所设，其他如保温车、家畜车等各有其特殊的内部设备。

第二节　车辆标记及主要技术参数

一、车辆标记

为了便于对客货车的运用和检修管理，按铁路行业的规定，在车辆指定部位用油漆涂打用于表明车辆的配属、用途、编号、主要参数、方向、位置的文（数）字和代号称为车辆标记。

根据标准《铁道车辆标记一般规则》规定，车辆标记由共同标记和特殊标记组成。

（一）共同标记

1. 车型车号标记

车型车号标记简称车号或代码，车辆代码和车辆是一一对应的关系。相当于每辆车的“身份证”，便于管理。由车辆代码基本型号、辅助型号、制造顺序号码组成。

（1）基本型号：将车辆的车种称号简化，用一个或两个大写汉语拼音字母来表示，将这些拼音字母称为车辆的基本型号。例如，C 表示敞车，P 表示棚车，YZ 表示硬座车等。客货车车种名称和基本型号如表 3.1 所示。

表 3.1　客货车车种名称和基本型号

客　车			货　车		
顺号	车种名称	基本型号	顺号	车种名称	基本型号
1	软座车	RZ	1	敞车	C
2	硬座车	YZ	2	棚车	P
3	软卧车	RW	3	平车	N
4	硬卧车	YW	4	罐车	G
5	行李车	XL	5	保温车	B
6	邮政车	UZ	6	集装箱车	X
7	餐车	CA	7	矿石车	K
8	公务车	GW	8	长大货物车	D
9	卫生车	WS	9	毒品车	W
10	空调发电车	KD	10	家畜车	J
11	医疗车	YI	11	水泥车	U
12	试验车	SY	12	粮食车	L
13	文教车	WJ	13	特种车	T
14	特种车	TZ	14	自翻车	KF
15	救援车	JY	15		
16	轨道检查车	DJ	16		

（2）辅助型号：表示同一车种的客货车的不同结构系列及内部有特殊设施或车体材质不同。例如 YZ_{25G}、YZ_{25K}、C_{62A}、C_{62B}、P_{63} 等中的“25G”“25K”“62A”“62B”“63”均为辅助型号。辅助型号的制定无普遍规律可循。

（3）车辆制造顺序号码：表示按预先规定的规则而编排的某一车种的顺序号码。用以区分同一类型的不同车辆，用阿拉伯数字表示，记在基本型号和辅助型号的右侧。货车、客车制造顺序号码的编排如表 3.2、表 3.3 所示。

表 3.2　货车车辆制造顺序号码编排表

车种		编码容量	编码范围	预留号
准轨货车	棚车	500 000	3000000 ~ 3499999	3500000 ~ 3999999
	敞车	900 000	4000000 ~ 4899999	4900000 ~ 4999999
	平车	100 000	5000000 ~ 5099999	5100000 ~ 5199999
	集装箱车	50 000	5200000 ~ 5249999	5250000 ~ 5499999
	矿石车	32 000	5500000 ~ 5531999	5532000 ~ 5599999
	长大货物车	100 000	5600000 ~ 5699999	5700000 ~ 5999999
	罐车	310 000	6000000 ~ 6309999	6310000 ~ 6999999
	冷藏车	232 000	7000000 ~ 7231999	7232000 ~ 7999999
	毒品车	10 000	8000000 ~ 8009999	

续表

车种		编码容量	编码范围	预留号
准轨货车	家畜车	40 000	8010000 ~ 8039999	
	水泥车	20 000	8040000 ~ 8059999	
	粮食车	5 000	8060000 ~ 8064999	
	特种车	10 000	8065000 ~ 8074999	8075000 ~ 8999999
	守车	50 000	9000000 ~ 9049999	9050000 ~ 9099999
	海南车	100 000	9100000 ~ 9199999	
窄轨车	米轨车	50 000	9200000 ~ 9249999	
	寸轨车	50 000	9250000 ~ 9299999	9300000 ~ 9999999
自备车		999 999	0000001 ~ 0999999	
备用		2 000 000	1000000 ~ 2999999	

表 3.3　客车车辆制造顺序号码编排表

顺号	车种		起止号码	合计号码
1	合造车	其他	1 ~ 999	999
		软硬座车	1000 ~ 1999	1000
		行李邮政车	2000 ~ 2999	1000
2	行李车		3000 ~ 6999	3000
3	邮政车		7000 ~ 9999	3000
4	软座车		10000 ~ 19999	10000
5	硬座车		20000 ~ 49999	30000
6	软卧车		50000 ~ 59999	10000
7	硬卧车		60000 ~ 89999	30000
8	餐车		90000 ~ 94999	5000
9	其他（包括公务车、特种车）		95000 ~ 99999	4000

车型车号标记举例如下：

P_{64T}4871235——P 敞车（车种编码）、64（载重或顺序系列）、T（材质或结构）、48T1235（制造顺序号码）。

YZ_{25K}345857——YZ 硬座（车种编码）、25（车长）、K（结构）、345857（制造顺序号码）。

2. 产权制造标记

（1）国徽标记：凡参加国际联运的客车，须在车体侧墙中部悬挂特制的国徽，表示中华人民共和国的车辆。

（2）路徽：凡产权归我国铁路总公司的车辆，均应在侧墙或端墙适当部位涂打路徽标记，我国的路徽为“Ω”，含有人民铁道之意。

（3）制造标记：新造客车、货车应安装金属的制造厂铭牌，其内容包括制造厂名和制造年份。

（4）配属标记：凡配属给指定局、段和有关单位管理的客车，在车体两端外墙板左侧应涂打配属单位简称的“配属标记”。

3. 性能标记

（1）自重：空车时车辆自身具备的质量称为车辆自重，以 t 为计量单位，保留一位小数。

（2）载重：车辆标记中所注明的货物、旅客和行李包裹的总质量（包括整备品质量和乘务人员的质量）称为车辆的载重。以 t 为计量单位，客车保留一位小数。

（3）容积：车辆内部可容纳货物的体积称为车辆的容积。以车体内部长、宽、高的乘积表示，以 m^3 为计量单位，保留一位小数。容积下面附括号，在括号内列出长、宽、高标记，以 m 为计量单位，保留一位小数。

（4）车辆长度（全长）：车辆不受纵向外力影响时，该车两端车钩在闭锁位置时两钩舌内侧面之间的距离称为车辆的全长，以 m 为单位，保留一位小数。

（5）换长：车辆长度（m）除以标准长度 11（m）所得之值称为车辆的换长。它是车辆长度换算标记，保留一位小数，尾数四舍五入。

（6）定员标记：每辆车上允许乘坐、站立或睡眠的旅客人数称为定员。

4. 检修标记

车辆检修标记分为定期检修标记、摘车临修标记以及与检修有关标记。

（1）定期检修标记。

① 厂、段修标记。车辆的厂、段修标记如图 3.44（a）所示。横线上部为段修标记，下部为厂修标记。右侧是本次检修的年、月和检修单位简称，左侧为下次检修年、月。客车的厂、段修标记涂打在两外端墙板右下角；货车的厂、段修标记涂打在车体两侧墙左下角。最高运行速度大于 120 km/h 的客车按走行公里检修，其标记如图 3.44（b）所示。

2004.3	2002.9 兰西
2010.3	2001.3 四方

（a）客车、货车厂段修标记

A1	02.5.5	广广
A2	01.11	广广
A3	99.12	广广
A4	97.8	长客

（b）快速客车定检标记

图 3.44　厂段修标记

② 货车和客车辅修标记。货车辅修标记涂打在厂、段修标记右侧或下方。段修周期为 1 年者，按图 3.45（a）涂打标记，段修周期为 1.5 或 2 年者，按图 3.45（b）涂打标记。客车辅修标记如图 3.45（c）所示，涂打在制动缸（或副风缸）侧面上。

03.01.11	07.11	郑洛

（a）货车辅修标记

03.01.11	07.11	郑洛
03.07.11		
04.01.11		

（b）货车辅修标记

7-12	1-1 上沪

（c）客车辅修标记

图 3.45　辅修标记

（2）摘车临修标记。

货车因发生临时故障需要从列车中摘下送到修车线修理后，应在车辆端墙板上涂打摘车临修标记，表示摘车临修日期年、月、日和站修所的简称。例如，空车摘车修标记为 K 03、3、6 广北，重车摘车修标记为 Z03、4、11 广衡。

（二）特殊标记

1. 集中载重标记

标明货车中部一定尺寸范围内允许承受装载重量的标记。载重大于（或等于）60 t 的平车、长大货物车和需要标明集中载重的货车应在车底架侧梁中部涂打“集中载重”标记。

2. 货车结构特点标记

（1）(人)：具有车窗、床托和烟囱坐等设备，可供输送人员的棚车。

（2）(古)：凡有栏马杆座或其他拴马装置的货车。

（3）(关)：货车活动墙板及其他活动部分翻下超过车辆限界者，必须关闭完好后才准运行。

（4）(特)：允许装运特殊货物的车辆。

（5）：禁止通过机械化驼峰的车辆。

（6）(MC)：符合参加国际联运技术条件的货车。

（7）**危险**：危险货物及酸、碱类罐车，在其车体的四周涂刷 200 mm 宽的色带，毒品为黄色，爆炸品为红色，并在色带上或色带中间涂写“危险”字样。在救援列车车辆的两侧中央涂刷宽为 200 mm 的白色横线。

二、车辆方位

为了制造、检修和运用需要，对于车辆及其零部件的方向、位置称呼法都有规定。

车辆的位置规定以制动缸活塞杆推出方向的车端为一位端，相反的方向为二位端。在车辆的一位端设有手制动机。车辆上的车轴、车轮、轴箱、车钩、转向架、底架各梁和其他零部件位置的确定，一般是由一位车端数起，顺次数到二位车端止；如果零部件位置是左右对称的，则站在一位车端，面向二位车端，由一位车端开始从左向右按顺序数到二位车端，如图 3.46 所示。

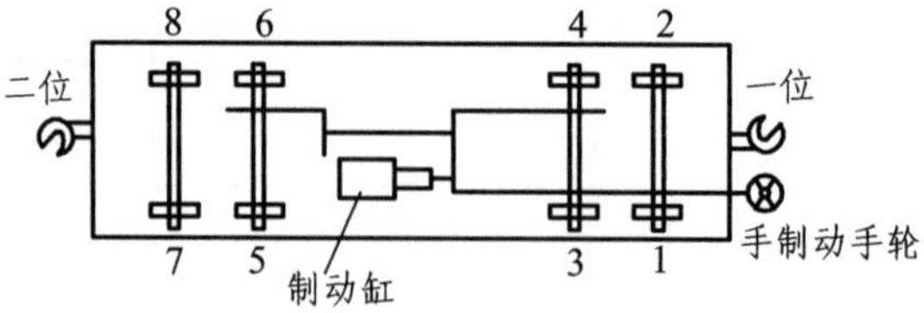

图 3.46　车辆的方位

三、车辆的主要技术参数

（一）性能参数

1. 自重系数

货车的自重系数为货车自重与额定载重之比值。客车的自重系数为客车自重与定员数之比值。

自重系数是表明车辆技术经济合理性的一个重要指标。在保证车辆的强度、刚度和使用寿命的条件下，自重系数越小就越经济。对客车而言，还应在考虑旅客的安全、舒适和车内卫生条件的同时，应力求降低自重系数。

2. 比容积

货车容积与额定载重的比值称为比容积，亦即货车每吨载重量所占有的货车容积。

3. 最高试验速度

最高试验速度是指车辆设计时，按安全及结构强度等条件所允许的车辆最高行驶速度。

4. 最高运行速度

除满足上述安全及结构条件外，还必须满足连续以该速度运行时车辆有足够良好的运行性能。

5. 轴　重

车轴所允许担负的最大重量与轮对自重之总和称为轴重。轴重值一般不允许超过铁道线路及桥梁所容许的数值。目前我国货车的轴重已达 25 t。

6. 每延米重

车辆总重（自重 + 载重）与车辆长度之比值称为每延米重（即每延米线路载荷）。每延米重是表示车辆通过桥梁的可能性。每延米重是根据设计桥梁载荷图来确定的，我国规定每延米重为 8 t/m。

（二）车体主要尺寸

1. 车辆长度

车辆不受纵向外力影响且两端两个车钩均处在闭锁位置时，钩舌内侧面之间的水平距离称为车辆长度。受到曲线和运用条件的限制，一般车辆长度都在 26 m 以下。

2. 车辆宽度与最大宽度

车辆宽度指车辆两侧的最外凸出部位之间的水平距离。车辆最大宽度指车辆侧面的最外凸出部位与车体纵向中心线间的水平距离的两倍。

3. 车辆高度与最大高度

空车时，车体或罐体上部外表面至轨面的垂直距离为车辆高度。车辆最大高度指空车时车辆上部最高部位至轨面的垂直距离。

4. 车钩中心线高度

空车时，车钩中心线至轨面的垂直距离。这是保证各车辆之间和车辆与机车之间能够连挂运用的最重要尺寸。我国客货车辆车钩高度标准均为 880 mm。

第三节　车辆的检修运用管理

车辆是铁路完成运输任务的物质基础。为提高铁路运输能力，车辆部门加强车辆检修、运用管理工作就显得尤为重要。

车辆长时间运行，不可避免地会发生磨耗、裂纹、折损、变形、松弛和腐蚀等损伤。车辆检修工作的中心任务，是及时发现和消除车辆零部件在运用中产生的不良状态，以恢复其正常的运用性能，保证铁路客货运输工作不间断地、安全地进行。

国际上通行的检修制度有两种：一种是计划预防修，一种是状态修。现在我国采用的是以计划预防修为主，状态修为辅的车辆检修制度，即在计划预防修的前提下，逐步扩大实施状态修、换件修和主要零部件的专业化集中修。计划预防性检修制度分为定期检修和日常保养两大类。定期检修是规定车辆每运用一定时间（或里程）对车辆的全部或部分零件进行一定程度的检修。在车辆尚未发生故障之前就对车辆进行修理，消除车辆零部件的缺陷和隐患，预防故障的发生。日常保养是车辆在运用中对易损零件和由于特殊情况造成的故障进行维修，确保车辆正常运行和安全。因此这种检修制度的特点是具有预防性和计划性。

定期检修有厂修、段修和辅修三级修程，日常保养属运用管理范畴。

一、车辆的定期检修

定期检修的修程客、货车不同，但检修内容基本相同。

1. 普通客车定期检修

我国普通客车的定期检修修程分厂修、段修、辅修三级修程。厂修一般在车辆工厂施行，是为恢复车辆的基本性能，使其接近新造车水平。按规定应对车辆的各部装置进行全面的分解检查、彻底修理，并进行必要的技术改造工作。段修在车辆段施行，主要任务是分解检查车辆的转向架、车钩缓冲装置及制动装置等部件，检查并修理车辆（包括车体及其附属装置）的故障，保证各装置作用良好，防止行车事故。辅修在客车技术整备所、货车在站修作业场施行，主要对制动装置和轴箱油润部分施行检修，并对其他部分做辅助性修理。

普通客车的定期检修实行以走行公里为主，时间周期为辅的计划预防修。各修程周期的走行公里规定有：厂修为（240 ± 60）万 km，段修为（60 ± 20）万 km，辅修为（20 ± 2）万 km，时间周期规定如表 3.4 所示。走行公里和时间周期以先到者为准。

表 3.4　普通客车定期检修周期表

顺号	车　种	检修周期		
		厂修	段修	辅修
1	国际联运车	4 年	1 年	8 个月
2	22、23、22（B）型车中的硬卧车、硬座车、软卧车、软座车、行李车、邮政车、上述车种的合造车、餐车等	8 年	2 年	
3	22、23 型车中的部署客车、公务车、试验车、维修车、文教车、特种车等不常用车、	10 年	2.5 年	
4	25A、25B、25、25G 型车中的硬卧车、硬座车、软卧车、软座车、行李车、邮政车、餐车、空调发电车、部属客车、公务车、试验车、特种车等不常用车	10 年	2.5 年	
5	双层客车中的硬卧车、硬座车、软卧车、软座车、餐车、行李车、上述车种的合造车	10 年	2.5 年	

2. 最高运行速度超过 120 km/h 的客车定期检修

最高运行速度超过 120 km/h 的客车按走行公里进行检修，修程分为 A1、A2、A3、A4 四级修程。以 25K 型客车的修程为例：

（1）A1 级：周期为运行 20 万 km（ ±2 万 km），或距上次 A1 级以上各修程时间超过 1 年者。A1 修即安全检修，按照客车运用安全要求，对安全关键部件实施换件修，其他部位实施状态修，对故障部位进行处理，恢复其基本性能和要求，保障客车运行安全。

（2）A2 级：周期为运行 40 万 km（ ±10 万 km），或距上次 A2 级以上各修程时间超过 2 年者。A2 修利用库停时间分次在整备线、临修线上或段修库内进行检修，是通过对零部件实施分单元、分部位的换件修和状态修，使车辆上部、下部基本恢复其技术状态。

（3）A3 级：周期为运行 80 万 km（ ±10 万 km），或距上次 A2 级修程超过 2 年者。A3 修在车辆段（厂）内进行架车检修，是通过对客车重点部位实施大范围的换件检修，确保客车运行安全。

（4）A4 级：周期为运行超过 240 万 km（±40 万 km），或距新造或上次 A4 级修程超过 10 年者。A4 修一般在车辆工厂施行，按规定应对车辆的各部装置进行全面的分解检查、彻底修理，并进行必要的技术改造工作。经过 A4 修，车辆各部装置的性能得到全面恢复，使之与新造车基本上接近。

3. 货车车辆的定期检修

国铁集团对部分主要货车车辆的定期检修周期的规定如表 3.5 所示。

表 3.5 部分主要货车定期检修周期表

车种、车型		厂修（大修）	段修（全面检查）	辅修（重点检查）
棚车	P_{70}、P_{70H}	8 年	2 年	
	P_{62NK}、P_{62NT}、P_{63K}、P_{62AK}、P_{62AT}、P_{63GH}、P_{64GK}、P_{64GT}、P_{64K}、P_{64T}、PT	9 年	1.5 年	
	P_{65}、P_{65S} 型行包快运车	6 年	1 年	
敞车	C_{70}、C_{70H}、C_{70A}、C_{70C}、C_{70E}、C_{70EH}、C_{70EF}、C_{100A}、C_{100AH}	8 年	2 年	
	C_{62AK}、C_{62AT}（车号为 14、44 字头开始）	5 年	1 年	6 个月
	C_{61} 系列	8 年	1 年	6 个月
	C_{62A}（车号为 45 开头）	6 年	1.5 年	6 个月
平车	平车、平车—集装箱共用车	5 年	1 年	6 个月
小汽车运输专用车	JSQ_{1K}、JSQ_{2K}、J5SQ、J6SQ	5 年	1 年	
集装箱平车	X_{2H}、X_{2K}	8 年	2 年	
	X_{1K}、X_{6BK}、X_{6BT}、X_{6CK}、X_{6CT}	6 年	1.5 年	
罐车	GF_{70}、GF_{70H}	8 年	2 年	
	酸碱类罐车、液化石油气罐车、液氯罐车等	4 年	1 年	

二、车辆的运用管理

车辆运用管理工作是铁路运输组织的重要组成部分。加强车辆运用管理，对提高车辆检修质量、降低运营成本、加速车辆周转、保证行车安全、优质、高效地完成铁路运输任务，都有着重要意义。

（一）车辆的运用管理系统

车辆运用管理工作实行“国铁集团—铁路局集团公司—车辆段”大三级和“车辆段—运用车间—班组（作业场）”小三级管理。明确各级管理职能和工作标准，达到管理规范、标准统一、目标一致，形成高效的专业技术管理体系，促进车辆运用标准化建设，提升车辆运用管理水平，确保运输安全生产。

国铁集团车辆部主要提出全路车辆部门工作的发展规划，逐步改革全路车辆检修制度；编制年度车辆各项检修计划、制订全路客货车各级修程及安全生产等规章制度，并组织和督促实行；参与编制铁路设计规范；掌管全路客货车的新造车辆、运用车辆、配属、调拨、检修与报废等工作；审查车辆技术政策、各项技术标准及质量标准等。

铁路局集团公司车辆处全面负责客货车运用维修工作。客货车运用专职、客整所专职、站修专职、安全专职、5T 运用专职以及信息化专（兼）职等分工协作，充分发挥“检查、指导、监督、协调”的专业化管理作用，共同做好铁路局集团公司客货车运用维修管理工作。

车辆段车辆运用维修管理工作由主管运用工作的段领导全面负责，技术科负责车辆段车辆运用维修日常技术管理工作。运用专职、客整所专职、站修专职、5T 运用专职以及信息化专（兼）职等分工协作，按照“强化技术管理、完善考评机制、规范现场作业”的要求，发挥“检查、贯彻、管理、落实”的技术管理职能，共同做好车辆段车辆运用维修管理工作。

（二）车辆运用维修工作

1. 客车运用维修

我国铁路客车实行固定配属制，日常维修由所属车辆段的客车技术整备所（库列检）、旅客列检作业场（客列检）和客车乘务（乘检）担任。

（1）库列检：对于进入客车技术整备所的旅客列车进行技术检查、修理（包括辅修、A1 级检修）、试验及整备工作，使其达到出库的质量标准后交给车辆乘务组。

（2）客列检：对始发、到达及通过的旅客列车，利用在车站的停留时间对客车进行技术检查和不摘车修理，并协助车辆乘务组应急处理客车故障，保证由该车站发出的列车技术状态良好。

（3）客车乘务：车辆包乘组在旅客列车运行途中，按作业要求对客车进行技术检查和维修，保持客车的技术状态良好。

2. 货车运用维修

货车通行全国，除特种车辆和专用车列外，一般不实行配属制，而是实行在全国铁路上按区段维修负责制。货车日常维修由列检作业场、装卸检修作业场、技术交接作业场、国境站技术交接作业场、整备作业场、站修作业场担任。实行配属的货车，其维修工作由所配属或指定的车辆段（车辆工厂）或列检所负责。

货物列车检修是对车辆进行技术检查修理，扣留定检到期车、过期车以及需要摘车施修的技术状态不良车，办理检修车回送。列车技术检查分人机分工作业、机检作业和人工作业。配备 TFDS 系统列检作业场可进行人机分工作业和机检作业。摘车临修是把有故障的车辆从列车中摘下，送到专用修车线或站修作业场内施修。

三、车辆管理信息化和安全防范措施

在铁道客货车管理信息化和安全防范手段创新方面，我国自主研发了多套管理信息化和安全防范系统，已在主要干线建成并投入使用。近两年，又按照“分散检测、集中报警、网络监控、信息共享”的基本要求，整合系统监测信息，依靠红外线、声呐、摄像、传感等先进技术，通过地对车车辆运行安全监控体系（简称 6T 系统）以及与其联合使用的车号自动识别系统，对客货车进行全天候不停车检查，实现了运行客货车技术状态动态监测。

1. 车号自动识别系统（ATIS）

车号自动识别系统可对车次、车号、车辆的技术参数信息的自动识别、存储及传递，实现车辆的全程实时追踪。地面 AEI 通过开机磁钢（车轮传感器）传递列车到达信号并启动射频功放模块后，地面天线辐射出微波信号向车辆底部的车辆标签提供能量，ATIS 会自动接收车辆标签内存有的车号、车辆技术参数等信息，并通过监测车轮传感器（磁头）感知列车的运行位置、速度等参数实现计轴判辆工作。AEI 将收到的标签信息和计轴判辆结果等形成标准的 AEI 报文传送至车站 CPS。图 3.47 所示为货车车号自动识别系统。

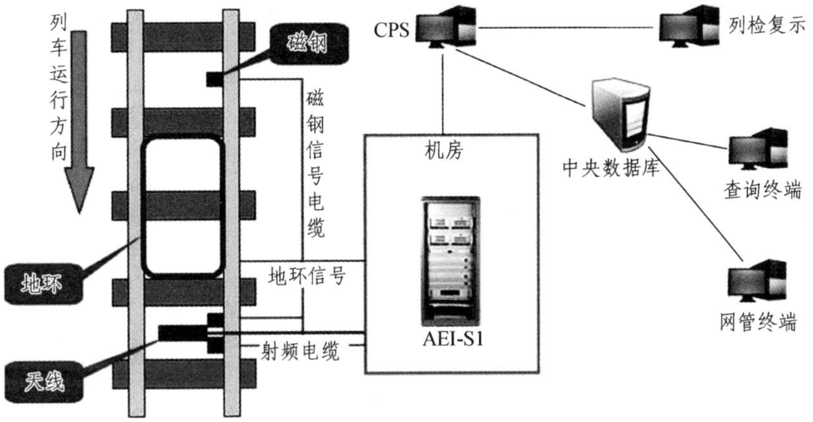

图 3.47　货车车号自动识别系统

2. 地对车车辆运行安全监控体系

地对车车辆运行安全监控体系主要由货车故障轨边图像检测系统（TFDS）、红外线轴温探测系统（THDS）、货车运行状态地面安全监测系统（TPDS）、货车滚动轴承早期故障轨边声学诊断系统（TADS）、客车故障轨边图像检测系统（TVDS）、客车运行安全监控系统（TCDS）六大系统组成。

（1）TFDS 能够对通过的车辆利用图像采集设备自动抓拍基础空气制动装置、车底架、转向架等部位的全部图像，并经过数字化处理，传送到室内信息终端计算机，采用人机结合的方式检测车辆故障，并及时通知维修人员进行处理，自动形成相关作业台账。

（2）THDS 通过钢轨两侧的轨边红外线探测器测量列车轴箱的温度并传递给轨边探测站内主机进行处理和判别，做出微热、强热、激热的预报。将车号、计轴判辆数据、轴温波形、自检数据等汇总形成列车报告上传到铁路局集团公司监测中心。

（3）TPDS 利用设在轨道上的测试平台，实时在线监测运行中货车轮轨间的动力学参数，通过对轮轨垂直力和横向力的连续检测和分析，以及货车运行状态综合评价，可实现对运行状态不良货车的识别，并兼有对货车超偏载、车轮踏面损伤的检测功能，并可对严重的监测结果随时报警。

（4）TADS 采用声学诊断技术和计算机网络技术，通过对运行中货车轴承噪声信号的采集和分析，对轴承不同部位的故障预先建立复杂的数学模型，可以判断轴承内套、外套、滚柱等主要部位的裂纹、剥离、磨损、腐蚀等故障，在热轴之前发现故障。

（5）TVDS 利用轨边高速摄像头，检测运行客车走行部、制动配件、底架悬吊件、钩缓连接、车体两侧下部等部位图像，通过网络实时传输至列检室内终端进行分析并预报故障，以提高列检作业质量和作业效率，加强客车运用中故障基础信息收集、管理的人机系统。

（6）TCDS 是一个覆盖客列检、客整所（整备所）、车辆段、铁路局集团公司、国铁集团的计算机网络信息系统。由车载安全监测诊断系统、无线通信系统和地面数据管理与专家系统组成。对列车运行中危及行车安全的主要行车设备（供电系统、空调系统、车下电源、车门、烟火报警、轴温报警器、防滑器、制动系统、车体、转型架动力学性能等）的工作状态，通过 GPRS 通信设备实现远程监控；通过车上的 GPS 装置实时向地面报告列车运行位置信息；车辆到站后通过 WLAN 与地面联网，自动下载数据，并通过地面专家系统进行数据统计，分析车辆各设备的性能，定位故障指导维修，消除安全隐患；通过 WLAN 终端查询系统形成车辆段、铁路局、中国铁路总公司三级监控中心，实现车辆安全运行、维护、管理和监督（见图 3.48）。

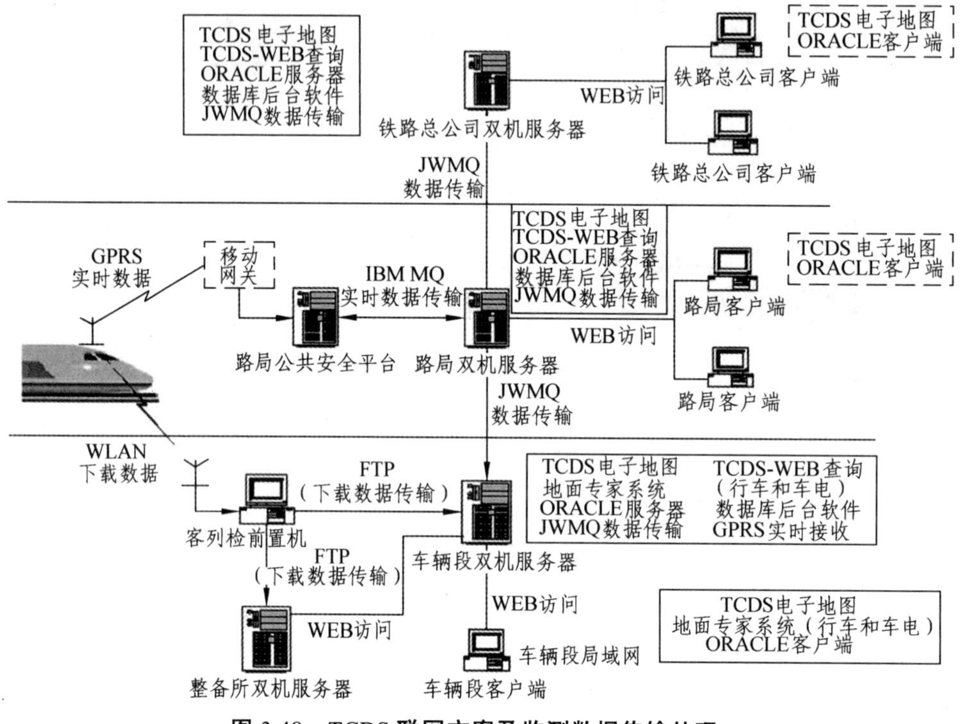

图 3.48　TCDS 联网方案及监测数据传输处理

第四节　动车组简介

电力机车和内燃机车的动力装置都集中安装在机车上，由机车牵引后面多辆没有动力装置的车辆运行。随着列车的不断提速，只靠机车牵引已无法满足要求。所以在每辆车上都装有动力装置是个有效地解决提速问题的方法，通常将这种列车称为动车组。动车组，亦称为多动力单元列车（Electric Multiple Units，EMU），是由动车和拖车或全部动车长期固定连挂在一起运行的铁路列车，其中带有动力的车辆称为动车（用 M 表示），不带动力的车辆称为拖车（用 T 表示）。

动车组列车两端都带有司机室，往返运行不需要换头，只需改变操纵端。动车组以其编组灵活、方便、快捷、安全、可靠、舒适为特点备受世界各国铁道运输和城市轨道交通运输的青睐。我国“和谐号”系列高速动车组已经大量投入运营。由国铁集团主导，针对中国高铁运营特点，制定中国标准，成功研制的“复兴号”动车组列车的试验速度可达速度 400 km/h 及以上，运行速度 350 km/h。“复兴号”动车组列车是全面采用自动化设计，具有完全自主知识产权，能达到世界先进水平的中国标准动车组。与“和谐号”相比，设计寿命更长，车内可随时充电、连 Wi-Fi。

一、动车组的分类

动车组按动力配置形式可分为动力集中式和动力分散式，如图 3.49 所示。动力集中式动车组的两端为带司机室的动车，中间为服务于旅客的拖车，也有一端为带司机室并有座席的可操纵的拖车。如法国的 TGV-PSE 动车组，由 2 辆动车和 8 辆拖车编组而成，2 辆动车位于车组的两端，即 2 动加 8 拖（M + 8T + M）形式。

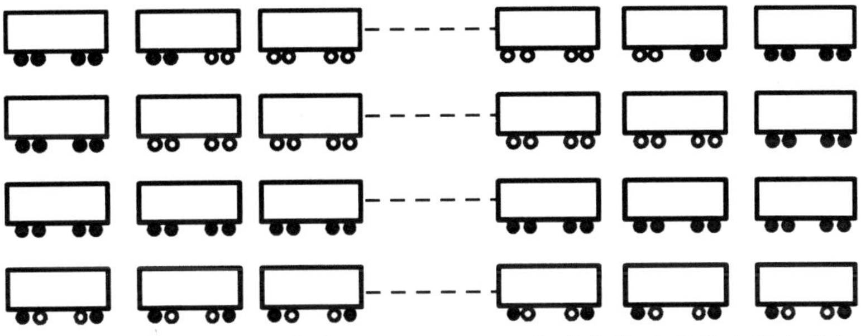

图 3.49　动车组动力配置形式

动力分散式动车组有完全分散和相对分散两种模式。完全分散模式是指高速列车编组中的车辆全部为动车，如日本的 0 系高速列车，16 辆编组中全部是动车，这种模式采用较少。相对分散模式为动车组采用的主要模式，是指高速列车编组中一部分是动车，其余部分为无动力的拖车，如日本的 700 系高速列车，为 12 动加 4 拖（12M + 4T）的 16 辆编组形式。我国的 CRH380A 型动车组 8 辆编组中有 6 辆是动车，2 辆是拖车，而 16 辆编组的 CRH380AL 动车组中有 14 辆是动车，2 辆是拖车。目前，我国的高速动车组均为此种模式。

动力集中式动车组由于动力装置安装比较集中，具有检查维修比较方便，电气设备的总重量相对较小等优点，但其缺点也比较突出，即动力头车不能载客，动车的轴重较大，对线路不利，动车的制动能力受到黏着的限制，因此列车的制动性能欠佳。动力分散型动车组虽有牵引力设备数量多，总重量大的缺点，但其牵引功率大，编组灵活，轴重较小，制动效率高，调速性能好，故障影响小，载客量大。因此，动力分散式动车组是当今世界铁路动车组，特别是高速动车组技术发展的方向。

二、动车组的发展

（一）国外动车组的发展

国际上常见的动车组有日本的新干线，德国的 ICE，法国的 TGV、欧洲之星，意大利的 ETR 等。

德国是最早制造和运用动车的国家，在 1903 年便率先运行了由钢轨供电的动车组，由 4 节动车和 2 节拖车编成。但德国高速动车组投入商业运营相对较晚，直到 1991 年，其最早一代 ICE——ICE1（见图 3.50）才正式投入商业运营。之后又相继研制了 ICE2、ICE3、ICE4、ICE-T 等。

日本是最早将高速动车组投入商业运营的国家。1964 年 10 月 1 日，日本东海道新干线东京—大阪高速铁道正式投入商业运营，同时，由 16 辆全部为动力车编组的 0 系新干线动车组（见图 3.51）开始运行在这条线路上。在 0 系之后，日本又开发制造了 100 系、200 系、300 系、400 系、500 系、700 系、800 系、E1 系、E2 系、E3 系和 E4 系等高速动车组列车。

图 3.50　德国 ICE1 列车

图 3.51　日本新干线 0 系列车

法国也是制造和运用动车组较早的国家，尤其是它的高速电动车组，速度连续刷新世界纪录。1981 年第一代 TGV-PSE 电动车组（见图 3.52）创造了最高试验速度 380 km/h 的世界纪录；1990 年 5 月，第二代 TGV 列车又以 515.3 km/h 的试验速度刷新世界纪录；1993 年 6 月投入运营的 TGV 第三代的 TGV Reseau 是世界上第一列密封的列车；1996 年出厂的 TGV Duplex 是双层 TGV 列车，在仅需提高 4%牵引功率的前提下，容量提高了 45%；近些年，法国研究和开发了实际运营速度 360 km/h 以上的第四代 TGV——Nouvelle Generation TGV。

图 3.52　TGV-PSE 动车组

在国际上，除日本、法国和德国有着先进的动车组技术，并大量用于铁道旅客运输外，使用动车组较多的国家还有英国、荷兰、美国、西班牙、意大利、瑞典等。

（二）国内动车组的发展

动车组以其安全、舒适、快捷的特点已成为国内旅客长途出行的首选交通方式，其发展经历了自主探索、技术引进及自主创新三个阶段。

1. 自主探索期（1997—2003）

1998 年 6 月，我国在京广线许昌至小商桥段进行了第一次速度超过 200 km/h 高速动车实验，该试验车是以韶山 8 为基础，加装了安达公司的交流传动系统，并由四方、长客和铺镇各提供一辆拖车组装而成。虽然该车并非真正的国产高速动车组，但此次实验采集了上亿个实验数据。次年，株机厂在韶山 8 的基础上，研制成我国第一代动力集中式高速动车组“大白鲨号”，并首次实现了中国动车组的微机网络重联控制。

1999 年，为满足昆明世界园艺博览会的客运需求，由长客和株洲所联合研发的“春城号”正式交付给昆明铁路局，虽然其最高运行速度为 120 km/h，尚未达到高速动车组 160 km/h 的最低速度要求，但却是我国首列商业运营的电动车组。同年，南京浦镇车辆厂联合戚墅堰机车车辆厂研发了准高速双层内燃动车组，命名为"新曙光"号，最高运行速度为 180 km/h。

2001 年，由四方机厂、株洲机厂和株洲所联合研发的“中原之星”号正式交付给郑州铁路局，该车为早期国产动车组中少数采取动力分散式的动车。同年，“奥星号”也在株机厂下线，“奥星号”实现了国产机车在交流传动、牵引电机和微机网络控制系统等方面的自主化，并成功出口哈萨克斯坦。

2002 年，由国家计委立项、原铁道部主持，中国南车和北车共同研制的“中华之星” 动车组在秦沈客运专线跑出 321.5 km/h 的速度，成为当时中国的“中国铁路第一速”。虽然我国在该时期未能完全掌握速度 200 km/h 的高速动车组制造技术，但是形成了相对完整的轨道交通装备制造体系，培养了大批专业技术人才，为后续研究提供了扎实的基础。

2. 技术引进、消化吸收期（2004—2010）

2004 年国务院通过了我国铁路第一个《中长期发展规划》，提出到 2020 年全国铁路运营里程达到 10 万 km，其中包括 1.2 万 km 的客运专线。在此背景下，国务院召开专题会议讨论机车车辆相关问题，明确提出“引进先进技术、联合设计生产、打造中国品牌”的方针，并确定重点扶持国内几家机车车辆企业。中国南车青岛四方股份公司、北车唐车轨道客车有限公司、北车长客股份有限公司分别从日本川崎重工、德国西门子、法国阿尔斯通和加拿大庞巴迪引进先进技术，展开联合设计生产，铁道部将引进的车型同一命名为“和谐号（CRH）”。

CRH1 型车是青岛四方-庞巴迪铁路运输有限公司从加拿大庞巴迪引进的，原型车是庞巴迪的 ReginaC2008，四方-庞巴迪在设计新车型时以铝合金作为车体材料，并研发了速度等级在 200～250 km/h 的 CRH1A/1B/1E 型车，CRH1 型动车组如图 3.53 所示。CHR2 型车是青岛四方股份有限公司从日本川崎重工引进的，原型车是日本的新干线 E2-1000，并在原有技术基础上进行消化、吸收，研发了速度等级为 250 ~ 300 km/h 的 CRH2A/2B/2C/2E 型等动车组，CRH2 型动车组如图 3.54 所示。CRH3 型车是唐山轨道客车有限责任公司从德国西门子引进的，原型车是西门子的 ICE3，在 CRH3 型车的基础上自主研发了速度等级为 300 ~ 350 km/h 的 CRH3C 型动车组，CRH3 型动车组如图 3.55 所示；CRH5 型车是长春轨道客车股份有限公司从法国阿尔斯通引进的，原型车是阿尔斯通的 Pendo LinoSM3，在其基础上研发了速度等级为 200 ~ 250 km/h 的 CRH5A 型动车组，CRH5 型动车组如图 3.56 所示。

通过对国外先进技术的引进、消化和吸收，我国已完全掌握高速动车组的关键技术，并成功研制出 250 km/h 和 350 km/h 的高速动车组，特别是由青岛四方股份有限公司自主研制的 CRH380AL 在京沪高铁上跑出 486.1 km/h 的运营速度，CRH380 型动车组如图 3.57 所示，更是标志我国的高铁技术已处于世界领先地位。

高铁技术的引进对我国高速动车组的成长起到了关键的作用，它不仅仅只是通过购买国外先进车型，进行国内组装，而是通过双方对现有车型的重新设计，使国内企业获得了高速列车的完整研发经验，构建了系统化的研发平台，培养了大批技术人员，同时促进我国轨道交通装备制造企业完成了现代化的企业转变。

3. 自主创新期（2011 年至今）

为解决我国在技术引进时期造成的国内动车组型号众多，尚无统一的技术标准，以及我国对新一代动车组在环保、节能、安全和全生命周期等方面提出了更高的要求，2012 年，由中国铁路总公司牵头组织，正式开启了我国新一代具有自主知识产权的国产标准动车组的研制，新一代标准动车组的研制旨在我国现有动车组运用和研发经验的基础上，设计一款全新的自主创新平台，建立统一的中国动车组标准，优化动车组控制界面、提高旅客舒适度、提高列车的安全可靠性和实现不同主机厂生产车辆的互联互通。

2015 年 6 月 30 日，中国标准动车组正式下线。2017 年 7 月，两列标准动车组在郑徐高铁实现了 420 km/h 的交会和重联运行实验，创造了实际运营动车组的最高实验速度。2017 年 6 月 25 日，中国标准动车组正式被命名为“复兴号”，并投入京沪高铁运营，运行速度为 350 km/h，如图 3.58 所示。“复兴号”的研制成功并不是我国在高速动车组领域的终点，而是新时期我国在高速动车领域的起点，标志着我国已完全具有自主研发高速动车组的能力。

图 3.53　CRH1 型动车组

图 3.54　CRH2 型动车组

图 3.55　CRH3 型动车组

图 3.56　CRH5 型动车组

图 3.57　CRH380 型动车组

图 3.58　“复兴号”动车组

三、动车组的基本构造

目前，世界上运营的动车组种类繁多，我国“和谐号”动车组就有 CRH1、CRH2、CRH3、CRH5、CRH380 系列动车组等多种。各种类型的动车组在设计、制造上都有一些区别，但基本构造通常都包括车体、车辆内部设备、转向架、车端连接装置、制动装置、辅助供电系统以及空气调节系统等部分。我国动车组的主要技术特征如表 3.6 所示。

表 3.6　我国动车组的主要技术特征

型号	CRH1	CRH2	CRH3	CRH5	CRH380A	CRH380B	CRH380C	CRH380D
生产厂家	四方-庞巴迪-鲍尔铁路运输设备有限公司	四方机车车辆股份有限公司	唐山轨道客车有限责任公司	长春轨道客车股份有限公司	四方机车车辆股份有限公司	唐山轨道客车有限责任公司	长春轨道客车股份有限公司	四方-庞巴迪-鲍尔铁路运输设备有限公司
基本编组	5M + 3T	4M + 4T	4M + 4T	5M + 3T	6M + 2T	4M + 4T	8M + 8T	4M + 4T
编组定员/人	670	609	600	606	494	490	1 004	494
轴重/t	16	14	17	17	15	≤17	≤17	≤17
运营速度/（km/h）	200	200	350	200	350	350	380	380
最高试验速度/（km/h）	250	250	385	250	380	>400	420	420

续表

型号	CRH1	CRH2	CRH3	CRH5	CRH380A	CRH380B	CRH380C	CRH380D
牵引功率/kW	5 500	4 800	8 800	6 770	9 600	9 200	19 200	9 600
车体材质	不锈钢	铝合金	铝合金	铝合金	铝合金	铝合金	铝合金	铝合金
转向架形式	空气弹簧拉板式定位+轴箱圆弹簧	空气弹簧转臂式定位+轴箱圆弹簧	空气弹簧转臂式定位+轴箱圆弹簧	空气弹簧拉杆式定位+轴箱圆弹簧	空气弹簧转臂式定位+轴箱圆弹簧	空气弹簧转臂式定位+轴箱圆弹簧	空气弹簧转臂式定位+轴箱圆弹簧	空气弹簧转臂式定位+轴箱圆弹簧
牵引方式	单拉杆	单拉杆	Z形双拉杆	Z形双拉杆	单拉杆	Z形双拉杆	Z形双拉杆	单拉杆
制动形式	再生制动+空气制动			再生制动+空气制动+电阻制动	再生制动+空气制动	电制动+电空制动		电空制动/再生制动

1. 车　体

动车组车体分为带司机室车体和不带司机室车体两种。我国动车组除 CRH1 型动车组采用不锈钢车体外，其余动车组均采用大型中空铝合金车体，如图 3.59 所示。铝合金具有较好的塑性，挤压成型容易，且具有良好的耐腐蚀性，能够延长客车的使用寿命，减轻检修工作量。因此，铝合金将成为动车组车体的主导材料。

由于动车组运行速度较高，在运行过程中受空气的影响较大，为了减少空气对列车和列车运行性能的影响，动车组车头采用流线型设计，如图 3.60 所示。流线型结构可以有效地减少运行空气阻力和列车交会时产生的交会压力波。

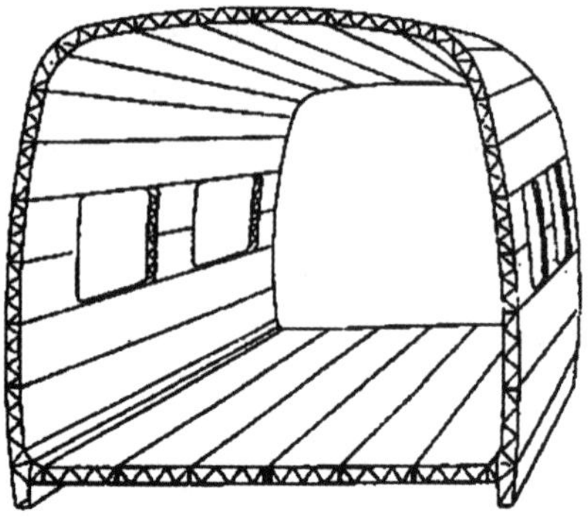

图 3.59　大型中空挤压铝型材焊接车体

图 3.60　流线型头形（500 系）

2. 车辆内部设备

车内设备是指服务于乘客的车内固定附属装置，包括车门、车窗、座席、司机室、乘务员室、照明装置、供水、通风、取暖、空调、安全设备、行李架、旅客信息服务系统等。图 3.61 为我国“和谐号”CRH380A 动车组部分车辆的车厢内部布置图。图 3.62 为 CRH3 型动车组的头车观光区。图 3.63 为 CRH5 型车内设备。

（a）一等客室

（b）二等客室

（c）餐厅

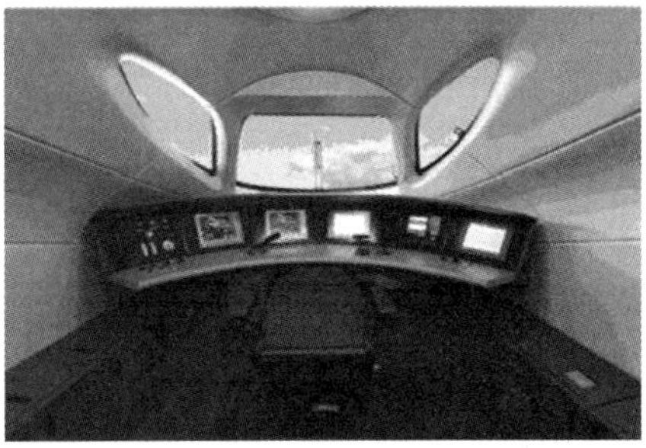

（d）司机室

图 3.61　CRH380A 动车组车厢内部布置

图 3.62　CRH3 型动车组头车观光区

（a）一等车坐式卫生间

（b）残疾人卫生间

（c）酒吧车吧台

图 3.63　CRH5 型车内设备

3. 转向架

动车组转向架分为动力转向架和非动力转向架（也称拖车转向架）两类。图 3.64、图 3.65、图 3.66 分别为 CRH1、CRH2、CRH3 型动车组的动力转向架和拖车转向架。其动力转向架与拖车转向架的主要区别是动力转向架上设有牵引电机和驱动装置，制动方式选用轮盘式盘形制动，牵引电机采用架悬式；拖车转向架没有牵引电机和驱动装置，制动方式为轴盘式盘形制动。CRH1、CRH2 型动车组转向架采用单拉杆牵引，CRH3 型动车组采用“Z”形双拉杆牵引。

动车组动力转向架和动车组拖车转向架的基本构造演示请浏览 AR 动画——“动力转向架”[见图 3.64（a）]和“拖车转向架”[见图 3.64（b）]。

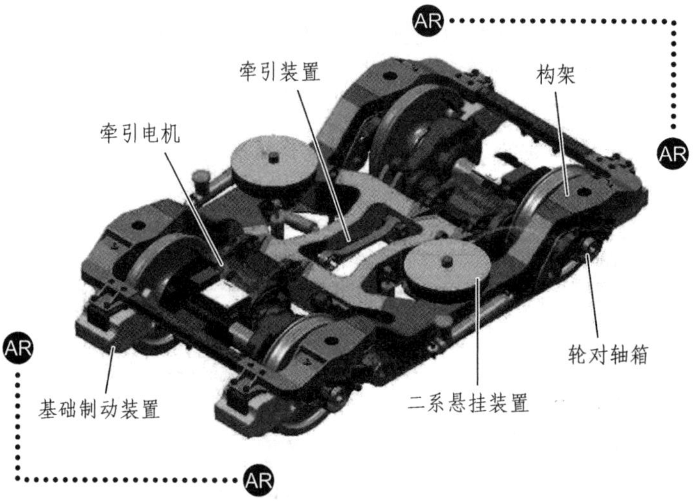

（a）动力转向架

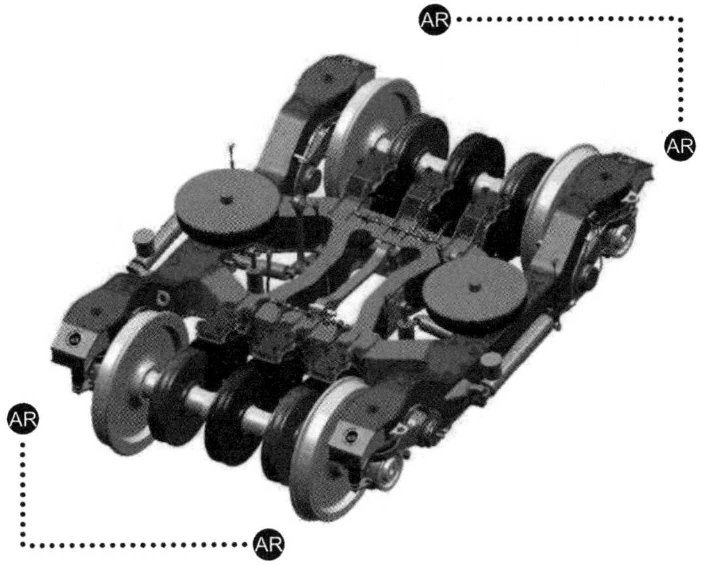

（b）拖车转向架

图 3.64　CRH1 转向架基本构造图

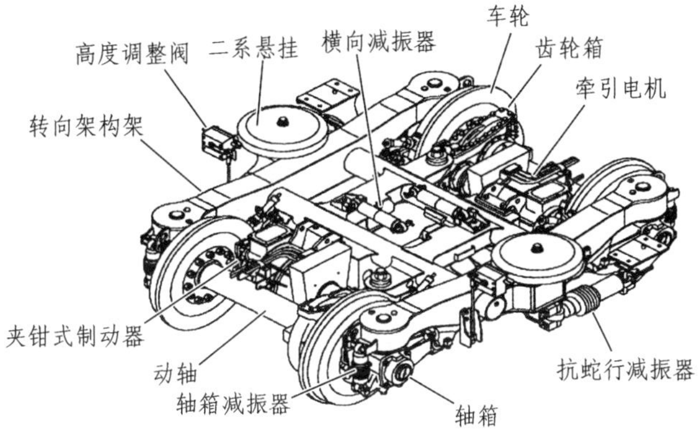

（a）动力转向架

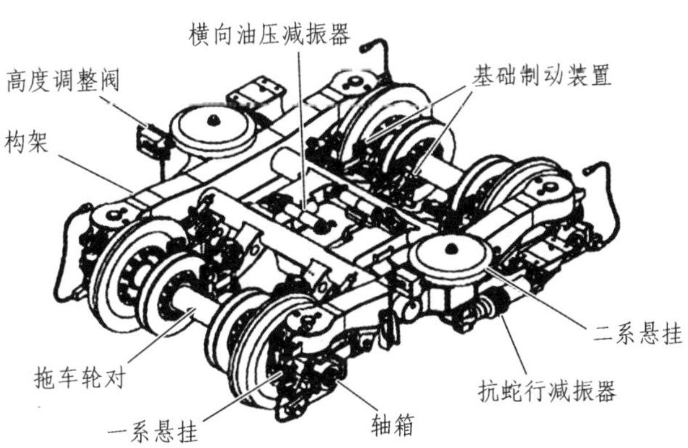

（b）拖车转向架

图 3.65　CRH2 转向架基本构造图

（a）动力转向架

（b）拖车转向架

图 3.66　CRH3 转向架基本构造图

图 3.67 所示为 CRH5 转向架，其一系悬挂装置采用轴箱拉杆定位方式，二系悬挂系统由上枕梁、空气弹簧系统、抗侧滚扭杆、二系横向减振器、二系垂向减振器、抗蛇行减振器、防过充装置、横向挡和牵引装置等组成。转向架与车体间采用“Z”形双牵引装置，传递牵引力和制动力。基础制动采用轴盘制动。动力转向架上传动装置由齿轮箱、万向轴、安全装置和体悬式电机组成。图 3.68 所示为 CRH5 转向架轮对轴箱装置。图 3.69 所示为 CRH380BL 转向架。

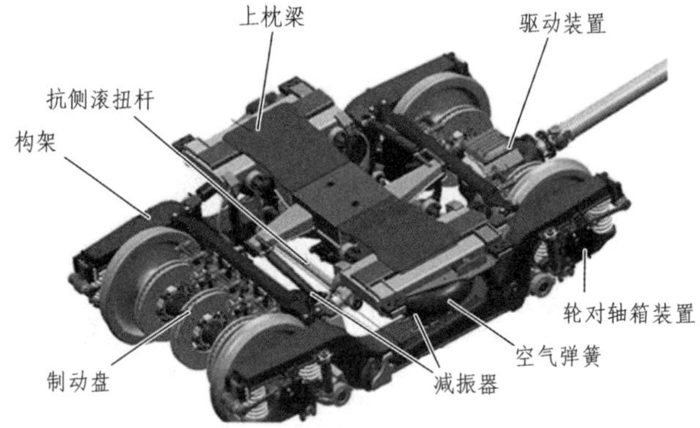

（a）动力转向架

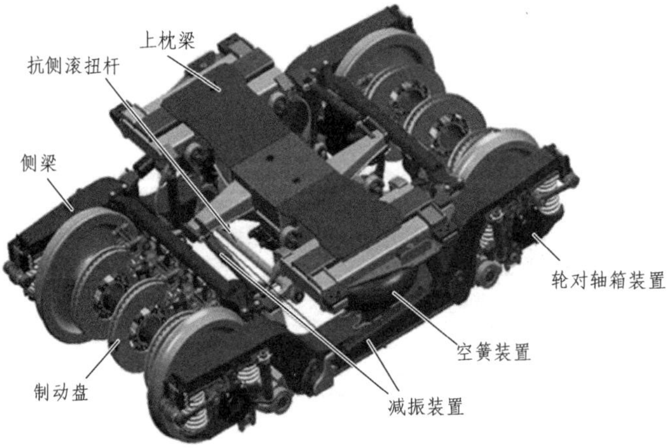

（b）拖车转向架

图 3.67　CRH5 转向架基本构造图

（a）动力转向架轮动轴箱装置

（b）拖车转向架轮动轴箱装置

图 3.68　CRH5 转向架轮对轴箱装置

（a）动力转向架

（b）拖车转向架

图 3.69　CRH380BL 转向架基本构造图

动车组转向架二系悬挂采用空气弹簧装置，其主要包括空气弹簧、附加空气室、高度控制阀、差压阀及滤尘器。空气弹簧由气囊、附加橡胶弹簧、盖板等组成，如图 3.70 所示。附加空气室由侧梁内室组成，空气弹簧与附加空气室之间通过节流口相连，从而起到缓冲减振的作用。每台转向架的两个空气弹簧的附加气室都通过差动阀相连，差压阀的结构原理及转向架上的安装位置如图 3.71 所示。如果气囊突然破裂或毁坏，差压阀将开通，使转向架的两只气囊压力保持平衡，这可防止客车由于一只气囊充气而另一只气囊没有充气而向一边严重倾斜。高度控制阀（见图 3.72）与空气弹簧配合，通过控制空气弹簧的进排气，使车体在不同静载荷下都保持同一高度，并在曲线运行时，减少车体倾斜。

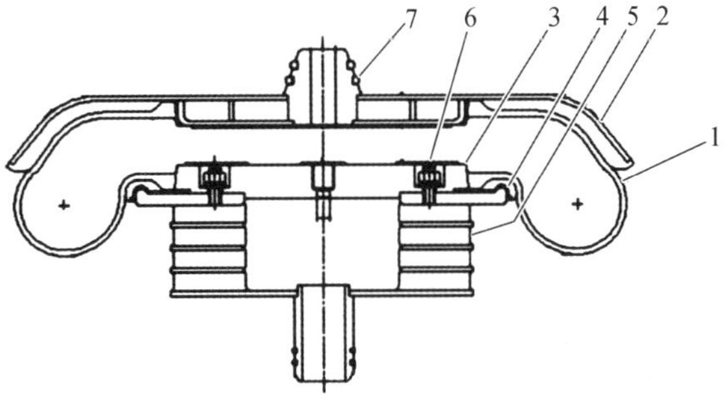

1—橡胶囊；2—上盖板；3—下盖板；4—橡胶座；
5—橡胶堆；6—螺母、垫片；7—O 形圈。

图 3.70　CRH2A 型动车组空气弹簧

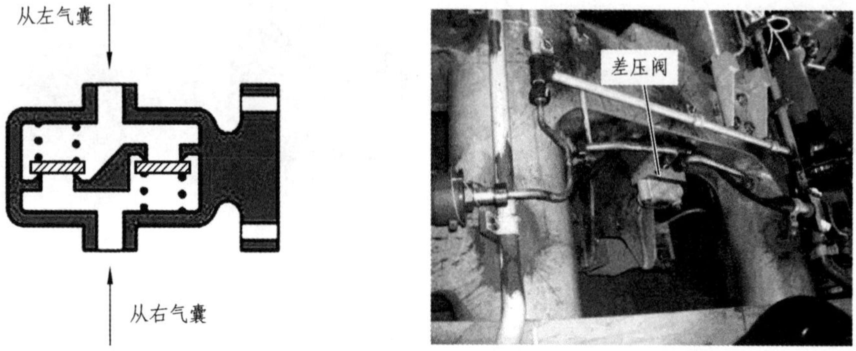

（a）原理图　　　　（b）转向架上的安装位置

图 3.71　差压阀

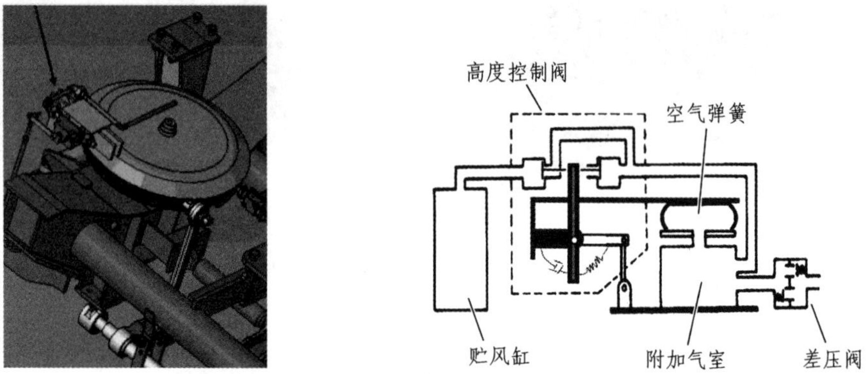

（a）外形图　　　　（b）原理图

图 3.72　高度控制阀

空气弹簧具有保压、充气和排气 3 种工作状态。正常载荷时，进排气通路均关闭，空气弹簧处于保压状态；增载时，车体下沉，进气阀打开，空气弹簧进行充气，内压增大致使车体上浮至原高度，进气阀关闭；减载时，车体上浮，排气阀打开，空气弹簧进行排气，内压减小致使车体下沉至原高度，排气阀关闭。

4. 车端连接装置

动车组连接装置主要用于连接各个车辆和传递牵引力与制动力，并能够起到缓冲和减振作用，另外还要保证车辆的密封性。

动车组连接装置一般由密接式车钩装置、风挡、空气及电气连接设施和车体间减振器等构成。目前世界各国高速动车组普遍采用密接式车钩连接装置（见图 3.73），该装置两车钩连接面的纵向间隙一般都小于 2 mm，上下、左右偏移也很小，对提高列车的运行平稳性和电气线路、风管的自动对接提供了保证。

密接式车钩的连挂及分解的工作原理如图 3.74 所示。

（1）连挂：凸锥插进对方的凹锥孔中，这时凸锥的内侧面在前进中压迫对方的钩舌转动，使解钩风缸的弹簧受压，钩舌沿逆时针方向旋转。当两钩连接面相接触后，凸锥的内侧面不再压迫对方的钩舌，此时由于弹簧的作用，使钩舌处于闭锁位置。

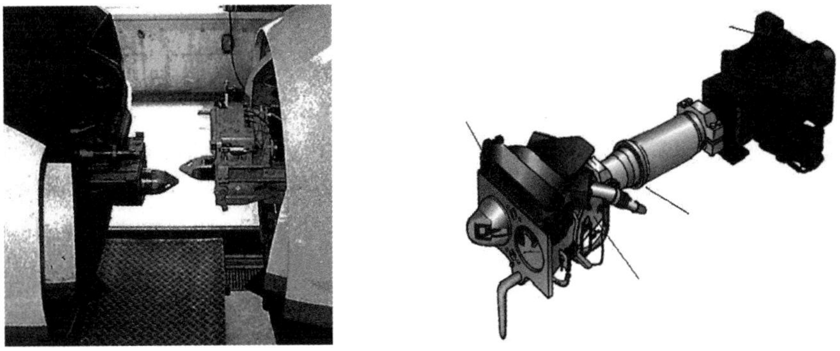

图 3.73　密接式车钩缓冲装置

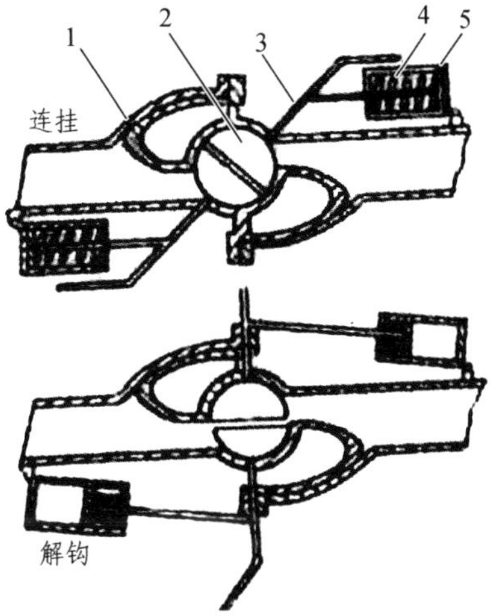

1—钩头凸锥；2—钩舌；3—解钩杆；4—弹簧；5—解钩风缸。

图 3.74　密接式车钩作用原理图

（2）分解：司机操纵解钩阀，此时压缩空气由总风管进入前车（或后车）的解钩风缸，同时经解钩风管连接器送入相连挂的后车（或前车）解钩风缸，活塞杆向前推并带动解钩杆，使钩舌转动至开锁位置，此时两钩即可解开。另外也可以通过人力推动解钩杆，使钩舌转动至开锁位置，实现两钩的分解。

5. 制动装置

目前，列车上所采用的制动方式有摩擦制动和动力制动两大类。其中摩擦制动包括闸瓦制动、盘形制动、电磁轨道制动 3 类，动力制动包括电阻制动、再生制动、电磁涡流制动等。由于动车组运行速度较高，因此它对制动装置的要求也更高。动车组常采用动力制动与摩擦制动的复合制动模式，表 3.7 列出了部分国家高速动车组的制动方式。

6. 辅助供电系统

辅助供电系统包括：辅助变压器、辅助整流用变压器、滤波电容器、输入侧电磁接触器、充电电阻、放电电阻、控制单元、蓄电池等。

表 3.7 部分国家高速动车组制动方式

国别	列车名称	动力车制动方式	非动力车制动方式
日本	0 系列 100 系列 300 系列	电阻制动＋盘形制动 电阻制动＋盘形制动 再生制动＋盘形制动	电磁涡流制动＋盘形制动 电磁涡流制动＋盘形制动
法国	TGV-PSE TGV-A TGV-N	电阻制动＋闸瓦制动 电阻制动＋盘形制动 再生制动＋盘形制动	盘形制动＋闸瓦制动 盘形制动 盘形制动＋电磁轨道制动
德国	ICE	再生制动＋盘形制动	电磁涡流制动＋盘形制动
中国	CRH1、CRH2、 CRH3、CRH5、 CRH380A	再生制动＋电空制动 再生制动＋空气制动＋电阻制动 再生制动＋电空制动	盘形制动 盘形制动 电磁涡流制动＋盘形制动

辅助供电系统供电的设备包括：空气压缩机、空气调节系统、采暖设备、照明设备、旅客服务设备、冷却通风机、应急通风装置及维修用电等。另外，辅助供电系统还具备应急供电功能，例如，备有容量充足的蓄电池组，供应急时使用。应急用电包括：应急照明、客室应急通风、广播系统、列车无线装置、应急显示、维修用电、通信及其控制等，应急用电量一般最少要能持续两小时。

7. 空气调节系统

由于动车组有较好的气密性，因此必须解决好车内的通风换气问题，它通过空气调节系统来实现。动车组的空气调节系统与普通客车空调系统有很大的区别，它包括客室空调装置、通风系统、司机室空调换气装置等几部分。

为了实现轻量化，并减少车体断面面积和高速运行的空气阻力，目前世界上新型高速动车组客室空调装置一般都安装在车下。另外，为了在车外气压变化很大时仍能正常地进行通风换气，而且避免通过换气口将车外气压变化传入车内，保证客车的气密性，高速客车的通风换气装置都设计成可控式。

除了上述基本构造外，动车组往往还包括给排水系统、配电盘、车辆信息控制装置、车载信息系统及行车安全装置等。

四、国产动车组的运用

（一）动车组的运用条件

我国设计制造的动车组均为 200 km/h 速度级的动力分散交流传动动车组，适应在中国铁路既有线上运营，并在中国铁路既有线指定区段及新建的客运专线上以 200 km/h 速度级正常运行。动车组的运用条件如下。

1. 自然条件

气温条件：－25～＋40 °C。

部分动车组适应：－40～＋40 °C。

相对湿度：≤95%（该月月平均最低温度为 25 °C）。

海拔高度：≤1 500 m。

最大风速：一般年份 15 m/s；偶有 30 m/s。

天气：有风、沙、雨、雪天气，偶有盐雾、酸雨、沙尘暴等现象。

2. 200 km/h 速度等级线路区段的线路参数

坡道：区间最大坡度不大于 12‰，困难条件下不大于 20‰，站段联络线坡度不大于 30‰。

最小曲线半径：2 200 m。

缓和曲线：为三次抛物线线型，缓和曲线超高顺坡率为 1/（$10v_{max}$），困难条件下为 1/（$8v_{max}$）。

直线与圆曲线最小长度：新建或改建地段夹直线及圆曲线最小长度为 $0.7v_{max}$，困难条件为 $0.5v_{max}$，既有线保留地段困难条件下为 $0.4v_{max}$，并取整为 10 m 的整数倍。

线间距：4.2 m。

到发线有效长度：650 m，困难条件下 520 m。

轨距：1 435 mm。

最大超高：150 mm。

最大欠超高允许值：110 mm。

道岔：区间道岔直向通过速度 200 km/h；进出站为 18 号可动心轨道岔（导曲线半径为 1 200 m，侧向通过限速 80 km/h）或 12 号可动心轨提速道岔（侧向通过限速 50 km/h）。

竖曲线半径：15 000 m。

车站站台高度：500～1 200 mm。

车站站台边缘距轨道中心线的距离：1 750 mm。

正线数目：双线。

轨底坡：1/40。

3. 供电系统

供电制式：单相 AC25 kV，50 Hz。

电网供电品质：最高网压 31 kV，最低网压 17.5 kV，其余符合“铁路干线电力牵引交流电压标准”（GB1402）。

线路设点式信号设施，为列车提供过分相位置信号。

接触网采用全补偿简单链型悬挂和全补偿弹性链型悬挂两种。

接触网张力：15～25 kN。

接触网结构高度：1.1～1.8 m。

接触导线高度：5 300～6 500 mm。

接触导线高度变化：一般小于 3‰。

接触网跨距一般为 60 m，最大跨距不大于 65 m。

接触导线采用铜接触线或铜合金接触线。

接触网的最大拉出值按 400 mm 考虑。

（二）动车组的运用识别标记

动车组与普通铁道客运车辆一样具有运用识别标记，包括：路徽、配属局段简称、车型、车号、定员、最高运行速度、制造厂名及日期等。我国电气化区段运行的动车组，应有“电气化区段严禁攀登”的标识。各种动车组的运用识别标记基本相似，下面仅针对我国 CRH 动车组的相关标记作详细介绍。

1. 动车组的型号和列车编号

CRH1、CRH2、CRH3、CRH5 动车组的型号和列车编号构成如图 3.75 所示。其中 CRH 是中国高速铁道动车组的简称；技术序列代码如表 3.8 所示；制造序列代码是按不同的技术序列单独编排，顺序由 001 ~ 999 依次排列。

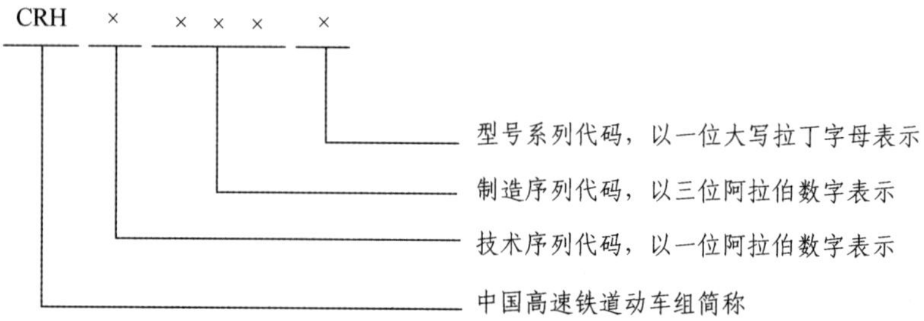

图 3.75 动车组的型号和列车编号构成图

表 3.8 技术序列代码

代码	研制生产单位	备注
1	四方-庞巴迪-鲍尔铁路运输设备有限公司	
2	四方机车车辆股份有限公司	
3	唐山轨道客车有限责任公司	
5	长春轨道客车股份有限公司	
6	四方股份/浦镇公司	城际动车组
7 及后续	预留	

CRH380 系列动车组的型号和列车编号构成如图 3.76 所示。其中 CRH 是中国高速铁道动车组的简称；380 为速度特征代码，体现最高运营速度 380 km/h；型号代码以大写英文字母 A、B、C、D 表示不同型号动车组，A 为四方机车车辆股份有限公司新一代高速动车组，B 为长春轨道客车股份有限公司新一代高速动车组，C 为唐山轨道客车有限责任公司新一代高速动车组，380D 为四方-庞巴迪-鲍尔铁路运输设备有限公司新一代高速动车组；制造序列代码，以四位阿拉伯数字表示，新一代动车组统一编号，以 6 字开头，各制造厂制造序列号按已签订合同数量以百位间隔分配不同的号段，并按出厂时间顺序编排；编组数量代码，以一位大写英文字母表示，L 表示 16 辆编组，8 辆编组时不带标号。

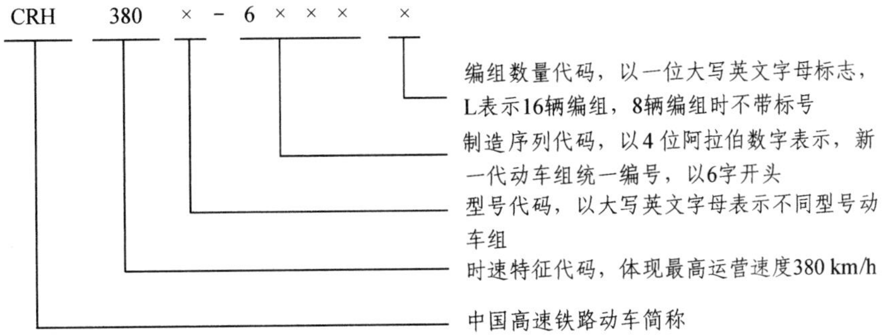

图 3.76　CRH380 系列动车组的型号和列车编号构成图

2. 动车组编组中的车种和编号

CRH1、CRH2、CRH3、CRH5 动车组中车辆的车种和编号构成如图 3.77 所示。其中，车辆车种代码是车种汉语拼音大写字母的缩写，分别为：一等座车——ZY，二等座车——ZE，软卧车——RW，硬卧车——YW，餐车（含酒吧车）——CA，二等座车/餐车——ZEC，餐车卧车合造车——CW；技术序列代码和制造序列代码与动车组的型号中对应代码相同；动车组编组顺位代码以两位阿拉伯数字表示，位置排列编号自首车起从“01”开始顺序排列，尾车的排列编号为“00”。

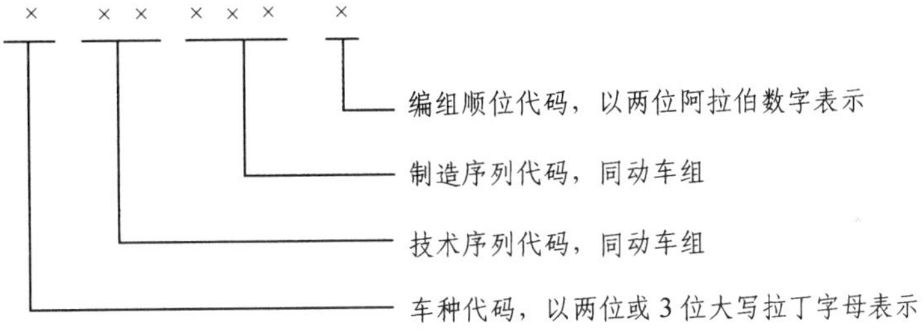

图 3.77　动车组中车辆的车种和编号构成图

CRH380 系列动车组的车辆车种和编号构成如图 3.78 所示。其中，车种代码是车种名称的汉语拼音缩写，包括：SW——商务车（设置可躺式 VIP 座椅车），ZY——一等座车，ZE——二等座车车，CA——餐车，ZEC——餐座合造车，ZYG——一等座车/观光车，ZEG——二等座车/观光车。

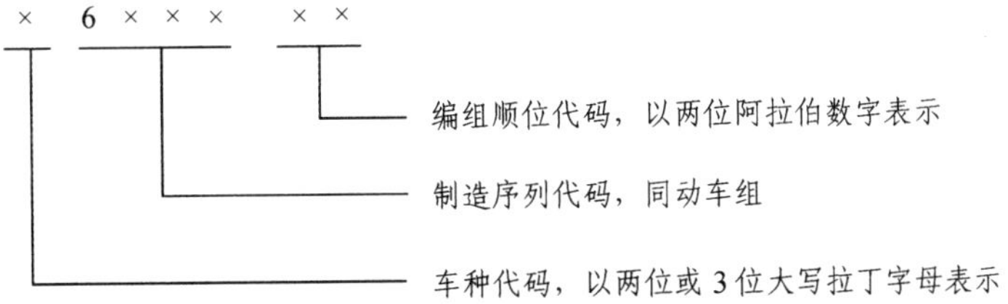

图 3.78　CRH380 系列动车组中车辆的车种和编号构成图

（三）自主创新技术

1. 自动驾驶技术

2019 年，具有完全自主知识产权、达到世界先进水平的复兴号动车组列车已实现自动驾驶功能，速度 350 km/h 高铁自动驾驶系统全套装备已顺利通过中国铁路总公司试用评审，正式进入京沈高铁载客运行的现场试用阶段，之后在京张高铁上得到应用，如图 3.79 所示。自动驾驶系统主要包括列车的自动发车、区间自动运行、到站自动停车、车门自动控制、车门与站台屏蔽门之间的自动联动等。动车组还可以根据列车运行区间自动调整运行时速，保证驾驶操作的一致性，减轻司机的劳动强度，有效地提高了运输能力。

图 3.79　京张高铁智能动车组

2. 可变编组技术

为解决固定编组动车组带来的客流和运能不匹配问题，中车唐山机车车辆有限公司突破了牵引动力系统集成、网络控制、车端连接等关键技术，利用模块化、集成化、单元化设计，打破高速列车固定编组模式，对动车组设备、功能和结构进行重新设计和定义，设计了可变编组动车组。可变编组动车组最小编组单元为两节，即 2 个动力头车相接。面对客流变化，如要扩大编组，则根据速度和功率核算出效率最优搭配，在 2 至 16 节范围内随意变换搭配动车和拖车车厢，如图 3.80 所示，快速定制开行不同速度等级、编组数量和坐席配置的动车组列车。客流量大的地区，可使用双层、长编组、大运能动车组，经济发达地区，可采用舒适，空间大的短编组列车，客流量少的地区，可采用短编组列车，以此灵活应对客流起伏与乘客需求，提高动车组列车的性价比和实用性。

3. 耐高寒、抗风沙技术

我国研发的 CRH2G 型高寒动车组，如图 3.81 所示，攻克了耐高寒、抗风沙、耐高温、适应高海拔、防紫外线老化五大技术难题，能同时适应高寒、风沙、高海拔等恶劣运营环境，是我国高速动车组领域的又一重大技术创新成果。它的成功研制，为我国高寒、沙漠和高原地区的高铁线路，提供了适应性更强的动车组车型。

动车组所使用的材料、润滑油脂及电气元件都通过零下 40 °C 的耐低温试验，升级了耐寒能力。同时，研发人员对转向架进行高寒适应性设计，并独创“喷涂防冻”和“高压吹风除雪”等技术，有效缓解了高寒冰雪天气转向架积雪结冰的问题，确保动车组安全可靠。高寒环境下车体冷凝水易回流，CRH2G 则采用密封设计和导流设计，避免了冷凝水引发的故障。

图 3.80　可变编组动车组

图 3.81　CRH2G 型高寒动车组

动车组开行在风沙地区，沙尘容易涌进车内。CRH2G 专门设置了 3 道“保护罩”：一是将车下设备舱设计为密封结构，防止进沙；二是创新通风防沙理念，设备舱采用集中与分散相结合的供风方式，并创新使用“微正压”技术，防沙尘进入；三是空调机组采用顶置式设计，从车下移到了车顶，进行防风沙和空气过滤设计。在沙尘环境下 CRH2G 不仅能保持车内的空气质量，还大大延长了检修维护周期。

拓展阅读二

复习与思考

1. 简述铁道车辆的组成及各组成的作用。
2. 试分析车钩缓冲装置传递牵引力和压缩力的传递路线。
3. 简述货车车钩的三态作用及解钩过程。
4. 试述自动空气制动机的工作原理。
5. 说明 YZ_{25G}325469、CRH2002A、ZE201000、CRH380A6101L 的含义。
6. 解释轴重、车辆换长、最高运行速度、车钩高的含义。
7. 叙述车辆方位的命名原则。
8. 简述 25T 型客车定期检修修程。
9. 分析 6T 各系统与车号自动识别系统联合使用可分别实现什么功能？
10. 试归纳总结 CRH 系列各动车组的轴重、运行速度、转向架形式、制动方式、牵引方式。

第四章 铁路机车

第一节 概 述

为了保证铁路每日各项运输工作的顺利进行，铁路部门必须保证拥有数量足够、牵引性能良好的机车。这是由于铁路车辆不具备动力装置，需要将其连挂成列，由机车牵引沿钢轨运行；此外，在铁路车站和一些铁路专用线上需进行部分列车的解编、车辆的转线、取送等，也需要机车的牵引或推送完成相关的调车作业。因此，铁路机车是担负铁路运输牵引任务和完成各项调车工作主要的动力设施。按运送每吨公里消耗料量计算，机车是耗能最少的陆地运输工具。

一、铁路机车的发展简史

世界上最早出现的机车是蒸汽机车，由于蒸汽机车的构造比较简单，制造和维修容易，成本也较低，许多国家的铁路客货运输任务在很长一段时间内都由蒸汽机车来承担，可以说蒸汽机车在铁路发展史上曾经起着不可替代的重要作用。但是，由于蒸汽机车的热效率只有5%～9%，煤水消耗量大，因此，美国、英国、法国、日本、德国和苏联于20世纪60—70年代相继停用，我国也于1988年12月底停止生产蒸汽机车，至2005年12月9日，我国铁路干线上运行的最后一批蒸汽机车也正式退役。我国于20世纪60年代初开始使用内燃机车和电力机车，在牵引动力改革之后，内燃机车和电力机车数量快速上升，分别由1985年的3 757台和727台，增加为2012年的9 593台和11 071台，而蒸汽机车的数量则由8 085台降低为1 172台。目前，内燃机车和电力机车成为我国铁路客货运输的重要牵引工具。国内外铁路机车工业发展历程如表4.1、表4.2所示。

表4.1 国际铁路机车车辆工业发展历程

时 间	发展特点
19世纪	英国人发明蒸汽机车，开辟了铁路运输的新纪元
20世纪40—50年代	发达国家进行牵引动力改革，或以内燃为主或以电力为主，引领铁路运输现代化
20世纪60年代	高速机车的研制成功，日本建成世界第一条高速铁路
20世纪80—90年代	高速技术快速发展，高速列车试验时速最高达到500 km以上（德国ICE、法国TGV、日本新干线）
21世纪	高速铁路兴起，将成为21世纪交通运输的支柱

表 4.2　中国铁路机车车辆工业发展历程

时间	发展特点
20 世纪 50 年代	蒸汽机车（解放型、胜利型、前进型等）
20 世纪 60 年代	造出我国第一代内燃、电力机车，开始了我国铁路现代化的新进程
20 世纪 80 年代	实现内燃和电气化，结束铁路牵引动力以蒸汽机车为主的历史，使铁路运输发生了革命性的变化
20 世纪 90 年代	铁路机车车辆技术取得历史性突破，研制出时速 140～160 km 的准高速机车和客车（DF_{11}、SS_8）
21 世纪	时速超过 300 km 的交流传动动车组日益完善，我国进入高铁时代

二、铁路机车的分类和型号

（一）机车的分类

铁路机车的种类很多，可有不同的分类。

1. 按牵引动力分类

铁路机车按牵引动力可分为蒸汽机车、内燃机车和电力机车等。

2. 按使用类别分类

铁路机车按使用类别可分为本务机车和调车机车。本务机车是牵引列车运行在铁区间的机车，可以分为客运机车、货运机车。

客运机车：用以牵引旅客列车，要求具有较高运行速度和启动加速度。

货运机车：用以牵引各类货物列车，要求机车具有较大的牵引力。

调车机车：用于列车的解体、编组和牵出、转线，其工作特点是频繁起动和停车。要求机动灵活，具有足够的黏着重量和必要的功率。

3. 按传动形式分类

铁路机车按传动形式可分为直流传动和交流传动机车。内燃机车还可分为电传动内燃机车和液力传动机车。

直流传动机车是通过直流牵引电动机来驱动轮对运行的；交流传动机车是通过交流牵引电动机来驱动轮对运行的。我国近年来生产的各种和谐型内燃机车和电力机车均属于交流传动。

4. 按轴数分类

铁路机车按轴数可分为四轴车、六轴车、八轴车和十二轴车等，各轴数机车对应的轴列式主要是 B_0-B_0、C_0-C_0 和 B_0-B_0-B_0、2（B_0-B_0）、2（C_0-C_0）和 2（B_0-B_0-B_0）等。所谓轴列式是指用字母或数字表示车轴排列方式，用以表征机车走行部结构特点的一种简单方式。比如 2（B_0-B_0-B_0）表示由两节机车连挂，每节机车有 3 台转向架，每台转向架有 2 根动轴，每根动轴为单独驱动。

（二）机车的型号

用汉字及相应的汉语拼音首字母大写作为我国接车型号的表示。例如用“东风”表示电传动内燃机车（汉语拼音首字母 DF），用“东方红”表示液力传动内燃机车。用汉字“韶山”表示国产电力机车（汉语拼音字母 SS）。在汉字或拼音字母右下角的数字，则表示该型机车投入运用的序号，如 DF_4、SS_1、SS_4 等。此外，进口内燃机车类型用汉语拼音字母“ND”和“NY”表示，其中 N 表示内燃机车，D 表示电传动，Y 表示液力传动。在汉字或拼音字母的右下角的数字，则表示该型机车投入运用的序号。

和谐型电力机车（HXD）是引进国外技术在中国设计制造的交流传动重载货运电力机车。HXD 后面的数字表示不同制造公司所制造的不同的机车。

和谐系列电力机车是南车集团和北车集团（现合并为中国中车）与国外企业合作，引进先进技术，并国产化的新一代交流传动客、货运机车。分为每轴 1 200 kW 的和谐电 1、2、3；1 代表株洲电力机车公司制造；2 代表大同机车公司制造；3 代表大连机车公司制造。每轴 1 600 kW 的和谐 1B、2B、3B 两代 9 600 kW 大功率机车。设计最高时速均为 120 km/h。2012 年，新推出了专用于准高速客运的两款六轴机车，单轴 1 200 kW，总功率 7 200 kW 的和谐电 1D、3D 型电力机车，最大运营速度 160 km/h。又有了 HXD1G 和 HXD3G。

和谐型内燃机车（HXN）分别是由中国北车集团大连机车制造厂生产的和谐 3 系列内燃机车（HXN3 系列）和由中国南车集团戚墅堰机车有限公司生产的和谐 5 系列内燃机车（HXN5 系列）两种。

三、不同牵引动力机车的特点

1. 内燃机车

内燃机车一般以柴油为燃料，热效率可达 30% 左右，灵活机动，独立性强，单节机车功率大；机车的整备时间短，持续工作时间长，而且机车乘务员劳动条件好，便于多机牵引。但内燃机车构造较复杂，制造、维修等费用较高，大功率机车用柴油机将受到限制，对大气和环境污染较大。相对而言，电力机车则是一种更适合于交通可持续发展的牵引动力。

2. 电力机车

电力机车所用电能可由多种能源（如火力、电力、核能等）转换而来，电气设备工作稳定、安全可靠，而且具有起动快、功率大、效率高、速度高、爬坡性能好、运营费用低、不污染环境等许多优点，运营效果良好，适合于山区铁路和运输繁忙的区段采用。但是，由于电力机车运行时必须由沿线的牵引供电系统提供电能，电气化铁路的基本建设投资大，而且电力机车的运用灵活性也受到限制，所以，并不是所有的区段都适合采用电力机车牵引。

从世界各国铁路牵引动力发展趋势看，电力机车是被公认为最有发展前途的一种机车。我国铁路牵引动力的发展方向以电力牵引为主，在主要繁忙干线、高速铁路、快速铁路、运煤专线以及长大坡道、长隧道等线路上，大力修建和改造电气化铁道，其他线路采用内燃机车牵引。目前我国铁路电气化率达到了 60%左右，电气化里程已位居世界第一。

第二节 内燃机车

一、内燃机车的发展历程

内燃机车是以内燃机为原动力的一种机车。按其使用的内燃机种类可分为柴油机车和燃气轮机车，以柴油机车的使用最为广泛。我国铁路上采用的内燃机车绝大多数是柴油机车。

我国于 1958 年在大连机车工厂仿照苏联 TЭ 3 型内燃机车试制了巨龙型内燃机车，后改进设计，定型为东风型内燃机车。在 20 世纪 60 年代初，便自行设计制造了以东风型为代表的功率仅为 1 342 kW 第一代内燃机车。从 1969 年起开始生产以东风$_4$型、北京型为代表的第二代内燃机车。第二代内燃机车功率比第一代机车功率大，而且可靠性、耐久性等综合性能也有了明显的提高，并形成了适应各种不同用途的种类及型号。从 20 世纪 80 年代起，为了适应铁路运输发展，通过学习国外先进技术，引进消化和与国外合作，我国先后开发成功多种水平更高的以东风$_{8B}$、东风$_{11}$型为代表的国产第三代内燃机车。第三代内燃机车的技术经济水平已接近或达到了国际先进水平。第三代内燃机车除了采用较多的先进技术以外，功率更大，速度也更快，基本满足了干线货运列车的重载牵引及旅客列车的快速牵引要求。从 1999 年开始，我国第四代内燃机车步入了开发生产阶段，以交流传动技术为主要特征的和谐型内燃机车已批量投入运用，第四代内燃机车的技术将处于世界先进的水平。

二、内燃机车的种类

内燃机车按用途可分为干线内燃机车、调车内燃机车和内燃动车组；按传动方式可分为电力传动、液力传动两种类型的内燃机车。电力传动内燃机车如果采用直流发电机和直流牵引电动机，就称为直-直流电传动内燃机车；如果采用交流发电机和直流牵引电动机，则称为交-直流电传动内燃机车，后者在技术、经济指标上要比前者先进一些。此外，还有一种更为先进的电传动方式，即采用交流发电机和交流牵引电动机的交流电力传动，按可控硅变频方式，可分为交-直-交和交-交两种形式。该种传动方式可以提高单节机车的功率，防止机车动轮打滑，是内燃机车发展的方向。

我国内燃机车主要包括“东风”系列、“东方红”系列、“北京”型液力传动机车、“ND”和“NY”系列以及新型的“和谐”系列等类型。我国各型内燃机车的生产和开发，本着提供高质量的适用机车为前提，同时满足铁路运输“重载、高速”的要求。图 4.1 所示为不同型号的内燃机车。

我国铁路主要类型的内燃机车及主要性能参数见表 4.3。

国铁集团运输局装备部编《铁路机车概要》中对各种类型内燃机车的参数有详细的介绍。

DF$_{11}$ 型内燃机车

DF$_7$ 型内燃机车

HXN3 型内燃机车

HXN5B 型内燃机车

图 4.1　不同型号的内燃机车

三、内燃机车的组成和工作原理

内燃机车的类型很多，但它们的主要组成和工作原理基本相同，都是由柴油机、传动装置、走行部、车体与车底架、车钩缓冲装置、制动装置和辅助装置等几个主要部分组成。如图 4.2 所示为电传动内燃机车结构示意图。内燃机车在工作时，柴油在气缸内燃烧，使化学能转变为热能，再由气缸、活塞、连杆、曲轴转变为由曲轴输出的机械能，经传动装置转换为适合于机车牵引特性要求的机械能，最后驱动机车动轮在钢轨上转动产生牵引力。

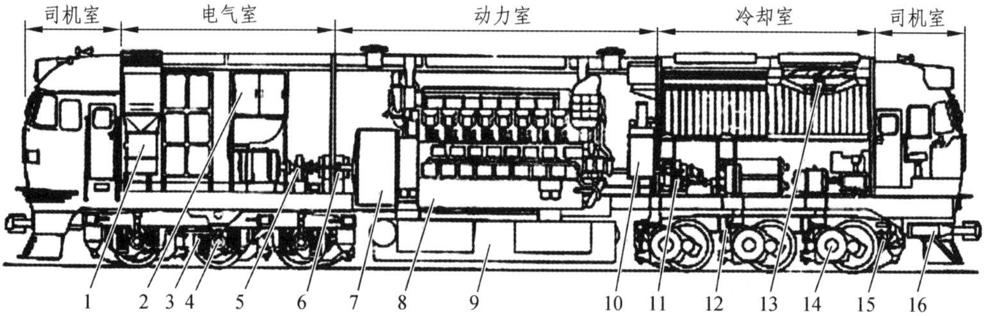

1—电阻制动装置；2—硅整流柜；3—牵引装置；4—走行部；5—起动变速箱；6—励磁机；
7—主发电机；8—柴油机；9—燃油箱；10—预热锅炉；11—静液压变速箱；
12—电机悬挂系统；13—冷却风扇；14—牵引电动机；
15—基础制动装置；16—车钩缓冲装置。

图 4.2　电传动机车结构示意图

表 4.3　内燃机车主要性能参数表

项目＼机车型号		东风$_2$	东风$_4$	东风$_{4B}$	东风$_{4D}$	东风$_8$	东风$_{8B}$	东风$_{11}$	东方红$_5$	北京	ND2	ND5	NY5	HXN3	HXN5
制造厂名或国名		戚墅堰	大连、资阳	大连、资阳、大同	大连	戚墅堰	戚墅堰	戚墅堰	资阳	二七	罗马尼亚	美国	德国	大连	戚墅堰
用途		调车	客、货	客、货	客、货	货运	货运	客运	调车、小运转	客运	客运	货运	客、货	货运	客、货运
传动方式		电力（直-直）	电力（交-直）	电力（交-直）	电力（交-直）	电力（交-直）	电力（交-直）	电力（交-直）	液力	液力	电力（直-直）	电力（交-直）	液力	电力（交-直-交）	电力（交-直-交）
轴列式		C_0-C_0	C_0-C_0	C_0-C_0	C_0-C_0	C_0-C_0	C_0-C_0	C_0-C_0	C-C	B-B	C_0-C_0	C_0-C_0	C-C	C_0-C_0	C_0-C_0
柴油机	型号	6L207E	16V240ZJA	16V240ZJB	16V240ZJD	16V280ZJ	16V280ZJA	16V280ZJA	12V180ZJ	12V240ZJ	12LDS28B	7FDL-16	12V240ZJ-1	16V265H	GEVO-16
	数量	1	1	1	1	1	1	1	1	1	1	1	1	1	1
	标定功率/kW	795	2 650	2 650	3 240	3 680	3 860	3 680	920	1 990	1 690	2 940	1 620	4 660	4 660
	标定转速/（r/min）	850	1 100	1 000	1 000	1 000	1 000	1 000	1 500	1 100	750	1 000	1 000	1 000	1 050
	燃油消耗率g/（kW·h）	238	217	217	≤214	218	208＋7	208	≤238	211	228	201	211	194	200
最大速度/（km/h）		95	客 120 货 100	客 120 货 100	客 145 货 100	100	100	170	调车 40 小运转 80	120	120	118	客 160 货 120	120	120
通过最小曲线半径/m		80	145	145	145	145	145	145	90	125	100	85	125	145	145
机车全长/m		16.340	21.100	21.100	21.100	22.000	22.000	21.205	14.900	16.505	17.400	19.935	22.960	22.250	22.295
燃油装载量/L		4 000	9 000	9 000	9 000	8 500	9 000	6 000	2 750	5 500	4 690	9 900	7 700	9 000	9 000
机车运转整备重量/t		113	138	138	138	138	138（不加压铁） 150（加压铁）	138	92	92	118	138	130	150	150
司机室数/个		1	2	2	2	2	2	2	1	2	2	2	2	2	2

（一）柴油机

柴油机是将柴油燃烧产生的热能转变为机械能的动力机械，是内燃机车的动力装置。目前铁路机车上的柴油机多为四冲程、多缸、废气涡轮增压、压燃式柴油机。

为满足各种功率的需要，在制造柴油机时，宜生产相同气缸直径、不同气缸数的系列产品。小功率的多为直列型，大功率的一般是 V 形。所谓直列型，是指柴油机的气缸纵向一字排列，而 V 形的气缸呈 V 形排列。各种柴油机都用一定的型号来表示，如东风$_{4B}$型内燃机车的柴油机型号是 16V240ZJB（见图 4.3），表示有 16 个气缸分两排 V 形排列，缸径 240 mm，Z 表示设有涡轮增压器和中间冷却器，J 表示铁路牵引用柴油机，B 表示产品的一种型号。

图 4.3　16V240ZJB 型柴油机

现以一个气缸为例，了解四冲程柴油机的结构和工作原理。四冲程柴油机在一个循环中，每个冲程的工作情况如图 4.4 所示。

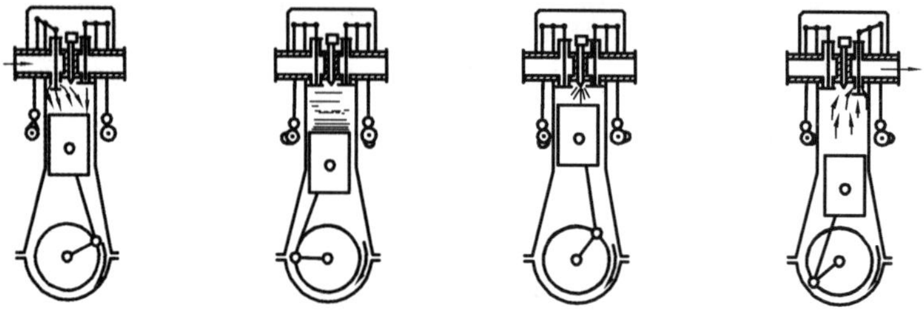

（a）进气冲程　（b）压缩冲程　（c）燃烧膨胀　（d）排气冲程

图 4.4　单缸四冲程柴油机工作循环示意图

四冲程柴油机的基本工作原理请浏览 AR 动画——“单缸四冲程柴油机工作循环”，如图 4.5 所示。

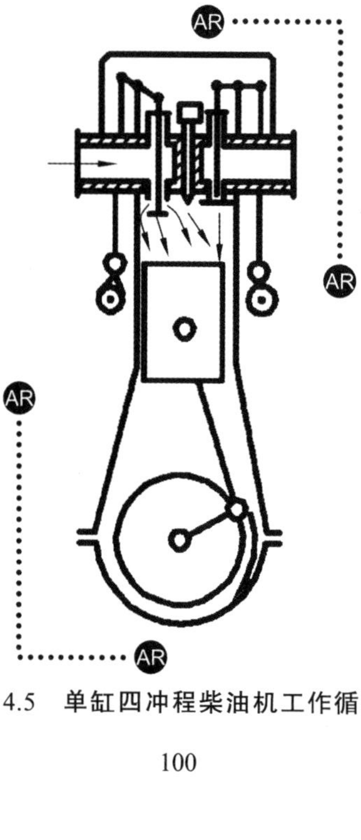

图 4.5　单缸四冲程柴油机工作循环

柴油机在工作过程中，活塞在气缸内做连续的上下往复运动，活塞通过连杆与曲轴相连，曲轴做连续的回转运动；在气缸盖上设有进、排气门和喷油器，进、排气门由凸轮轴通过配气机构控制开闭；喷油器由供油装置控制。燃油在气缸内燃烧放热膨胀做功，推动活塞往复运动，并通过曲轴将往复运动变为旋转运动，这样燃料的热能就转化为机械能。活塞需要经过 4 个冲程，才能完成进气、压缩、燃烧膨胀、排气一个工作循环。此后，随即重新进行下一个工作循环。

从柴油机工作原理可以看出，柴油机由固定机件、运动机件、配气机构以及进排气、燃油、冷却、润滑等系统所组成。其中，配气机构和进排气系统是按时开闭进、排气门，供应足够的清洁空气并排出废气。燃油、冷却、润滑系统要及时供应燃油并保证柴油机正常、高效地运转。

（二）传动装置

1. 设置传动装置的目的

内燃机车在柴油机将机械能传递给机车走行部的过程中，既要保证柴油机的功率得到充分发挥，又要使机车具有良好的牵引特性，所以柴油机曲轴不能直接驱动机车动轮，而必须在柴油机曲轴与机车动轮之间设置一套传速比可变的中间环节，即传动装置。其主要原因如下：

（1）柴油机直接驱动机车动轮不能实现机车理想牵引性能。在本章第一节中介绍了机车牵引性能，为充分利用柴油机功率，需要将柴油机功率全部转化为机车轮周功率。列车运行时，机车需要的牵引特性为：当外界阻力增大时，机车能自动增大牵引力，降低运行速度；当外界阻力减小时，机车能自动减小牵引力，提高运行速度，即任何一种类型机车的牵引性能，都应与机车理想牵引性能曲线相符合。每一循环供油量一定时，柴油机扭矩几乎不随转速的变化而改变，因此柴油机的功率基本上与转速成正比，而且只有当柴油机达到额定转速时，才能发出额定功率。也就是采用直接驱动方式时的内燃机车的牵引特性曲线，显然不符合内燃机车的理想牵引性能曲线的要求，并且只有当柴油机达到额定功率转速时，即机车在最高速度时，柴油机功率才能得到充分利用。

（2）柴油机的转速范围满足不了机车运行速度变化范围的要求。当柴油机转速低于最低转速运转时会熄火，高于最高转速运转时又会引起飞车而损坏柴油机。而机车最低运行速度为 3 ~ 5 km/h，最高运行速度为 100 ~ 160 km/h，甚至更高。

（3）柴油机应在无负载情况下启动，而机车起动负载都是很大的，所以柴油机无法直接驱动机车动轮。

（4）柴油机曲轴一般不能反转，而机车却需要既能前进也能后退。

（5）内燃机车设置传动装置，可使机车在运行时，当运行阻力发生变化时可以不改变机车柴油机的供油量，即不改变柴油机的输出功率，而通过传动装置自动地调节列车的运行速度和机车的牵引力，维持 $F \cdot v$ = 常数，使柴油机始终工作在最佳状态，同时还保证了柴油机的空载启动、机车换向运行以及机车有较大的调速范围。

2. 传动装置的组成和工作原理

内燃机车的传动装置有电传动和液力传动两种。液力传动内燃机车采用的是液力传动装置。由柴油机驱动液力传动装置的变扭器泵轮，将机械能转变成液体的动能，再经变扭器的涡轮转换成机械能，以适应机车的各种运行情况，然后经万向轴、车轴齿轮箱等部件传至车轮。这种机车可节省大量钢材，但传动效率比电力传动低，因此液力传动内燃机车的牵引功率较小。目前，各国采用电力传动的较为广泛。

我国铁路上广泛应用的东风系列内燃机车均为电力传动，电力传动内燃机车采用电传动装置。现以内燃机车交-直流电力传动装置为例加以说明，交-直流电力传动装置主要由牵引电动机、牵引发电机、硅整流器等部件组成。交-直流电力传动装置的组成及工作原理如图 4.6 所示。

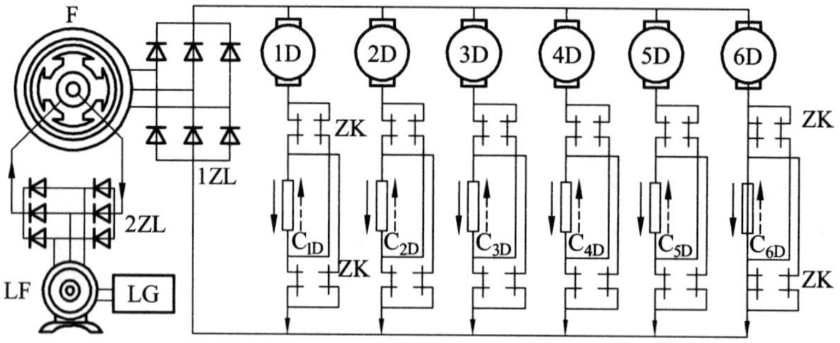

1D ~ 6D—牵引电动机；ZK—转换开关；F—牵引发电机；LF—牵引发电机的励磁机；LG—励磁柜；1ZL—主整流器；2ZL—励磁整流器；C_{1D} ~ C_{6D}—牵引电动机的励磁绕组。

图 4.6　交-直流电力传动装置的组成及工作原理图

柴油机带动牵引发电机 F，发出三相交流电，把机械能变成交流电能，经主整流柜 1ZL 整流后，变成直流电，供 6 台并联的牵引电动机 1D ~ 6D 使用，将电能转变成机械能，通过传动齿轮驱动动轮旋转，使机车运行。

牵引发电机的励磁机 LF 也是一台三相交流发电机，它是由柴油机曲轴通过变速箱来带动的。励磁机 LF 发出的交流电，经过励磁整流器 2ZL 整流后，将直流电送到牵引发电机的励磁绕组。

机车运行方向是通过转换开关来控制的：当 ZK 接通左边一组触点时，各台牵引电动机上的励磁绕组 C_{1D} ~ C_{6D} 的电流就如图中实线箭头所表示的方向流动，机车运行方向为前进；若改变转换开关触点，使它右边一组接通时，励磁绕组上的电流方向正好相反，如图中虚线箭头所表示的那样，从而改变了牵引电动机的旋转方向，机车运行方向也就由前进变为后退了。

此外，为了控制保护柴油机和电机等部件的正常工作，调节电路中的各种转换等，在机车上还设有各种电器，如控制电器、保护电器、测量电器以及机车辅助传动装置等。

（三）走行部

内燃机车的走行部一般采用三轴或二轴的转向架形式。

1. 机车转向架的作用

机车转向架的作用是承受车架以上各部分的重量，包括车体、车架、动力装置以及辅助装置等，在保证必要的黏着前提下，将轮轨接触处产生的轮轴牵引力传递给车架和车钩，牵引车列前进；产生必要的制动力，以便使机车在规定的制动距离内停车；同时缓和来自线路不平顺的冲击和隔离振动，保证机车沿轨道运行并顺利通过曲线。

2. 机车转向架的组成

每个转向架主要由构架、弹簧装置、连接装置、轮对与轴箱、驱动机构、基础制动装置等部分组成。各部分的作用为：

（1）构架——转向架的骨架，承受和传递垂向力及水平力。

（2）弹簧装置——用来保证一定的轴重分配，缓和线路不平顺对机车的冲击并保证机车的运行平稳性。

（3）连接装置——用以传递车体与转向架间的垂向力及水平力（包括纵向力如牵引力或制动力，横向力如通过曲线时的横向作用力等），并能使转向架在机车通过曲线时相对于车体回转。在较高速度的机车上，车体与转向架间还设置横动装置，使车体在水平横向成为相对于转向架的簧上重量，以提高机车在水平方向的运行平稳性。

（4）轮对和轴箱——轮对直接向钢轨传递机车重量，通过轮轨间的黏着产生牵引力或制动力，并通过轮对的回转实现机车在钢轨上的运行。轴箱是联系构架和轮对的活动关节，它除了保证轮对进行回转运动外，还能使轮对适应线路等条件，相对于构架上下、左右和前后活动。

（5）驱动机构——将机车动力装置的功率最后传递给轮对。电传动机车的驱动机构由减速齿轮箱等组成；液力传动内燃机车的驱动机构，由万向轴、车轴齿轮箱等组成。

（6）基础制动装置——由制动缸传来的力，经杠杆系统增大若干倍后传给闸瓦或闸片，使其紧压车轮或制动盘，对机车进行制动。图 4.7 所示为 DF_4 型内燃机车转向架示意图。

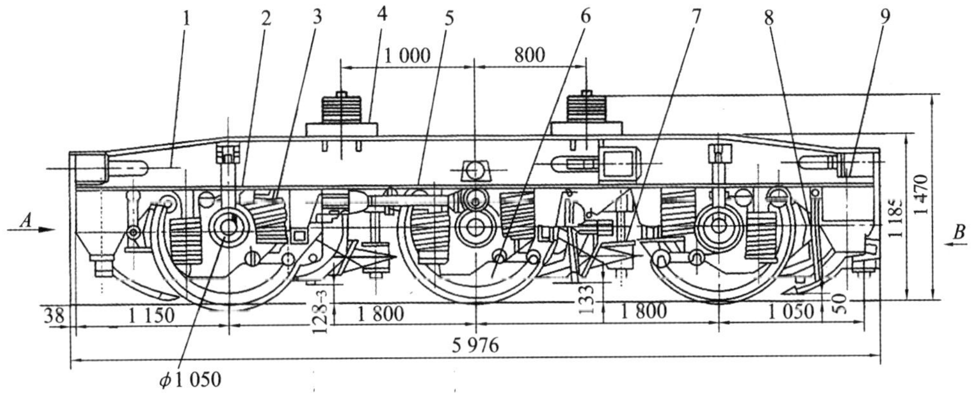

1—构架；2—轴箱；3—弹簧装置；4—支承；5—牵引杆装置；6—轮对；7—电动机悬挂装置；8—基础制动；9—砂箱。

图 4.7　DF_4 型内燃机车转向架

DF_4 型内燃机车转向架力的传递过程如下：

（1）垂向力：车体→弹性旁承→构架侧梁→轴箱圆簧→轴箱→轮对→钢轨。

（2）纵向力：轮对→轴箱→轴箱拉杆→构架→牵引杆装置→车体→车钩。

（3）横向力：钢轨→轮对→轴箱→轴箱拉杆→构架→摩擦旁承或侧挡→车体。

DF$_4$内燃机车转向架的基本工作原理请浏览 AR 资源——“DF$_4$内燃机车转向架”，如图 4.8 所示。

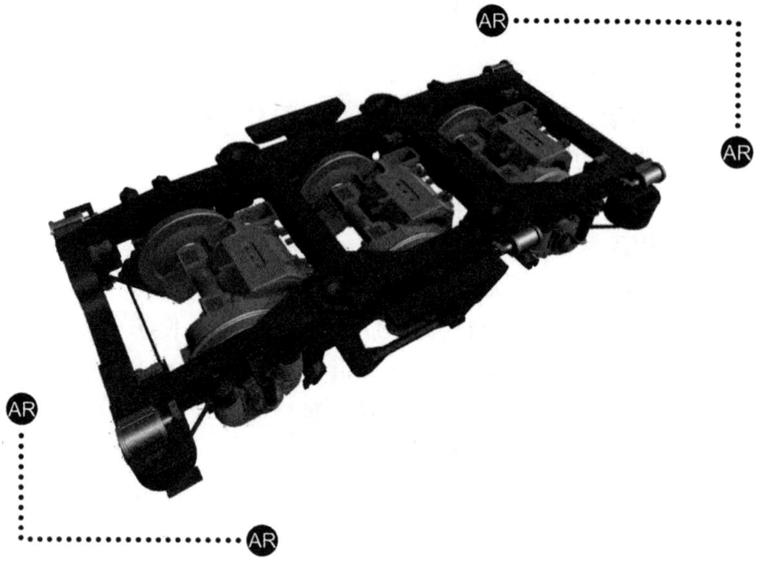

图 4.8　DF$_4$内燃机车转向架

（四）制动装置

为了提供必要的制动力，在内燃机车上设有主要的制动装置，如空气制动装置（制动机）和电阻制动装置。此外，还有作为一种辅助制动装置的手制动机，以及作为制动机最终执行机构的基础制动装置。

1. 空气制动装置

空气制动是机车上的主要制动方式，空气制动装置主要由空气压缩机、总风缸、分配阀、制动缸、单独制动阀（即小闸）和自动制动阀（即大闸）等部件组成。当司机操纵小闸时，通过分配阀的作用能单独控制机车，使机车产生制动或缓解作用。当操纵大闸时，通过控制列车管压力的变化，使全列车产生制动或缓解作用。

2. 电阻制动装置

电阻制动是利用直流电机的可逆原理，在机车需要减速时，将机车转换为制动工况，此时牵引电动机转换为发电工况，并通过轮对将列车的动能变成电能，再通过制动电阻把电能转换为热能消耗掉，使机车速度降低而起制动作用。

电阻制动的特点是速度低时制动力小，速度高时制动力大。因此电阻制动特别适合于在长大下坡道上进行恒功率制动，不但安全性比较高，可以缩短运转时分，提高区间通过能力，还可以大大减小车轮和闸瓦的磨耗。而当进站停车速度降低到 15 km/h 以下时，电阻制动的制动力就很小了，因此必须和空气制动装置配合使用。

3. 辅助制动装置

在内燃机车每端的司机室内装有手制动轮。当需要使用手制动时，转动手制动轮，就能使这一端转向架上的基础制动装置起制动作用。一般是用来防止机车在停放时的移动。

4. 基础制动装置

基础制动装置的作用是将制动缸的力经杠杆系统增大后传给闸瓦。基础制动装置可由若干制动单元组成。每一制动单元包括一个制动缸、一套杆件系统和闸瓦。制动缸内作用于活塞的压缩空气推力（或手制动装置手轮上的力），经过一系列的杠杆增大一定倍数后传给各个闸瓦，使闸瓦压紧轮箍，最后通过轮轨的黏着产生制动作用。

（五）辅助装置

内燃机车辅助装置的作用是保证机车柴油机、传动装置、走行部与电气控制设备等的正常工作和可靠运行，以及保障乘务人员正常工作条件的各种装置。它是内燃机车必不可少的重要组成部分。主要包括：冷却系统、机油系统、燃油系统、压缩空气系统、通风装置、空气滤清系统、预热系统、辅助驱动装置、撒砂装置，以及目的在于改善乘务员工作条件的各种设备。

1. 冷却系统

内燃机车冷却系统，就其冷却方式的不同，大体可分为通风冷却系统、柴油机水冷却系统、增压空气冷却系统及各类油（机油、液力传动工作油等）的冷却系统。除通风系统与空气有关外，其余各系统均与水有联系。因此，内燃机车的冷却系统可概括分为通风冷却系统和水冷却系统两类。

2. 机油系统

柴油机工作时，曲轴相对于轴瓦、活塞以及活塞环相对于气缸壁等都要产生相对运动，在其相互接触的表面产生摩擦。由于摩擦的存在，不但因其摩擦阻力大而增加了柴油机的功率消耗和机件的磨损，而且摩擦时产生的高温将使机件摩擦表面烧损，配合间隙破坏，甚至咬死，严重时可造成机破事故。机油系统的任务是把清洁的具有一定压力和适当温度的机油输送到各运动零件的摩擦表面，并使之具有良好的润滑条件，提高柴油机的可靠性和耐久性。

3. 预热系统

内燃机车柴油机启动或停机时，对柴油机的机油、燃油及冷却水的温度都有一定的要求。润滑油、冷却水温度过低，不仅使柴油机启动困难，而且运动零件磨损严重，燃油雾化不良，影响燃烧质量。预热系统可在启动柴油机前对柴油机机油、水进行预热，保证柴油机能在规定的油水温度下启动，或者停机时间较长时保持一定的油水温度。

4. 空气滤清系统

我国内燃机车一般都采用外吸气式，即空气来源于车体的外部，内燃机车在铺有碎石路基的线路上运行时，在柴油机进气高度的空气中含有各种灰尘和其他机械杂质，如果这些杂质随空气进入增压器和柴油机气缸内，就会造成活塞、缸套、气门等的异常磨损，降低柴油机功率和使用寿命。内燃机车的空气滤清系统包括电机、电器等设备冷却用空气的滤清和柴油机燃烧用空气的滤清，其作用是为柴油机正常工作提供充足干净的新鲜空气。

5. 辅助驱动装置

内燃机车辅助驱动装置，采用机械传动、液压传动和交流电动机驱动3种形式。机车在满足起动条件时，即可启动柴油机，由蓄电池向起动发电机供电，通过机械传动装置带动柴油机启动；柴油机启动后通过机械传动直接驱动起动发电机、励磁机、测速及电机、通风机及液压传动的液压泵工作。

第三节　电力机车

一、电力机车的发展历程

我国电力机车的研究始于1958年，和电气化铁路的建设同步，采用单相工频交流供电制，接触网电压25 kV。

1958年12月28日，我国第一台干线铁路电力机车试制成功，命名为6Y1型。该机车采用引燃管整流方式，是参照苏联20 kV工频单相交流制的H 60型电力机车设计制造的。1968年，经过对6Y1型10年的研究改进，将引燃管整流改为大功率半导体硅整流器，正式将6Y1型改名为韶山1型，代号SS_1。1969年开始小批量生产，到1980年车型基本定型并开始大批量生产，成为中国电气化铁路干线的首批主型机车。

之后，经过几十年的不懈努力，交-直流传动电力机车从第一代SS_1型电力机车，第二代SS_3型电力机车，到第三代电力机车产品由多机型组成。第三代电力机车产品主要有SS_4、SS_5、SS_6、SS_7、SS_8以及它们的派生型SS_{4B}、SS_{4C}、SS_{6B}、SS_{7B}、SS_{7C}等，其特征均是采用多段桥相控无级调压调速方式，构成了4、6、8轴和快速客运、客货两用、重载货运等系列产品。

我国第四代电力机车产品的特征是以传动方式来确定的。前三代均为交-直传动方式，而第四代是交-直-交传动方式。我国从1991年开始研制大功率交流传动电力机车，第一台国产交-直-交传动电力机车AC4000型，由株洲电力机车厂和株洲电力机车研究所于1996年研制成功，属实验性车型，仅试制了一台，但其研制及实验过程为中国探索交流传动电力机车做出了不可磨灭的贡献。其后尽管还研制了一些交流传动电力机车，但都未定型量产。

2003年以来，为适应我国国民经济高速发展，遵循“引进、消化吸收、再创新”的技术路线，以中国多家电力机车制造企业为代表，锁定世界铁路最先进技术，分别与德国、美国、法国、日本等国外公司进行技术合作，通过技术转让，联合设计等方式，先后研制成功了HXD1、HXD2、HXD3、HXD1B、HXD2B、HXD3B、HXD1C、HXN3、HXN5等和谐系列交流传动机车。通过技术引进，中国电力机车制造企业成功掌握了机车总成、车体、转向架、牵引变压器、牵引变流器、网络控制系统、牵引电机、驱动装置、制动系统等9大关键技术，以及受电弓、真空主短路器、高压（电压/电流）互感器、司机控制器、辅助设备/牵引电机通风机、空压机、机车空调、复合冷却塔、车钩缓冲器、车载卫生装置等10项主要配套技术。2006年以来，和谐型大功率交流传动HXN3、HXN5型内燃机车和HXD系列电力机车批量投入运营，标志着我国铁路机车成功实现了由交-直流传动向交流传动的转化。同时，成功引进先进的动车组技术并转入国产化设计和生产，对我国铁路重载、高速运输的发展起到了积极的推动作用，实现了铁路技术装备现代化的跨越式发展。

二、电力机车的种类

电力机车从接触网上获取电能，接触网供给电力机车的电流有直流和交流两种。由于电流制式不同，所用的电力机车也不一样，基本上可以分为直-直流电力机车、交-直流电力机车、交-直-交流电力机车 3 类。

直-直流电力机车采用直流制供电，牵引变电所内设有整流装置，它将三相交流电变成直流电后，再送到接触网上。因此，电力机车可直接从接触网上取得直流电供给直流串励牵引电动机使用，简化了机车上的设备。

交-直流电力机车采用交流制供电，目前，世界上大多数国家都采用工频（50 Hz）交流制或 25 Hz 低频交流制。在这种供电制式下，牵引变电所将三相交流电改变成 25 kV 工业频率单相交流电后送到接触网上。但是在电力机车上采用的仍然是直流串励电动机，把交流电变为直流电的任务在机车上完成。由于接触网电压比直流制时提高了很多，接触导线的直径可以相对减小，从而减少有色金属的消耗和建设投资。因此，工频交流制得到了广泛采用，世界上绝大多数电力机车也是交-直流电力机车。

交-直-交流电力机车采用交流无整流子牵引电动机（即三相异步电动机），这种电动机在制造、性能、功能、体积、质量、成本、维护及可靠性等方面远比整流子电机优越得多。这种机车具有优良的牵引能力，很有发展前途。

目前，我国铁路采用的交-直流电力机车及和谐系列电力机车的部分主要型号和主要技术参数如表 4.4 和表 4.5 所示。

表 4.4　电力机车的主要技术参数

机车型号	SS_1	SS_3	SS_4	SS_7	SS_8	6K	6G	8K	8G
开始生产年代	1958	1978	1985	1992	1994	1987	1972	1986	1987
制造厂名、国名或地区名	株洲	株洲	株洲	大同	株洲	日本	法国	欧洲	苏联
用途	货运	货运	货运	货运	客运	货运	客货运	货运	货运
轴列式	C_0-C_0	C_0-C_0	2（B_0-B_0）	B_0-B_0-B_0	B_0-B_0	B_0-B_0-B_0	C_0-C_0	2（B_0-B_0）	2（B_0-B_0）
机车持续功率/kW	3 780	4 350	6 400	4 800	3 600	4 800	5 400	6 400	6 400
机车质量/t	138	138	2×92	138	88	138	138	2×92	2×92
轴重/t	23	23	23	23	21.5	23	23	23	23
设计速度/（km/h）	90	100	100	100	170	100	112	100	100
持续速度/（km/h）	43	48	52	48	100	48	47	48	50
持续牵引力/kN	301	318	437	364	126	355	353	471	451
起动牵引力/kN	487	470	628	485	210	485	519	628	627

表 4.5　和谐系列机车主要技术参数

主要技术参数	HXD1	HXD2	HXD1B	HXD2B	HXD3B	HXD3	HXD1C
制造厂商	南车株机	北车同车	南车株机	北车同车	北车连车	北车连车	南车株机
轴重/t	23（25）	23（25）	25	23（25）	25	23（25）	23（25）
轴式	2（B_0-B_0）	2（B_0-B_0）	C_0-C_0	C_0-C_0	C_0-C_0	C_0-C_0	C_0-C_0
最大速度/（km/h）	120	120	120	120	120	120	120
牵引功率/kW	9 600	9 600	9 600	9 600	9 600	7 200	7 200
电制动功率/kW	9 600	9 600	9 600	9 600	9 600	7 200	7 200
起动牵引力/kN	700（760）	700（760）	570	584	570	520（570）	520（570）
持续牵引力/kN	494（532）	510（554）	422	454.7	493.7	370（400）	370（400）
最大电制动力/kN	461	470（510）	346	400	480	370（400）	370（400）
牵引恒功范围	70～120（65～120）	70～120（65～120）	76～120	76～120	70～120	70～120（65～120）	70～120（65～120）
主传动系统	采用 3 300 V/1 200 A IGBT 元件架控模式	采用 3 300 V/1 200 A IGBT 元件轴控模式	采用 6 500 V/600 A IGBT 元件轴控模式	轴控模式	采用 4 500 V/900 A IGBT 元件轴控模式	采用 4 500 V/900 A IGBT 元件轴控模式	采用 3 300 V/1 200 A IGBT 元件轴控模式
辅助供电系统	采用集成在牵引变流器中静止逆变器供电	采用独立的辅助变流器供电	采用集成在牵引变流器中静止逆变器供电	采用独立的辅助变流器供电	采用集成在牵引变流器中静止逆变器供电	采用独立的辅助变流器供电	采用独立的辅助变流器供电
基础制动装置	轮盘制动	踏面制动	轮盘制动	踏面制动	轮盘制动	轮盘制动	轮盘制动

三、电力机车的工作原理及基本构造

（一）电力机车的工作原理

1. 交-直型电力机车的工作原理

交-直型电力机车是靠其顶部升起的受电弓，从接触网上取得单相工频交流电，通过主断路器，经牵引变压器降压，再经变流装置将交流电转换为直流电，供给直流（脉流）牵引电动机，经齿轮传动装置牵引列车运行，如图 4.9 所示。其交-直流传动基本工作原理如图 4.10 所示。

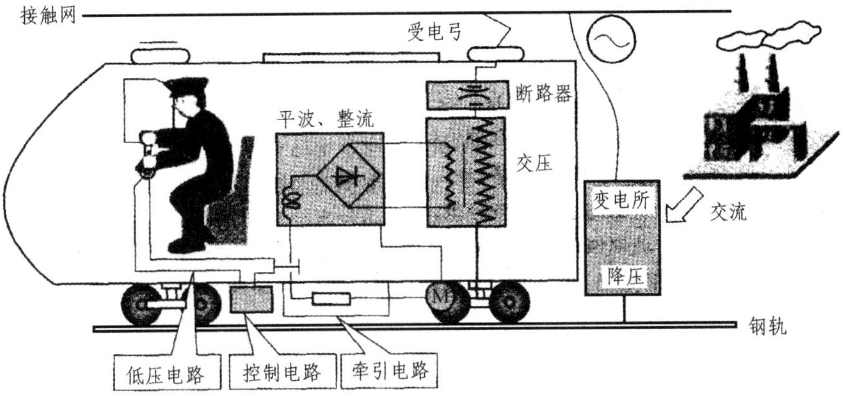

图 4.9　电力机车工作原理图

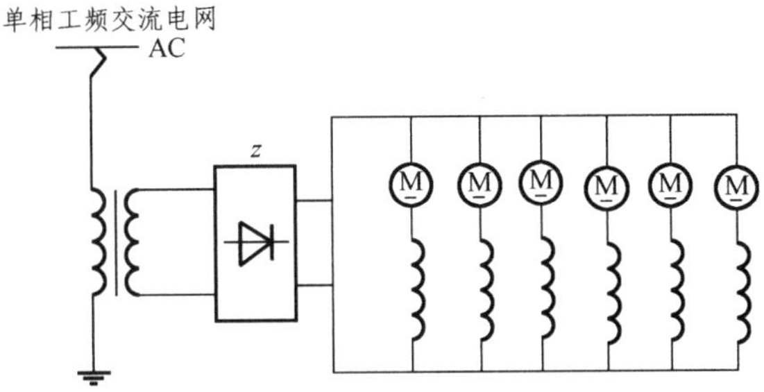

z—硅整流器；M—直流牵引电动机。

图 4.10　交-直流电力传动

2. 交-直-交流电力传动电力机车工作原理

图 4.11 所示为交-直-交流电力传动电力机车工作原理。来自接触网的单相交流电经受电弓引入机车变压器，在牵引变压器中变换成所需的合适电压后送入电源侧变流器，将单相交流电转换为直流电，提供给中间回路经平滑功率脉动，送入电动机侧的变流器，将直流电逆变为电压和频率可调的三相交流电供给三相异步牵引电动机，实现牵引运行。在这个系统中，机车先将电网的交流能量转换为直流能量，然后进一步转换成电压和频率可调的交流能量。

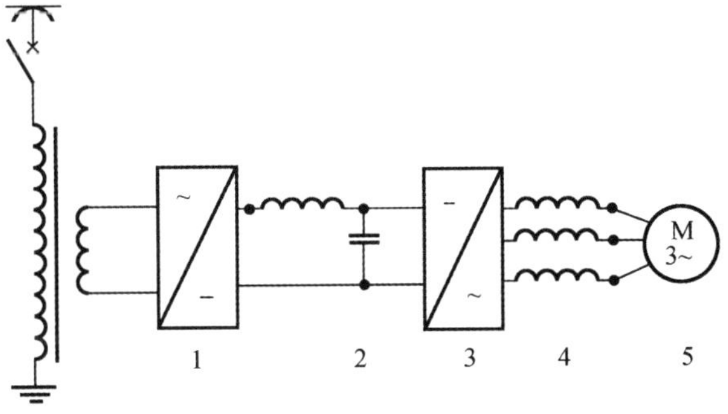

1—电源变流器；2—中间回路；3—电动机侧逆变器；
4—电抗器；5—牵引电动机。

图 4.11　交-直-交流电力传动

（二）电力机车基本构造

电力机车是由电气部分、机械部分和空气管路系统 3 部分组成的。如图 4.12 所示为 SS_7 型电力机车总体布置图。

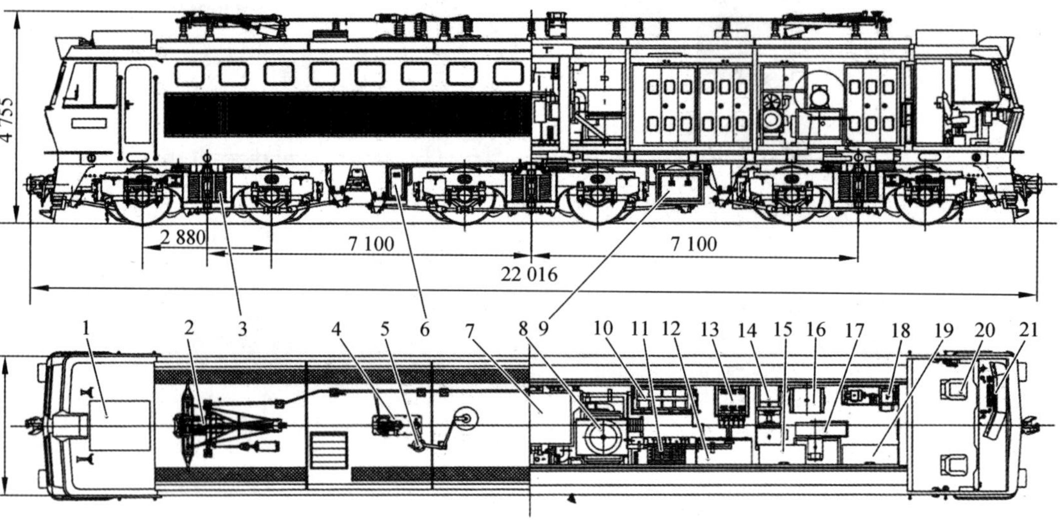

1—空调机组；2—受电弓；3—转向架；4—真空断路器；5—避雷器；6—复轨器柜；7—主变压器；8—主变压器风机；9—蓄电池组；10—变流器设备安装；11—高压电器柜；12—稳定电阻柜；13—电容柜；14—压缩机安装；15—信号柜；16—劈相机；17—通风机组安装；18—气阀柜；19—低压电器柜；20—司机座椅；21—操作台。

图 4.12　SS_7 型电力机车总体布置图

1. 机械部分

电力机车机械部分主要由车体、走行部、车底架、车钩缓冲装置及制动装置组成。

2. 空气管路系统

电力机车空气管路系统除了供给空气制动外，受电弓、主断路器等电气设备的操作也要用压缩空气。

3. 电气部分

电气部分包括受电弓、牵引变压器、牵引电机、变流器、辅助电机及司机控制器、接触器、继电器、转换开关、电空阀等。

电力机车上的各种电气设备，分别装设在主电路、辅助电路和控制电路 3 大电路中。

主电路是产生机车牵引力和制动力的电气设备电路，它将从接触网上吸取的电能转变为牵引列车的机械能；辅助电路系统为主电路电气设备服务，包括冷却、提供压缩空气等；控制电路系统用于间接控制机车上的高压电气设备和辅助电气设备，以保证安全、方便。

（三）电力机车制动

电力机车的速度控制，主要是由司机通过控制牵引电动机转速来实现。当机车需要制动时，除使用空气制动装置外，可以辅以电阻制动。如果牵引电动机变为发电机工况将电能重新反馈回电网中去加以利用，就称之为“再生制动”（或“反馈制动”）。从能量利用上看，电阻制动虽然不如再生制动，但电阻制动的主电路工作可靠稳定，技术比较简单，在直流传动电力机车上一般采用电阻制动，而在交流传动电力机车上主要采用再生制动。

为了解电力机车基本构造，我们以 HXD1C 型电力机车为例展示电力机车基本构造和基本功能，请浏览以下 AR 动画——“电力机车基本构造”，如图 4.13 所示。

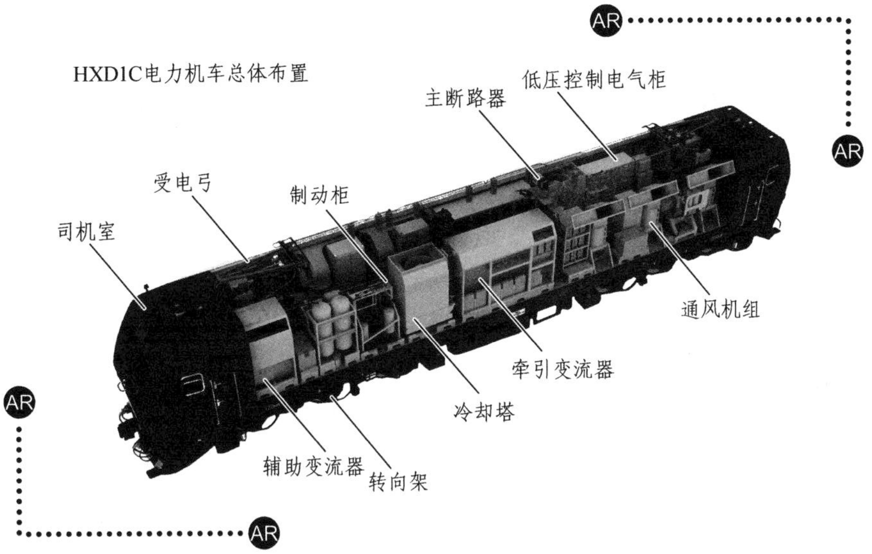

图 4.13　HXD1C 型电力机车基本构造

第四节　机车新技术

直流传动机车，无论是直-直型传动还是交-直型传动，共同点是采用直流牵引电动机，都可控制励磁电流使牵引电机具有所要求的软特性和良好的防空转性能。直流电动机结构上的缺点是存在电刷和换向器，无法改变电机存在的火花和环火的致命缺点，从而限制了直流电动机的功率和容量，不能很好地满足铁路高速重载的发展要求，继而限制了直流传动机车的发展，因此在机车上采用无整流子的交流电动机成为趋势。

交流传动机车是近代铁路牵引技术的重大突破。自 1971 年问世以来，在全世界范围内已取得了很大发展。到 20 世纪 90 年代，国外交流传动的发展已经进入了成熟期，交流传动已占据了电力机车的主导地位，尤其是在铁路高速和重载牵引方面显示了很大的优越性。交流传动的本质特点是牵引电机采用了交流电动机，尤其是交-直-交型机车采用三相异步电动机，其一系列的优点都是由此表现出来的。交流传动机车的优点主要表现在以下几个方面。

（1）构造简单，转速高，可靠性高，维修简便。

三相异步电动机结构中无换向器、无电刷装置；相同功率的电机，异步电动机的质量轻、体积小；除轴承外无摩擦部件，密封性好，防潮、防尘、防雪性能好；全部电气部件所用绝缘材料均为 H 级或 F 级，绝缘性能好，耐热性能好；控制装置是模块结构，故障率也很低，驱动系统的全部运行过程和控制过程均由无触点电子元件完成，所以不存在传统系统中经常发生的触点磨损、粘连、接触不良、机械卡滞等问题；交流传动机车有完备的微机监视系统和故障诊断系统。

（2）功率大，牵引力大，机车可以发挥较高的输出功率。

在机车结构所能提供的空间条件下，可以装更大功率的异步牵引电动机且交流异步电动机转速可达 4 000 r/min 以上。

（3）黏着性能好。

① 异步电动机有很硬的机械特性，所以当某电机发生空转时，随着转速的升高，转矩很快降低，具有很强的恢复黏着的能力。串激电动机则不然，转矩变化一点，转速就有很大的变化。

② 异步电动机的工作点可以很方便地进行平滑调节，以实现最大可能的黏着利用，不会出现黏着中断情况。根据检测有关黏着控制的信号，准确、迅速地改变逆变器输出的电压和频率，寻求最佳工作点，使驱动系统既不能发生空转，又能充分发挥最大的牵引力。

③ 可实现各轴单独控制。当某台电机发生空转时，可调节该台电机，这样能充分利用机车的黏着性能。

（4）简化了机车主电路。

异步电动机的正、反转及牵引、制动状态的转换，通过机车控制电路就能实现，不需要改变主线路。

（5）动力性能和制动性能较好。

异步电动机结构紧凑、质量轻，同时采用特殊的悬挂装置，簧下质量小，有较高的曲线通过能力，对轨面的冲击力小；可在广阔的速度范围内实行电制动，甚至可以制动到零，制动功率大。其中部分电制动的能量可用于其他辅助设备。

（6）效率高，利用率高，使用灵活性强。

交流传动系统的总效率约为 0.90，而交-直流传动系统的总效率约为 0.86。由于交流传动机车可靠性高、耐久性好和易于维修，使得利用率显著提高。交流传动机车有很强的使用灵活性，它既可满足货运的大的起动牵引力的要求，又可满足客运高速度的要求。

综上所述，交流传动机车具有起动牵引力大、恒功率范围宽、黏着系数高、电机维护简单、功率因数高、等效干扰电流小等诸多优点，是我国铁路机车技术发展的必然趋势。

交流传动机车的技术分为：核心层技术、辅助层技术和相关层技术。核心层技术主要包括：牵引变频技术、变频控制及其网络技术、交流驱动电机技术和牵引变压器技术。辅助层技术主要包括：冷却与通风技术、辅助变流器技术、控制电源技术、保护技术和电磁兼容与布线技术。相关层技术主要包括：司机台操作技术、车体轻量化技术、转向架技术、空气制动技术和高压侧检测技术。

目前，我国和谐系列内燃机车、电力机车、动车组的批量投入使用，标志着我国牵引动力技术已经开始由直流传动向交流传动转变。

一、内燃机车新技术

轴式为 C_0-C_0 的 HXN3 型和 HXN5 型内燃机车都是重载货运机车，最高运行速度提高至 120 km/h，牵引发电机输出功率 4 410 kW（6 000 马力），牵引性能优越，黏着利用率高，起动加速度好，可靠性高。它们的柴油机节能好、排放低，是世界最大功率等级的经济、环保型机车柴油机。

和谐型内燃机车采用大功率交-直-交传动方式，牵引电动机为交流异步电机，具有功率大、质量轻、结构简单、可靠性高、维护工作量小等特点。牵引变流器采用先进的大功率 IGBT 器件，控制性能优良，可靠性高。采用先进的计算机网络控制系统，数据传输量大，牵引及制动控制性能优良，设备状态监测与系统自诊断功能完善。

车体、转向架、车钩与缓冲器、轮对驱动系统以及制动系统充分满足牵引重载列车的需要。机车技术水平达到世界先进水平。图 4.14 所示为 HXN5 型内燃机车各部件的布置示意图。

机车上面部分为相对独立的 5 个室：司机室、辅助室、发电机室、柴油机室和冷却室。司机室为机车前端，冷却室为机车后端。车体左右两侧在辅助室前端部位和冷却室后端部位均设有扶梯，供司乘人员上下用。司机室后端墙左右两侧设有通往机车外部走路的门。

车架下面中部为承载式燃油箱，燃油箱右侧设两个总风缸，两总风缸间装有高压安全阀；总风缸前端设有空气干燥器、辅助用风精滤器，后端设有制动用风精滤器；燃油箱左侧设有蓄电池箱。机车控制区是机车上的封闭区域，其中安放了由电子控制和电功率调节系统组成的若干设备。HXN5 型内燃机车结构特点如下：

（1）车架采用双箱形梁结构，整体式燃油箱。燃油箱与车架做成一体，参与承载。这是我国内燃机车首次采用参与承载的整体式燃油箱，增加了车架的强度，减轻了机车的重量。

（2）转向架构架为钢板焊接的箱形结构。由中心销传递牵引力，焊装在车体底架的中心销插入安装在转向架构架上的牵引座，由牵引座向中心销传递纵向力。利用橡胶堆支承的横向变形，车体相对转向架可以弹性横动，这是速度达 120 km/h 的转向架必备的功能。

（3）机车采用整体碾钢车轮、闸瓦制动、牵引电动机滚动抱轴承悬挂。

（4）设两个独立的通风冷却系统：牵引电动机通风冷却系统和辅助室、逆变器、发电机组通风冷却系统。

（5）轴箱轴承为整体密封的圆锥滚子滚动轴承，轴箱用导框定位，三轴转向架中间轴 ±15 mm 的自由横动量由轴箱与导框的横向间隙提供。

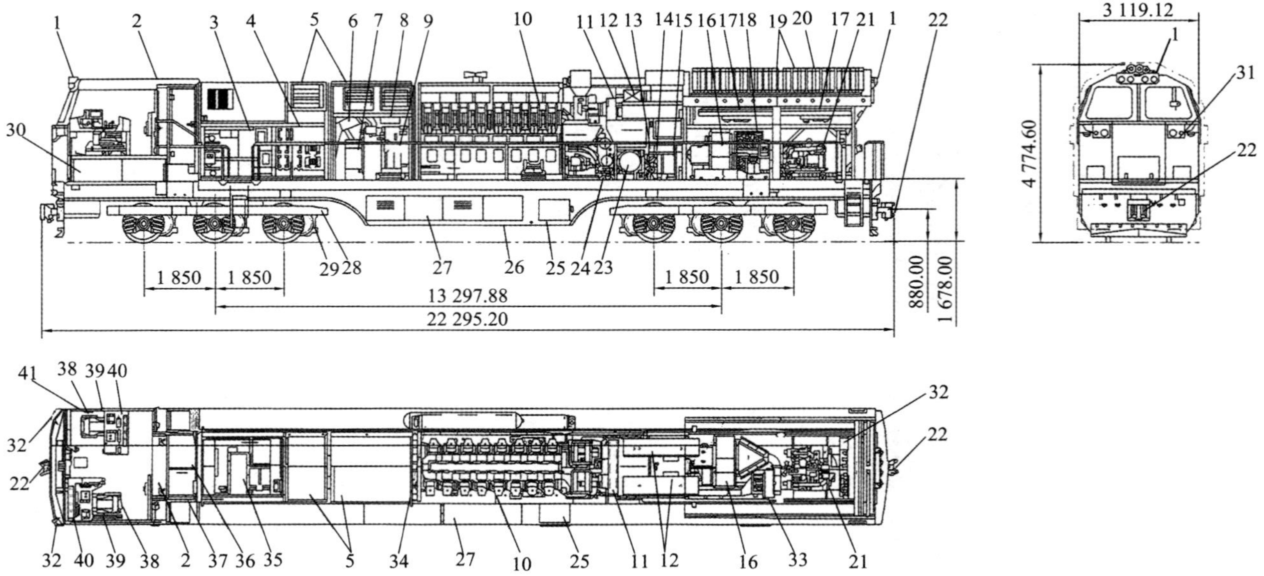

1—头灯；2—控制设备柜；3—牵引逆变器；4—功率装置柜；5—电阻制动装置；6—发电机组通风道；7—辅助发电机；8—CTS 起机转换开关；9—牵引发电机；10—柴油机；11—空气滤清器箱；12—膨胀水箱；13—低压燃油泵；14—预润滑机油泵；15—润滑油冷却器；16—牵引电动机通风机；17—冷却风扇；18—通风机滤清器箱装配；19—散热器百叶窗；20—散热器；21—空气压缩机组；22—车钩；23—润滑油滤清器；24—燃油滤清器；25—污油箱；26—燃油箱；27—蓄电池箱；28—转向架；29—牵引电动机；30—空调；31—标志灯；32—砂箱；33—排尘风机；34—总风缸；35—逆变/发电机组通风机；36—卫生间；37—行车安全设备柜；38—座椅；39—取暖器；40—操作台；41—制动柜。

图 4.14　HXN5 型内燃机车总体布置

二、电力机车新技术

和谐型电力机车 HXD1、HXD2 型机车是八轴机车，轴式 2（B_0-B_0），轴功率 1 200 kW，现已在运煤专线大秦线运行，单机牵引 1×10^4 t、双机牵引 2×10^4 t 重载列车。和谐型电力机车 HXD3 是轴功率 1 200 kW 的六轴机车，轴式为 C_0-C_0，可在繁忙干线单机牵引 5 000 t 重载列车。

以上 3 种电力机车均为重载货运机车，最高运行速度为 120 km/h。机车采用交-直-交传动方式，牵引电机为异步电机，具有功率大、质量轻、结构简单等一系列优点，采用先进的车载计算机网络控制系统，牵引及制动控制性能优良，设备状态监测与系统自诊断功能完善，采用再生制动，节能效果显著。和谐型大功率交流传动电力机车的批量生产并投入运行，将逐步取代 SS_4 型电力机车在重载牵引中的地位。

在设计制造 HXD1、HXD2、HXD3 型电力机车的基础上，在 2008—2009 年又进一步研制成功轴功率为 1 600 kW 的 HXD1B、HXD3B 型电力机车。这两种电力机车都是六轴机车，轴式 C_0-C_0，轴重 25 t，单节机车功率达 9 600 kW，是当今世界上单节功率最大的电力机车。HXD3 型电力机车的主要设备布置如图 4.15 所示。

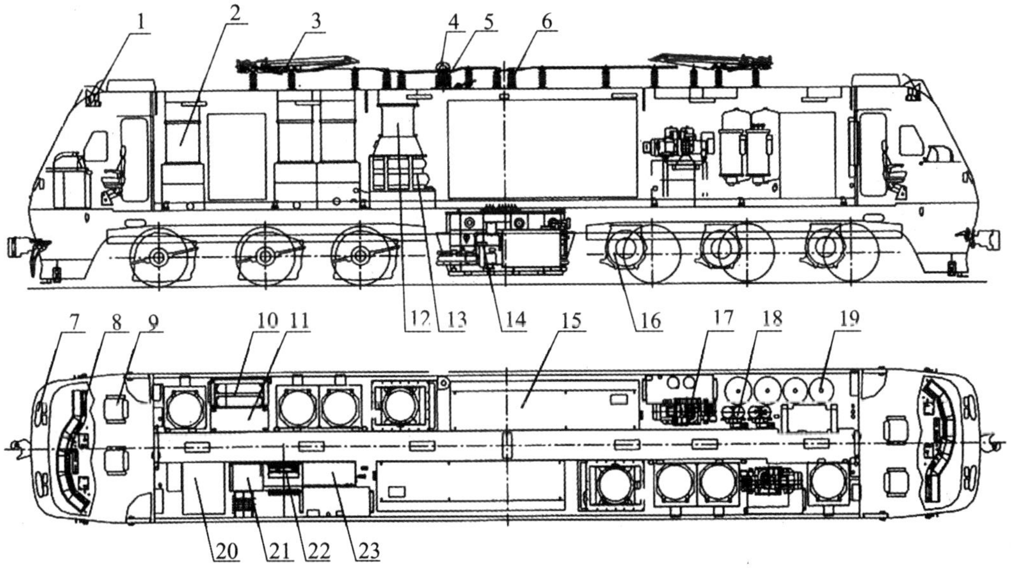

1—前照灯；2—牵引电机通风机组；3—受电弓；4—主断路器；5—高压电压互感器；6—高压隔离开关；7—标志灯；8—操作台；9—司机室座椅；10—滤波柜；11—蓄电池充电器；12—复合冷却器通风机组；13—复合冷却器；14—牵引变压器；15—变流器；16—牵引电机；17—空气压缩机；18—空气干燥器；19—总风缸；20—卫生间；21—综合通信柜；22—微机及监控柜；23—控制电器柜。

图 4.15　HXD3 型电力机车主要设备布置图

HXD3 型电力机车基本构造和基本功能展示请浏览以下 AR 动画——“HXD3 型电力机车”，如图 4.16 所示。

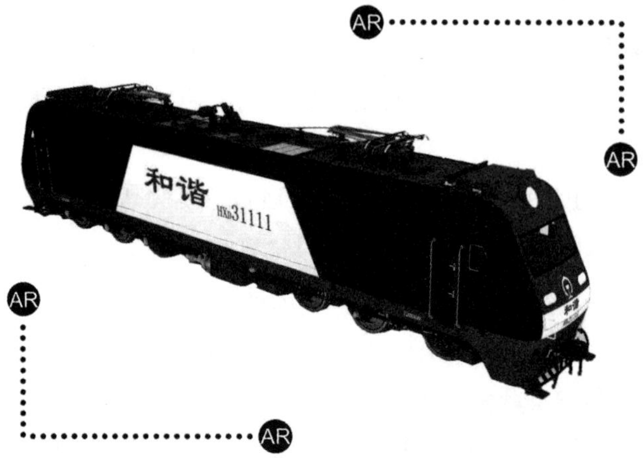

图 4.16　HXD3 型电力机车

HXD3 型电力机车采用 IGBT 水冷变流器，交流电机矢量控制，采用牵引电机轴控方式，机车采用网络控制技术，满足环境温度 - 40 ~ + 40 °C，海拔高度在 2 500 m 以下的条件。考虑到不同的线路情况，可以 3 台机车重联控制运行。

HXD3 型交流传动电力机车装有两台结构相同的三轴转向架，机车全长约 21 m，机车轮周功率 7 200 kW，最大起动牵引力 570 kW，最高运行速度 120 km/h。机车的主要特点如下：

（1）机车总体设计采用高度集成化、模块化的设计思路。采用中间走廊，电气屏柜和各种辅助机组分功能对称布置在中间走廊的两侧；采用了规范化司机室，尽量考虑单司机值乘的要求。

（2）机车装有两台结构相同的三轴转向架，牵引力传递系统采用中央低位平拉杆推挽式牵引装置，具有黏着利用率高的特点。

（3）机车车体采用整体承载的框架式车体结构，有利于提高车体的强度和刚度，车体整体能够承受 3 400 kN 的静压力和 2 700 kN 的拉力而不产生永久变形。

（4）转向架采用滚动抱轴承半悬挂结构，二系采用高圆螺旋弹簧。

（5）采用独立通风冷却技术。牵引电机采用由顶盖百叶窗进风的独立通风冷却方式；牵引变流器冷水和牵引变压器油冷，采用水、油复合式铝板冷却器，由车顶直接进风冷却；辅助变流器采用车外进风冷却的方式；另外还考虑了司机室的换气和机械间的微正压通风。

（6）采用微机控制集成化气路的空气制动系统，机械制动采用轮盘制动。

（7）采用了新型双塔空气干燥器，有利于压缩空气的干燥，减少制动系统阀杆的故障率。

第五节　机车的检修和运用

机车的检修和运用是铁路运输工作的重要组成部分，也是机务部门的基本任务。保质保量进行机车检修，确保机车的完好状态；经济、合理地运用机车，对完成铁路运输任务具有十分重要意义。

一、机车的检修

机务段是铁路沿线负责机车检修和运用工作的基层生产单位，一般设在编组站或区段站上。机务段是隶属于铁路局集团公司机务处的一个部门，主要负责对铁路机车进行驾驶、整体检修、综合整备等，是一线行车单位。另外机务段还下设了检修、整备、设备等不同的职能科室，分管铁路运行相关的工作。机务段的主要工作内容为：① 负责铁路机车的简单整备和检修；② 负责为客运、货运列车或者专列提供动力牵引服务；③ 负责为机车提供相关的维护保养服务，同时为铁路机车乘务工作人员提供休息的场所；④ 对机车进行润滑、擦洗、上水、补油等日常的保养；⑤ 负责机车乘务员的组织管理工作，维持机车的正常运行；⑥ 负责及配合及时处理行车事故，争取在最短的时间内恢复正常的行车秩序并对机车的线路、班次进行合理安排和调控。此外，为便于机车的整备和乘务员的换乘，在机车交路的折返点，还应设有机务折返段。所谓机车整备，是指机车在出段牵引列车或担任调车工作以前，需要供应机车必需的物资和做好各项准备工作。机务段和机务折返段设置的基本原则是满足牵引列车的最大需要，并能充分发挥各项设备的能力和机车运用效率。机务段之间距离的长短，应考虑乘务员的连续工作时间和机车类型，并结合编组站、区段站的位置，尽可能长距离地设置。

国铁集团运输局机务部为铁路机务系统最高级单位，下设各铁路局公司机务处，每个机务处下设若干个机务段，机务段下设若干个机务车间、机务折返段；同时还有检修车间、整备车间、设备车间、各职能科室。机务段是铁路运输系统的主要行车部门，主要负责铁路机车的运用、综合整备、整体检修（一般为中修、段修）的行车单位。属于一线行车单位。机务段一般设置在重要的铁路枢纽城市或重要的货运编组站附近，主要担当旅客列车、货运列车、行包列车或专运任务的动力牵引任务。

1. 机务段的工作和设备

根据各机务段所承担任务的大小，国铁集团所有机车都分别配属于各个机务段，并由机务段来组织和计划本段所属机车的运用和检修工作，同时机务段也负责组织机车乘务人员的工作。

配属给机务段的机车，一般分配在若干个牵引区段里往返牵引列车或固定在某个车站上担任调车工作。机车类型不同，整备作业的内容也不一样。内燃、电力机车整备作业项目如表 4.6 所列。

表 4.6　内燃机车、电力机车的整备作业

需要供应的物资			需要做的准备工作		
项目	内燃机车	电力机车	项目	内燃机车	电力机车
燃料	√	—	机车转向	一般— 单向√	—
水	√	—	机车擦拭	√	√
砂	√	√	检查	√	√
润滑油	√	√	给油	√	√
擦拭材料	√	√	机车乘务组交接班	√	√

为了完成以上整备作业，机务段内必须修建相应的整备设备，如机车整备线、加油站、上水管、上砂管以及存储与发放油脂、化验、排水、照明设备等。

整备设备的布置，应保证各项整备作业能平行或流水式地进行，并应具备足够的能力，以压缩整备作业时间，提高机车的运用效率。

2. 机车的检修

机车经过一定时期的运用后，各部件都会发生磨耗、变形或损坏。为了保证机车的正常运行，延长使用期限，除了机车乘务员的日常检查和保养外，还必须进行各种定期检修工作。

除大修在机车工厂进行外，其余的机车定期检修一般都在机务段内进行。因此机务段必须具有机车的整备及检修设备，如各种检修库及辅助车间等。

机车类型不同，它们的检修周期和检修内容也各不一样，内燃、电力机车的检修周期一般根据机车的走行公里数确定，见表 4.7。

表 4.7　内燃、电力机车的检修周期表

修程	机车			
	内燃机车	电力机车	调车、小运转机车	
			内燃	电力
大修	（80±10）万 km	（160～200）万 km	8～10 年	不少于 15 年
中修	（23～30）万 km	（40～50）万 km	2.5～3 年	不少于 3 年
小修	（4～6）万 km	（8～10）万 km	4～6 个月	不少于 6 个月
辅修	不少于 2 万 km	（1～3）万 km	不少于 2 个月	不少于 2 个月

各种修程所包括的内容，在有关规程中都有具体的规定。大修是机车全面恢复性修理，大修后的机车，基本上须达到新车的水平。中修的主要目的是修理走行部。小修主要是为了对有关设备进行测试和维修等。辅修是属于临时性的维修和养护。

为了进一步提高修理质量与效率，吸取国外经验，积极进行修制改革，目前，我国机车检测同车辆检测一样，也在逐渐推广计划预防修理制度，并且在计划预防修的前提下，逐步实行状态修、换件修和主要零部件的集中修。建立和逐步完善现代化的机车运用和维修制度是我国未来一段时期深化机务改革的重点工作。

目前，中国铁路总公司对和谐型机车修程修制进行了改革。在修程上，设置了 C1、C2、C3、C4、C5、C6 修 6 个等级，其中 C1～C4 修为段级修程，C5、C6 修为高等级修程。

和谐型电力机车各修程周期为：

C6 修：200×（1±10%）万千米，不超过 12 年；

C5 修：100×（1±10%）万千米，不超过 6 年；

C4 修：50×（1±10%）万千米，不超过 3 年；

C3 修：25×（1±10%）万千米，不超过 1 年；

C2 修：13×（1±10%）万千米，不超过 6 个月；

C1 修：7×（1±10%）万千米，不超过 3 个月。

各修程要求如下：

C6 修：机车全面分解检修，全面性能参数测试，恢复基本性能，可同时进行机车或主要部件的技术提升。

C5 修：机车主要部件分解检修，性能参数测试，恢复机车可靠质量状态。

C4 修：机车主要部件检查，性能参数测试，修复不良状态部件，恢复机车可靠质量状态。

C3 修、C2 修：机车关键部件重点检查维修，有针对性地恢复机车运行可靠性。

Cl 修：机车例行检查和保养，利用机车自检系统进行故障诊断，按状态修理。

二、机车运用

机车运用上的一个特点是，机车只要离开机务段，就要受车站有关人员的调度和指挥。所以机务部门和行车部门关系特别密切，必须协调配合才能安全、优质地完成运输任务。

（一）机车交路和机车运转制

1. 机车交路

机车交路是机车固定担当运输任务的周转区段，也称机车牵引区段。机车交路按用途不同分为客运机车交路和货运机车交路；按区段长度不同分为一般机车交路和长交路；按机车运转制分为循环运转制、半循环运转制、肩回运转制和环形小运转制交路，如图 4.17 所示；按区段距离不同分为一般机车交路和长交路。目前，我国铁路对机车长交路的定义是：客运机车交路区段距离 800 km 以上、货运机车交路区段距离 500 km 以上的为长交路。

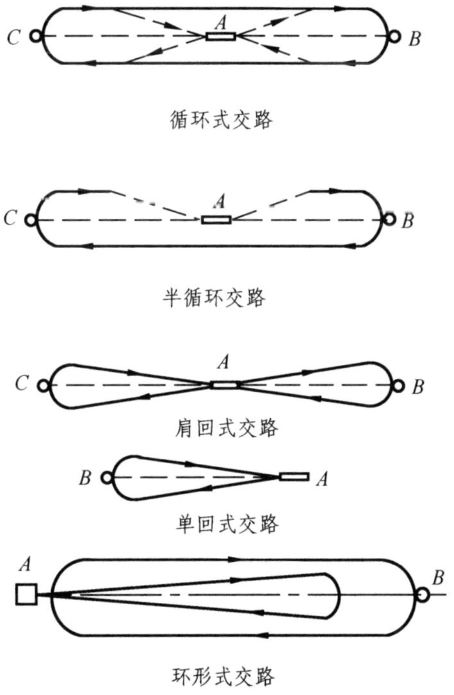

图 4.17　机车交路和机车运转制

2. 机车运转制

机车运转制是指机车在交路上从事列车作业的方式。目前，我国铁路上采用的机车运转制主要有肩回运转制、循环运转制和半循环运转制。

机车牵引列车在一个交路区段内往返一次后即进入本段的运转方式为肩回运转制，在我国铁路区段上，担当牵引任务的机车多采用肩回运转制。肩回运转制又可分为单肩回、双肩回、多肩回等几种，图 4.18（a）为双肩回运转制示意图。机车的长短交路均可采用这种运转方式。

机车牵引列车在相邻两个交路区段内做往返连续运行，直到需要进行中检或定期检修时才进入本段的运转方式为循环运转制。图 4.18（b）为循环运转制示意图。

机车牵引列车在相邻两个交路区段内往返运行一次后即进入本段的运转方式为半循环运转制。

（a）肩回运转制　　（b）循环运转制

▨—机务段　○—机务折返段

图 4.18　肩回运转制和循环运转制

此外，还有一种是环形运转制，是指机车牵引列车在一个交路区段内连续运行几个往返后才入本段进行整备作业。这种运转制适用于小运转列车、市郊列车或运量较大的短交路区段列车等。

（二）乘务制度与乘务方式

机车乘务制度是机车乘务员使用机车的制度，分为包乘制、轮乘制和轮包结合制 3 种。按值乘方式分为标准班、单班单司机、双班单司机。

包乘制是将一台机车由固定的机车乘务组（一般为 2～4 班）使用、管理并负责日常保养。采用何种班制应根据机车周转图和乘务员月工作时间计算确定并符合标准。其优点是可以加强乘务员对机车保养的责任心，有利于保证机车的运用保养质量，便于乘务员熟悉所驾驶机车的性能特点，有利于发挥操纵、维修和保养技术。缺点是机车的运用效率低，机车交路区段长度受到限制。

轮乘制是机车不固定乘务组，而由许多乘务机班轮流使用，机车乘务员和地勤人员分别负责机车的自检自修和日常保养工作。其班制较为灵活，有标准班、单班单司机、双班单司机等多种班制。采用轮乘制的优点是可以加快机车周转，提高机车运用效率，合理安排乘务员作息时间，提高了劳动生产率。当然对乘务员的驾驶技术要求更高，对机车的质量和保养要求也更高。

轮包结合制是机车配属段固定两班乘务员使用机车，支配段机车乘务员仍然轮乘的一种乘务制度。从机车保养质量的角度看，轮包结合制优于轮乘制而次于包乘制。从机车运用效率和乘务员劳动生产率方面来看，则次于轮乘制而优于包乘制。

机车乘务员的换班方式，即乘务方式，可分为立即折返式、外段驻班式、外段调休式、中途站换班式和随乘式等。

（三）长交路轮乘制运转的特点

长交路轮乘制的优点是减少直通、直达列车机车的摘挂次数，缩短了列车在技术站的停留时间，提高了旅行速度，加快了货物送达和机车车辆的周转；减少机车出入段次数及等待列车的停留时间，加快机车周转，提高机车运用效率和乘务员的劳动生产率；实行轮乘制，人不受机车限制，机车不受人限制，便于组织运输生产，而且乘务员之间的劳逸较均衡；减少沿线机务设备及区间段站的设置，节省基建投资，降低了运营成本；有利于实行机车的集中修，实现修车专业化，提高机车检修质量，降低维修成本。

长交路轮乘制运转是各国铁路的共同趋向。随着我国铁路牵引动力的发展，列车速度的提高及行车密度的加大，我国铁路也逐步实行了长交路轮乘制的运用模式。

拓展阅读三

复习与思考

1. 机车如何分类？各类型机车的特点是什么？
2. 机车轴列式的表达式及含义是什么？举例说明。
3. 柴油机一个工作循环需经过哪几个过程？简述四冲程柴油机的工作原理。
4. 内燃机车为什么要设置传动装置？
5. 简述交-直流电力传动内燃机车的工作原理。
6. 机车转向架主要由哪几部分组成？牵引力是如何从轮对传递给车钩的？
7. 什么是电阻制动和再生制动？
8. 为什么说交流传动机车是机车发展方向？
9. 交-直型电力机车的工作原理是什么？
10. 什么是机车的整备作业？
11. 简述和谐型电力机车的修程及要求。
12. 简述机车交路和机车运转制的主要方式。
13. 简述长交路轮乘制的优点。

第五章　铁路通信信号和调度指挥自动化

铁路信号设备是铁路运输的基础设施，也是保证行车安全、提高运输效率和改善劳动条件的重要设备。铁路信号向列车或车列发出指令和信息，以控制列车或车列的运行方向、运行路径、运行间隔和运行速度，并显示列车移动、线路以及信号设备的状态，从而有效地保证调度指挥和控制列车运行，组织列车解编和调车作业，提高运输管理水平。

铁路信号的基本任务是保证运输安全畅通，提高运输能力，改善运输条件和质量。铁路信号技术在进入信息时代的今天，逐步与通信、计算机技术走向一体化。随着信息技术和网络技术的发展，铁路信号的传统理念正在改变，信号的功能逐步扩大，铁路信号不但具有投资少、见效快、效益高、技术密集、更新换代快等特点，而且作为一种重要的信息与控制技术，还具有全程全网和高安全高可靠的特点，在铁路运输更大的范围，得到更广泛的运用，发挥了越来越重要的作用。

铁路信号作为铁路运输信息化运营管理的一种不可缺少的手段，它的发展水平已成为铁路现代化的重要标志之一。

第一节　铁路信号概述

铁路信号是铁路使用的信号、联锁、闭塞等设备的总称，是铁路运输的基础设备。

铁路信号的主要功能是保障行车、调车安全和提高运输能力，犹如人的耳目和中枢神经，担负着铁路网上各种行车设备状况的信息传输和调度指令控制的作用，是铁路信息技术的三大支柱（即通信、信号、计算技术）之一。

铁路信号渗透到铁路运输的各个部门，它全程全网、随时随地地积极为铁路运输服务。铁路信号设备的有效运用，是保证安全运输生产，最大限度地发挥各种行车设备能力的前提条件。

一、铁路信号分类

信号是在行车、调车工作中，对乘务人员和与行车有关人员指示运行条件而规定的物理特征符号。铁路信号是对铁路行车或调车有关人员发出的指示运行条件的命令，与此有关的工作人员必须严格按照信号显示进行工作，任何单位、个人都不得违反或做出其他解释。

1. 按接收方式分类

（1）视觉信号：以颜色、形状、位置、显示数目和灯光状态等表达的信号，如信号机、信号旗、信号灯、信号牌、信号表示器、信号标志及火炬等显示的信号。

（2）听觉信号：又称音响信号，是以不同器具发出的音响的强度、频率和音响长短时间等表达的信号，如号角、口笛、机车和轨道车的鸣笛、响墩等发出的信号。

2. 按信号的特征（或性质）分类

（1）手信号：包括手提式信号灯、信号旗或直接用手臂发出的信号。

（2）移动信号：为防护线路施工地点而在线路旁边临时设置的一种信号牌或灯。红色方牌作为停车信号，黄色圆牌作为减速信号，还有响墩、火炬等都属于移动信号。

（3）信号表示器：包括道岔表示器、脱轨表示器、进路表示器、发车线路表示器、调车表示器、车挡表示器等。

（4）信号标志：包括警冲标、站界标[如图 2.3（b）所示]、预告标、司机鸣笛标等。

（5）机车信号：装在机车司机室内的小型色灯信号机，用以复示地面信号机的显示。

（6）固定信号：设置于铁路线路旁某些固定地点的色灯信号机或臂板信号机，如进站信号机、出站信号机、调车信号机等。

3. 按信号的地位可分类

（1）主体信号机：能独立地显示信号，指示列车或调车运行条件的信号机，如进站、出站、调车信号机等。

（2）从属信号机：本身不能独立存在，只能附属于某种信号机的信号机，如预告信号机、复示信号机等。

4. 按停车信号的显示意义分类

（1）绝对信号：指当显示停止运行的信号时，列车或调车车列必须无条件遵守的信号显示。所有站内半自动信号机的显示均属绝对信号。

（2）容许信号（亦称非绝对信号）：指列车在列车信号机显示红色灯光，显示不明或灯光熄灭时允许列车限速通过，并准备随时能够停车的信号。

5. 按信号的机构和形式分类

（1）色灯信号机：不分昼夜均以灯光颜色和数目变化给出显示的信号机。根据机构的不同又分为：透镜式（多灯式）色灯信号机和探照式（单灯式）色灯信号机，我国目前广泛采用透镜式色灯信号机。根据机柱的有无分为：高柱信号机（如进站信号机）和矮柱信号机（如调车信号机、到发线出站信号机）。

（2）臂板信号机：1841 年，由格雷戈里（Gregory）发明，大多数采用人力操纵，导线传动，利用臂板的位置、颜色、形状和数目等特征发出信号。白天用位置指挥列车运行，夜间用灯光指挥列车运行，可分为单臂板信号机（如出站、预告信号机）、三臂板信号机（如进站信号机）。

二、信号机的显示距离

在《铁路技术管理规程》中规定，各种信号机及信号表示器，在正常情况下的显示距离为：

（1）进站、通过、接近、遮断和防护信号机的显示距离不得少于 1 000 m。

（2）高柱出站、高柱进路信号机的显示距离不得少于 800 m。

（3）预告、驼峰、驼峰辅助信号机的显示距离不得少于 400 m。

（4）调车、矮柱出站、矮柱进路、复示信号机、容许、引导以及各种信号表示器的显示距离均不得少于 200 m。

（5）因地形、地物影响视线的地方，进站、通过、接近、预告、遮断信号机的显示距离在最坏的条件下不得少于 200 m。

三、固定信号机

固定信号机按用途可以分为以下几种：进站信号机、出站信号机、通过信号机、预告信号机、进路信号机、调车信号机、复示信号机、遮断信号机、驼峰信号机、驼峰辅助信号机。提速之后，在高速铁路上又出现了接近信号机。现就各种信号机的作用及设置方式分别介绍如下：

1. 进站信号机

进站信号机用来防护车站，指示列车能否由区间进入车站以及进入车站的有关条件。进站信号机应设在距车站最外方进站道岔尖轨尖端（逆向道岔）或警冲标（顺向道岔）不少于 50 m 的地点。如因站内需要经常利用正线进行调车作业，或因地形等其他条件使信号显示距离达不到规定要求时，可以将信号机适当外移，但一般不应超过 400 m。若因信号显示不良而外移时，则最大不宜超过 600 m。

2. 出站信号机

在车站每一发车线警冲标内方（逆向道岔为尖轨尖端外方）的适当地点，装设出站信号机，用以防护区间的安全，指示列车能否由车站进入区间（见图 5.1）。

3. 预告信号机

为了向司机预告主体信号机（如进站信号、通过信号机等）的显示，必要时（在非自动闭塞区段上未安装机车信号时，在通过遮断信号机前方，在采用进站色灯信号机时或进站信号机的显示距离不足、瞭望条件受限制等情况下）应设置预告信号机（见图 5.1）。

列车运行速度不超过 120 km/h 的区段，预告信号机与其主体信号机的安装距离不得小于 800 m。当预告信号机的显示距离不足 400 m 时，其安装距离不得小于 1 000 m。

进站信号机设置请浏览 AR 动画——“进站、出站、预告信号机设置位置”，如图 5.1 所示。

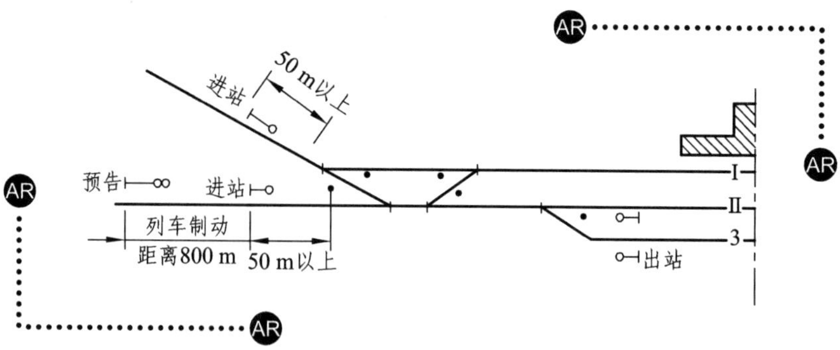

图 5.1　进站、出站、预告信号机设置位置

4. 通过信号机

用来防护自动闭塞区段的闭塞分区或非自动闭塞区段所间区间，指示列车能否进入其所防护的分区或区间。一般设于闭塞分区或所间区间的分界处，以提高区间的通过能力。

5. 进路信号机

在有几个车场的车站，为使列车由一个车场开往另一个车场，应装设进路信号机。位于进站信号机与接车线之间，对到达列车指示运行条件的进路信号机称为接车进路信号机，也带有引导信号；位于发车线与出站信号机之间，对出发列车指示运行条件的进路信号机称为发车进路信号机，如图 5.2 所示。在接车进路信号机的机柱上还可以装有两灯位的调车信号机。

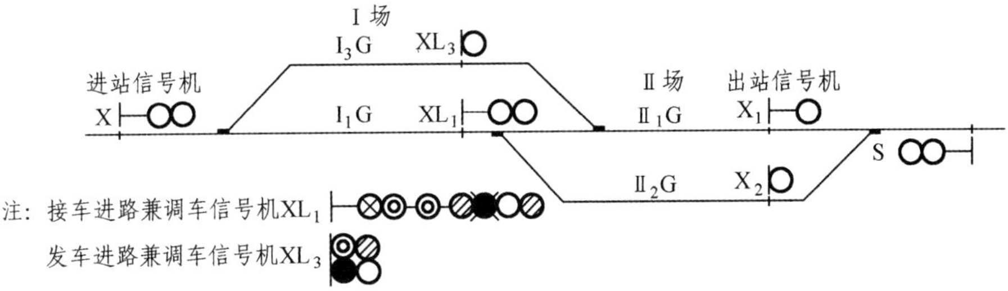

图 5.2　进路信号机设置位置

6. 调车信号机

调车信号机装设在电气集中联锁的车站且经常进行调车作业的线路上（如到发线、咽喉道岔区等），用来指示机车进行调车作业。在到发线上，调车信号机可以和出站信号机合并，即在出站信号机柱上添设一个容许调车的月白灯，成为出站兼调车信号机。

7. 遮断信号机

在繁忙道口、有人看守的较大桥隧建筑物和可能危及行车安全的塌方落石地点前方不少于 50 m 处，为防护某些地点的安全和行车安全而设置的信号机，如图 5.3 所示。遮断信号机及其预告信号机均采用方形背板，并在机柱上有黑白相间的斜线，以区别于一般的信号机。遮断信号机只有一个红色灯光，表示不准列车越过该信号机，不着灯时，不起信号作用。

8. 驼峰信号机

在驼峰调车场每条推送线峰顶平台处，应装设驼峰色灯信号机，用来指示驼峰调车机的推送速度及去峰下禁溜线进行调车，图 5.4 所示为驼峰信号机。为了能让车列后部的调车司机看清信号显示，在到发线的适当位置，还应装设驼峰色灯辅助信号机。如果驼峰色灯辅助信号机的显示距离不能满足作业要求时，根据需要可再装设驼峰色灯复示信号机。

9. 复示信号机

对于进站、出站、进路、调车、驼峰信号机和半自动闭塞区段线路所的通过信号机，因地形地物的影响达不到规定的显示距离而设置的信号机称为复示信号机。统一采用方形背板，以此区别于一般的信号机，设置位置如图 5.5 所示。

图 5.3　遮断信号机及其预告信号机

图 5.4　驼峰色灯信号机

图 5.5　复示信号机设置位置

10. 接近信号机

在运行速度超过 120 km/h 线路的半自动闭塞、自动站间闭塞区段、进站信号机外方应设置两段接近区段，在第一接近区段和第二接近区段的分界处，设接近信号机，在第一接近区段入口内 100 m 处，设置机车信号接通标。接近信号可提前让列车了解进站信号机的显示状态，以确保高速行车的安全。

四、信号表示器

信号表示器和信号机不同，它没有防护的意义，而是用来表示与行车有关设备的位置和状态，或表示信号显示的某种附加含义。常见的表示器有进路表示器、线路表示器、发车表示器、调车表示器、道岔表示器、脱轨表示器等。

1. 进路表示器

进路表示器设在出站信号机上，当有 3 个以上发车方向时用进路表示器区分向哪一个区间发车，装在出站信号机机柱上。进路表示器凡在其主体信号机开放以后，才能着灯，不能独立构成信号显示。

如图 5.6 所示，出站信号机亮绿灯，进路表示器亮左边的那个月白色灯光，指示准许向左侧线路连接的区间发车。若只有两个发车方向，则不需装设进路表示器。

由于有 4、5 个发车方向情况较复杂，还有双线自动闭塞区段，有反向运行条件时，出站信号机应装设进路表示器等情况，不再叙述。

图 5.6　进路表示器图

2. 发车线路表示器

线路表示器用于设有线群出站信号机的地方。在编组线群出站信号机的外方，设有线群共用的出站信号机，叫线群出站信号机。

在每一发车线警冲标内方的适当地点，设有发车线路表示器，当线群出站信号机在开放的条件下，那个线路表示器亮一个月白灯光（平时不亮灯），即表示在该线路停留的列车可以发车。这样可以避免在发车前再转线，在编组上把列车编好后就可以直接发车，提高作业效率。

此外，线路表示器可以用于驼峰调车场，作为调车线路表示器，显示一个白色灯光，表示准许调车。

工作原理请浏览 AR 动画——“发车线路表示器”，如图 5.7 所示。

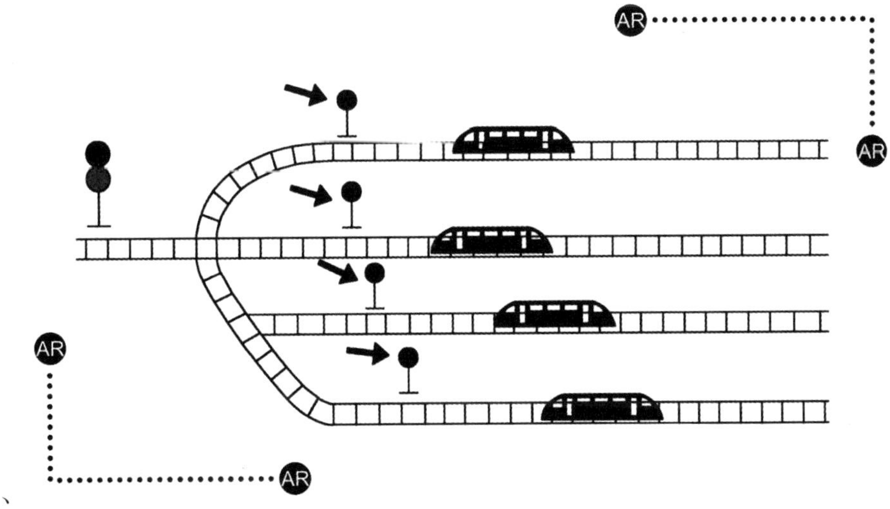

图 5.7　发车线路表示器

3. 发车表示器

列车发车除要看出站信号机的显示外，还要确认值班站长是否给出准许发车的手信号。在弯道和旅客多的大站上，往往司机看不到车长发出的准许发车的手信号，这是需要在列车停车前适当地点装设一个发车表示器，如图 5.8 所示。在出站信号机开放的条件下，只要按下发车按钮，发车表示器即亮一个白色月白灯光，司机便可遵照此指令发车。

4. 调车表示器

在繁忙的编组场上，因地形、地物影响，调车机车司机瞭望调车人员的手信号有困难时，可以设置调车表示器，用以代替调车人员的手信号。

如图 5.9 所示，调车表示器向前、向后两个方向均能单独给出显示：一方面向调车区，一方面向牵出线。当面向调车区或面向牵出线方向，显示一个月白灯光，表示准许机车车辆自牵出线向调车区运行。当面向牵出线方向显示两个月白灯光时，表示准许机车车辆自牵出线向调车区溜放。调车表示器只准调车指挥人员操纵，以保证调车作业的安全。

图 5.8　发车表示器

图 5.9　调车表示器

5. 道岔表示器

在接发车进路的手动道岔上，以及由非联锁区向联锁区的入口处的电动道岔上，均装设道岔表示器，用以反映道岔所处的状态，以方便行车人员办理调车作业，如图 5.10 所示。联锁区域内的电动道岔，采用了调车信号机，所以不设置道岔表示器。

图 5.10　道岔表示器

（1）昼间无显示；夜间为紫色灯光，表示道岔位置开通直向。

（2）昼间为中央划有一条鱼尾形墨线的黄色鱼尾形牌；夜间为黄色灯光，表示道岔开通侧向。

（3）在调车区为联锁区时（集中联锁）进行连续溜放作业的分歧道岔应有道岔表示器，平时无显示，当进行溜放时，其显示方式如下：

① 紫色灯光——表示道岔开通直向。

② 黄色灯光——表示道岔开通侧向。

6. 脱轨表示器

在正线和岔线连接处，为防止机车车辆从岔线闯入正线发生事故，在道岔附近设脱轨器和脱轨表示器，如图 5.11 所示。

（1）昼间显示为带白边的红色长方牌，夜间为红灯——表示线路遮断。

（2）昼间显示为带白边的绿色圆牌，夜间为月白灯——表示线路开通。

站外调车对车站信号有了新的要求，可以根据需要设置线群出站信号机。

7. 车挡表示器

车挡表示器设置在线路终端的车挡上，如图 5.12 所示。昼间一个红色方牌；夜间显示一个红色灯光。安全线及避难线可不设置车挡表示器。

图 5.11　脱轨表示器

图 5.12　车挡表示器

五、信号标志

信号标志设在铁路沿线，用来表明该地点线路的状况，以便司机和其他有关行车人员能够及时、正确地进行作业。

1. 警冲标

警冲标设在两条汇合线路间距为 4 m 的中间处，用以指示机车车辆停车时，不得向道岔方向越过的地点。4 m 的数值是根据机车车辆限界 3.4 m 再加上一些富裕空间确定的。

2. 预告标

预告标以 3 块为 1 组，设与进站信号机外方 900，1 000，1 100 m 处，提前预告司机注意。在有预告信号机和自动闭塞区段，不设置预告标。

3. 司机鸣笛标

司机鸣笛标设在道口、大桥、隧道或视线不良的前方 500 ~ 1 000 m 处。司机看到该标志时，应鸣笛示警。

4. 作业标

在营运线路进行施工维护时，为保障维护人员安全和行车安全，需要设置作业标。作业标设在施工线路及其邻线距施工地点两端 500 ~ 1 000 m 处，司机见到此标志时须提高警惕并长声鸣笛。

5. 站界标

设在双线区间列车运行方向左侧最外方顺向道岔（对向出站道岔的警冲标）外不少于 50 m 处，或邻线进站信号机相对处。

6. 其他标

还有一些在很多情况下不叫标志，但实际上起标志的作用。

（1）绝对信号与容许信号的区别标志：如进站的红灯与自动闭塞的通过信号机同为红灯，但意义不同，具体参见容许信号和绝对信号的区别。

（2）单显示信号机的区别标志：单显示信号机如遮断信号机和复示信号机，平时没有显示（即无灯光）不起信号作用；而多显示信号机，例如进站信号机，灭灯又应按停车信号处理。因此两者必须有明显的标志加以区别。复示信号机只复示主体信号机在开放状态（点一个绿色灯光），而且一般采用矮型信号机，所以只用方形背板区别即可；而遮断信号机是显示停车信号（红灯）的，要求列车停在它前面，所以不仅用方形背板加以区别，而且要在机柱上涂以黑白相间的标志线。遮断预告信号机的标志亦同，当遮断信号机显示红灯时，遮断信号机显示黄色灯光。

（3）预告信号机的区别标志：预告信号机预告其主体信号机在关闭状态还是在开放状态，它没有停车信号显示，最大限制的显示是注意运行，预告其前方的主体信号机是在关闭状态。因此，预告色灯信号机在机柱上涂 3 条黑白相间的标志线，用以和其他用途的信号机相区别。

六、机车信号

为了指挥行车和保证行车安全，凡是在危及行车安全的地点，都要设置信号机防护。所以铁路线路上设置了不同用途的地面信号，用信号机的显示作为行车运行条件的命令。由于信号的显示有时候要受到地形和自然环境的影响，而我国地形和气候条件比较复杂，尤其是在山区、林区、隧道以及多雾、雨雪等恶劣的地形气候条件下，司机往往不能在规定的距离内确认前方信号机的显示，进而产生冒进信号的危险。特别是在当前，由于列车运行速度和载重量的不断提高，要求的制动距离更长，这种冒进信号的危险性也就越大。必须防护列车超过规定速度运行，而且行车速度的提高又给司机迅速辨认地面信号显示带来困难。为此，机车上必须采用机车信号设备，以保证行车安全，提高列车运行效率。采用机车信号设备后由于其可以复示列车运行前方地面信号机的显示，所以也就能够相应地避免自然条件的影响，提高司机瞭望确认信号的可靠性。

机车信号是一种能够自动复示列车运行前方地面信号机显示的机车车载系统，它可以反映列车的运行条件，通过对接收到的地面信号进行处理，得到列车运行前方信号机的显示信息，并将该信息通过相应的显示机构显示出来。机车信号还可以为其他的列车运行监控设备提供所需的一些信息，例如可以为自动停车装置提供相应的信号点灯信息等，进而也就提高了列车运行的安全性。安装机车信号和列车运行超速防护系统后大大提高了列车运行的安全程度，其效果十分显著。可见，机车信号在保障行车安全、提高铁路运输效率以及改善机车乘务员的劳动强度等方面具有十分重要的意义。

1. 机车信号分类

机车信号设备根据其功能不同有：一是以机车内信号显示功能为主的设备称为机车信号。二是以控制列车运行功能为主的则称为列车自动停车或列车自动监督和控制。我国目前机车信号设备一般都包括车内信号显示和带有自动停车装置，统称为机车信号，如图 5.13 所示。

（a）机车信号

（b）机车信号机

图 5.13 机车信号

机车信号根据其信号显示的作用不同有两种：一是机车信号，仅用来复示地面固定信号，还不能作为主体信号使用。司机以地面信号显示为运行的主要依据，机车信号为辅助信号；二是机车信号作为主体信号使用，采用这种显示方式则可以取消地面信号机。机车信号作为行车凭证时，由车载信号和地面信号设备共同构成，必须符合故障导向安全原则。车载信号设备应具有运行数据记录的功能；地面信号设备应具有闭环检查功能，提供正确信息。目前，随着机车信号可靠性的不断提高，机车信号已具备了从辅助信号转为主体信号的要求，并且随着列车速度的不断提高也要求机车信号作为主体信号。如在双线双向自动闭塞区段，反方向不设通过信号机，仅在分界点处设停车标志，以机车信号作为主体信号指挥列车安全运行。在准高速铁路上，列车运行速度在 160 km/h 以上，这是司机能确认地面信号机显示的临界速度，故其虽然在正方向仍设地面信号机，但在正常情况下以机车信号为主，当列车运行速度超过 200 km/h 时，司机确认地面信号已不可能，此时地面信号将被取消，只能凭机车信号显示行车。

2. 机车信号设备信息传递方式

机车信号设备的控制命令是由地面传递给机车的，因此机车信号设备的信息传递方式分为点式、接近连续式和连续式 3 种。

（1）点式机车信号：是指在铁路线路固定点上设置相应的地面设备，机车在通过时利用地面设备的无源谐振回路与机车上的有源谐振回路之间的互感作用来接收信号，并对信号进行处理而得到前方信号机的显示信息。点式机车信号有双频点式和变频点式两种，主要用在铁路非自动闭塞区段，用来预告进站信号机的显示。近年来，我国铁路非自动闭塞区段的点式机车信号设备已经逐步被接近连续式机车信号设备所取代,但由于点式设备具有结构简单、易于安装、施工快等优点，所以目前主要将其与连续式机车信号设备配合使用。

（2）接近连续式机车信号：是指在进站信号机和线路所的通过信号机前方 1 200 m 范围内，设置一段轨道电路及相应的机车信号发送设备，使得列车在进入接近区段时可以连续地接收地面信号，复示进站信号机的显示。目前接近连续式机车信号主要用于铁路非自动闭塞区段。

（3）连续式机车信号：主要用于铁路自动闭塞区段，在铁路的各个自动闭塞分区都设置有相应的轨道电路及机车信号发送设备，使得地面通过信号机的显示信息可以不间断地传递到机车上。连续式机车信号可以使司机随时获得前方信号机的显示信息，便于司机对机车进行操作控制，有利于铁路的行车安全。目前，我国铁路主要使用的连续式机车信号，有移频机车信号、微电子交流计数电码机车信号、通用式机车信号、主体化机车信号和一体化机车信号等。其中，移频机车信号和微电子交流计数电码机车信号分别是适用于移频自动闭塞和微电子交流计数自动闭塞的专用机车信号设备，而通用式机车信号和主体式机车信号则具有广泛的通用性，可以适用于我国目前的多种自动闭塞制式，避免了由于各种自动闭塞制式下机车信号的不兼容而使机车不适应长运行交路等不足。

3. 主体式机车信号

以前各种制式的机车信号普遍存在的主要问题是安全性、可靠性较差；时有断码现象发生，甚至偶有信号升级现象；抗干扰能力差，显示正确率低；信息量少；多种制式互不通用，不适应机车长交路等。机车信号与自动停车装置结合使用时，受功能所限，仍然依靠司机确认和干预，人机关系处理得不好，冒进信号、超速行驶等各种事故时有发生，因此一直不敢确定机车信号作为主体信号。由于列车运行速度的不断提高，对主体机车信号系统的需求提到紧迫的日程。

主体化机车信号正是为运用于提速区段为满足车载列控系统要求而研制的，目前主要应用的是 JT1-CZ2000 型主体化机车信号车载设备。

JT1-CZ2000 型主体化机车信号车载系统是按照铁道部 2000 年立项的“主体化机车信号设备的研制”项目研制的，于 2003 年通过铁道部技术鉴定，主要是在系统的安全性、可靠性、可维护性方面有较大改善，同时增加串口，可以进行双向大容量信息交换。JT1-CZ2000 型机车信号研制的目的是要更好地解决提速区段机车信号主体化的问题。随着机车信号地位的加重，各方对机车信号问题的认识进一步深入和统一，《技规》规定：“机车信号作为行车凭证时，是由车载信号和地面信号设备共同构成的系统，必须符合故障安全的原则，车载设备应具有运行数据记录的功能；地面信号设备应具有闭环检查功能，提高正确发送信息。”机车信号的主体化是一个系统工程。

机车信号系统的构成如图 5.14 所示。一般有地面发送设备、通道、机车接收设备、列车制动系统、机车色灯信号机等组成。

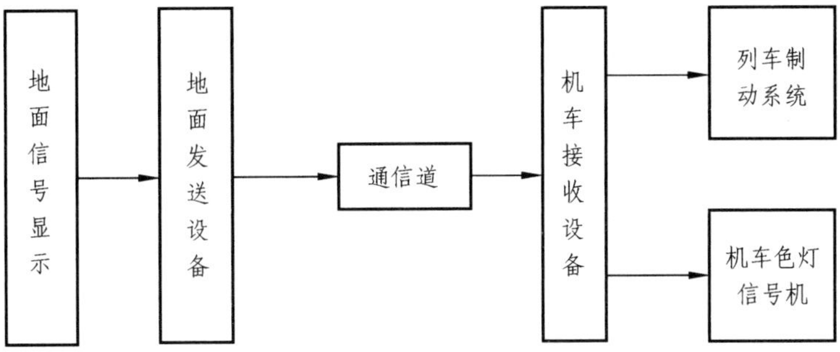

图 5.14　机车信号系统构成框图

地面发送设备和通道：主要功能是把线路情况或地面信号机显示变换为可以进行传递的电信号，然后通过地面发送器或钢轨线路进行发送。信息传递通道一般有利用轨道电路、有线及无线等方式。

机车接收设备：用于直接接收地面的信息，它是系统能稳定、准确、有效地进行接收信息的关键环节。地面与机车之间传递信息方法一般采用电磁感应方法。

机车信号的制式不同，则机车信号的接收、发送设备的结构亦各不相同。

机车色灯信号机及列车制动系统：它是机车信号系统中的执行环节。从地面向机车传递的控制命令信息经机车接收设备的译解后，一方面把地面信号的信号显示要相应地在机车上显示出来，供司机执行。显示方式一般采用机车内色灯信号机显示或采用数字显示相应的速度值。另一方面要动作列车制动系统即自动停车装置，一旦接收到列车运行前方地面信号是禁止信号时，进行定时周期报警，提醒司机要采取减速或停车措施。如果司机在规定的时间内（一般为 7 ~ 8 s）不按压警惕手柄，则立即启动自动停车设备。

机车信号和自动停车装置对防止冒进信号，保证安全起着积极作用，所以在干线上运行的列车都配备了自动停车装置。

随着铁路向高速度、高密度发展，各国铁路均以防止列车冒进信号、超速行驶为中心，积极研究和发展各种制式的列车超速防护系统。突出铁路信号对列车直接、闭环控制特点的 ATP 系统，伴随着铁路提速和高速铁路建设得到迅速的发展，技术日益先进，设备愈加完善，效果越来越明显，使列车运行安全更有保证。

列车超速防护系统是当今世界各国普遍采用的安全技术设备。我国已具备发展列车运行控制系统的基础，在铁路跨越式发展的进程中，应结合既有线提速、客运专线和高速铁路设备，进行总体规划，系统设计，分步实施，积极发展，逐步建成集 TDCS（列车调度指挥系统）、CTC（调度集中）、CTCS 为一体的列车运行控制中心，对列车进行安全控制，实现行车指挥的综合现代化。

3. 自动停车装置

通常，在装设机车信号的同时也装设自动停车装置，机车自动停车装置可与机车信号结合使用。（见图 5.15）

列车自动停车装置的主要部件有信息接收设备、电空阀、动力切除装置、音响报警设备、警惕手柄和控制电路等。

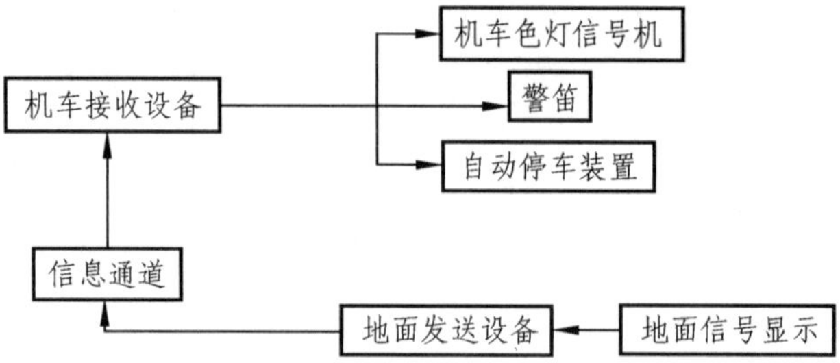

图 5.15　机车信号与自动停车装置

自动停车装置的关键部件是电磁控制的紧急制动放风阀，统称电空网，电空阀的输入端接收来自机车信号设备停车信息的电信号；输出端控制列车风管的放风阀门。

当机车信号机的显示由一个绿色、一个黄色、一个双半黄色灯光变为一个半黄半红色灯光，或由一个半黄半红色灯光变为一个红色灯光，以及机车进入无码区段时，该装置发出音响警报。司机听到音响警报后，如果在 7 s 内不按压警惕手柄，自动停车装置上的电空阀就会自行开启，使列车制动主管迅速排风减压而施行强迫停车。列车自动停车后，机车司机必须办理解锁，机车才能继续运行。

4. 列车超速防护系统

上面介绍的机车信号和自动停车装置，只是列车在一般速度运行条件下保证行车安全的基本设备，是列车速度控制系统的初级阶段，因为它们还不能完全防止超速行车和冒进信号的现象。随着科学技术的发展和列车速度的提高，发展列车超速防护系统和其他列车速度控制系统，可以进一步提高运输效率，保证行车安全。

列车速度控制系统可分为：列车超速防护系统、列车自动减速系统和列车自动运行系统。

（1）列车超速防护系统一般以人机共用、人控为主，也就是司机在驾驶过程中起主导作用，在列车正常运行时，系统不干涉司机的操作，但对列车的运行速度进行分级的或连续的监督，一旦列车实际速度超过允许值时，则以音响提醒司机注意，若在规定时间内司机未采取制动操作，系统以常用制动或紧急制动方式强制列车减速，使列车不再超速或者使列车停在显示红灯的信号机或停车标前方。

（2）列车自动减速系统是当列车实际运行速度超过限制速度时，设备自动实施常用制动使列车运行速度自动降低，当列车运行速度降低到低于限制速度一定值后，制动机自动缓解，列车继续运行。

（3）列车自动运行系统是当列车不能按列车运行图正点到达时，在自动减速系统允许速度的前提下，对列车运行速度进行自动调整，或加速或减速，使列车在保证安全的前提下，按最佳运行状态行驶。

上述 3 种速度控制系统的人机工程学原理：列车超速防护系统在安全保障上是以人为主，设备起监督作用，又称速度监督；列车自动减速系统在安全保障上则是以设备为主，人起监督作用；自动运行系统则是一种在列车运行上都是以设备为主的控制系统。

上述 3 种速度控制系统的技术要求由低到高，在我国铁路系统逐步推广。

随着铁路向高速度、高密度发展，各国铁路以防止列车冒进信号、超速行驶为中心，积极研究和发展各种制式的列车超速防护系统（Automatic Train Protection，ATP），即列车运行超速防护系统。

众所周知，列车制动距离与其运行速度成正比。当列车速度提高到 140 km/h 时，紧急制动距离为 1 100 m；提高到 160 km/h 时，紧急制动距离为 1 400 m；而提高到 200 km/h 时，紧急制动距离为 2 000 m。当人的视距小于列车制动距离和操作所需的时间时，传统的信号控制系统以及以人为主的保证行车安全的控制方式，已不能适应列车运行安全的需要。因此，随着列车速度的提高和密度的加大，必须装备列车超速防护系统，来保证行车安全。

ATP 的核心是铁路信号速度化，要求信号信息具备明确的速度含义，并根据这些信息对列车运行速度实时连续监控。地面列控信息主要根据进路、线路条件以及前后列车的运行位置，在分级速度控制时，产生不同的出口速度信息；在采用速度-距离模式曲线控制时，产生目标距离、目标速度等信息。ATP 车载设备依据接收到的信息，根据列车构造速度、制动性能计算出控制曲线，对列车是否遵守信号（速度）指令进行实际运行速度的监控。

当列车在允许速度控制曲线以下运行时，ATP 车载设备相当于“机车信号”，只不过信号显示已不仅是灯光颜色，而是允许速度值的量化显示；当列车的实际运行速度接近、超过允许速度曲线时，ATP 车载设备就报警、卸载、制动，起到防止“两冒一超”的安全作用。也就是说，只要 ATP 设备正常工作，列车就不会发生“两冒一超”方面的行车事故。

第二节 联锁设备

列车进站、出站和车站内的调车工作，主要是根据车站内信号机的显示进行的，而列车和机车车辆的运行进路，则又靠操纵线路上的道岔来排列。因此，为了保证行车安全，车站上的进路、道岔和信号机之间，必须按照一定的程序、一定的条件建立一种相互联系、相互制约的关系，这种关系就叫作联锁。

为了完成联锁关系而安装的技术设备称为联锁设备。作为车站信号控制系统，联锁设备是保证铁路车站行车和调车作业安全的重要技术措施，所以联锁设备的任务是用来实现进路、道岔、信号机之间的联锁关系，保证车站范围内行车和调车工作的安全，并提高车站通过能力，改善有关行车人员的劳动条件。

一、联锁的技术条件及分类

1. 技术条件

（1）当进路上的有关道岔开通位置不对或敌对信号未关闭时，该信号机不能开放。

（2）信号机开放后，该进路上的有关道岔不能扳动，其敌对信号机不能开放。

（3）复合进路由远及近办理（如正线上的出站信号机未开放时，进站信号机不能开放通过信号）。

（4）主体信号机未开放时，预告信号机不能开放。

如图 5.16 所示，办理下行“Ⅱ道通过”时，有关道岔，进路和信号机之间的联锁关系如下：

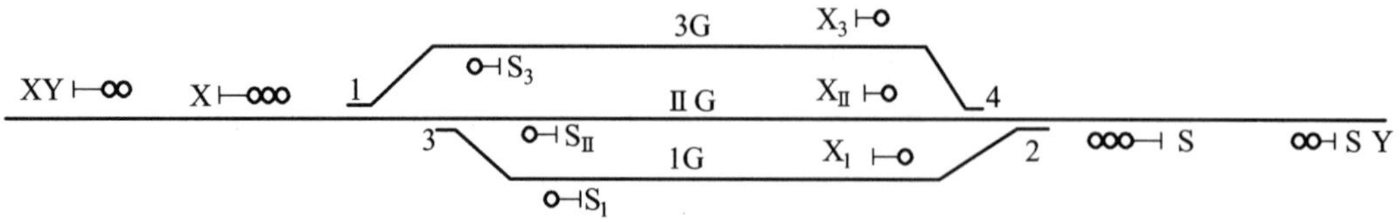

图 5.16　联锁示意图

（1）进路上 2，4 号道岔必须置于Ⅱ道开通位置（定位），同时进站信号机 S 必须置于关闭状态，才能开放Ⅱ道下行出站信号机 X_{II}。

（2）X_{II}开放后，2，4 号道岔和敌对信号 S 被锁闭。

（3）X_{II}开放后，且 1，3 号道岔置于Ⅱ道开通位置（定位），S_{II}以及 S 被锁闭。

（4）X 显示正线通过信号后，1，3，2，4 号道岔和敌对信号机 S_{II}以及 S 被锁闭。

（5）X 开放后，预告信号机 YX 才能开放。

2. 分　类

联锁设备就是用技术手段实现进路控制或联锁，就系统功能而论，联锁系统应包括信号机控制，道岔控制，进路空闲检测，联锁方法以及故障-安全技术。在技术实现上已经经历了机械化、电气化、电子化 3 个阶段。

（1）电锁器联锁：采用非集中控制，用电锁器实现联锁关系，安全程度不高，现已淘汰。

（2）电气集中联锁：是较现代化的联锁系统，用电气方法由一个地方集中控制和监督道岔、进路和信号，并实现它们之间联锁关系的设备。继电联锁系统主要采用由继电器组成的逻辑电路实现联锁关系，有多种类型，主要包括 6502 大站电气集中联锁系统，小站电气集中联锁等，6502 电气集中联锁系统在 20 世纪 70—90 年代在我国广泛使用。从系统的设备组成来看，电气集中联锁系统主要由室外的色灯信号机、动力转撤机、轨道电路、室内的联锁机构、控制台（人-机对话设备）、电源，以及这些设备之间的连接电路（电缆）所组成。

（3）计算机联锁：在技术上计算机联锁系统与电气联锁系统相比，其主要区别在于以微型计算机或微处理器取代了继电电路而构成了智能化的联锁机构。相应地，它与外部设备的连接也随之有所改变。虽然计算机联锁系统的具体结构有多种形式，但计算机联锁系统的主要组成部分及相互联系在结构上是和电气集中联锁系统相似的。

二、继电联锁

继电联锁设备用动力转辙机转换道岔，并采用色灯信号机防护进路。它们均由车站值班人员集中操纵，车站内的道岔、进路和信号机三者之间的联锁关系是用继电器以电气方式来完成的。这种信号设备不仅进一步保证了行车安全及提高了运输效率，改善了行车人员的劳动条件，而且便于与调度集中及自动闭塞设备相结合，是铁路行车指挥自动化的重要组成部分。其典型的设备组成如图 5.17 所示。

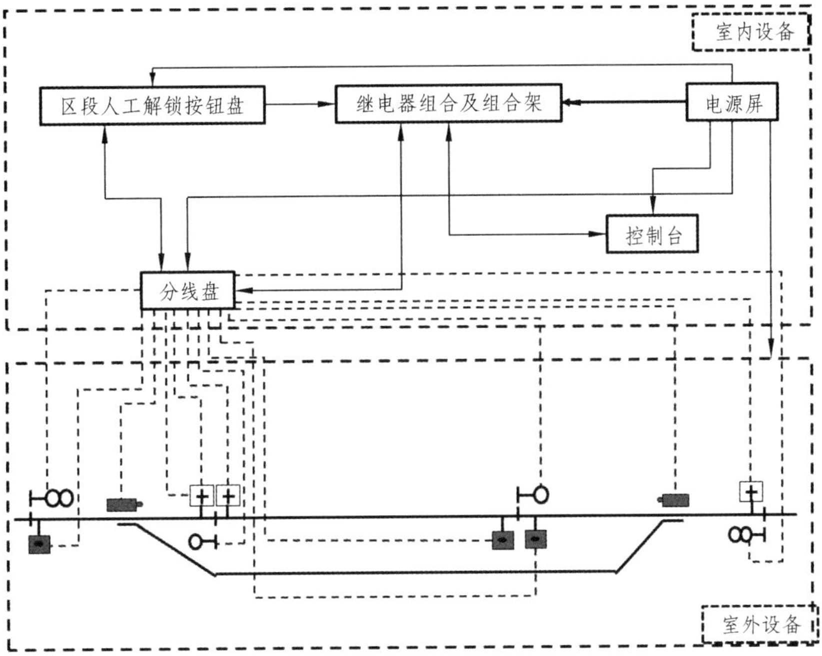

图 5.17　电气集中联锁设备组成

（一）继电联锁的主要设备

1. 室外设备

（1）信号机：用于给出各种信号显示，从而指挥行车。

（2）动力转辙机：是道岔的转换装置，它用来转换道岔、锁闭道岔及反映道岔尖轨所处的位置，是实现车站信号等自动控制和远距离控制必不可少的设备。动力转辙机按动力来分，目前主要有电动转辙机、电空转辙机和电液转辙机 3 种。图 5.18 为 ZD6-A 型电动转辙机。

图 5.18　ZD6-A 型电动转辙机

转辙机的工作原理请浏览以下AR动画——“转辙机”，如图5.19所示。

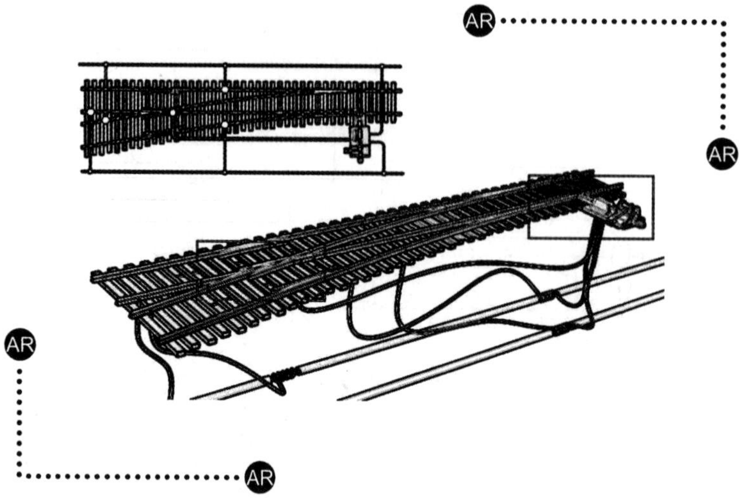

图5.19 转辙机

（3）轨道电路：利用轨道的两根钢轨作导体，在一定长度的钢轨两端装设钢轨绝缘，中间的轨缝用轨端接续线连接起来，并用引接线连接电源和接收设备的电路叫轨道电路。图5.20所示为直流闭路式轨道电路。主要由钢轨绝缘、轨道电源、限流电阻器、轨端接续线、轨道继电器等组成。

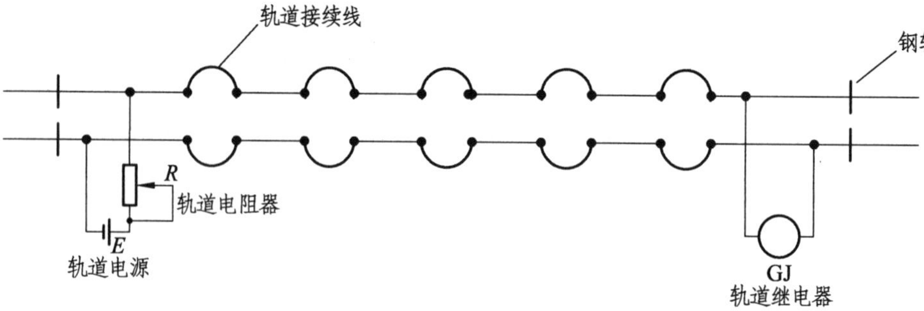

图5.20 闭路式轨道电路

当轨道电路控制区段内的钢轨完整，且无列车占用（即线路空闲）时，通过轨道继电器的电流比较大，轨道继电器励磁吸起，前接点闭合，利用轨道继电器前接点的闭合的条件，接通信号机的开放电路，信号开放，表示轨道电路设备完整、没有被列车占用，允许列车进入该区段。轨道电路若被列车占用，即轨道电路被列车轮对分路，因而钢轨中的信号电流同时通过机车车辆的轮对，由于轮对电阻比轨道继电器线圈的电阻小很多，所以电源输出的电流显著增大，限流器R上的压降随之增加，两根钢轨间的电压降低，当流经轨道继电器线圈的电流减少到它的落下值时，衔铁释放，后接点闭合，信号机的开放电路切断，信号关闭。同时利用其后接点的闭合条件，接通信号机的红灯电路，这样就表示轨道电路已被占用，向后续列车显示禁止信号。当轨道电路某一设备损坏，如引接线或钢轨折断时，轨道继电器也会因得不到足够的电流而失磁，同样使信号机点红灯，禁止列车进入该区段，以保证行车安全。

（4）室外导线：一般采用地下电缆，分信号电缆，道岔电缆和轨道电路电缆。另外还有各种变压器箱和电缆盒，供放置变压器和连接电缆用。

2. 室内设备

（1）控制台：控制台设于信号楼控制台室或车站值班员室内，是车站值班员指挥列车运行和调车作业的控制中心，用来控制道岔的转换和信号的开放，并对进路、信号、道岔进行监督。控制台的正面装有照明盘，盘面上有全站股道平面图及各种进路按钮、道岔按钮和其他按钮等；需要办理进路时，按压控制台模拟站场图上进路的始端按钮和终端按钮，就能将进路中有关道岔转换到规定位置，且防护该进路的信号机也自动开放，并将这一进路排列状况反馈显示在控制台模拟图上，典型的控制台如图 5.21 所示。

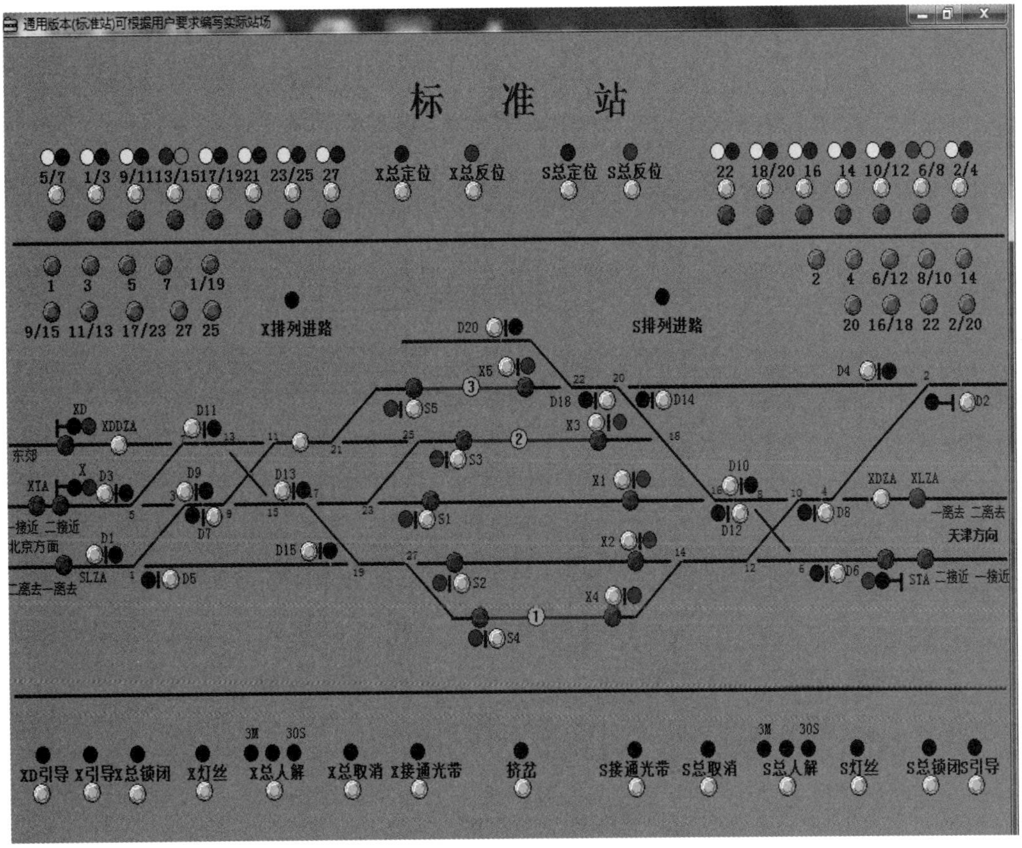

图 5.21　控制台示例

控制台上的主要表示器是光带和表示灯。其用途是正确反映室外监控对象的状态及线路运行情况；表示操作手续是否完成；反映继电器电路的工作状态；若发生故障可以及时发现故障发生地点。

（2）电源屏：是车站电气集中的供电设备，它必须保证不间断供电，并且不受外电网电压波动的影响。适用于大站电气集中的电源屏称为大站电源屏。

在大站上，一般要求有两路可靠的电源——主电源和副电源。能够自动和人工互相切换。引入的两路电源均为三相四线制 380/220 V 交流电源。它能保证不间断的供给整个电气集中系统所需要的各种交、直流电源。一般车站设置一套电源屏，其中包括有：调压屏 1 台，转换屏 1 台，交流屏 2 台（其中 1 台备用），直流屏 2 台（其中 1 台备用）。

（3）继电器组合及组合架：继电器是一种自动控制与远程控制系统必不可少的元件，这种元件的特征是当输入量达到一定值时，输出量发生突变。继电器相当于电路中的开关，可以接通和断开电路，继而完成逻辑运算。当电流通过线圈时，铁心吸动衔铁，带动中簧片，中簧片断开后接点而与前接点闭合；当电源切断后，铁心失磁，衔铁自动释放，中簧片断开前接点而和后接点闭合。继电器的前、后接点及中簧片都接有引线片，当引线片用导线连接在一个外部电路时，就可以控制外部电路。

在采用继电集中联锁的车站上，一般都将继电器组合起来，集中安装在专门的继电器室中。继电集中联锁需要的电源设备，在中小车站上，可附设在继电器室中；在大编组站上，则可另设专门的电源室。

直流无极继电器的工作原理请浏览以下 AR 动画——“直流无极继电器”，如图 5.22 所示。

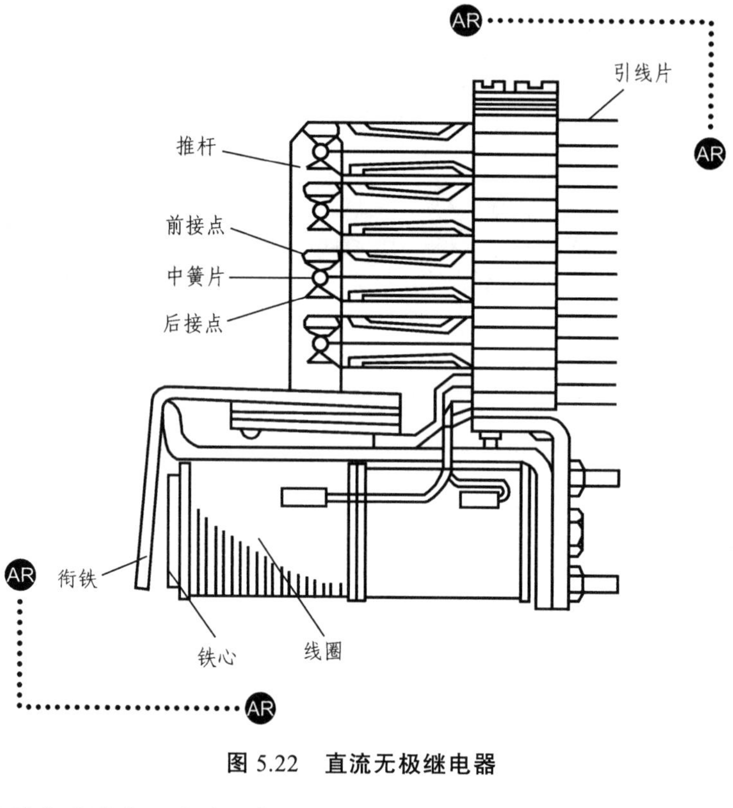

图 5.22　直流无极继电器

继电器组合是完成道岔、进路和信号机三者之间联锁关系的主要设备。把配好线的各定型组合安装在组合架上，组合架装设在室内，此室称为继电器室。它是继电器和其他附属元件放置的地方，每一组合有 11 层，其中最上面（或最下面）一层称为零层，上面装有组合架，零层配线端子板，供给组合架与控制台，电源屏之间连接的配线用，其他各层用来安装继电器组合，一般每层可容纳 10 个继电器和其他附属元件。

（4）区段人工解锁按钮盘：区段人工解锁按钮盘设在车站值班员室，是大站电气集中的辅助设备。在按钮盘上设有带铅封的二位自复式事故按钮，对应每个道岔区段和无岔区段均设一个。每个按钮的命名与相应的轨道区段一致。它担负两项任务：一是当区段因故不能解锁时，用它来完成区段的解锁任务；二是当正常的关闭信号设备发生故障不能关闭时，用它来完成关闭信号的任务。

（5）分线盘：是室内外电缆连接的地方，一般应设在便于室外电缆引入的地方，即放在电缆柜的通道上，便于引线和分线，这样既美观又不占用空间。

（6）轨道电路测试盘：是为了在室内测量各个轨道电路区段受电端的交流电压和直流电压而设置的。

（二）继电联锁设备的特点

20 世纪 70—90 年代，我国铁路上曾经普遍使用 6502 型大站电气集中联锁，这种设备具有下列主要特点：

（1）安全程度高。电路全部采用继电器来实现联锁关系，其结构严密，逻辑性强，联锁关系完善。任何一个联锁条件失效时，均能实现“故障-安全”的原则。

（2）道岔、信号机采用集中操纵。全车站的道岔和信号机由车站值班人员在控制台上进行集中操纵。并有各种完善的表示，可以监督设备的状态和列车、调车车列的运行情况，减少了运营人员，并改善了劳动条件。

（3）采用双按钮进路式选路法。在排列进路时，只需按压进路的始、终端两个按钮，就能自动选出基本进路，并且自动锁闭进路、开放防护该进路的信号机。当基本进路由于某种原因不能排列时，经附加操作可以自动排出变通进路。这样简化了办理进路的手续，大大缩短了办理进路的时间。

（4）进路采用分段解锁方式。列车或调车车列沿着进路每通过一个道岔区段，就解锁一个道岔区段，整条进路实行分段解锁。这样就提高了咽喉区的通过能力。

（5）调车中途折返进路能自动解锁，提高了调车作业效率。

（6）道岔位置不需要保持定位。道岔根据进路开通需要而转换，不但减少了转换次数，而且也延长了转辙机的寿命。

三、计算机联锁

1978 年，瑞典首先在哥德堡车站将计算机联锁投入使用，此后日、美、英、法、德等国都相继研制了各自的计算机联锁系统。我国自 20 世纪 80 年代开始研制由微型计算机构成的计算机联锁系统，并且很快取得了成果。当时的铁道部通信信号公司研究设计处研制了适合于工矿企业铁路的计算机联锁系统，于 1984 年在南京梅山铁矿地下 200 m 处的站场投入使用。

计算机联锁是用微型计算机和其他电子元件、继电器（用于执行环节）等器件组成的具有故障-安全性能的实时控制系统。它利用计算机对车站值班员的操作命令和现场设备的表示信息进行逻辑运算，完成对信号机、道岔及进路的联锁和控制。计算机发出控制信号，现场发回表示信息。计算机联锁的彩色监视器代替继电集中联锁控制台的表示盘，还可根据需要多台并机使用。

（一）计算机联锁系统结构

如图 5.23 所示为单模块的计算机联锁结构，单模块结构需要具有一个或几个串行数据接口，以便与其他系统，如调度集中，计算机监测相联系。 当系统的功能比较简单时才可使用这种结构。实际使用中由于种种原因，计算机联锁系统一般是由多个计算机构成的。若把每个计算机看成是系统的一个模块，则计算机联锁系统是多模块结构。多模块结构在设计、生产维护和扩充方面都有它的优越性。由于系统的功能划分方法并非是唯一的，而模块之间的联系方式也是多样的，因此目前国内外存在着多种体系结构。

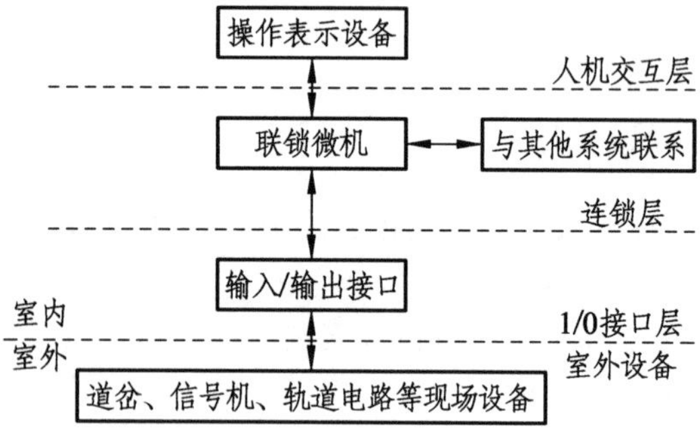

图 5.23 单模块结构

（二）计算机联锁的硬件冗余技术

为了提高系统的整体的可靠性和故障-安全性，对于每个组成模块以及模块之间的通道需要采取相应的冗余技术。

1. 双机热备型计算机联锁

我国铁路使用的双机热备型计算机联锁，主要有 TYJL-Ⅱ型、DS6-11 型、JD-ⅠA 型和 CIS-1 型。现以 TYJL-Ⅱ型为例说明其系统的组成和结构。

TYJL-Ⅱ型计算机联锁系统为分布式多计算机系统，主要由以下几部分组成：监视控制机、联锁机、执表机、接口设备、防雷元件、电源系统、电务维护终端，另外根据需求设应急操作盘。其中监控机、联锁机、执表机均为双套，具有热备切换功能。其系统框图如图 5.24 所示。

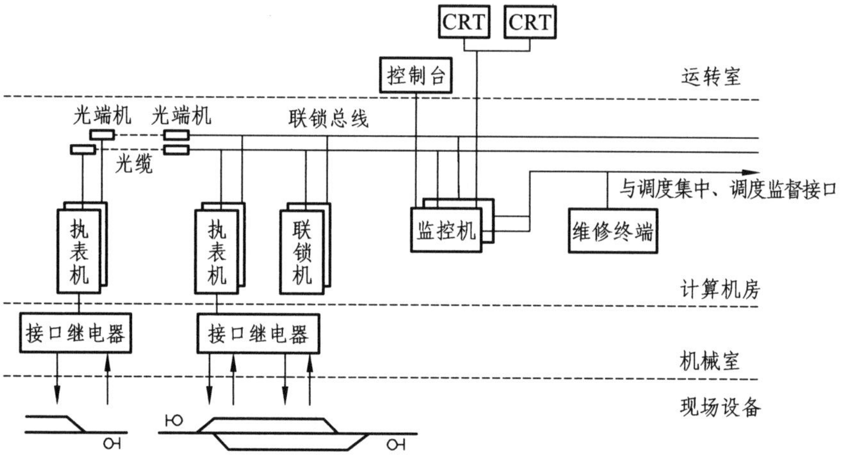

图 5.24 TYJL-II 型计算机联锁系统框图

系统（不包括现场设备）可划分为 3 个层次：监控机为上层，联锁机是核心层，第三层是继电接口电路。系统的上层使用通用的局域网实现各子系统之间的连接；监控机与控制台之间通过视频线等线缆和切换装置组成的专用显示和命令通道连接。监控机与联锁机、执表机之间通过专用的联锁总线实现安全信息的通信连接。联锁总线是实时的现场控制总线，是系统的核心。

TYJL-Ⅱ 型计算机联锁系统是完整的双机系统，其切换控制基本上是依据系统的结构划分设计的，采用以子系统为单位可各自独立切换的工作方式。将切换单位适当划小，可使整个系统具有更高的可靠性，因为只要不是在互为备用的、相同的两个子系统内同时发生故障，就可以重构出一个可以正常工作的完整系统。

2. 三取二计算机联锁

为进一步提高我国计算机联锁系统的技术水平和可靠性，与国际铁路信号技术接轨，满足我国铁路列车速度不断提高、运行密度不断加大的要求，进行了三取二计算机联锁系统的研究。三取二计算机联锁系统采用三重系的容错计算机，具有高可靠、高安全、高可用性的优点。目前我国使用的有 TYJL-TR9 型和 DS6-20 型两种。

TYJL-TR9 型与 TYJL-Ⅱ 型计算机联锁相比，最大的区别在于它从输入模块、主处理器模块到输出模块全面实现三重系，以保证系统中任何部分的单永久性故障或瞬间故障发生时系统仍能无差错、不间断工作。

TYJL-TR9 型容错计算机联锁系统有两种系统结构：集中式和网络式。对部分大站采用集中式结构，如图 5.25 所示。通过网络接口可与远程诊断、调度监督、DMIS、TMIS 等系统接口。

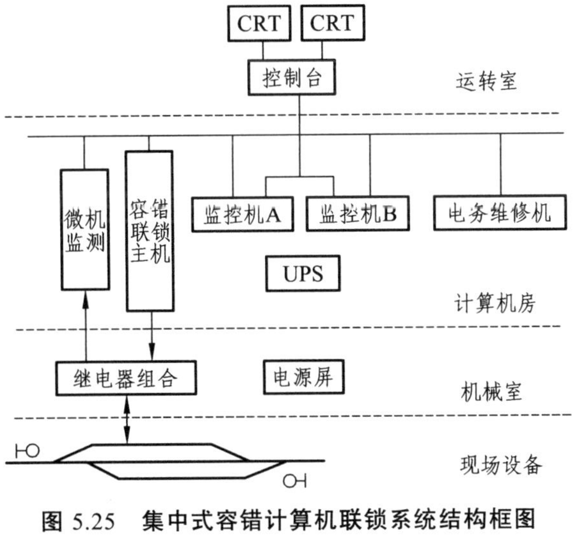

图 5.25　集中式容错计算机联锁系统结构框图

（三）二乘二取二计算机联锁

该计算机联锁系统的联锁机有两套，每套内有双 CPU，满足“故障-安全”要求。属于这类计算机联锁的有 EI32-JD 型计算机联锁和 DS6-K5B 型计算机联锁。

EI32-JD 型计算机联锁采用日本信号株式会社研制的硬件系统（EI32 电子联锁系统硬件），北京交通大学研制的软件系统。

1. 技术特点

（1）总线控制的双系统是二乘二取二结构，每个计算机系统由双 CPU 分别运算，比较一致后才作为该计算机系统的输出。

（2）采用“故障-安全”的操作系统 FSOS，在系统运行的每个周期都进行硬件单元诊断、ROM/RAM 诊断、内存保护诊断、运行周期监视，确保系统的安全性和实时性。

（3）采用“故障-安全”的输入系统。

（4）操作表示机双倍冗余，故障时能自动切换。

（5）联锁机、驱采机的通信采用局域网光接口，光缆通道双倍冗余，具有高速、高可靠性。

（6）驱动电路、采集电路双倍冗余，单路故障不影响系统工作；具有自诊断能力，出现故障立即报警或系统停止运行。

（7）系统直接驱动 JPXC-1000 型继电器，无须增加动态驱动电路。

2. 系统结构

EI32-JD 型计算机联锁系统属于分布式计算机控制系统，也称集散型测控系统，其特点是分散控制，集中信息管理。系统包括人机会话层（操作表示层）、联锁运算层、执行层。系统结构如图 5.26 所示。

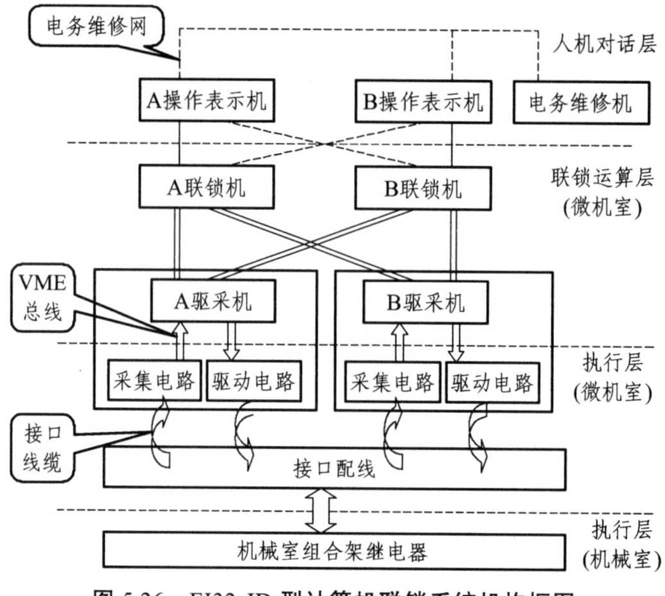

图 5.26　EI32-JD 型计算机联锁系统机构框图

在运转室，通过前台监视器、输入设备（鼠标）、音箱等为车站值班员（信号员）提供操作表示界面。还可以提供后台监视器，便于车站值班员监视前台操作及站场运行情况。

在微机室，有联锁机柜、综合机柜、电务维修终端。联锁机柜采用欧洲标准结构，机柜内有 24 V 开关电源、联锁机箱（包括 A 联锁机、B 联锁机、联锁机倒机单元）、驱动机箱（包括驱采机和驱动电路）、采集机箱（安装采集电路）以及和组合架间的配线接口。

综合机柜中有操作表示机、操作表示机倒机单元、网络集线器以及 UPS、隔离变压器。

电务维修终端用于电务维修人员查看电务维修信息，打印相关记录。电务维修终端包括电务维修机、23 英寸监视器、鼠标、打印机。

第三节　闭塞设备

闭塞一词的本意就是封闭、隔绝之意，行车工作中的闭塞是指列车进入区间后，区间两端车站都不再向这一区间发车，以防止对向列车相撞和同向列车追尾。为实现“在同一个区间（闭塞分区）内，同一时间只允许一列车占用”而设置的铁路信号设备即为闭塞设备。

铁路线路以车站（线路所）为分界点，划分为若干区间。在单线上，区间的界限以两个车站的进站信号机机柱的中心线作为车站与区间的分界线。在双线或多线上区间的界限分别以各线路的进站信号机基柱或站界标的中心线，作为车站和区间的分界线。为提高线路通过能力，在自动闭塞区段又将一个区间分为若干个闭塞分区。以同方向两架通过信号机柱为闭塞分区的分界线。

列车在区间内运行的特点是：列车运行速度高、质量大、制动距离长、不能避让。为了保证列车在区间内的运行安全，列车由车站驶向区间时，必须确认区间（闭塞分区）内没有车，并遵循一定的规律组织行车，以免列车正面冲突或追尾。这种按照一定规律组织列车在区间内运行的方法，称为行车闭塞法，简称闭塞，办理闭塞所用的设备称为闭塞设备。

我国铁路行车闭塞制度大致经历了从电报或电话闭塞到路签或路牌闭塞（人工闭塞），再到半自动闭塞、自动站间闭塞、自动闭塞、移动自动闭塞（又叫列车运行间隔自动调整）的发展过程。目前双线铁路主要采用自动闭塞，单线铁路主要采用半自动闭塞，本节重点介绍半自动闭塞、自动站间闭塞和自动闭塞。

一、半自动闭塞

在单线区段，一般采用半自动闭塞，繁忙区段可根据情况采用双向自动闭塞。

为了实现在同一时间一个区间只能有一列车占用，司机必须取得进入这一区间的行车凭证，才有权向该区间发车。因此，对于行车凭证必须严格控制。

采用半自动闭塞时，以出站信号机或通过信号机的进行显示作为列车占用区间的凭证。出站信号机不仅要和发车进路上的有关道岔互相联锁，而且要受闭塞机的控制。

（1）在单线铁路上，相邻两站的出站信号机，即使在发车进路已经准备妥当的条件下也不能任意开放。只有在区间空闲，取得对方车站值班员的同意，并办理必要的闭塞手续之后，发车站的出站信号机才能开放。

（2）当列车从车站出发进入区间，出站信号机就自动恢复定位。双方的闭塞机都处于闭塞状态，这时，两个车站的出站信号机都不可能开放。

（3）只有当列车到达对方站，使闭塞机复原以后，才可能为下一列车办理闭塞手续，并办理相关进路。

由于这种闭塞制度既需要人工操纵，出站信号机又具有自动恢复定位的特性，所以叫作半自动闭塞。

（一）半自动闭塞的主要设备

我国铁路上普遍采用的是继电半自动闭塞，主要有 64D、64F 和 64Y 3 种类型。其中 64D 主要用于单线半自动闭塞，64F 用于复线半自动闭塞，在 64D 设备的基础上进行了简化。64Y 是带预办的半自动闭塞，就是在 64D 这基础上增加了预先办理功能，节省了 64D 办理手续的时间。以下着重介绍 64D 型半自动闭塞设备。

64D 型单线半自动闭塞（见图 5.27），其设备主要有：

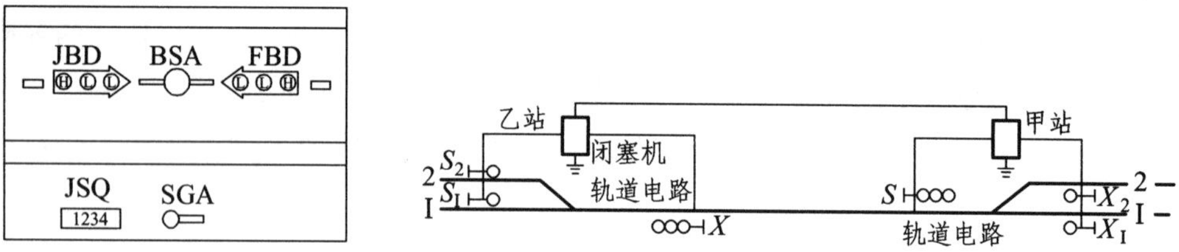

（a）操纵箱面板示意图　　（b）半自动闭塞设备的锁闭关系示意图

图 5.27　半自动闭塞设备及锁闭关系示意图

1. 操纵箱

半自动闭塞的操纵元件（包括按钮、电铃和表示灯等），可以和联锁设备的操纵元件组装在同一个操纵台上，也可以单独设一个闭塞设备的小型操纵箱。

在小型操纵箱面板上，有闭塞按钮（BSA）、接车表示灯（JBD）、事故按钮（SGA）和计数器（JSQ），为车站值班员随时了解区间的占用情况和办理闭塞、复原等手续之用。

2. 继电器箱

两个相邻车站各有一个继电器箱，并用外部电线互相连接。闭塞设备的继电器都集中地设在箱内。

两个车站的出站信号机均受两站闭塞设备的继电器控制，只有当两站办理了必要的闭塞手续，使发车站继电器箱内的开通继电器吸起，才能在发车进路准备妥当的情况下，开放发车站的出站信号机。

3. 轨道电路

为了检查列车的出发和到达，在车站出站咽喉的外面至进站信号机内方，设有一段轨道电路。

出发列车经过出站信号机进入轨道电路区段时，由于轨道继电器的动作，使得开通继电器失磁落下，出站信号机自动关闭。

此外，继电半自动闭塞还必须有相应的电源设备。

（二）半自动闭塞的办理手续

现以 64D 型单线继电半自动闭塞设备为例，简单说明其办理手续。

1. 正常办理

设甲站为发车站，乙站为接车站，甲站值班员用闭塞电话征得乙站值班员同意后，还要办理如下手续（以图 5.27 中 I 道发车为例）：

（1）甲站值班员按压闭塞按钮，乙站铃响，接车表示灯亮黄灯；甲站铃响，发车表示灯也亮黄灯。

（2）乙站值班员按压闭塞按钮，甲站铃响，甲站发车表示灯和乙站接车表示灯都由黄灯改亮绿灯。

（3）甲站值班员准备发车进路，出站信号机 X_I 开放。

（4）列车出站，进入轨道电路区段后，出站信号机 X_I 自动关闭，乙站铃响。这时，甲站发车表示灯和乙站接车表示灯都由绿变红，表示区间已有列车占用。甲站值班员将手柄恢复定位，并用电话通知乙站列车出发。

（5）乙站值班员排列接车进路，进站信号机 X 开放。

（6）当列车进入乙站轨道电路区段时，乙站接车表示灯也亮红灯，表示列车到达（进站信号机自动恢复定位）。

（7）乙站值班员确认列车全部到达以后，将手柄恢复定位（进站信号机恢复定位），拔出闭塞按钮，接车表示灯即熄灭，乙站闭塞设备复原。甲站铃响，闭塞设备复原。

在有的半自动闭塞设备上还设有预办设备。有了预办设备，乙站就可以在甲站办理闭塞以后，预先为乙站发车同甲站办理手续。等甲站的列车到达乙站并办完复原手续后，就会自动完成乙站向甲站开车的闭塞手续，节省了时间，同时也提高了区间通过能力。

2. 正常取消复原

在办理闭塞的过程中或办理闭塞手续以后，如甲站由于某种原因不能发车时，只要甲站尚未开放出站信号机（在电气集中车站，则允许开放出站信号机），经过双方同意，甲站拉出闭塞按钮（当设有取消按钮时按压取消按钮），乙站铃响，两站的闭塞设备就恢复原状。

3. 事故取消复原

当闭塞设备断电后恢复供电时，或由于轨道电路发生故障和其他原因使闭塞设备不能正常复原时，经两站值班员一致同意，并共同确认区间内没有列车时，由发生故障的车站值班员办理事故取消复原：启开事故按钮的铅封，按下事故按钮，两站的闭塞设备就可以复原。

二、自动站间闭塞

1. 自动站间闭塞的概念及特征

自动站间闭塞就是在有区间占用检查的条件下，自动办理闭塞手续，列车凭信号显示发车后，出站信号机自动关闭的闭塞方法。其特征为：有区间占用检查设备；站间或所间区间只准走行一列车；办理发车进路时自动办理闭塞手续；自动确认列车到达和自动恢复闭塞。

自动站间闭塞是在半自动闭塞基础上发展起来的新型闭塞方法，区间两端车站的出站信号机和轨道检查装置构成联锁关系，采用轨道检查装置自动检查区间空闲，列车以站间区间为间隔运行，通过办理发车进路和检查列车出清区间的方式，自动实现区间闭塞和区间开通。

使用站间自动闭塞法发出列车时，由于列车按站间间隔运行，列车进入区间的行车凭证为出站信号机显示的进行信号，即绿色灯光。

由于自动站间闭塞发车前不需办理闭塞手续，排列发车进路开放出站信号后，即可发出列车，同时列车需按站间间隔行车，因此发车站在办理发车进路前，须确认区间空闲和接车站未办理同一区间或线路的发车进路，否则不能开放信号，形成自动闭塞。为使接车站做好接车准备工作，发车站应向接车站发出预告。

自动站间闭塞区间，发车站办理预告后即是“区间闭塞”，接车站必须做好接车准备。如果列车预告后因特殊情况不能发出时，发车站必须通知接车站取消预告。避免长时间占用区间，方便接车站进行其他作业，也能为其他列车运行提供条件。

三、自动闭塞

自动闭塞是由运行中的列车自动完成闭塞任务的一种设备。将两个相邻车站之间的区间正线划分成若干个小段——闭塞分区（其长度一般为 1 000 m 左右），每个分区的起点设置一个通过信号机进行防护。由于闭塞分区内装有轨道电路（或其他列车检测设备），因而能够正确反映列车的运行情况，并及时传给通过信号机显示出来，列车运行安全有了进一步的保证。由于通过色灯信号机的显示是随着列车的运行由列车自动控制的，不需要人工操纵，所以叫自动闭塞。

（一）我国自动闭塞的发展

20 世纪 90 年代以来，我国自动闭塞取得了飞速发展，在京广线郑武段电气化工程中，引进了法国的 UM71 自动闭塞，并进行了二次开发，以适应我国铁路客货混运、股道没有保护区段等特点。在 UM71 国产化的进程中，我国自行开发具有自主知识产权的自动闭塞 WG-21A 和 ZPW-2000A 型无绝缘移频自动闭塞。WG-21A 型在 UM71 的基础上，用单片机和数字信号处理技术代替晶体管分立元件，提高了系统的可靠性。

ZPW-2000A 型对 UM71 进行了重大改进，除采用单片机和数字信号处理技术外，还解决了调谐区断轨检查、谐振单元断线、调谐区死区长度以及拍频干扰等技术难题，是目前性能最为先进的制式。

新一代的国产移频自动闭塞还有 8 信息的 ZP·Y1-8 型、ZP·Y1-18 型、ZP·Y2-18 型和

ZPW-18 型。8 信息移频自动闭塞采用集成电路，18 信息移频自动闭塞采用单片机和数字信号处理技术。但 8 信息、18 信息移频自动闭塞由于载频选择、调制频偏的固有缺陷，使得轨道电路存在传输特性差、邻线干扰、半边侵入等问题，尤其是没有断轨检查功能，必须进行技术改造。

在铁路跨越式发展的进程中，要以机车信号主体化和列车超速防护为重点，以适应提速、高速需求为目标，构建我国铁路的列车运行控制系统。ZPW-2000A 型自动闭塞，有较高的安全度，可靠的分路保证，具有断轨检查功能，能抗电气化大电流干扰，传输特性好，适用于无缝线路、双方向、四显示以及发展列车自动制动的要求。因此，采用 ZPW-2000 系列统一我国铁路自动闭塞制式，是今后一个时期自动闭塞发展的基本技术趋势。

（二）自动闭塞分类

1. 按照行车组织方法，分为单向自动闭塞和双向自动闭塞

自动闭塞按行车组织方法可分为单线双向自动闭塞、双线单向自动闭塞和双线双向自动闭塞。

在单线区段，既要运行上行列车又要运行下行列车。为了调整双方向列车的运行，在线路两侧都要装设通过信号机，这种自动闭塞称为单线双向自动闭塞。

在双向区段，以前多采用单方向运行的方式，即一条线路只允许上行列车运行，而另一条线路只允许下行列车运行。为此，对于每条铁路线仅在一侧设通过信号机，这样的自动闭塞称为双线单向自动闭塞，如图 5.28 所示。

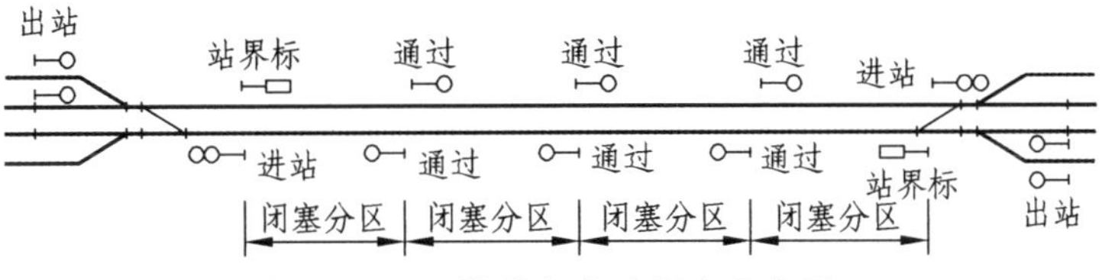

图 5.28　双线单向自动闭塞示意图

为了充分发挥铁路线路的运输能力，在双向区段的每条线路上都能双方向运行列车，这样的自动闭塞称为双线双向自动闭塞。其地面通过信号机的设置同双线单向自动闭塞，仅在基本运行方向侧设置地面通过信号机。

2. 按通过信号机的显示制式，分为三显示、四显示和多显示自动闭塞

三显示自动闭塞的通过信号机有 3 种显示，能预告列车运行前方两个闭塞分区的状态，它使列车经常按规定速度在绿灯下运行，并可得到运行前方通过信号机显示的预告。基本上能满足运行要求，又能保证行车安全，因此在列车未提速前应用广泛。

列车在三显示自动闭塞区段运行，越过显示黄灯的通过信号机时开始减速，至次架显示红灯的通过信号机前停车，因此要求每个闭塞分区的长度绝对不能小于列车的制动距离。随着列车速度和密度的不断提高，在一些繁忙的客货混运区段，各种列车运行的速度和制动距离相差很大，三显示自动闭塞不能解决这一矛盾，所以必须采用四显示自动闭塞。

四显示自动闭塞是在三显示自动闭塞的基础上增加一种绿黄显示，如图 5.29 所示。它能预告列车运行前方 3 个闭塞分区的状态。高速列车以规定的速度越过绿黄显示的通过信号机后必须减速，以使列车在抵达黄灯显示的通过信号机时不大于规定的允许速度，保证在显示红灯的通过信号机前停车。而对于低速、制动距离短的列车越过绿黄显示的通过信号机后不减速。

由于增加了绿黄显示，加大了前方预告信息，使得提速列车的制动距离用 2 个闭塞分区来保证，未提速列车的制动距离仍用 1 个闭塞分区来保证，从而圆满地解决了提速带来的效率与安全的矛盾。

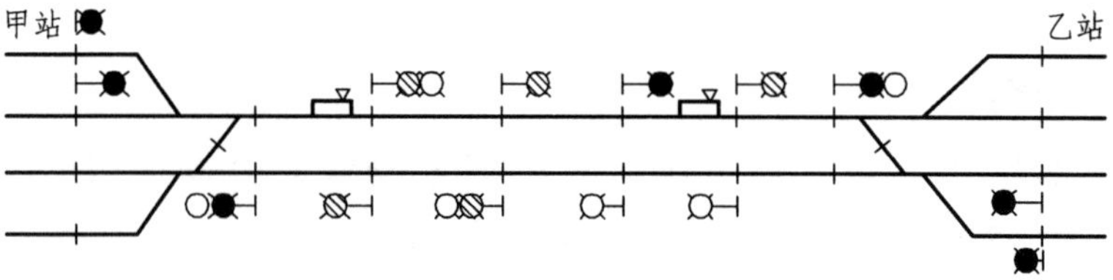

图 5.29　四显示自动闭塞原理图

3. 按列车占用检测设备，分为轨道电路自动闭塞和计轴自动闭塞

自动闭塞按监测列车完整性和运行位置的方式可分为轨道电路方式和计轴器方式两大类。计轴式自动闭塞采用在闭塞的入口和出口装设车轮感应器，当离开分区的列车轴数与进入分区的列车轴数相等时，也就意味着列车占用过该分区并且已经完整离开，现处于空闲状态；反之则意味着该分区存在车辆占用状态。计轴式自动闭塞是非连续检查列车完整性与运行位置的方式，我国仅在轨道电路方式不能可靠运用的线路上有少量发展。

4. 按照是否钢轨加绝缘节，分为有绝缘和无绝缘自动闭塞

自动闭塞按采用轨道电路的不同，分为有绝缘节和无绝缘节轨道电路。传统的自动闭塞在闭塞分区分界处均设有绝缘节，以分割各闭塞分区。但钢轨绝缘节的设置不利于线路向长钢轨、无缝化发展，钢轨绝缘节损坏率高，影响了设备的稳定工作，且增加了维修工作量和费用。尤其是电气化区段，牵引电流为了通过钢轨绝缘节，必须安装扼流变压器，缺点更显著。无绝缘节轨道电路分为谐振式和感应式两种，取消了区间线路的钢轨绝缘节，是今后自动闭塞发展的方向，可以满足铁路无缝化、电气化发展的需要。

（三）自动闭塞示例——ZPW-2000A 型无绝缘自动闭塞

1. 系统构成

ZPW-2000A 型无绝缘自动闭塞系统有电气-电气绝缘节（JES-JES）结构和电器-机械绝缘节（JES-BA//SVA′）结构两种。两者电气性能相同，现以后者为例予以介绍，其系统构成如图 5.30 所示。

ZPW-2000A 型自动闭塞系统的构成请浏览 AR 动画——“ZPW-2000A 型自动闭塞系统”，如图 5.30 所示。

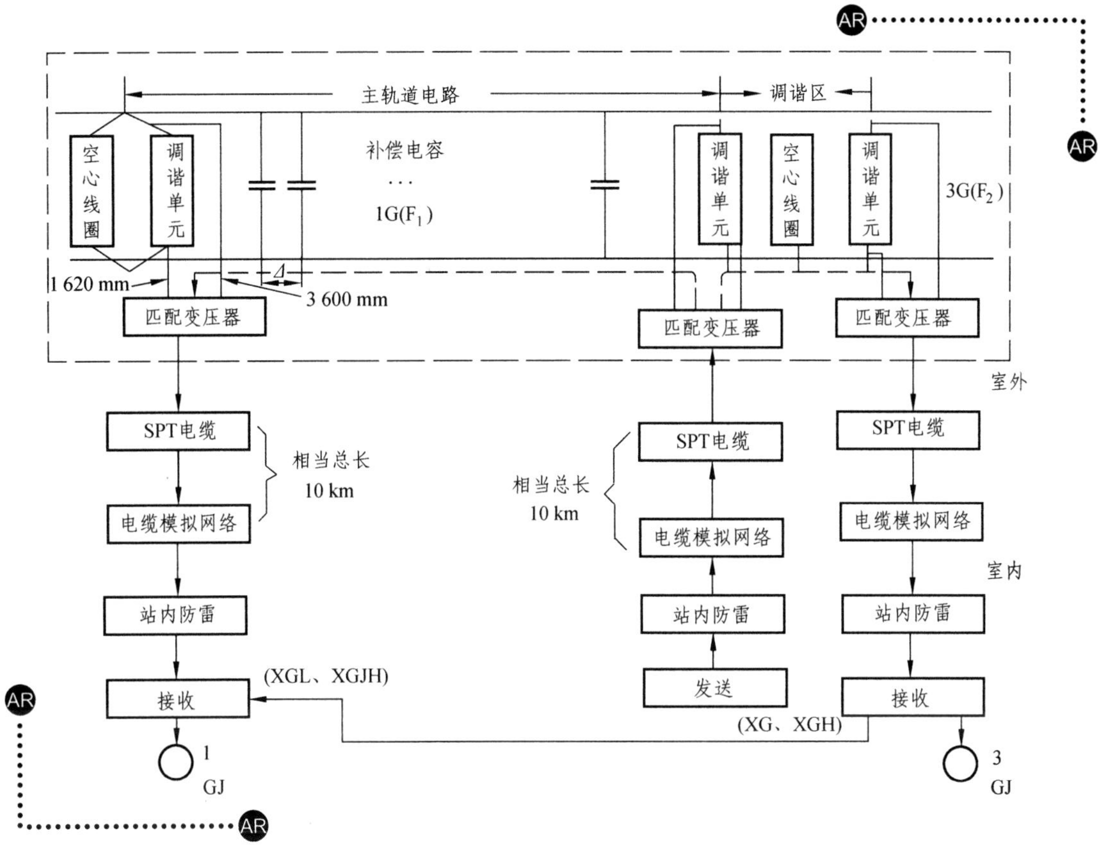

图 5.30　ZPW-2000A 型自动闭塞系统构成图

ZPW-2000A 型无绝缘轨道电路将轨道电路分为主轨道电路和调谐区短小轨道电路两个部分，并将短小轨道电路视为列车运行前方主轨道电路的所属“延续段”。

发送器同时向线路两侧主轨道电路、小轨道电路发送信号。

接收器除接收本主轨道电路频率信号外，还同时接受相邻区段小轨道电路的频率信号。接收器采用 DSP（数字信号处理）技术，将接收到的两种频率信号进行快速傅氏变换（FFT），以获得两种信号能量谱的分布。

上述“延续段”信号由运行前方相邻轨道电路接收器处理，并将处理结果形成小轨道电路轨道继电器执行条件（XG、XGH）送本轨道电路接收器，作为轨道继电器（GJ）励磁的必要检查条件（XGJ、XGJH）之一。

这样，接收器用于接收主轨道电路信号，并在检查所属调谐区短小轨道电路状态（XGJ、XGJH）条件下，动作本轨道电路的轨道继电器（GJ）。另外，接收器还同时接收邻段所属调谐区小轨道电路信号，向相邻区段提供小轨道电路状态（XG、XGH）条件。

2. 系统设备

1）室外设备

ZPW-2000A 型自动闭塞室外设备包括电气绝缘节、电气-机械绝缘节、匹配变压器、补偿电容电缆和引接线。电器绝缘节用于实现两轨道电路的电气隔离；机械绝缘节空心线圈设在进、出站口处，为取得与电气绝缘节同样的电气性能，空心线圈参数根据传输通道参数和载频频率设计；补偿电容器可以保证轨道电路传输距离，保证接收端信号有效信干比和对断轨状态的检查。

2）室内设备

ZPW-2000A 型自动闭塞室内设备包括发送器、接收器、衰耗器、发送检测盘和电缆模拟网络等。发送器、接收器、衰耗盘、发送监测盘安装在移频柜上，电缆模拟网络等安装在综合柜上。

（1）移频柜。分为区间移频柜和站内移频柜。区间移频柜供区间自动闭塞用，一个区间移频柜含 10 套 ZPW-2000A 自动闭塞设备，每套设备包括发送器、接收器、衰耗器各一个以及相应的零层端子板和断路器。按组合方式配备，每架 5 个组合，每个组合内接收器按对构成双机并用。

站内移频柜供站内轨道电路电码化用，一个站内移频柜含 10 套 ZPW-2000A 站内电码化设备，每套设备包括发送器一个以及相应的零层端子板和断路器。按组合方式配备，每架 5 个组合。两个发送器合用一个发送检测盘，构成一个组合，分别监测上下两个发送器。

综合柜。综合柜（网络接口柜）用来安装站防雷和电缆模拟网络、各种防雷组合单元（如灯丝防雷组合单元等）、站内隔离器托架和继电器组合。

第四节　行车调度指挥自动化系统

利用现代计算机、通信、信息、控制及决策系统，实现对列车远程实时监视、追踪、控制和管理，是行车调度指挥自动化的主要内容。这主要包括列车运行计划编制与调整、列车运行监视与管理以及列车运行控制三大部分。其中，前两部分是列车调度指挥系统（TDCS，即 DMIS）的主要内容，而列车运行控制则是调度集中的核心。因此，行车调度指挥自动化系统主要是由 DMIS 和调度集中系统构成的。

一、行车调度指挥自动化系统的发展

国内外铁路行车调度指挥自动化系统的发展历程，从技术上可以划分为继电器式、全电子化、微机化和计算机网络集成 4 个阶段。从功能上可划分为调度监督、调度集中及综合调度管理 3 种类型。总的来看，我国铁路行车调度指挥自动化系统的发展经历了传统调度集中与调度监督、DMIS 和新一代分散自律调度集中三个阶段。

1. 传统调度集中与调度监督技术的发展

调度监督与调度集中通过对车站信号设备状态的集中表示和控制，可以使调度员直观地掌握所辖区段列车的运行状况，从而起到提高运输效率、减轻劳动负荷及改善劳动条件的目的。随着计算机技术、通信技术和智能决策技术的发展，调度监督/调度集中系统逐步向综合化、智能化和网络化的大型信息管理系统发展。

但是，传统调度集中仍然没有很好地解决调车作业对行车的影响，因而没有得到应有的发展。1995 年，我国开始研制 DMIS（调度指挥管理信息系统，2005 年 1 月铁道部颁布了《铁路信息化总体规划》，将 DMIS 系统规范为 TDCS 系统。）系统，调度监督/调度集中系统开始走向综合化、智能化和网络化。

2. DMIS 技术的发展

DMIS 是一个覆盖全国铁路的大型网络系统，是我国铁路运输调度指挥现代化建设的标志，由国铁集团、各铁路局集团有限公司以及基层车站构成三级网络，把传统的以车站为单位的分散信号系统逐步改造成为一个全国统一的网络信号系统，实现了全国铁路系统内有关列车运行、数据统计、运行调整及数据共享、自动处理与查询，从根本上改变了我国铁路信号在调度指挥手段、行车控制技术和信号技术设备功能等方面的落后面貌。

DMIS 的完成经历了 3 个时期：DMIS 一期工程，大多系统只是调度监督系统简单的规模扩展，在计算机辅助调度和运输管理模式方面没有形成突破。DMIS 二期工程在一期工程的基础上，于 2003 年 7 月全面建成第一个覆盖全局（兰州铁路局）的“五全”（全局全覆盖、功能全实现、系统全脱图、调度集中全开通）系统，为 DMIS 的发展开创了崭新的局面。DMIS 三期工程于 2007 年完成，覆盖全路 70 多条干线、全部路局、主要港口、口岸和大型企业等。

3. 新一代分散自律调度集中及发展

分散自律调度集中系统是综合了计算机技术、网络通信技术和现代控制技术，采用智能化“分散自律”设计原则，以列车运行调整计划控制为中心，兼顾列车与调车作业的高度自动化的调度指挥系统。分散自律调度集中系统采用计算机分布式网络控制技术、信息化处理技术，将列车运行调整计划下传到各个车站自律机中自主自动执行；在列车运行调整计划的基础上，解决列车作业与调车作用在时间与空间上的冲突，实现列车和调车作业的统一控制。

2003 年 8 月，我国正式开始研制新一代分散自律调度集中系统。2003 年 11 月，第一套新一代分散自律调度集中系统（FZk-CTC）在青藏公司西宁—哈尔盖调度区段投入试运行。2004 年 5 月在通过铁道部技术正式审查后全面投入正式运用。

新一代分散自律调度集中系统是建立在 DMIS 技术平台上的自动控制系统，它的设计在世界上是独一无二的，具有世界先进水平。新一代分散自律调度集中系统的投入运用，标志着我国在行车调度指挥自动化领域进入了世界先进行列。

二、新一代分散自律调度集中系统

分散自律概念最初源自日本东京圈城市铁路控制系统。由于日本是地震多发国家，为了保证控制中心在遭受地震袭击瘫痪后，车站还能在一定时间内正常地接发列车，从而特别在车站设立了自律计算机，通过接收控制中心下达的运行计划，在和控制中心通信中断后自行接发列车。

为了解决行车和调车相互干扰的问题，系统必须实现在不影响列车运行的原则下，允许控制中心和车站通过调度集中系统自主进行调车的功能。这对于调度集中系统来讲是一种功能的分散，不同于传统意义上的调度集中系统的集中控制，而出现了分布式控制的功能。因此，如果通过在车站设立自律机来完成按列车运行计划和站细进行正常接发列车作业并完成协调列车和调车冲突的功能，将完全可以实现列车和调车作业的统一控制。

（一）分散自律调度集中系统的整体结构

1. 系统硬件结构

分散自律调度集中系统控制中心一般设在铁路局集团公司调度所，负责控制整个调度区段列车的运行。如图 5.31 所示，控制中心主要由数据库服务器、CTC 应用服务器（双机热备型）、通信前置服务器、大屏显示系统、行调工作站、助理调度员工作站、综合维修工作站、CTC 维护工作站、网管工作站、打印设备、远程维护接入、TMIS 接口计算机以及局域网等设备组成。

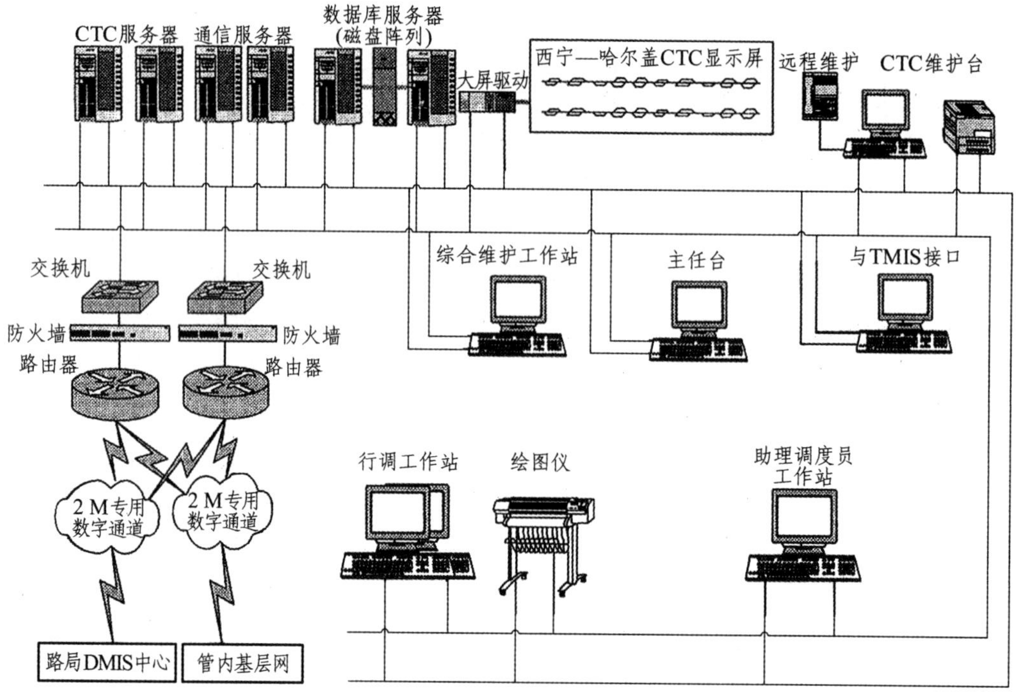

图 5.31　控制中心硬件结构示意图

车站系统主要设备包括车站自律机、车务终端、打印机、综合维修终端、电务维护终端、网络设备、电源设备、防雷设备、联锁系统接口设备和无线系统接口设备等，如图 5.32 所示。

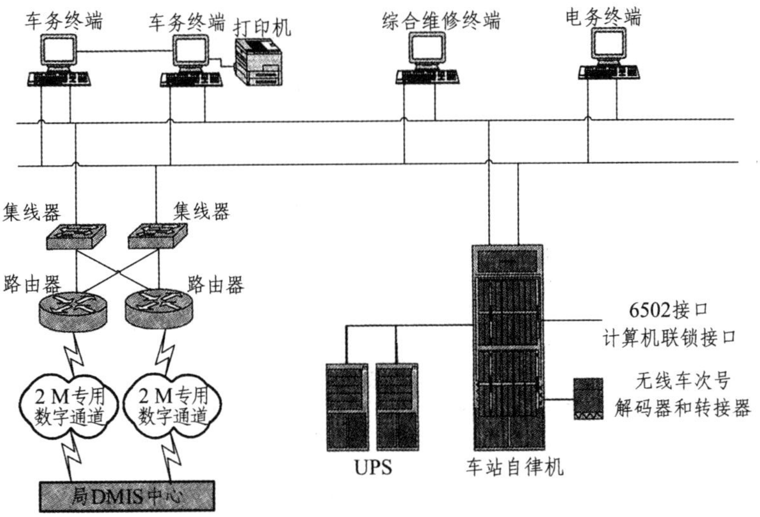

图 5.32　车站系统硬件结构示意图

2. 系统软件结构

分散自律调度集中系统的软件主要包括：通信服务子系统、信息表示子系统、自律控制子系统、控制计划编制子系统、列车控制子系统、调车控制子系统、综合维修子系统、车务终端子系统、网络安全防护子系统和车地信息传输系统等。

（二）分散自律调度集中系统功能

分散自律调度集中系统涵盖了 DMIS 的所有功能，在此基础上还具备调度集中的控制功能和分散自律控制特点。

1. 行车调度功能

在 DMIS 的基础上，分散自律调度集中系统还具备列车进路和调车进路的自动/人工排路，从而实现了行车指挥自动化。

2. 控制模式

分散自律调度集中系统具有两种控制模式：分散自律控制模式和非常站控模式。

分散自律控制的基本模式是用列车运行调整计划自动控制列车运行进路，同时在分散自律条件下，调度指挥中心具备人工办理列车、调车进路功能，车站具备人工办理调车进路的功能。分散自律控制模式从进路控制的方式出发，定义了两种进路控制方式：计划控制方式和人工按钮控制方式。

当分散自律调度集中系统故障或发生其他紧急情况时，车站操作员可以按下 6502 控制台上的紧急站控按钮，切断分散自律调度集中系统控制输出继电器的电源，直接通过控制台按钮进行控制。此种方式为非常站控模式。

3. 列车计划和列车进路控制功能

分散自律调度集中系统的进路控制功能包括列车进路的控制和调车进路的控制。列车进路的控制分为自动按图排路和人工排路。

当系统处于自控状态时，即自动按图排路状态，自律机能按阶段计划自动排列列车进路。当计划中的接车股道安排不当时，自律机能够给出报警，由人工修改；当接车进路存在变更进路时，自律机选基本进路；当接车进路有延续进路时，自律机自动选排延续进路。人工可修改计划中的股道安排。

4. 调车计划和调车进路控制功能

调车计划的制订和调车进路的控制纳入到调度集中系统，是新一代分散自律调度集中系统的特点之一。调度指挥中心的助理调度员负责编制无人车站的调车作业计划。系统监测调车进路的办理与列车计划的冲突，一旦监测有冲突，弹出对话框报警，并询问是否继续办理。

5. CTC 显示及控制功能

对于双线自动闭塞无人车站，在通信中断且未转为非常站控模式前，车站自律机按原已收到的列车运行调整计划和列车实际运行情况继续自动执行；列车运行调整计划执行完毕后，通信仍未恢复正常时，系统将该站设置为自动通过状态。

6. 综合维修管理

系统在中央设置综合维护工作站，主要用于设备日常维护、天窗修、施工以及故障处理方面的登、销记手续办理，并具有设置临时限速和区间、股道封锁等功能。

7. 系统维护监视

具备可视化的维护环境，可对系统进行全面监视，全面记录管理系统报警和内部时间以及操作员和维护人员的任何操作。

三、列车运行自动控制系统

1. 列控系统的速度控制模式

列车运行自动控制系统就是对列车运行全过程或一部分作业实现自动控制的系统。其特征为：列车通过获取地面的信息和命令，控制列车运行，并调整与前行列车之间必须保持的距离。列车运行自动控制系统（简称列控系统）是保证列车按照空间间隔法运行的技术方法，它是靠控制列车运行速度的方式来实现的。运行列车之间必须保持的空间间隔首先是满足制动距离的需要，当然还要考虑适当的安全余量和确认信号时间内的运行距离。所以根据列控系统采取的不同控制模式会产生不同的闭塞制式。列车的追踪运行间隔越小，运输能力就越大。

从速度控制方式角度来看，对列车运行自动控制可分为两种模式：分级速度控制、目标距离速度控制。

2. 列控系统的系统构成与分级

研发制造了适应我国铁路运输特点和具有自主知识产权的 CTCS-2 列控系统和列控中心设备，完成了列控车载设备、地面设备的技术引进、消化吸收和功能提升，实现了与国内设备的系统集成；在既有线时速 200 km 及以上线路采用 GSM-R 系统，实现了调度无线通信和数据传输，在繁忙干线上采用分散自律调度集中系统（CTC），实现了调度对列车运行的直接指挥和远程控制，在主要干线覆盖列车调度指挥系统（TDCS），实现了国铁集团、铁路局集团有限公司运输调度对列车运行的透明指挥和对运行图的实时调整。我国编制的中国列车运行控制系统（简称 CTCS）的技术规范，着手全力发展和装备列车运行控制系统。CTCS 技术规范是参照欧洲列车运行控制系统（简称 ETCS）编制的。以下主要介绍 CTCS。

CTCS 系统有两个子系统，即车载子系统和地面子系统。

地面子系统可由以下部分组成：应答器、轨道电路、无线通信网络（GSM-R）、列车控制中心（TCT）/无线闭塞中心（RBC）。其中 GSM-R 不属于 CTCS 设备，但是它是重要组成部分。

应答器是一种能向车载子系统发送报文信息的传输设备，既可以传送固定信息，也可连接轨旁单元传送可变信息。

轨道电路具有轨道占用检查、沿轨道连续传送地车信息功能，应采用 UM 系统轨道电路或数字轨道电路。

无线通信网络（GSM-R）是用于车载子系统和列车控制中心进行双向信息传输的车地通信系统。

列车控制中心是基于安全计算机的控制系统，它根据地面子系统或来自外部地面系统的信息，如轨道占用信息、联锁状态等产生列车行车许可命令，并通过车地信息传输系统传输给车载子系统，保证列车控制中心管辖内列车的运行安全。

车载子系统可由以下部分组成：CTCS 车载设备、无线系统车载模块。

CTCS 车载设备是基于安全计算机的控制系统，通过与地面子系统交换信息来控制列车运行。

四、基于通信的列车自动控制系统

基于通信的列车自动控制（Communication Based Train Control，CBTC）技术采用不依赖轨旁列车占用检测设备的列车主动定位技术和连续车-地双向数据通信技术，通过能够执行安全功能的车载和地面处理器而构建的连续式列车自动控制系统。典型的 CBTC 系统由列车自动防护系统（ATP）、列车自动操纵系统（ATO）、列车自动监视系统（ATS）、计算机联锁系统（CI）、数据通信系统（DCS）等子系统组成，还宜配置维护监测子系统。

1. 列车自动防护（Automatic Train Protection，ATP）

ATP 主要用于对列车驾驶进行防护，对与安全有关的设备或系统实行监控，实现列车间隔保护、超速防护等功能。ATP 的工作原理是：将信息（包括来自联锁设备和操作层面上的信息、地形信息、前方目标点信息和容许速度信息等）不断从地面传至车上，从而得到列车当前容许的安全速度，依此来对列车实现速度监督及管理。

ATP 子系统的功能包括：自动检测列车的位置和实现列车间隔控制，以满足规定的通过能力；连续监视列车的速度，实现超速防护。当列车实际速度大于允许速度时，施加常用制动；当列车速度大于最大安全速度时，施加紧急制动，保证列车不冒进前方列车占用的区段。

2. 列车自动操纵（Automatic Train Operation，ATO）

ATO 主要用于实现“地对车控制”，即用地面信息实现对列车驱动、制动的控制。由于使用 ATO，列车可以经常处于最佳运行状态，避免了不必要的、过于剧烈的加速和减速，因此可显著提高旅客舒适度，提高列车准点率及减少轮轨磨损。通过与列车再生制动配合，还可以节约列车能耗。这里，列车自动操纵（ATO）有时是为了避免与列车自动控制（ATC）混淆。ATO 系统原理如图 5.33 所示。

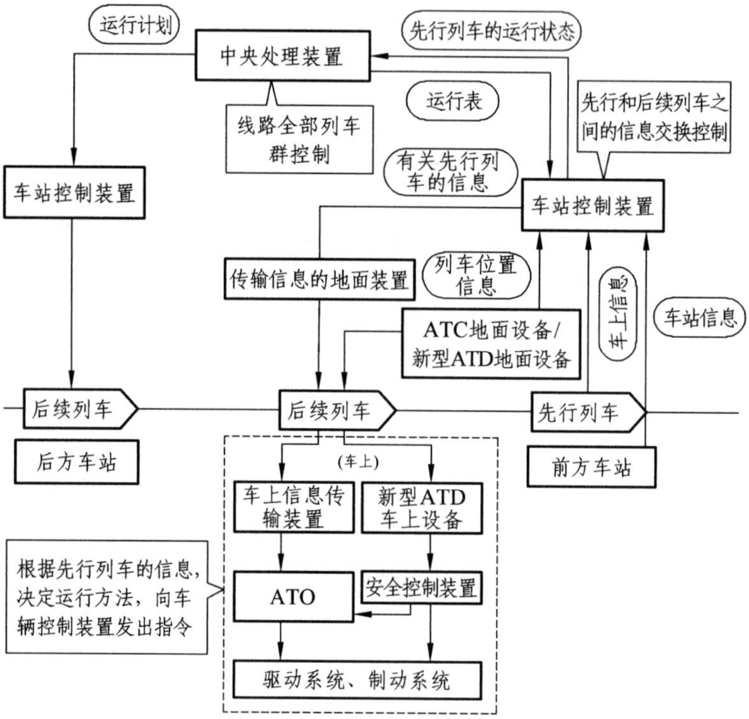

图 5.33 ATO 系统原理图

ATO 的优点是可缩短列车间隔，提高了线路的利用率和行车的安全可靠性。ATO 子系统的功能包括：控制列车在允许速度下运行，并自动调整列车的速度；列车在区间或站外停车后，一旦信号开放，即可自动起动；系统控制列车到达站台的最佳制动，使列车停在预定目标点；停站结束后，保证车门关闭后，列车能自动起动；当列车到达折返站时，自动准备折返。

3. 列车自动监视（Automatic Train Supervision，ATS）

ATS 主要是实现对列车运行的监督，辅助行车调度人员对全线列车运行进行管理。它可以显示全线列车运行状态，监督和记录运行图的执行情况，为行车调度人员的调度指挥和运行调整提供依据，如对列车偏离运行图时及时做出反应等。通过 ATO 接口，ATS 还可以向旅客提供运行信息通报，包括列车到达、出发时间，列车运行方向，中途停靠点信息等。

ATS 子系统的功能包括：自动显示列车车次、运行位置和信号设备工作状态，自动或人工办理进路；编制和管理列车运行图，自动调整运行计划，自动描绘或复制列车运行实迹，列车运行模拟仿真；车辆维修周期管理，向旅客向导系统提供信息，对运行数据自动统计和制表，等等。

无线系统车载模块用于车载子系统和列车控制中心进行双向信息交换。

CTCS 系统结构示意图如图 5.34 所示。

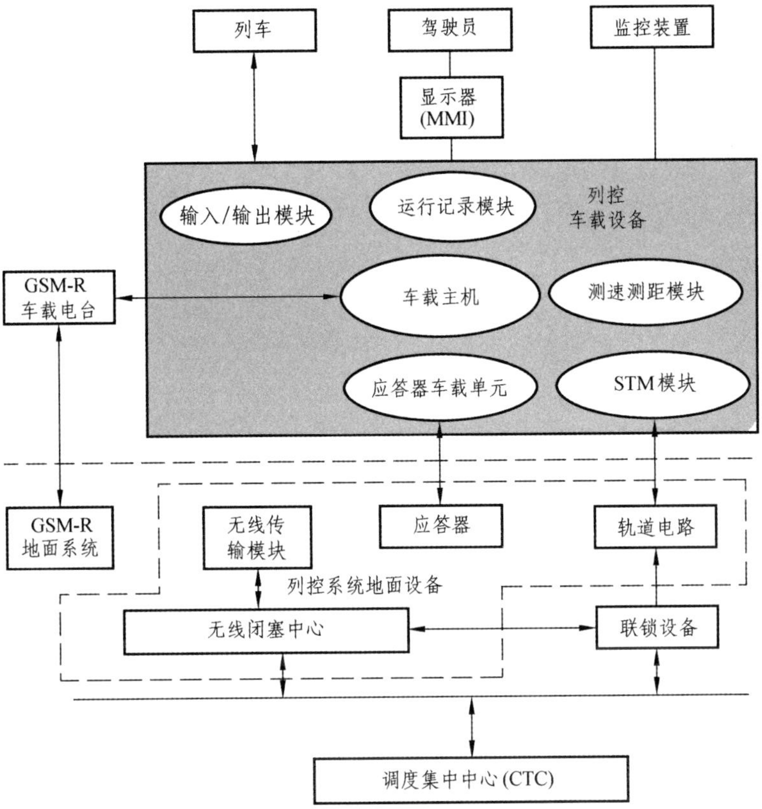

图 5.34 CTCS 系统结构示意图

拓展阅读四

复习与思考

1. 信号与通信设备有何作用？铁路信号设备分为哪几类？其特点是什么？
2. 系统的安全性表现在哪几个方面？
3. 故障-安全的含义？
4. 简述进站、出站、通过信号机的用途及显示方式，并图示各信号的设置地点。

5. 道岔表示器、警冲标、预告标的作用是什么？其具体设置在何地点？

6. 什么是联锁？联锁设备应满足什么要求？

7. 继电联锁的主要设备有哪些？各起什么作用？继电联锁有哪些优缺点？

8. 绘图说明区间轨道电路的组成和基本原理？

9. 什么是闭塞？继电半自动闭塞有什么优缺点？

10. 为什么说四显示自动闭塞能更大地提高区间通过能力？

11. 什么是调度集中？它有哪些功能？

12. 列车调度指挥系统（DMIS）的三层指挥体系各自的功能是什么？

13. 什么是分散自律原则？

第六章 电气化铁道牵引供电系统

采用电力牵引的铁路称为电气化铁道。电力牵引是利用电能作为牵引动力，将电能转换为机械能，驱动电力机车、电动车组和城市电动车辆等有轨运输工具运行的一种运输形式。

在电气化铁道上，铁路沿线需设有向电力机车和电动车组供电的牵引供电系统。牵引供电系统主要由牵引变电所和接触网两大部分组成。电力机车、牵引变电所和接触网通常被称为电气化铁道的“三大件”。

电气化铁道的电源来自国家电网。国家电网的高压交流电送到铁路的牵引变电所，进行第一次降压，送到轨道上空的接触网。机车从接触网上获取电流后，在机车内进行第二次降压并控制，用以驱动电动机。电动机带动机车轮轴转动，牵引车厢前进。

电力牵引具有一系列优点：一是它本身不带燃料、为非自给式牵引动力，并由大容量电力系统供电，能源有保证。二是机车或动力车总功率大，具有起动和加速快、过载能力强、运输能力大等特点，能满足各种现代交通运输对快速、大运输能力的需要。三是不造成空气和环境（噪声）污染。四是电力牵引的总效率比用内燃机为动力的内燃机车和汽车等运输工具的总效率要高。五是随着信息技术、微电子技术的广泛应用，电力牵引系统易于实现全面自动化和信息化，从而大大提高劳动生产率和经济效益。当然，电力牵引也存在某些缺点，主要是其一次投资费较高。

第一节 牵引供电系统概述

电力牵引按接触网供电电流制式不同，分为工频单相交流制、低频单相交流制和直流制。我国电气化铁道采用工频单相交流制电力牵引，即接触网上供的电为电压 25 kV、频率为 50 Hz 的单相交流电。直流制电力牵引用于地下铁道、城市交通轻轨和工矿运输系统，接触网供电为电压 750 V 或 1 500 V 的直流电。

一、电气化铁道供电系统的构成

电气化铁道供电系统由一次供电系统和牵引供电系统组成。

（一）一次供电系统

一次供电系统是指电力系统向电气化铁道的供电部分。电力系统由分布各地的各种不同类型的发电厂、升压和降压变电所、输电线路和电力用户组成，该系统起着电能的生产、输送、分配和消费的作用。

在我国，电力系统通常以三相交流 110 kV（或 220 kV）的电压等级向电气化铁道供电。向牵引变电所供电的输电线路（三相三线）即为一次供电系统，它有不同的输入形式，为保证供电可靠性，每个牵引变电所至少应有两路电源进线。

（二）牵引供电系统

完成对电力机车供电的属于铁路部门管辖的部分称为电气化铁道的牵引供电系统，如图 6.1 所示，它由牵引变电所、馈出线、接触网、钢轨和回流线等组成。

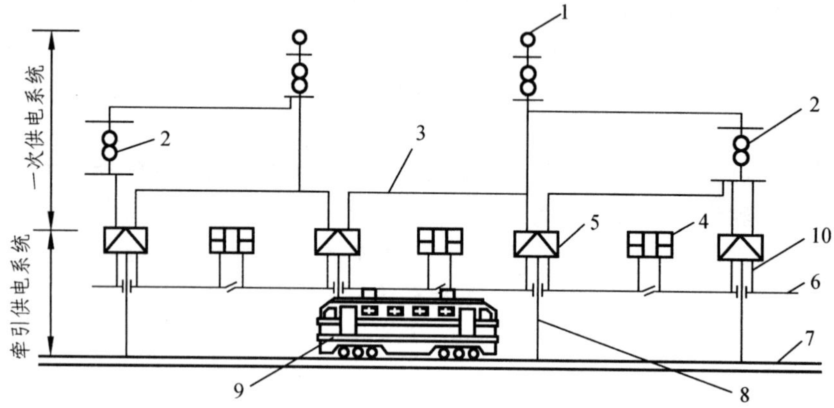

1—发电厂；2—区域变电阻；3—传输线；4—分区所；5—牵引变电所；6—接触线；7—轨道回路；8—回流线；9—电力机车；10—馈电线。

图 6.1 电气化铁道供电系统

电力部门管辖的电力系统与铁路部门管辖的牵引供电系统是在牵引变电所高压进线的门形架处分界。牵引供电系统各部分的功用如下：

1. 牵引变电所

牵引变电所的作用是将 110 kV（或 220 kV）三相交流高压电变换为单相交流 27.5 kV，然后以 27.5 kV 的电压等级向牵引网供电。

2. 接触网

接触网是一种悬挂在电气化铁道线路上方，并和铁路轨顶保持一定距离的链形或单导线的输电网。电力机车的受电弓和接触网滑动接触取得电能。接触网的额定电压为 25 kV。

3. 馈电线

馈电线是连接牵引变电所和接触网的导线，把牵引变电所变换后的电能送到接触网。馈电线一般为大截面的钢芯铝绞线。

4. 钢　轨

在非电牵引情形下，钢轨只作为列车的导轨。在电气化铁道，钢轨除仍具上述功用外，还需要完成导通回流的任务，是电路的组成部分。因此，电气化铁道的钢轨应具有畅通导电的性能。

5. 回流线

连接轨道和牵引变电所中主变压器接地相之间的导线称为回流线，它也是电路的组成部分，其作用是将轨道、地中的回路电流导入牵引变电所。

从图 6.1 可以看出，牵引供电回路是：牵引变电所→馈电线→接触网→电力机车→钢轨和大地→回流线→牵引变电所。习惯上，把馈电线、接触网、钢轨、回流线叫作牵引网。

6. 分区所

在电气化铁道上，为了提高运行的可靠性，增加供电工作的灵活性，在相邻两变电所供电的相邻两供电分区的分界处需用分相绝缘器断开。若在断开处设置开关设备和相应的配电装置，则组成分区所，也称分区亭，如图 6.2 所示。分区所（亭）的结构形式有多种，它与铁路运量、单线和复线、向牵引网供电方式、采用设备的类型等因素有关。

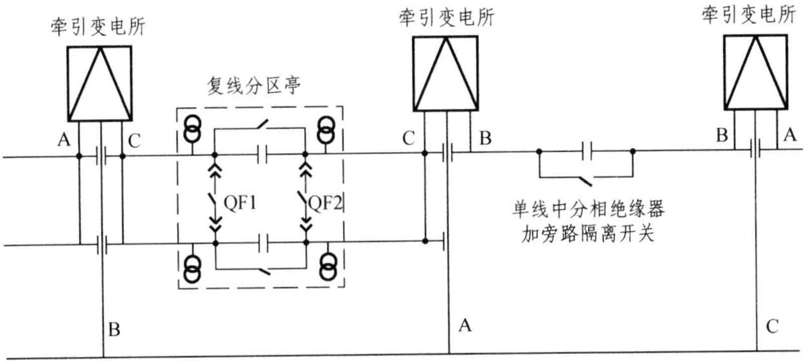

图 6.2 单、复线分区亭

在单线单边供电的电气化区段，相邻两供电臂之间仅设分相绝缘器即可，并设旁路隔离开关以便实现临时越区供电，可不设分区所（亭）。

在复线电气化区段和单线电气化区段双边供电时，一般设置分区所，在分区所内用断路器将同一供电分区的上下行接触网或相邻两供电分区的接触网在末端连接起来，相邻两供电臂间设分相绝缘器和与之并联的隔离开关（或断路器）。

另外，电气化铁道牵引供电系统还设有开闭所、AT 所等。

7. 开闭所

某些远离牵引变电所的大宗负荷，如枢纽站、电力机务段等，接触网按作业及运行的要求需要分成若干组，需要多条供电线路向这些接触网分组供电。若直接从牵引变电所向这些接触网分组供电，不但会增加变电所的复杂程度，而且将大量增加馈电线的长度，造成一次投资过大。为此，一般采取在大宗负荷附近建立开闭所的办法来解决，如图 6.3 所示。

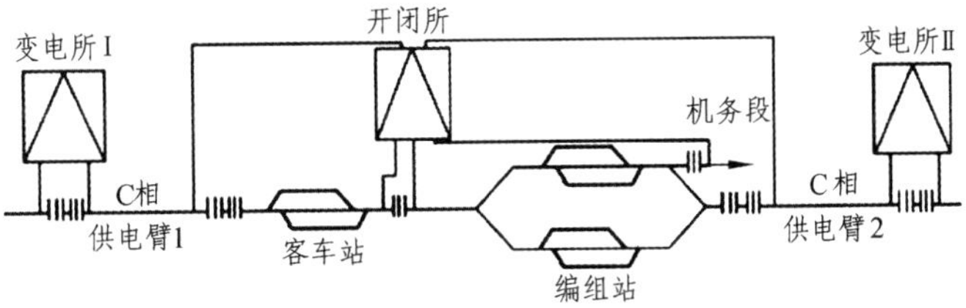

图 6.3 开闭所

开闭所即单相开关站，其中只有配电设备而无牵引变压器，仅用于接受和分配电能。为保证开闭所供电的可靠性，一般从相邻两供电分区上引入两路电源，互为备用。

8. 自耦变压器站（AT 所）

电气化铁道采用自耦变压器（AT）供电方式时，在铁路沿线需每隔 8 ~ 12 km 设置自耦变压器和相应的配电装置，即 AT 所。AT 所的作用之一便是将牵引变电所供来的 55 kV 电压经自耦变压器 AT 降为接触网的 25 kV 电压等级，然后向接触网供电。

供电分区中间设有分区所或开闭所时，自耦变压器站（即 AT 所）可与分区亭或开闭所合并。这时，由于分区所或开闭所设有直流操作电源，自耦变压器可以通过断路器联入牵引网。一旦自耦变压器发生事故，可以由断路器就地切除。

二、电力牵引供电系统的主要特点

我国电力牵引供电系统的主要特点有以下几方面：

（1）负荷大。由于牵引质量大（最大超过 10 000 t）、速度快（客车最高时速 350 km），因此列车负荷比城市交通、矿山运输（牵引质量在 1 000 t 以下，运行速度在 100 km/h 以下）大得多。

（2）采用 25 kV 工频交流供电。可以采用功率大的电力机车，减少系统的电压损失和电能损失，降低导线等有色金属的消耗量。但由于电压高，也使牵引供电系统的维护作业具有“三高”的特点，即“高压、高空、高速”。

（3）对电力系统产生负序、谐波影响。由于负荷是单相，因此有负序电流流入电力系统，导致三相系统不平衡。为了减少负序电流的影响，牵引变电所往往采用轮换接线方式和采用三相-二相平衡变压器。高次谐波会引起正弦波的畸变。

（4）对通信线路产生危险影响和杂音干扰。由于系统中交流电压和电流产生电磁影响，邻近通信线路中有静电感应和电磁感应，会造成危及人身安全和设备安全的危险影响；而负荷中的高次谐波电流会在通信设备的端子间产生谐波感应电压，造成杂音干扰，使电话通信质量下降。为了减少上述影响，可在系统中采用对通信线路影响小的供电方式，如 AT 方式、BT 方式等。

三、对电气化铁道供电系统的基本要求

（1）保证向电气化铁道安全、可靠、不间断地供电。

（2）提高供电质量，保证必需的电压水平。

（3）提高功率因数，减少电能损失，降低工程投资和运营费用。

（4）尽量减少单相牵引负荷在电力系统中引起的负序电流、负序电压和高次谐波的影响。

（5）尽量减小对邻近的通信线路的干扰影响。

第二节　牵引供电方式

交流电力牵引供电系统因牵引网对抑制通信干扰采取的技术措施不同而采取不同的供电方式。牵引供电系统的供电方式主要包括直接供电方式、带回流线的直接供电方式、BT 供电方式和 AT 供电方式。牵引网的供电方式则包括单边供电、上下行并联供电、双边供电和越区供电方式。

一、牵引供电系统的供电方式

1. 直接供电方式（TR 供电方式）

直接供电方式是电气化铁路早期采用的供电方式，它的一根馈线接在接触网（T）上，另一根馈线接在钢轨（R）上，如图 6.4 所示。这种供电方式结构简单，投资最省，牵引网阻损较小，能耗也较低。供电距离单线一般为 30 km 左右，复线一般为 25 km 左右。直接供电方式对通信线路产生较大电磁干扰，这是缺点。目前一般在铁路沿线通信线路已改用地下屏蔽电缆或光缆的区段使用。

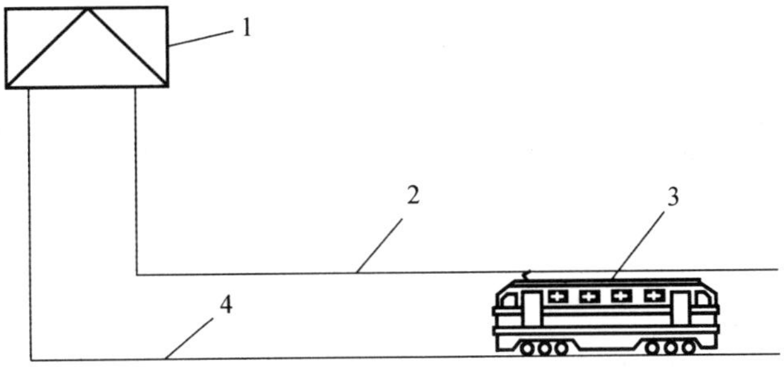

1—牵引变电所；2—接触网；3—机车；4—钢轨。

图 6.4　直接供电方式原理图

2. 吸流变压器供电方式（BT 供电方式）

BT 供电方式是在牵引网中架设有吸流变压器-回流线装置的一种供电方式。与直接供电方式相比，是在系统中增加了吸流变压器设备。吸流变压器是变比为 1∶1 的变压器，它的一次绕组串接在接触网（T）上，二次绕组串接在专为牵引电流流回牵引变电所而特设的回流线（NF）上，如图 6.5 所示。

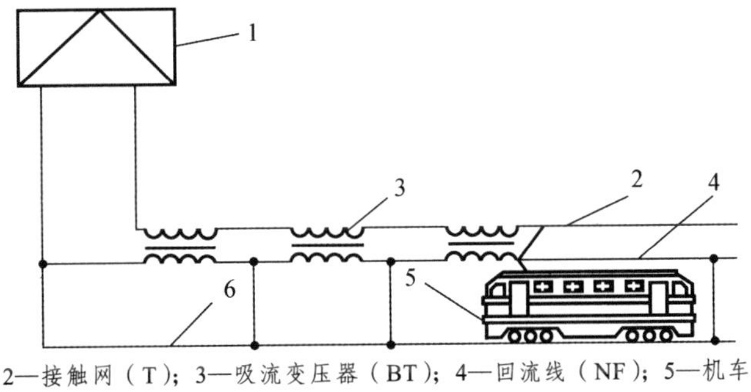

1—牵引变电所；2—接触网（T）；3—吸流变压器（BT）；4—回流线（NF）；5—机车；6—钢轨（R）。

图 6.5　BT 供电方式原理图

由于接触线与回流线中流过的电流大致相等，方向相反，电磁感应绝大部分相互抵消，从而降低了对通信线路的干扰。这种供电方式由于在牵引网中串联了吸流变压器，牵引网的阻抗比直接供电方式约大 50%，能耗较大，供电距离也较短。

3. 带回流线的直接供电方式（DN 供电方式）

DN 供电方式是在接触网支柱上架有一条与钢轨并联的回流线，如图 6.6 所示。这种供电方式取消了吸流变压器，保留了回流线。利用接触网与回流线之间的互感作用，使钢轨中的回流尽可能地由回流线流回牵引变电所。因而能部分抵消接触网对邻近通信线路的干扰，但其防干扰效果不如 BT 供电方式。这种供电方式可在对通信线路防干扰要求不高的区段采用。由于取消了吸流变压器，只保留了回流线，因此牵引网阻抗比直接供电方式低一些，供电性能好一些，造价也比 BT 供电方式低。目前，这种供电方式在我国电气化铁路上得到了广泛应用。

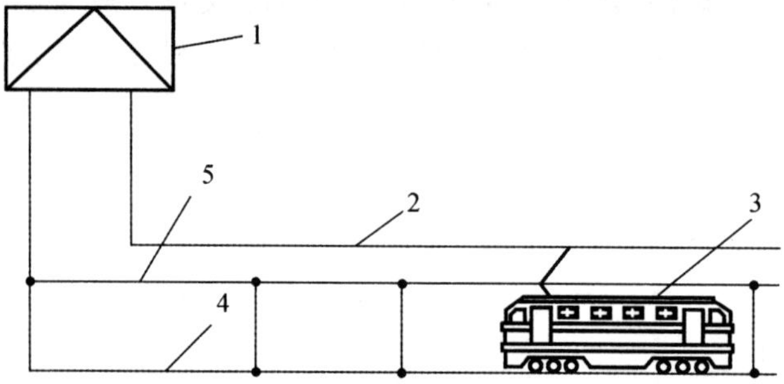

1—牵引变电所；2—接触网（T）；3—机车；4—钢轨（R）；5—回流线。

图 6.6　DN 供电方式原理图

4. 自耦变压器供电方式（AT 供电方式）

AT 供电方式是 20 世纪 70 年代才发展起来的一种供电方式。它既能有效地减轻牵引网对通信线的干扰，又能适应高速、大功率电力机车运行，故近年来，在我国得到了迅速发展。这种供电方式是每隔 10 km 左右在接触网与正馈线之间并联接入一台自耦变压器，绕组的中点与钢轨相接。自耦变压器将牵引网的供电电压提高 1 倍，而供给电力机车的电压仍为 25 kV，其工作原理如图 6.7 所示。

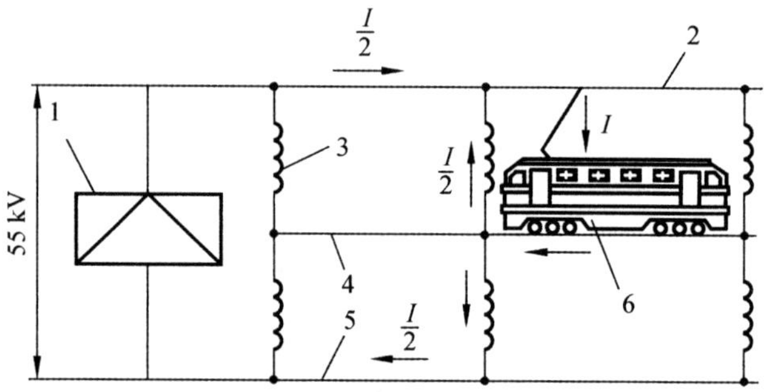

1—牵引变电所；2—接触网（T）；3—自耦变压器（AT）；4—钢轨（R）；5—正馈线（F）；6—机车。

图 6.7　AT 供电方式原理图

电力机车由接触网（T）受电后，牵引电流一般由钢轨（R）流回，由于自耦变压器的作用，钢轨流回的电流经自耦变压器绕组和正馈线（F）流回变电所。当自耦变压器的一个绕组流过牵引电流时，其另一个绕组感应出电流供给电力机车，因此实际上当机车负荷电流为 I 时，由于自耦变压器的作用，流经接触网（T）和正馈线（F）的电流为 $1/2I$。

自耦变压器供电方式牵引网阻抗很小，约为直接供电方式的 1/4，因此电压损失小，电能损耗低，供电能力大，供电距离长，可达 40 ~ 50 km。由于牵引变电所间的距离加大，减少了牵引变电所数量，也减少了电力系统对电气化铁道供电的工程和投资。但由于牵引变电所和牵引网比较复杂，加大了电气化铁道自身的投资。这种供电方式一般在重载铁路、高速铁路等负荷大的电气化铁道上采用。

由于牵引负荷电流在接触网（T）和正馈线（F）中方向相反，因而对邻近的通信线路干扰很小，其防干扰效果与 BT 供电方式相当。

二、牵引网的供电方式

1. 单边供电

我国单线电气化铁道全部采用单边供电，如图 6.8 所示。

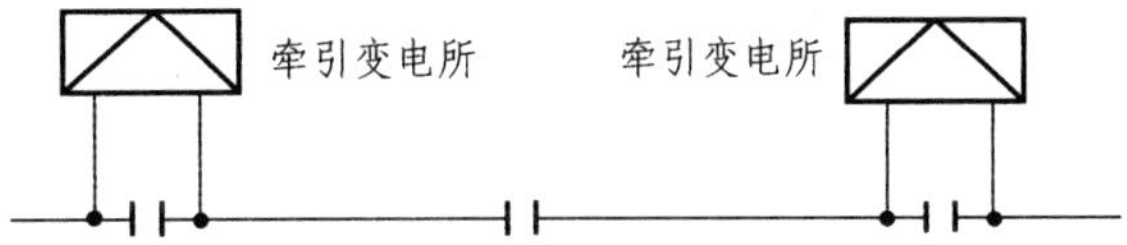

图 6.8 单边供电方式原理图

牵引变电所所在地的接触网设有分相绝缘装置，两相邻牵引变电所之间也设有分相绝缘装置。中间的分相将两个牵引变电所之间的接触网分成两个不同的供电分区，每个供电分区称为一个供电臂，每个供电臂只能从一端的牵引变电所获得电能的方式称为单边供电。

单边供电每个变电所只供电给其两侧的供电臂，与其他区段无联系，继电保护设置简单。

在复线电气化区段的供电臂末端设有分区所，将上下行接触网通过断路器实行并联供电，称为上下行并联供电，属于复线的单边供电，如图 6.9 所示。这种供电方式的优点是，它能均衡上下行供电臂的电流，降低接触网损耗，提高电压水平，在有轻重车方向和线路有较大坡道情况下，效果更为显著。我国复线电气化铁道大多采用这种供电方式。

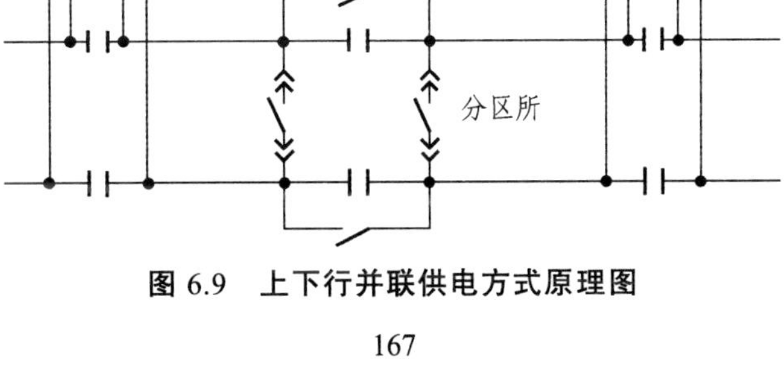

图 6.9 上下行并联供电方式原理图

2. 双边供电

双边供电是由相邻两个牵引变电所同时向其间的接触网供电，在供电臂的末端由分区所连接起来（开关闭合），如图 6.10 所示。其优点是由两个牵引变电所供电，均衡了负荷，降低了接触网损耗，提高了电压水平。但这种供电方式还存在一些问题，如牵引变电所低压侧双边供电，对电力系统来说，相当于在低压侧联网，若不是同一个电力系统供电的牵引变电所，低压侧绝对禁止联网。即使同一个电力系统供电，接触网双边供电后形成环网，当牵引变电所电源侧线路发生故障，由低压向高压有反馈，会造成继电保护设置困难。严重时，原边电压会升高，造成设备损坏。目前在我国交流电气化铁道还未采用这种供电方式，双边供电方式多用在城市轨道交通的直流牵引供电系统中。

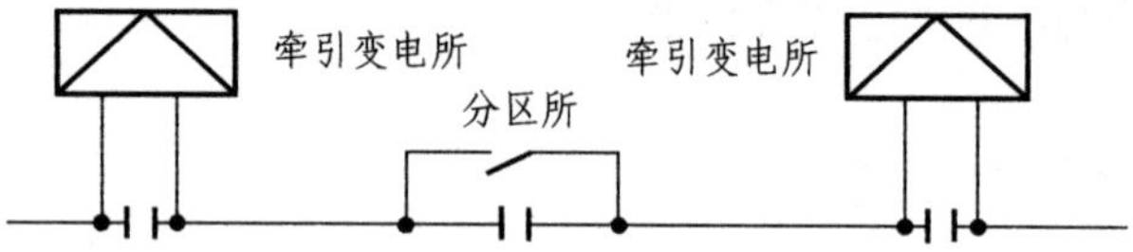

图 6.10　双边供电方式原理图

3. 越区供电

单边和双边供电都是正常的供电状态，还有一种非正常供电状态，称为越区供电。即：当牵引变电所由于某种原因不能对供电臂正常供电时，该牵引变电所负担的供电臂通过分区所的有关开关设备，由两侧相邻的牵引变电所提供临时供电，如图 6.11 所示。由于越区供电的供电臂大大伸长，如果在列车运行数量相同的情况下，则延伸供电臂的末端电压就会大大降低，倘若低于电力机车允许最低工作电压时，将造成机车不能运行，这是不允许的。因此，越区供电只能保证客车或重要货车通过，是作为避免中断运输的临时性措施。

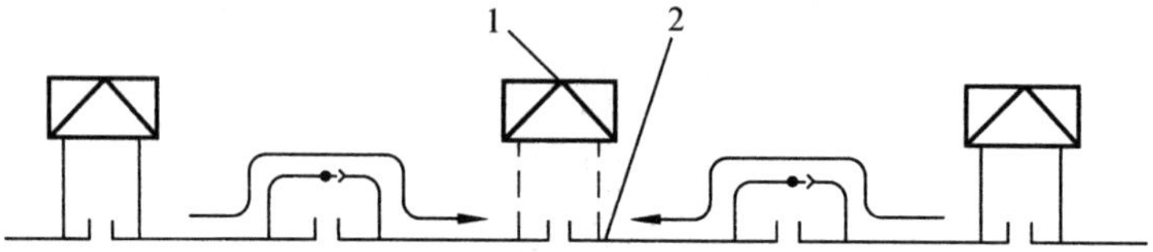

1—故障牵引变电所；2—越区供电分区。

图 6.11　越区供电示意图

第三节　牵引变电所

目前，我国电气化铁道干线上接触网的额定电压值为 25 kV（AT 供电方式接触网的额定电压为 55 kV，接触网线路首端电压为 27.5 kV）。实际上，牵引变电所是沿着铁路线布置的，每一个牵引变电所有一定的供电范围。供电距离过短，会使变电所数目太多而不经济；供电距离过长，又会使末端电压过低及电能损耗过大。为了让接触网末端电压不低于电力机车的最小工作电压，单线区段，对直供方式及 BT 方式，交流牵引变电所设置间距为 40 ~ 60 km，对 AT 方式可扩大到 90 ~ 100 km，复线区段适当缩短，具体设置要由供电计算确定。根据《铁路技术管理规程》（以下简称《技规》）规定：接触网额定电压值为 25 kV，瞬时最大值为 29 kV。最高工作电压为 27.5 kV；最低工作电压为 20 kV。非正常情况下，不得低于 19 kV。

牵引变电所是交流工频单相电力牵引供变电系统的重要环节，它完成变压、变相和向牵引网供电等功能，并实现三相交流一次供电系统与单相电力牵引系统的接口与系统变换。

一、牵引变电所的主要设备

1. 牵引变压器

牵引变压器的功能是将三相 110 kV（或 220 kV）电力降压并转换为单相 27.5 kV（或 55 kV）电能，向单相牵引负荷供电，起到变压变相的作用。

2. 高压开关设备

高压开关设备包括高压断路器、隔离开关和高压负荷开关等。在正常情况下操作高压开关切断或接通电路；在短路情况下，保护装置作用于高压开关自动切除故障。

3. 互感器

利用互感器可以对高电压、大电流进行间接测量，从而保证测量仪表及人身的安全；互感器还供给牵引变电所控制、保护装置工作电压或电流。

4. 控制、监视与信号系统

控制、监视与信号系统包括测量仪表、监视装置、信号装置、控制装置、继电保护、自动装置和远动装置等，作用是正确反映牵引供电系统的工作状态，控制系统的运行操作。

5. 自用电系统

向牵引变电所内照明供电的系统称为自用电系统，由专门的自用变压器承担。

6. 回流接地和防雷装置

牵引变电所的保护接地和工作接地采用同一个环状接地网。主变压器牵引侧接地端与接地网相连，也与钢轨、回流线相连，从而形成牵引电流的回流通路。

为预防雷害，变电所还安装避雷针、避雷器等。

7. 电容补偿装置

电力牵引供电系统的功率因数较低，需进行功率补偿。目前常用的补偿方式有：串联电容器补偿、并联电容器补偿和串并联电容器补偿。

二、牵引变压器类型

牵引变压器是牵引变电所的核心设备，属于电力变压器。电力变压器通常根据其用途和结构进行分类。常用的分类方式如下：

（1）按相数分为单相变压器和三相变压器。

（2）按电压关系可分为升压变压器和降压变压器两大类。升压变压器主要用于输送端，降压变压器主要用于负荷端。此类变压器的工作目的是升压或降压后传输电能。

（3）按绕组数目分为单绕组变压器（自耦变压器）、双绕组变压器、三绕组变压器和多绕组变压器。

（4）按绕组材质分为铝绕组变压器和铜绕组变压器。

（5）按冷却介质和冷却方式分为油浸式变压器和干式变压器。

（6）按调压方式分为有载调压变压器和无载调压变压器。

牵引变压器与常见电力变压器基本相同，一般安装在室外，采用油浸变压器。但由于牵引负荷属于不对称负荷，因此牵引变压器的绕组接线较为特殊。国内已安装的牵引变压器形式有：单相变压器、三相双绕组变压器、三相三绕组十字交叉结线变压器、斯科特结线变压器和阻抗匹配平衡变压器等。三相三绕组十字交叉结线变压器和斯科特结线变压器主要用于AT供电方式的牵引变电所。主要的接线类型如下：

1. V/V 接线

在单相牵引变电所中，一般采用两台单相变压器 V/V 接线，如图 6.12 所示。两台单相变压器的原绕组和副绕组都联成 V 形接线。原绕组的两个开口端和公共端接入 110 kV 三相电力系统，副绕组的公共端接地和钢轨，两个开口端分别接入接触网相邻的两个区段。由于这两开口端对地电压相位不同，相邻的两接触网区段中间必须用分相绝缘器断开。

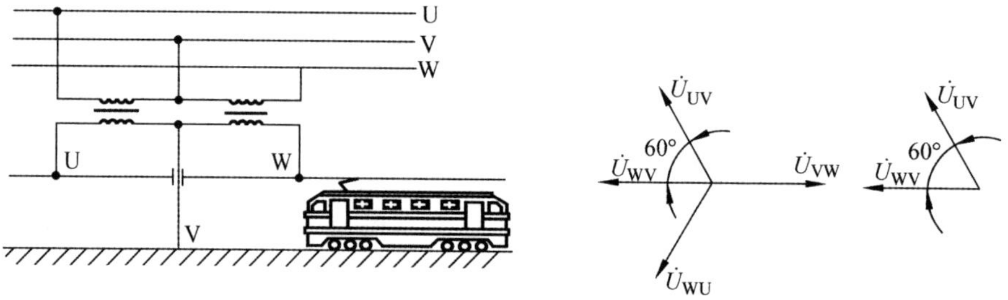

图 6.12　V/V 接线

2. YN，d11 接线

三相牵引变电所中，一般采用两台三相双绕组 YN，d11 接线的变压器，变压器的原边星形绕组接入三相电力系统，三角形副绕组一角接地和钢轨，另两角分别接入接触网的两个相邻区段，如图 6.13 所示。相邻两接触网对地电压相位不同，故这两相邻接触网区段间也必须加分相绝缘器。

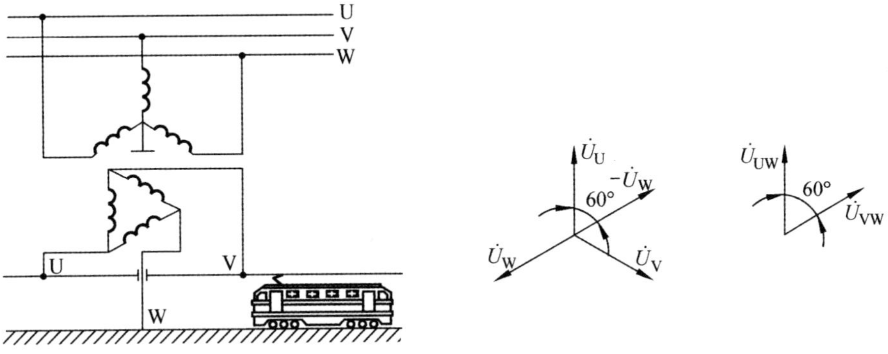

图 6.13　YN，d11 接线

3. YN，d11，d1 三相三绕组十字交叉接线

采用 YN，d11，d1 接线的变压器即十字交叉接线的三相-二相变压器，属于三相三绕组变压器。变压器原边星形绕组接入三相电力系统，6 个副绕组联成 2 个三角形对顶连接组成十字交叉接线。两三角形绕组的对顶角 u_2、w_1 经开关与钢轨和地连接，两三角形绕组的 v_1、w_2 端和 v_2、u_1 端分别接相邻两接触网区段；v_1、w_2，v_2、u_1 端电压 55 kV，相位差 120°，如图 6.14 所示。

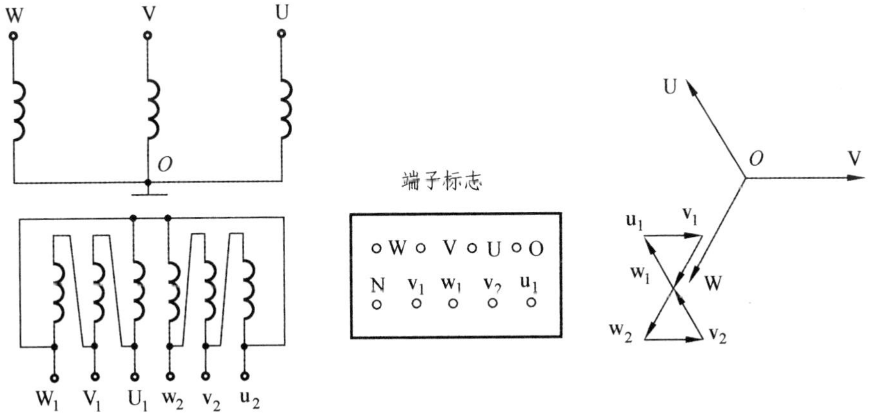

图 6.14　YN，d11，d1 接线

4. 斯科特（Scott）接线

图 6.15 所示，是一种称为斯科特（Scott）接线的三相-二相变压器。变压器原绕组联成倒 T 形接入三相电力系统。两个副绕组间相位差为 90°，额定电压为 55 kV，若两个副绕组联成 V 形，公共端接钢轨和地，开口两端分别接入相邻的接触网两区段，由于相邻两接触网对

地电压相位不同，故相邻两接触网区段间须用分相绝缘器断开，构成普通牵引变电所；若两个副绕组分别与两台自耦变压器并联后再接入接触网，自耦变压器绕组的中间抽头接钢轨，则构成 AT 牵引变电所。

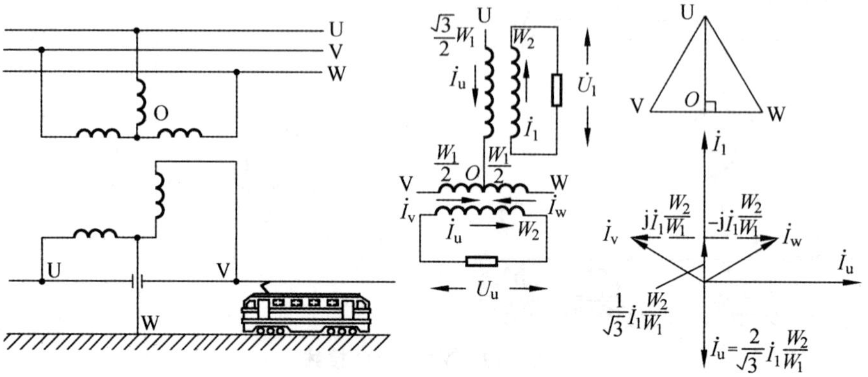

图 6.15 斯科特接线

5. YN，V 接线

采用 YN，V 接线的变压器称为阻抗匹配平衡变压器，其接线如图 6.16 所示。变压器原边三角形绕组接入三相电力系统，副绕组接线的结构特点是在普通三相三柱式 YN，d11 接线变压器的基础上，在中间柱副绕组两端各增加一个平衡绕组，分别与三角形绕组串联组成，利用绕组阻抗匹配达到单相牵引负荷对称分配到原边三相电力系统。该变压器副绕组一角接钢轨和地，另两角经平衡绕组接入相邻两接触网区段。接触网与钢轨间相位差为 90°，额定电压为 27.5 kV。

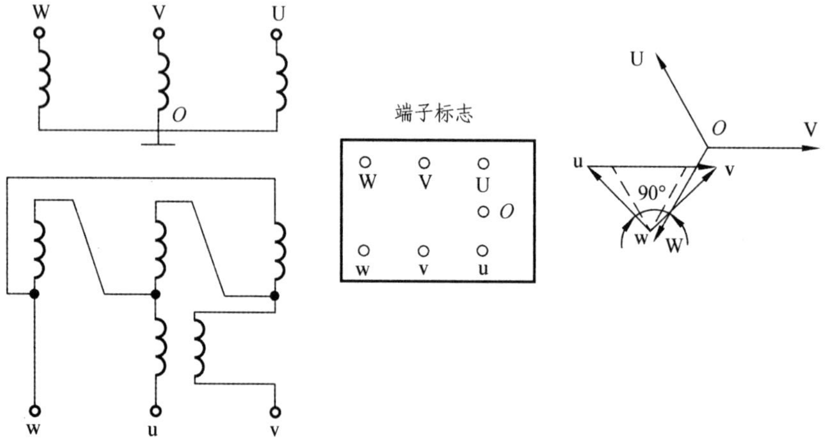

图 6.16 YN，V 接线

6. 牵引变电所主接线

牵引变电所（包括开闭所、分区所）的电气主接线是指由隔离开关、互感器、避雷器、断路器、主变压器、母线、电缆等高压电气设备，按一定顺序连接的用于表示接收和分配电能的电路。它反映了牵引变电所的基本结构和性能，在运行中表明电能的输送和分配关系、设备的运行方式，成为实际运行操作的依据。

表明一次电气设备相互连接关系和工作原理的电气接线图，称为主接线图。主接线图用国标图形文字符号（见图 6.17）画出。主接线一般用单线图表示，单线图是表示三相交流电气装置中一相连接顺序的图。局部图由于三相不完全相同，则用三线图表示。

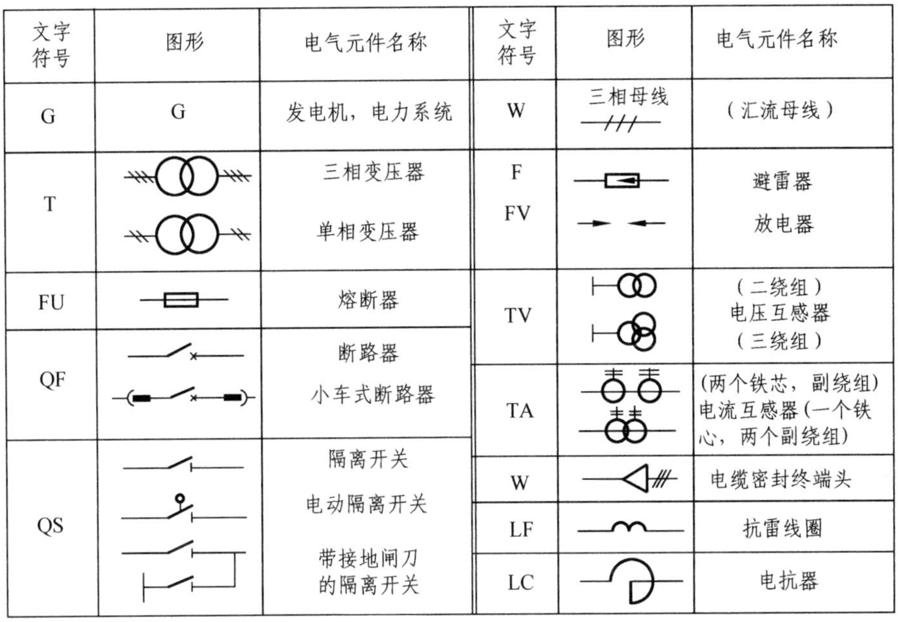

图 6.17　电气元件标准图形和符号

牵引变电所主接线应根据电网的结构、变电所在电网中的地位及作用、牵引负荷状况及对供电可靠性的要求、牵引变压器类型、馈线回路数的多少等因素进行选择。

《技规》对牵引供电有这样的要求：牵引变电所须具备双电源、双回路受电，牵引变压器采用固定备用方式并具备自动投切功能。

目前，我国牵引变电所中采用的典型的电气主接线如图 6.18、图 6.19 所示。

图 6.18 为 110 kV 侧采用线路分支接线，牵引侧采用单母线接线的双线三相牵引变电所电气主接线。变电所内设两台 YN，d11 接线的三相双绕组变压器，固定全备用。高压侧安装电压互感器，是为了满足高压侧计费和自动装置的需要。牵引侧每相母线上均装有单相电压互感器、避雷器，以满足测量和继电保护的需要。因是复线区段并是枢纽变电所，变电所有多路馈线，分别向相邻接触网区段上下行供电。

该牵引变电所内设一台 27.5 kV/0.4 kV 的三相所用电变压器，向所内提供 380 V/220 V 交流电源。

图 6.19 所示为 110 kV 侧采用线路分支接线的 AT 牵引变电所的电气主接线。

直供加回流供电区段三相牵引变电所电气主接线图示意请浏览 AR 动画——“直供加回流供电区段三相牵引变电所电气主接线图”，如图 6.18 所示。

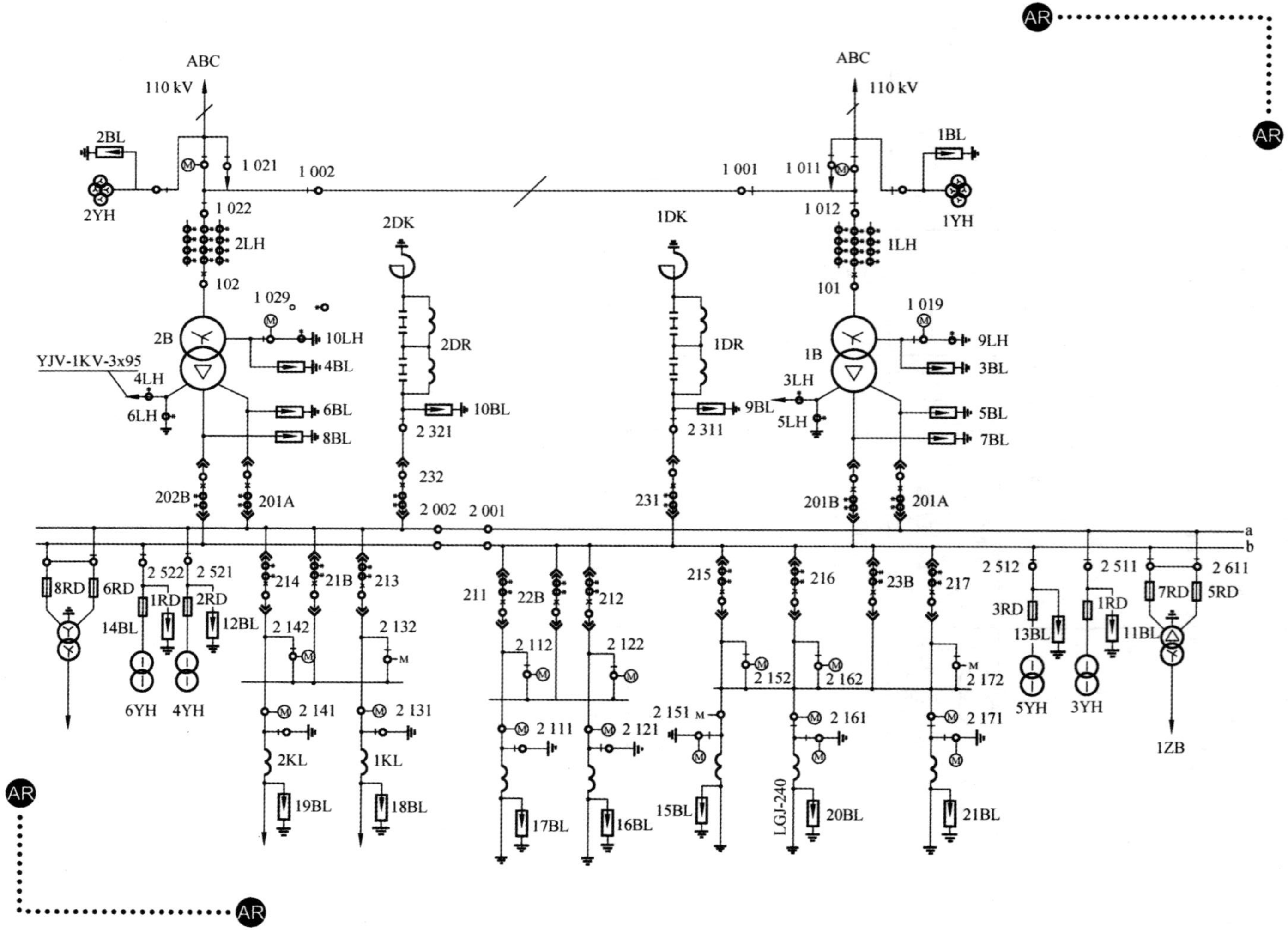

图 6.18　直供加回流供电区段三相牵引变电所电气主接线图

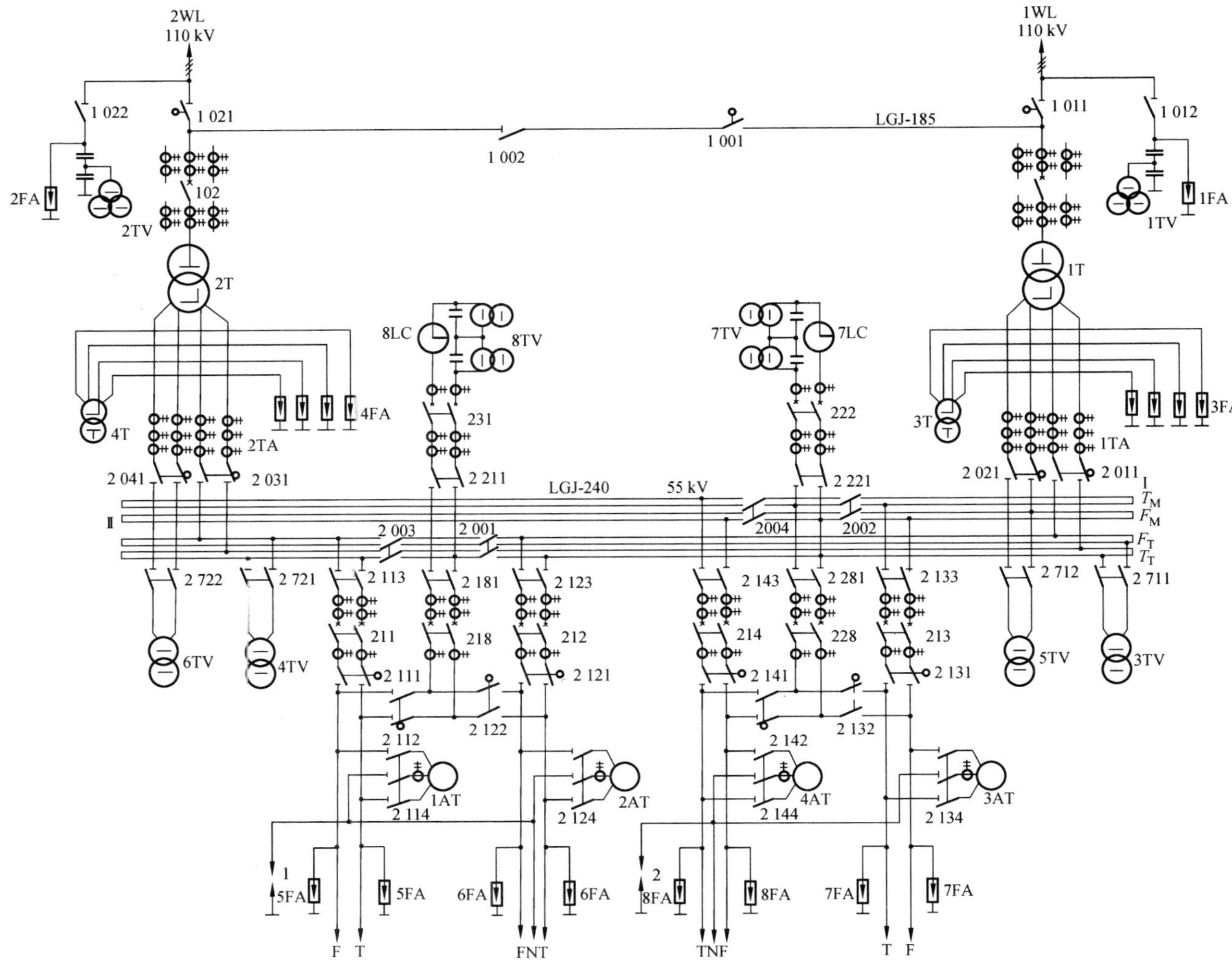

图 6.19　110 kV 侧采用线路分支接线的 AT 牵引变电所主接线图

该变电所采用两台斯柯特接线的三相-二相变压器，固定全备用。另有两台反斯柯特接线的变压器 3T、4T 变比为 55/0.4 kV 向变电所内提供自用电三相电源。主变压器牵引侧相位差为 90°的 55 kV 两相电压，经电动隔离开关送入牵引母线 TM、FM 和 TT、FT。55 kV 侧采用隔离开关分段的单母线接线，每相母线上均接有电压互感器，供测量、保护用，馈线断路器 50%备用。由于采用 AT 供电方式，主变压器副边两相 55 kV 的电压经自耦变压器（AT）送入 AT 牵引网。自耦变压器中点经 N 线接轨并经接地放电保护装置接地，以使接触导线和钢轨间电压为 27.5 kV。各自耦变压器的中性点处都装有电流互感器，以供故障点标定装置用。为提高 AT 牵引网功率因数，设有并联电容补偿装置。由于牵引侧电压为 55 kV，主接线中的电气设备均采用户外型，布置在露天场所。

第四节　接触网

一、接触网的组成及要求

接触网是电气化铁道牵引供电系统中的主要供电设备，它的功能是向走行在铁路线上的电力机车不间断地供应电能。但是，接触网与一般的输电线路不同，它必须架设在线路的正上方，电力机车利用顶部的受电弓与接触线滑动摩擦而获得电能。因此，只要有电力机车走行的线路，都必须架设接触网。

由于接触网是露天设置，受着各种恶劣气象条件的影响，其工作状态又是随着电力机车的运行而变化，而且没有备用，因而使得接触网的工作条件非常复杂，对它的要求非常严格。

1. 接触网的组成

接触网主要由接触悬挂、支持装置、定位装置、支柱与基础 4 个部分组成：

（1）接触悬挂。接触悬挂是通过支持装置架设在线路上方的供电装置。包括承力索、接触线、吊弦、中心锚结、补偿装置等。接触线是与受电弓直接接触摩擦的部分。

（2）支持装置。用以悬吊和支撑接触悬挂并将其各种载荷传递给支柱。根据接触网所在位置及作用不同，支持装置的结构又可分为腕臂支持装置、软横跨、硬横跨、桥梁支持装置和隧道支持装置等。腕臂支持装置主要包括斜腕臂、平腕臂、棒式绝缘子及吊挂接触悬挂的全部设备。

（3）定位装置。其作用是固定接触线的位置，在受电弓滑板运行轨迹范围内，保证接触线与受电弓不脱离，使接触线磨耗均匀，同时将接触线的水平负荷传给支柱。定位装置包括定位管、定位器、支持器及其连接零件。

（4）支柱与基础。支柱用以安装支持装置、定位装置，悬吊接触悬挂，并承受其全部载荷。此外，还有供电线、加强线，以及因供电方式不同而设置的回流线、正馈线（AF 线）、保护线（PW 线）等附加导线，为了安全而设置的保护设备、电气设备等。

我国接触网中采用预应力钢筋混凝土支柱和钢柱。预应力钢筋混凝土支柱与基础整体制成，下端直接埋入地下。钢支柱通过焊接或螺栓连接等方式固定在地下用钢筋混凝土制成的基础上。基础承受支柱传给的全部荷载，将荷载传递并分散到地基土层中，以保证整个支柱的安全和稳定性。

接触网的组成如图 6.20 所示。

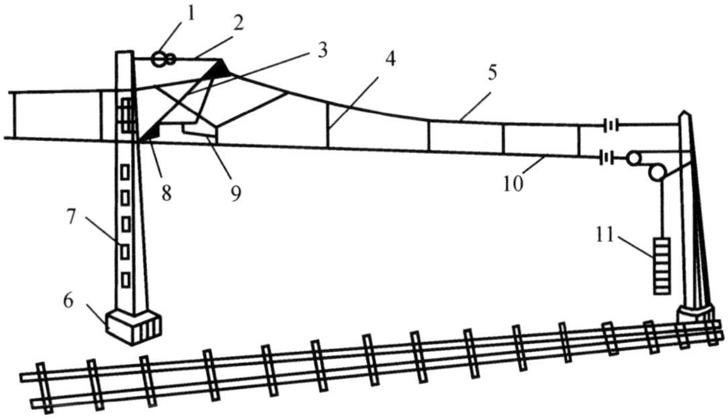

1—悬式绝缘子；2—拉杆；3—腕臂；4—吊弦；5—承力索；6—基础；
7—支柱；8—棒式绝缘子；9—定位器；10—接触线；11—坠砣。

图 6.20 接触网组成示意图

2. 接触网的工作条件及其基本要求

电力机车走行时，弓网间压力变化迅速。列车高速运行时，空气流形成对受电弓向上或向下的附加力。结果使接触网产生振荡，容易导致受电弓脱离接触线（离线）。其后果是使电力机车受流时通时断，于是机车在行驶时出现牵引力不稳定的状态。

恶劣的气象条件，也会直接影响接触网的工作状况，使接触线发生水平位移和振动，当接触线偏离起始位置达到一定程度时，就可能超出受电弓的工作范围，造成打弓、刮弓，甚至断线和损坏零部件。

为了安全可靠地供电，对接触网的基本要求主要有：

（1）有足够的强度，保证接触网具有稳定性。

（2）在恶劣的气象条件下，保证电力机车在规定的速度运行时能良好地受流。

（3）对各导线和支持结构、零部件及绝缘子（绝缘元件）等，应当采取有效的防腐蚀和防污秽技术措施，以保持整个接触网设备的良好状态。

（4）接触悬挂的各项技术性能，应满足受电弓与接触线在滑动接触摩擦时可靠地工作的要求，使用寿命应尽可能地延长。

（5）各类支持结构和零部件，应力求轻巧耐用，做到标准化并具有互换性，便于施工和维修保养，发生事故时也便于抢修，为迅速恢复供电创造条件。

（6）接触线和安装在接触线上的有关设备要有良好的平滑度和耐磨性能，接触线不应有不平直的小弯及悬挂零件等形成的硬点，以免受电弓与其发生碰撞，造成受电弓和接触线的机械损伤和电弧烧伤。

二、接触悬挂的类型及其结构

（一）对接触悬挂的要求

接触悬挂应保证电力机车在行驶时能够不间断地获得电能，这就要求接触悬挂的弹性（单位力作用下接触线的升高）沿路线处处均匀，不应出现有硬点现象，即接触悬挂跨距中的各点，在受电弓的上抬力作用下，接触线的升高应尽量相同，且升高值尽量小，减少受电弓在滑动过程中出现上下振动以及在横向风力作用下出现横向摆动。

接触悬挂的导线，通过定位装置在线路上方将接触线固定成“之”字形，以避免摩擦受电弓同一位置。

（二）接触悬挂的类型

接触悬挂的类型基本可分成两大类：简单悬挂和链形悬挂。由于下锚形式的不同，链形悬挂又有半补偿链形悬挂与全补偿链形悬挂之分。

1. 简单悬挂

两支点间仅悬吊一根接触线的悬挂称为简单悬挂。目前，简单悬挂的接触线在支柱悬挂点处安装有弹性吊索且均补偿下锚。这种悬挂方式较为简单，要求的支柱高度和容量较小，施工、维修方便，造价较低。但弛度较大，导线高度变化大，弹性不均匀，稳定性差，如图6.21所示。在行车速度不高的铁路线上的隧道内及部分区间采用了这种简单接触悬链。

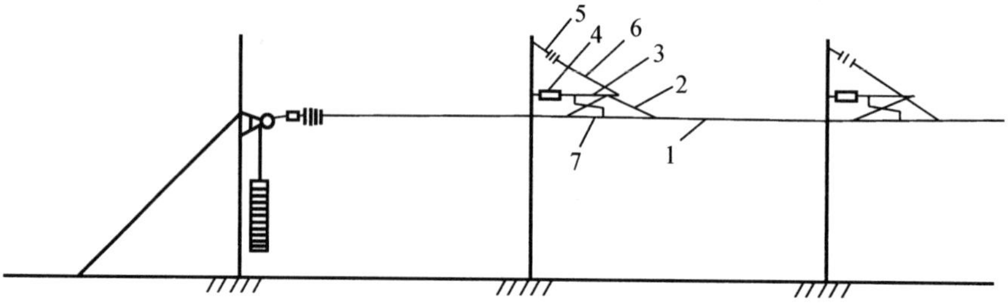

1—接触线；2—弹性吊索；3—腕臂；4—棒式绝缘子；5—悬式绝缘子；6—拉杆；7—定位器。

图 6.21 带补偿及弹性吊索简单悬挂示意图

2. 链形悬挂

链形悬挂由承力索、接触线及吊弦组成。根据悬挂链数的多少又分为单链形悬接和双链形悬挂。单链形悬挂只有一根承力索，接触线用吊弦悬吊其上。如果在单链形悬挂的承力索和接触线之间再增加一根辅助承力索就成为双链形悬挂。我国目前主要采用单链形悬挂。

单链形悬挂主要有以下几种形式：

（1）半补偿链形悬挂。

半补偿简单链形悬挂的承力索采用硬锚（即直接固定在支柱上），接触线采用补偿下锚，如图6.22所示。

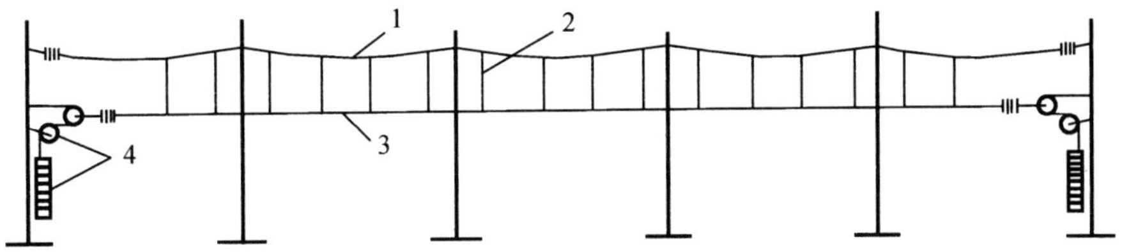

1—承力索；2—吊弦；3—接触线；4—补偿装置。

图 6.22　半补偿简单链形接触悬挂示意图

（2）全补偿链形悬挂。

全补偿链形悬挂包括全补偿简单链形悬挂和全补偿弹性链形悬挂。

全补偿链形悬挂即在锚段中的承力索和接触线两端下锚均装设了张力自动补偿器，简单链形在支柱悬挂点处采用普通吊弦。普通吊弦改用弹性吊弦，即成全补偿弹性链形悬挂。

当温度发生变化时，承力索和接触线的张力补偿器可保持张力不变，承力索和接触线的弛度几乎不发生变化。接触线状态稳定，如图 6.23 所示。全补偿弹性链形悬挂如图 6.24 所示。

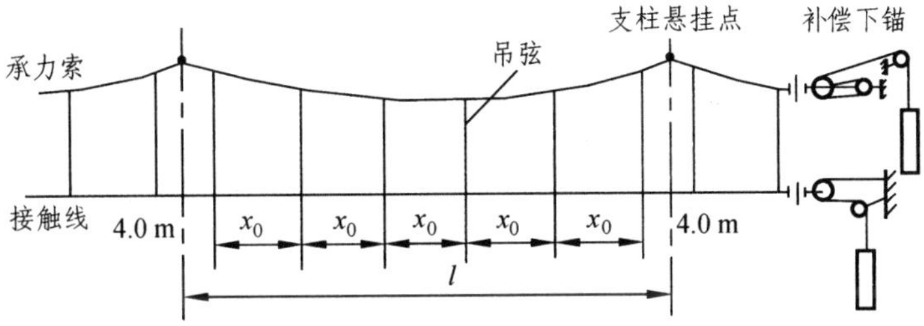

图 6.23　全补偿简单链形悬挂

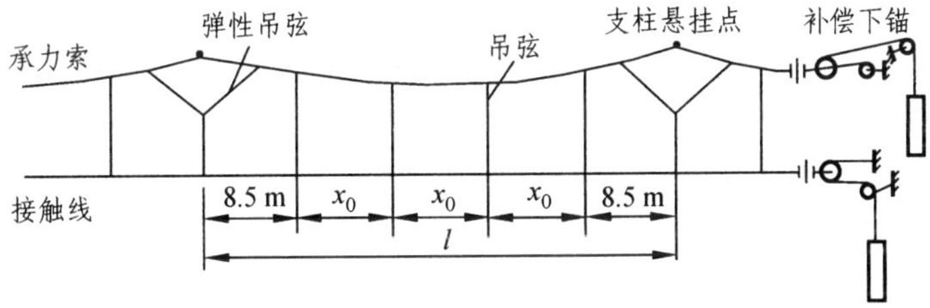

图 6.24　全补偿弹性链形悬性

我国高铁接触网全补偿链形悬挂的两种形式均有采用。

三、接触网主要设备

（一）接触线、承力索和吊弦

1. 接触线

接触线是接触网中直接和受电弓滑板摩擦接触取流的部分，要求具有大的导电能力；要有良好的抗磨损性能，具有较长的使用寿命；要有高强度，具有较强的抗张能力。

接触线制成上部带沟槽的圆柱状，沟槽是为了便于安装固紧接触线的线夹，同时又不影响受电弓取流。接触线底面与受电弓接触的部分呈圆弧状。

按照材质不同，接触线主要分为铜接触线、钢铝接触线和铜合金接触线（银铜合金、镁铜合金）。

2. 承力索

承力索的作用是通过吊弦将接触线悬挂起来。要求承力索能够承受较大的张力和具有抗腐蚀能力，并且在温度变化时弛度变化较小。按照承力索是否通过牵引电流，可以将承力索分为载流承力索和非载流承力索。载流承力索应有较好的导电性能。

3. 吊　弦

接触线通过吊弦悬挂在承力索上，调节吊弦的长度可以保证接触悬挂的结构高度和接触线距轨面的工作高度，增加了接触线的悬挂点，从而改善接触悬挂的弹性，提高电力机车受电弓的受流质量。

吊弦按其结构和功能的不同分为普通环节吊弦、弹性吊弦、滑动吊弦、防风吊弦和整体吊弦等。

（二）绝缘子

绝缘子用于电气绝缘以隔离带电体和非带电体，使接触悬挂对地保持电气绝缘。绝缘子在接触悬挂当中，不仅起着电气绝缘的作用，而且还承受着一定的机械负荷。因此，要求绝缘子不但要有一定的电气绝缘性能，而且还要有一定的机械强度。

接触网常用绝缘子分为悬式、棒式和针式绝缘子三大类型。按材质又可分为瓷绝缘子、钢化玻璃绝缘子和硅橡胶复合绝缘子。

（三）接触网的支柱及基础

根据其用途不同，支柱分为两大类，即腕臂支柱和软横跨支柱。腕臂支柱主要用于区间，软横跨支柱用于站场。制作支柱的材质通常使用钢材和混凝土，因此把支柱分为钢柱和预应力混凝土柱。钢柱有钢支柱和 H 钢柱。预应力混凝土柱有横腹杆式和环形等径两种。横腹杆式预应力混凝土柱其外形尺寸如图 6.25 所示。

基础为现场浇筑的混凝土整体基础，主要是安装钢柱使用，基础内预埋地脚螺栓，安装时将钢柱拧固于地脚螺栓上。钢柱安装后，在基础顶部做一个混凝土帽，封住螺栓连接部分，保护钢柱底部不受积水腐蚀。

无论是横腹杆预应力混凝土柱还是等径预应力混凝土柱，其基础与支柱均连成一整体，地下埋入部分即为基础部分，如根据土壤特性计算，其倾覆稳定安全系数不足时，可在支柱地下埋入部分加装横卧板，增强支柱的抗倾覆能力，或在柱底端部垫放底盘，加大底部受力面积，以增强稳定性。

支柱按其在接触网中的作用可分为中间支柱、转换支柱、中心支柱、锚柱、定位支柱、道岔支柱、软横跨支柱、硬横跨支柱及桥梁支柱等几种。图 6.26 为以上各种支柱安设位置图。

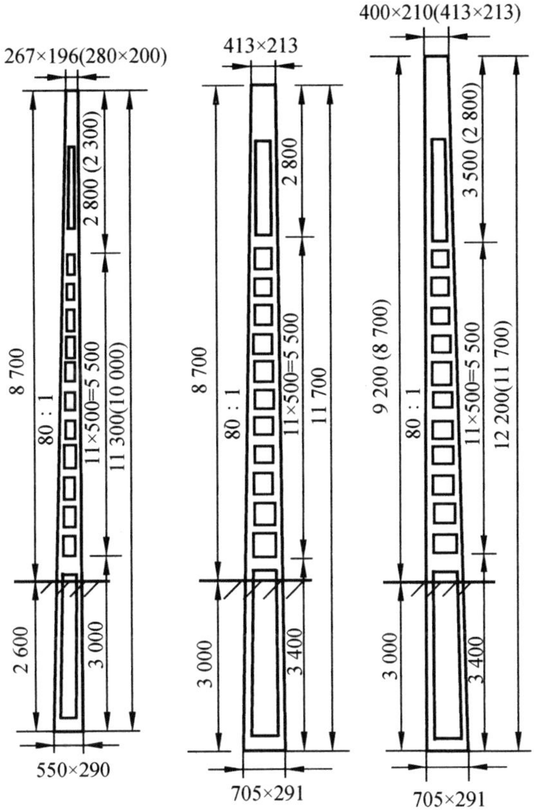

图 6.25　横腹杆式预应力混凝土腕臂柱（单位：mm）

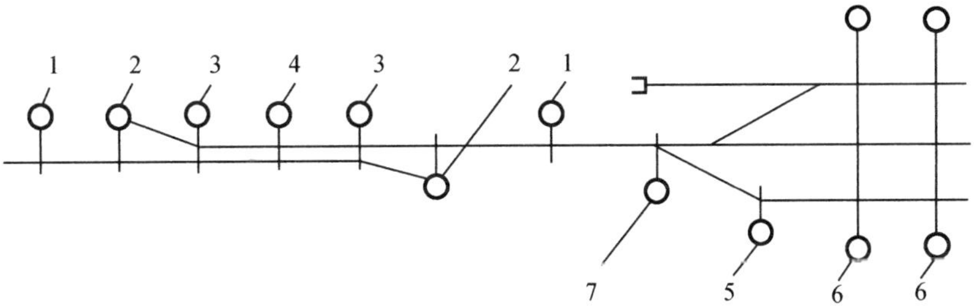

1—中间柱；2—锚柱；3—转换柱；4—中心柱；5—定位柱；6—软横跨支柱；7—道岔支柱。

图 6.26　支柱安设位置图

1. 中间支柱

中间支柱在区间和站场上广泛使用，它承受接触悬挂的重力及风作用于悬挂上的水平分力，中间支柱所承受的力矩比较小。

2. 锚　柱

在区间站场上，根据供电和机械方面的要求，将接触网分成许多独立的分段，这种独立的分段称为锚段。每一个锚段包括若干跨距，两个支柱悬挂点间的距离，称为接触悬挂的跨距。接触网锚段长度按技术要求确定，一般为：全补偿链形悬挂，直线区段 1 800 m，困难 2 000 m，曲线 70%及以上不超过 1 500 m。

两个相邻锚段的衔接部分称为锚段关节。锚段关节按其用途分为绝缘锚段关节和非绝缘锚段关节。绝缘锚段关节不仅起机械分段作用，同时起同相电分段作用，即前后能够绝缘。非绝缘锚段关节只起机械分段作用。在锚段关节处，两锚段的接触悬挂是并排架设的。对它的基本要求是当机车通过时，应保证受电弓能平滑地由一个锚段过渡到另一个锚段。

根据锚段关节所含跨距数可分为二跨、三跨、四跨、五跨、七跨及九跨式锚段关节。所谓三跨式锚段关节，就是锚段关节内含有 3 个跨距，其余类推。

在接触网锚段关节处或其他接触网下锚的地方需设锚柱，锚柱承受两个方向的负荷，在垂直线路方向起中间支柱的作用，在顺线路方向，承受接触悬挂下锚的全部拉力。锚柱分为带下锚拉线和不带下锚拉线两种，分腿式钢柱用作锚柱时可不带拉线，其余锚柱用作下锚时均带拉线。

3. 转换支柱

转换支柱位于锚段关节处的两棵锚柱之间，它同时支持两支接触悬挂，其中一支为工作支（与接触线接触工作），另一支为下锚支（也称非工作支），电力机车受电弓在两转换支柱间进行两个锚段线索的转换。它要承受接触悬挂下锚支和工作支线索的重力和水平力。

4. 中心支柱

在四跨锚段关节处，位于两棵转换支柱中间的那棵支柱称为中心支柱。它同时承受两组工作支接触悬挂的重力和水平力，两工作支接触线在此柱定位点处呈水平状，且使两支接触线线间距离符合技术要求。

5. 定位支柱及道岔支柱

当接触线由于某些原因对受电弓中心偏移过大时，为确保电力机车受电弓正常接触取流不发生脱弓事故，而专门设立定位支柱。它通常仅承受接触线水平分力而不承受接触悬挂的垂直分力，一般多设于站场道岔后曲线处。由于受力较小可采用中间柱。

在站场两端道岔处，为使接触线线岔符合技术要求所规定的位置，该处往往需设立道岔支柱，根据支柱容量计算选择支柱类型。

6. 软横跨支柱

软横跨支柱一般用于跨越多股道的站场上，由于受力较大，多选用容量较大的支柱，跨越 5 股道及以下的软横跨柱可用钢筋混凝土支柱，5 股道以上软横跨则采用钢柱。

7. 道岔柱

道岔柱是用于支持道岔处两工作支悬挂的支柱，承受两工作支接触悬挂的重力，水平力。

（四）支持及定位装置

1. 腕臂支持装置

腕臂支持装置由腕臂及定位器等组成，腕臂由钢管（或铝合金材料）制成，构造简单，安装方便，广泛应用于区间及站场。

在中间支柱上，只安装一组腕臂，包括一个斜腕臂、一个平腕臂、一个支撑、两个棒式绝缘子。在线路的直线区段，支柱一般立于线路的同一侧。支持及定位装置如图 6.27 所示。

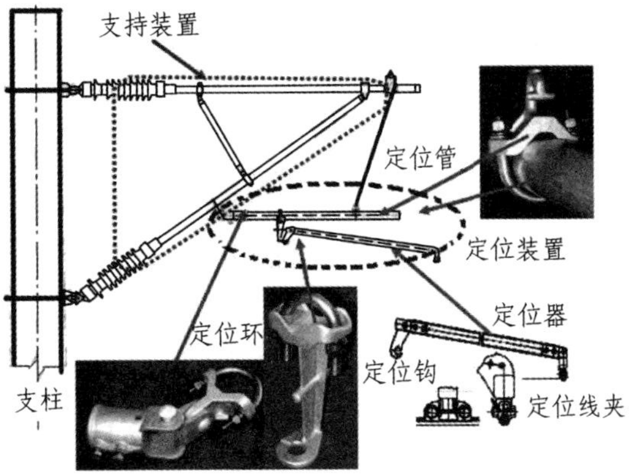

图 6.27　腕臂支持及定位装置

定位装置的主要作用是：使接触线始终在受电弓滑板的工作范围内，并且使接触线对受电弓的磨耗均匀；将接触线所产生的水平力传递给腕臂。

定位装置由定位管、定位器、定位线夹及连接零件组成。定位管的作用是固定定位器并且使其在水平方向便于调节。

接触线需要按“之”字形布置，接触线一般在支柱点处要变换方向，所以定位为一正一反，如图 6.28 所示。

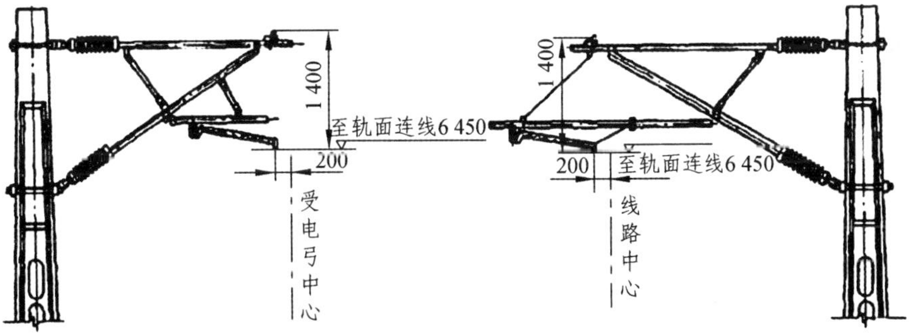

图 6.28　腕臂正、反定位

2. 软横跨

软横跨由一对软横跨柱、横向承力索和上下定位绳组成。在车站，因股道多且线间距离小，不能设置腕臂柱时采用软横跨。软横跨和硬横跨比较，造价略低，施工安装较方便。因由绳索组成，稳定性较差，不利于高速行车区段使用。软横跨的安装形式如图 6.29 所示。

图 6.29 软横跨

3．硬横跨

硬横跨由两个立柱和一组钢桥梁组成，也是用于车站接触网悬挂。钢桥梁及所有接触悬挂等重量的负荷，均垂直传给立柱基础，所以立柱受弯矩较软横跨柱小，因而立柱的容量较小。从安装形式看，立柱高度要求相对也低。硬横跨各支接触悬挂相互干扰小，调整较方便，稳定性较好，有利于高速行车。其缺点是施工要求比较严格，造价高于软横跨，钢桥梁在线路上方，维修较困难，硬横跨如图 6.30 所示。

图 6.30 硬横跨

（五）接触网补偿装置

接触网补偿装置，又称张力自动补偿器，它安装在锚段的两端，并且串接在接触线承力索内，它的作用是补偿线索内的张力变化，使张力保持恒定。

滑轮式补偿装置由补偿滑轮、补偿绳、杵环杆、坠砣杆、坠砣、连接零件组成。滑轮组的变比有 1∶2，1∶3，1∶4 三种规格，可满足不同标准张力要求。坠砣块一般采用混凝土或灰口铸铁制成，每块约重 25 kg，呈中间开口的圆饼状。坠砣块的数量根据线索张力的要求及滑轮组变比确定。全补偿下锚补偿器的结构如图 6.31 所示。

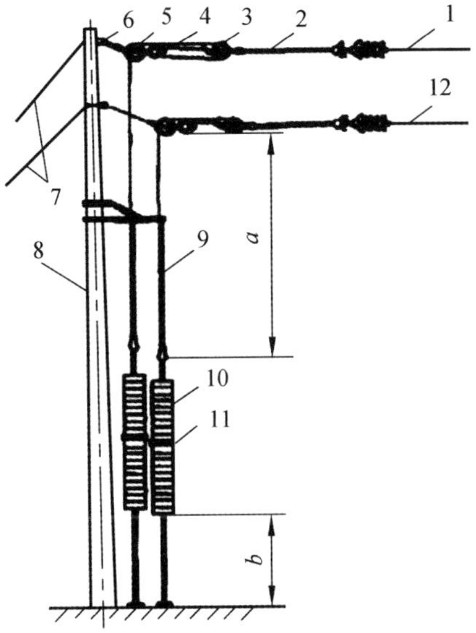

1—承力索；2—杵环柱；3—动滑轮；4—补偿绳；5—定滑轮；6—承锚角钢；7—拉线；8—锚柱；9—限制导管；10—坠砣；11—坠砣抱箍；12—接触线。

图 6.31　全补偿下锚补偿器

（六）中心锚结

在两端装有补偿器的锚段里，必须加设中心锚结。在锚段中部，接触线对于承力索、承力索对于锚柱（或固定绳）进行固定的结构称为中心锚结。

安设中心锚结后，由于接触线和承力索在锚段中部进行了锚固，温度变化时，锚段两端的补偿器只能使线索由中心锚结处分别向两侧移动，防止了线索向一侧窜动。当中心锚结一侧接触网发生事故时，在中心锚结的作用下，不影响另一侧的悬挂，缩小了事故范围。

（七）分段、分相绝缘装置

接触网在一些特殊的地方通过安装电分段、电分相设备来满足交流三相电不同相之间的电气隔离和同相但不同段之间的电气隔离。如在变电所附近和两变电所的中间位置安装电分相设备，在车站的线路接触网间安装电分段设备。

1. 分段绝缘器

分段绝缘器又称分区绝缘器，是接触网电气分段的常用设备。它安装在各车站装卸线、机车整备线、电力机车库线、专用线等处。在正常情况下，机车受电弓带电滑行通过。当某一侧接触网发生故障或因检修需要停电时，可打开分段绝缘器处的隔离开关，将该部分接触网断电，而其他部分接触网仍能正常供电，从而提高了接触网运行的可靠性和灵活性。

2. 电分相装置

在单相交流牵引供电系统中，电力机车是由单相电供电的，为了电力系统的三相负荷平衡，一般要实行各相轮流供电。所以接触网不同相供电之间要进行隔离，这称为电分相。电分相通常由分相装置实现。在变电所出口处及两牵引变电所之间（供电臂末端）必须设电分相装置。

电分相装置由分相绝缘装置和相应的线路标志构成。分相绝缘装置根据其实现方法分为分相绝缘器电分相和锚段关节式电分相。

分相绝缘器电分相在接触悬挂中串入分相绝缘器，实现两侧接触悬挂的电气分段。分相绝缘器一般由 3 块（或 4 块）相同的环氧树脂玻璃层压布（俗称玻璃钢）绝缘件组成。

两端部绝缘元件之间的不带电区段称为中性区段，电力机车通过中性区段时为断电滑行通过；电分相绝缘器两端的接触网为不同相供电，它应保证列车安全通过而不发生短接事故。因此，中性区段不宜过短，其长度以电力机车升起双弓时不短接不同相接触线为限。

对于速度大于 160 km/h 的准高速和高速电气化铁道，电分相多采用锚段关节式电分相。它是由一根不带电的中性线与两侧不同相的接触网进行转换实现电隔离，中性区距离较长，可达 150 m。

拓展阅读五

复习与思考

1. 电气化铁道供电系统主要由哪几部分组成？
2. 电力牵引供电按电流制式可分为几种？电气化铁道和地铁各采用何种制式？
3. 画图说明牵引供电系统的供电回路。
4. 什么是分区所？它的作用是什么？
5. 电气化铁道如何消除对通信线路的干扰？
6. 牵引网主要有哪些供电方式？运行时主要采用哪种？
7. 牵引变电所主要有哪些设备？
8. 接触网主要由哪几部分组成？
9. 接触悬挂分为哪几种类型？各类型应用的场合是什么？
10. 支柱按作用分为哪些形式？各自的作用是什么？
11. 接触线为何定位为“之”字形？如何进行“之”字形定位？
12. 什么是软横跨和硬横跨？它们有何不同？

第七章　铁路车站

第一节　车站基础知识

车站既是铁路办理客、货运输的基地，又是铁路运输的基层生产单位。在铁路车站，除了办理旅客与货物运输的各项作业外，还要办理与列车运行有关的作业，如列车的接发、会让与越行，车列的解体与编组，机车的换挂与整备，车辆的检修等。

一、车站的定义及分类

（一）车站的定义

为了保证行车安全和必要的线路通过能力，以满足人们对运输的需要，铁路上每隔一定距离需要设置一个车站。两相邻车站间的线路称为区间。而车站就成为相邻区间之间的分界点，因此，区间和分界点是组成铁路线路的两个基本环节，如图 7.1 所示，甲、乙、丙、*A*、*B*、*C*、*D*、*E*、*F*、*G*、*H* 车站都是分界点。

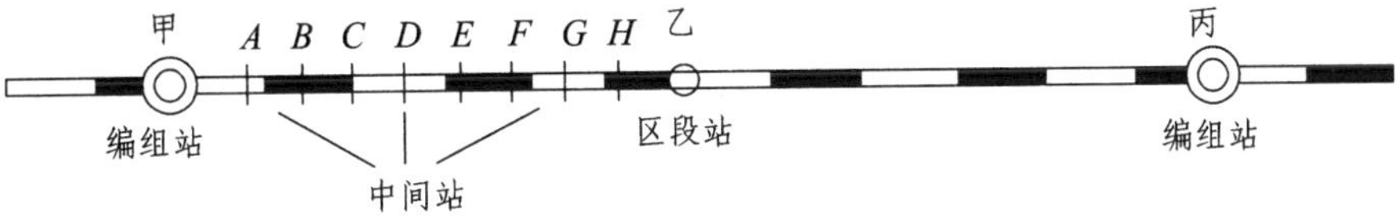

图 7.1　铁路线路车站示意图

车站内除了正线以外，还配有其他线路（到发线、调车线、牵出线、货物线及站内指定用途的其他线路等），所以把车站定义为在铁路线上设有配线的分界点。此外，还有无配线的分界点，它包括非自动闭塞区段两车站间设置的线路所和自动闭塞区段两车站间划分为若干个闭塞分区处所设置的通过色灯信号机。车站与车站之间的区间称为站间区间（见图 7.2）；车站与线路所之间的区间称为所间区间（见图 7.3）；自动闭塞区段通过色灯信号机之间称为闭塞分区（见图 7.4）。

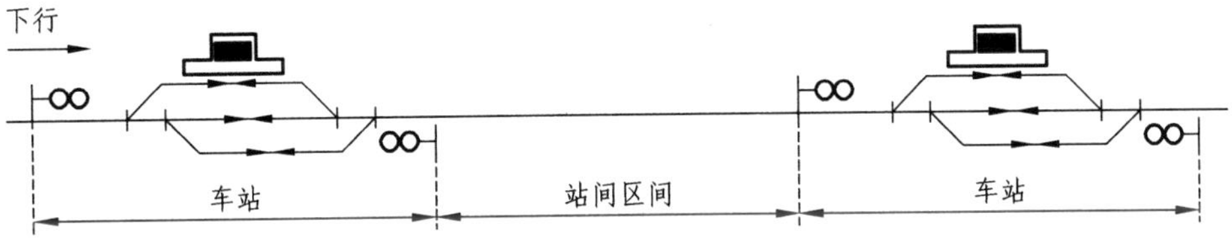

图 7.2　单线铁路站间区间

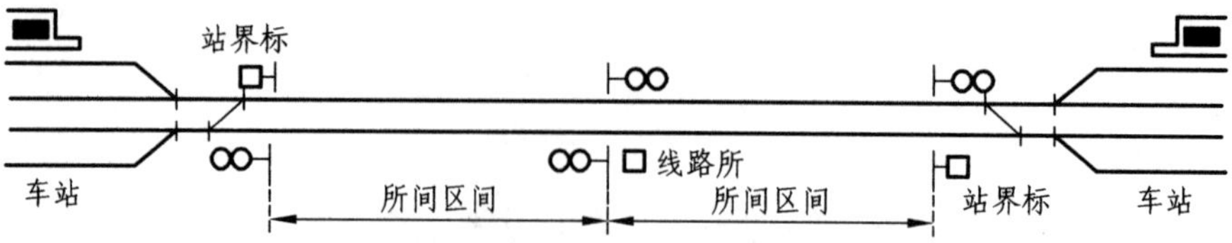

图 7.3 双线铁路所间区间

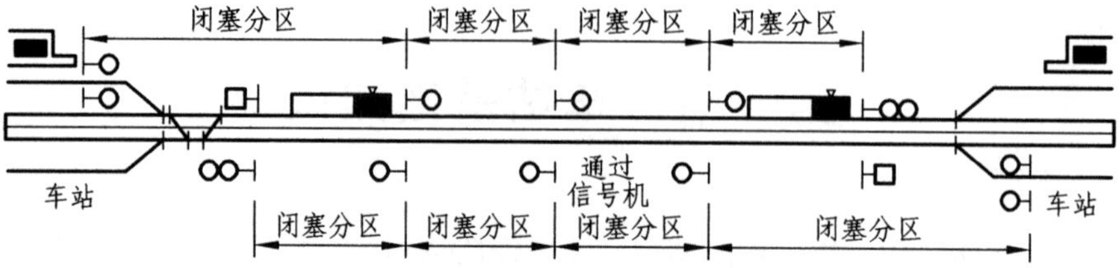

图 7.4 双线铁路自动闭塞分区

区段是指两相邻技术站间，包含若干个区间和分界点的铁路线段。区段的长度一般取决于牵引动力的种类或路网状况。

（二）车站的分类

1. 按业务性质分

车站按业务性质可分为客运站、货运站、客货运站和不办理客、货运业务的车站。

客运站是专门办理售票、行李与包裹运送、旅客乘降等客运业务和旅客列车的始发、终到、技术检查等行车工作以及客车整备等作业的车站，通常设在作为全国或地区政治、经济、文化中心的大城市和旅游胜地等有大量旅客出行、中转及到达的地点，如北京站、北京西站、上海站、广州站、郑州站、西安站等车站。

货运站是专门办理货物承运、交付、中转、装卸和货物列车到发、车辆取送，以及货物联运、换装，专用线（专用铁路）接轨等作业的车站，一般设在大城市、工矿地区和港口等有大量货物装、卸和中转的地点。

客货运站是既办理客运业务又办理货运业务的车站。我国铁路绝大多数车站都属于客货运站。

此外，路网上还有一部分不办理客运业务也不办理货运业务，专为列车交会和越行而设立的车站称为会让站（单线）和越行站（双线）。

2. 按技术作业性质分

车站按技术作业性质可分为编组站、区段站和中间站。

（1）编组站。

编组站通常设置在大城市或大厂矿所在地或衔接 3 个及以上方向铁路线、有大量车流集散的地点，其主要工作是改编车流，即解体和编组各种货物列车，以及机车换挂、整备，乘务组换班，列车的技术检查、车辆检修等。

（2）区段站。

区段站设在机车牵引区段的分界处，它的主要工作是办理货物列车的中转作业、进行机车的更换或机车乘务组的换班，以及解体、编组区段列车和摘挂列车。

由于区段站和编组站拥有较多的技术设备，并主要办理货物列车和车辆的技术作业，故又统称为技术站。铁路线以技术站划分为区段。

（3）中间站。

中间站是为沿线城乡人民及工农业生产服务，提高铁路区段通过能力，保证行车安全而设的车站。它一般设在技术站之间区段内或在支线上，主要办理列车的接发、会让与越行、摘挂列车的调车作业以及客货运业务。有些中间站还办理市郊列车的折返和列车的始发和终到作业。还有一些中间站仅办理接、发列车作业，无客、货运输业务。

3. 按客货运量和技术作业量的大小分

无论哪种车站，按照所担负的任务量及在国家政治、经济中的地位，车站划分为特等站，一、二、三、四、五等站6个等级。车站数量每年都在变化之中，当新线开通时，会增加若干车站，当旧线改造后，也可能减少若干车站，核定车站等级应依据《铁路车站等级核定办法》相关规定。车站等级是车站设置相应机构和配备定员的依据。

二、车站线路种类与线间距

1. 车站线路种类

车站应设有正线，根据车站作业的需要还需配置各种用途的站线。正线是直接与区间连通的线路；站线包括有到发线、牵出线、调车线、货物线及站内指定用途的其他线，如图7.5所示。

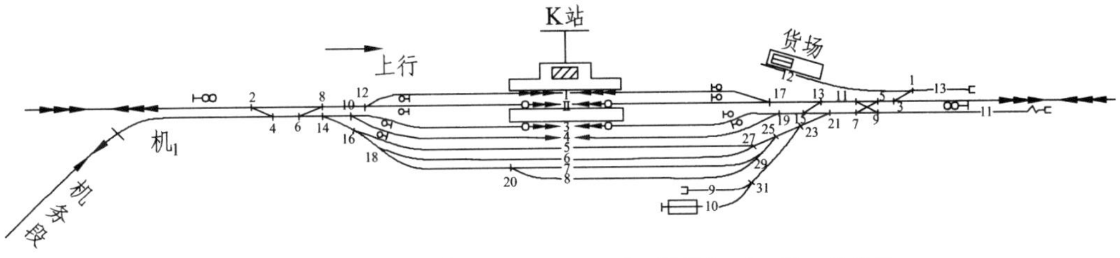

1、3—到发线；Ⅱ—正线；4、5、6、7、8—调车线；9、10—站修线；
11、13—牵出线；12—货物线；机$_1$—机车走行线。

图7.5 车站线路图

到发线：用于接发旅客列车与货物列车的线路；

牵出线：用于进行调车作业时将车列、车组、车辆牵出的线路；

货物线：用于货物装卸作业时货车停留的线路；

调车线：用于车列解体和编组并存放车辆的线路。

站内指定用途的其他线路主要有机车走行线、车辆站修线、驼峰迂回线及驼峰禁溜线等。此外，有些车站还连接有某些段管线和特别用途线。所谓段管线，是指机务段、车辆段、工务段、电务段等专用并由其管理的线路；特别用途线是指安全线和避难线。岔线、段管线与正线、到发线接轨时，均应铺设安全线。为防止在长大下坡道上失去控制的列车发生冲突或颠覆，应根据线路情况，计算确定在区间或站内设置避难线。

2. 限　界

为了确保机车车辆在铁路线路上运行的安全，防止机车车辆撞击邻近线路的建筑物和设备而对机车车辆和接近线路的建筑物、设备所规定的不允许超越的轮廓尺寸线，称为限界。铁路基本限界可分为机车车辆限界和建筑限界。

（1）机车车辆限界。

机车车辆限界是机车车辆横断面的最大容许尺寸的轮廓，如图 7.6 所示。它是新造和使用中的机车车辆，除升起的受电弓外，任何部位在任何情况下都不得超过的轮廓尺寸。使用平车或敞车装载货物时，除超限货物或另有规定者外，不得超过此轮廓尺寸。所以，机车车辆限界也是一般货物的装载限界。

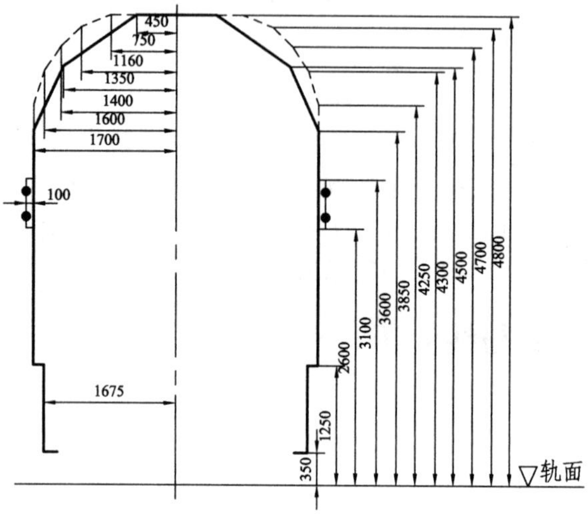

（a）机车车辆上部限界（单位：mm）

注：图中“————————”机车车辆限界基本轮廓。
图中“- - - - - - - - - - - - -”电力机车限界轮廓。
图中“——●——●——●——”列车信号、后视镜装置限界轮廓。

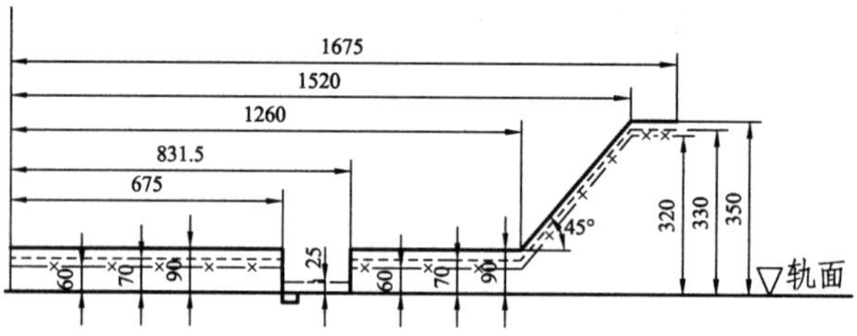

（b）机车车辆下部限界（单位：mm）

注：图中“————————”车体的弹簧承载部分。
图中“- - - - - - - - - - - - -”转向架上的弹簧承载部分。
图中“——×——×——×——”非弹簧承载部分。
图中“—-—-—-—-—-—-—”机车闸瓦、撒砂管、喷油嘴最低轮廓。

图 7.6　机车车辆限界

（2）建筑限界。

建筑限界是邻近线路的建筑物或设备（与机车车辆相互作用的设备除外）不得侵入的最小横断面尺寸轮廓，如图 7.7 所示。

建筑限界与机车车辆限界之间留有一定的空隙，称为安全空间。留有安全空间的目的：一是为适应运行中的列车横向晃动偏移和竖向上下振动，防止与邻近的建筑物或设备发生碰撞；二是为组织“超限货物”列车运行。所谓“超限货物”列车，是指列车在直线线路上停留时，其中一些车辆中的货物高度或宽度超过了机车车辆限界或特定区段装载限界。按超限货物的超限程度，分为一级超限、二级超限和超级超限 3 个等级。

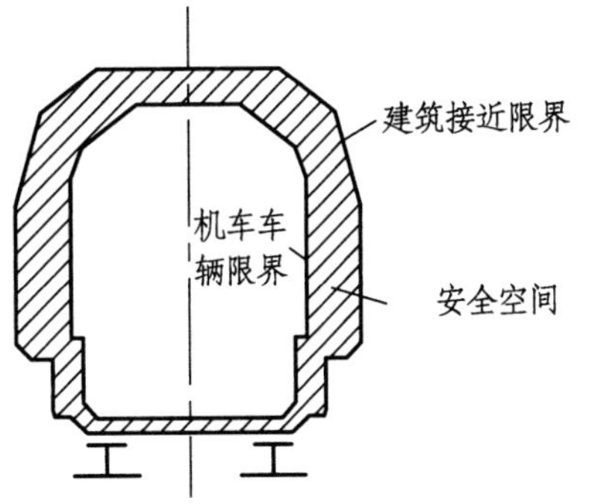

图 7.7　建筑接近限界示意图

建筑限界包括直线建筑限界，隧道建筑限界和桥梁建筑限界。图 7.8 所示为 $v \leqslant 160$ km/h 客货共线铁路建筑限界（单位：mm），图 7.9 为 $v>160$ km/h 客货共线铁路建筑限界（单位：mm）。其中实线轮廓为各种建筑物的基本限界，从钢轨顶面算起纵向最大高度为 5 500 mm，最低部位为 25 mm；从线路中心线算起横向最大半宽为 2 440 mm，最窄半宽为 1 400 mm。它适用于区间、站内正线及通行超限货物列车的站线。另外可查出站台距线路中心线的距离为 1 750 mm，信号机距一般站线的距离为 2 150 mm，距正线和通行超限货物列车的站线为 2 440 mm；跨线桥、天桥、雨棚、接触网支柱等距线路中心线的距离分别为 2 150 mm 等。隧道建筑限界的高度稍高于直线地段建筑限界的高度，宽度与直线地段建筑限界的宽度相同。桥梁建筑限界的高度和宽度与隧道建筑限界基本相同。曲线地段的各种建筑限界应在直线地段建筑接近限界的基础上适当加宽。

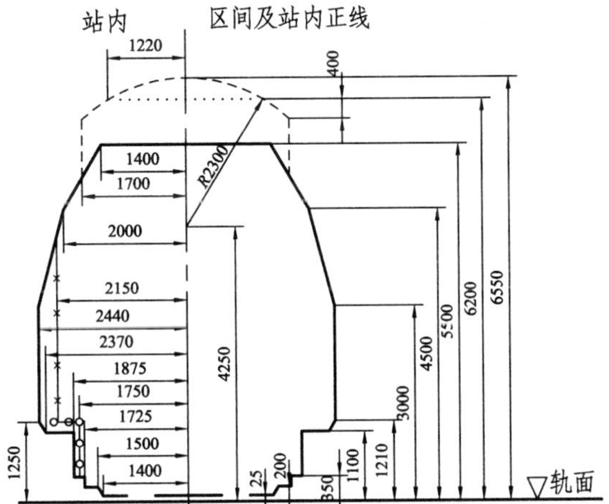

注：图中“——×——×——×——”信号机、高架候车室结构柱和接触网、跨线桥、天桥、电力照明、雨棚等杆柱的建筑限界（正线不适用）。
图中“——o——o——o——”站台建筑限界（正线不适用）。
图中“————————”各种建（构）筑物的基本限界。
图中“- - - - - - - - - - - -”适用于电力牵引区段的跨线桥、天桥及雨棚等建（构）筑物。
图中“······················”电力牵引区段的跨线桥在困难条件下的最小高度。

图 7.8　$v \leqslant 160$ km/h 客货共线铁路建筑限界（单位：mm）

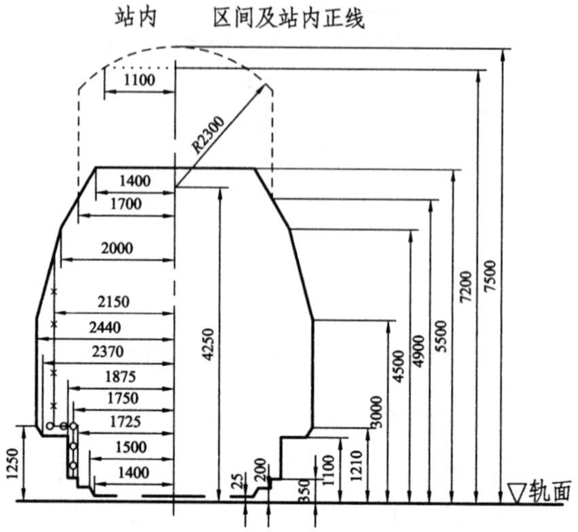

注：图中“——×——×——×——”信号机、高架候车室结构柱和接触网、跨线桥、天桥、电力照明、雨棚等杆柱的建筑限界（正线不适用）。

图中“——o——o——o——”站台建筑限界（正线不适用）。

图中“————————”各种建（构）筑物的基本限界。

图中“- - - - - - - - - - - -”适用于电力牵引区段的跨线桥、天桥及雨棚等建（构）筑物。

图中“····················”电力牵引区段的跨线桥在困难条件下的最小高度。

图 7.9　v>160 km/h 客货共线铁路建筑限界（单位：mm）

2. 线间距

线间距是指相邻两线路中心线间的距离（简称线间距），它一方面要保证行车及车站工作人员进行有关作业的安全与便利性，另一方面还要考虑通行超限货物列车和在两线间装设行车设备的需要。

线间距的大小通常由机车车辆限界、建筑限界、超限货物装载限界、设置在相邻线路间有关设备的计算宽度、在相邻线路间办理作业的性质等因素确定。

新建或改建车站时，在线路的直线地段，站内两相邻线路中心线的间距应满足表 7.1。

三、站界、股道与道岔的编号及股道有效长

（一）站界及警冲标

为了保证行车安全和分清工作责任，车站和它两端所衔接的区间以进站信号机或站界标分割明确的界限，通常称为“站界”。在单线铁路车站，以车站两端进站信号机柱的中线为界，外方是区间，内方则属于车站范围（见图 7.10）。在双线铁路车站，站界则按上、下行正线分别确定的，即一端以进站信号机柱中心线，另一端以站界标中心线为界（见图 7.11）。

表 7.1　客货共线铁路线间距

序号	名称				线间最小距离/mm
1	站内正线间	高速铁路和城际铁路	站内正线间无渡线时		与区间正线相同
			站内正线间有渡线时	$v\leqslant 250$ km/h	4 600
				250 km/h<$v\leqslant 300$ km/h	4 800
				300 km/h<$v\leqslant 350$ km/h	5 000
		客货共线铁路			5 000
		双线与第三线间，或相同行车方向的正线间			5 300
2	站内正线与相邻到发线间	无列检、上水及卸污作业			5 000
		有列检、上水或卸污作业	$v\leqslant 120$ km/h	一般	5 500
				改建特别困难	5 000（保留）
			120 km/h<$v\leqslant 160$ km/h	一般	6 000
				改建特别困难	5 500（保留）
			v>160 km/h	一般	6 500（设栅栏）
				改建特别困难	5 500（保留）
3	到发线间、调车线间	一般			5 000
		铺设列检小车通道或有客车上水、卸污作业			5 500
		改建特别困难			4 600（保留）
4	装有高柱信号机的线间	相邻两线均通行超限货物列车			5 300
		相邻两线只一线通行超限货物列车			5 000
5	动车组存车线间				4 600
6	客车车底停留线间	一般			5 000
		改建特别困难			4 600
7	动车组及客车整备线间	线间无照明和通信等电杆			6 000
		线间有照明和通信等电杆			7 000
8	货物直接换装的线路间				3 600
9	牵出线与其相邻线间	区段站、编组站及其他调车作业频繁			6 500
		中间站及其他仅办理摘挂取送作业			5 000
10	调车场各线束间				6 500
11	调车场设有制动员室的线束间				7 000
12	梯线与其相邻线间				5 000

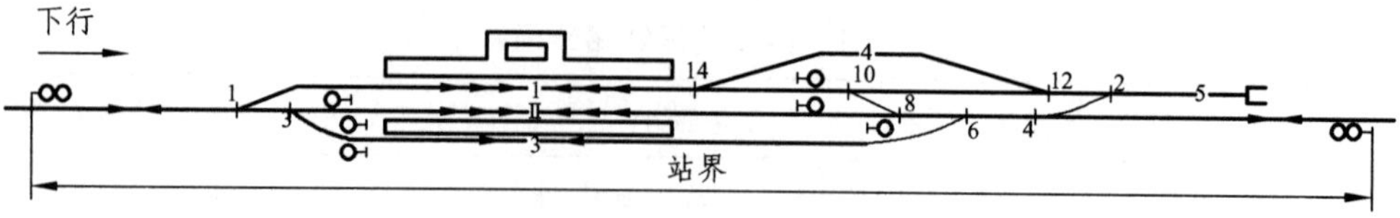

图 7.10　单线铁路中间站布置图

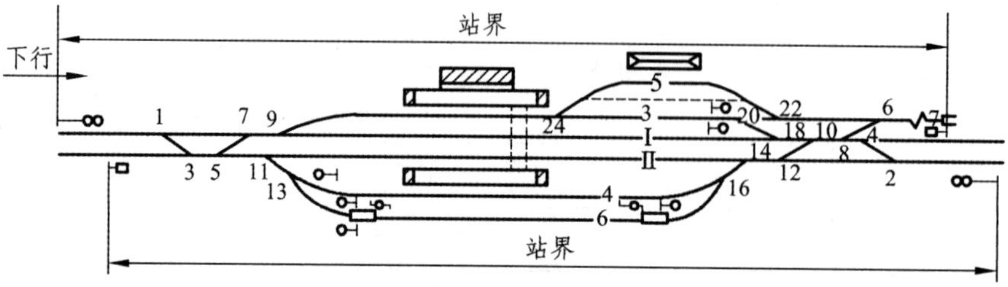

图 7.11　双线铁路中间站布置图

警冲标是信号标志的一种，设在两会合线路道岔角平分线距每一边间距各 2 m 的地点，用来指示机车车辆不得侵入的安全停留位置，其作用是有效防止机车车辆的侧面冲撞（见图 7.12）。

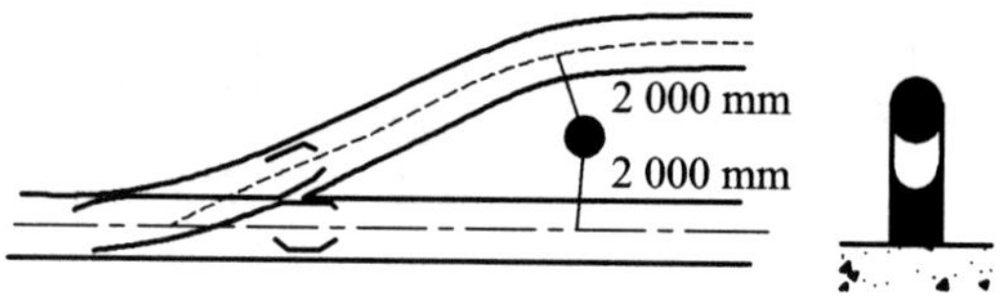

图 7.12　警冲标

（二）股道和道岔编号

为了作业和维修管理上的方便，站内线路和道岔应有统一的编号。同一车站或车场内的线路和道岔不得有相同的编号。

1. 股道编号方法

大站上车场较多时，应分别按车场各自编号。站内正线用罗马数字（Ⅰ、Ⅱ、…），站线用阿拉伯数字（1、2、3、…）编号。

（1）在单线铁路上，应当从站舍一侧开始依次连续编号（见图 7.10）。

（2）在双线铁路上，从正线开始依次向外分上下行股道分别编号，且下行一侧用连续的单数、上行一侧用连续的双数（见图 7.11）。

（3）尽端式车站，站房位于线路一侧时，从靠近站房的线路起，向远离站房方向顺序编号，如图 7.13（a）所示；站房位于线路终端时，面向终点方向由左侧线路起顺序向右编号，如图 7.13（b）所示。

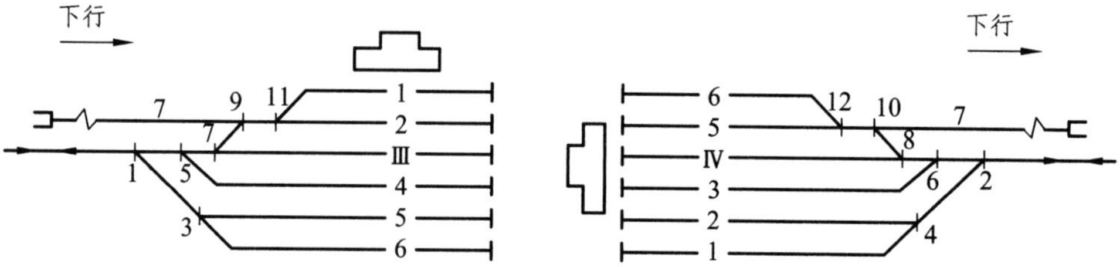

（a）　　（b）

图 7.13　尽端式铁路车站线路、道岔编号

2. 道岔编号方法

（1）当车站有几个车场时，每一车场的道岔必须单独编号：当车站道岔数量在 100 以下时，此时道岔号码应使用 3 位阿拉伯数字，百位数字表示车场号码，十位和个位数字表示道岔号码；当车站道岔数量在 100 及其以上时，道岔号应使用 4 位阿拉伯数字，千位数表示车场号码，百位、十位和个位数字表示道岔编号。由此可避免在同一车站内有相同的道岔号码。当车站仅有一个车场时，可使用一位或两位阿拉伯数字对每一道岔分别单独编号。

（2）站内道岔，一般以车站站舍中心线作为划分单数号和双数号的分界线。上行列车到达一端用双数，下行列车到达一端用单数，自车站两端由外向里依次编号，并且尽可能先编正线、到发线，后编货物作业线等。对于渡线、交分道岔等联动道岔，应编为连续的单数或双数（见图 7.10 和图 7.11）。

（三）股道的有效长

1. 有效长定义

有效长是指在线路全长范围内可以停留机车车辆而不妨碍邻线行车的部分。

2. 股道有效长度影响因素及起止范围

（1）警冲标。

（2）道岔基本轨接头处的钢轨绝缘 a（有轨道电路时）或道岔的尖轨尖端 a_0（无轨道电路时），如图 7.14 所示。

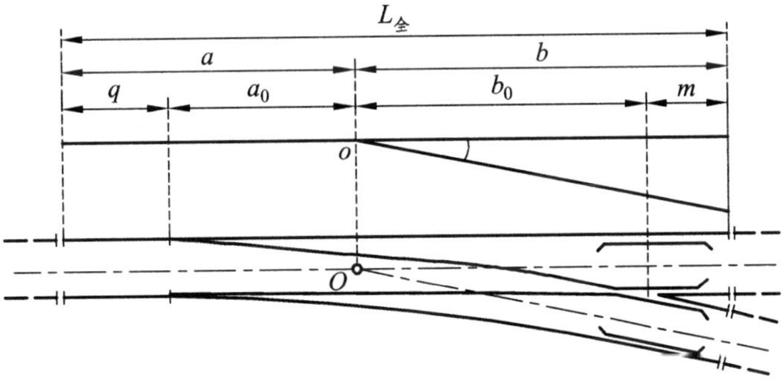

q—从道岔基本轨始端轨缝中心至尖轨始端的距离（简称尖轨前基本轨长）；
a_o—从尖轨始端至道岔中心的距离；
a—从基本轨始端轨缝中心至道岔中心的距离；
b_o—从道岔中心至辙叉理论尖端的距离；
m—从辙叉理论尖端至辙叉后跟轨缝中心的距离（简称辙叉跟距）；
b—从道岔中心至辙叉后跟轨缝中心的距离；
$L_全$—从道岔基本轨始端轨缝中心至辙叉后跟轨缝中心的距离（简称道岔全长）。

图 7.14 单开道岔几何要素

（3）出站信号机（或调车信号机），是用来指示列车可否进入区间的信号装置。

（4）车挡或挡车器，其中车挡的位置表明为线路的尽头。

（5）减速器。

上述各项因素怎样确定股道有效长度，视股道的用途及连接形式而定，其基本原则应保证本道及相邻股道的机车车辆停留与作业安全。对于双方向使用的线路，应分上下行分别确定其有效长，如图 7.15 所示。图中所示为设置了轨道电路的车站，（a）图表示各股道下行方向有效长，（b）图表示各股道上行方向有效长。

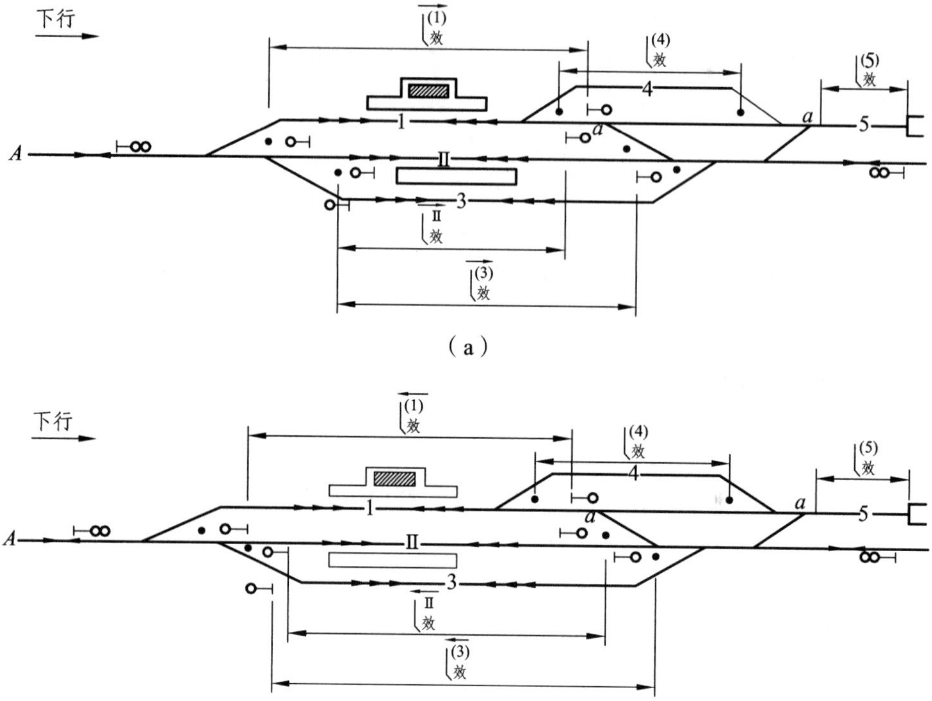

（a）

（b）

图 7.15　股道有效长的确定

货物列车到发线的有效长度，应根据规定的列车长度及列车停车时的附加距离等因素确定。

我国铁路采用的货物列车到发线有效长度在Ⅰ、Ⅱ级铁路上为 1 050 m、850 m、750 m、650 m，Ⅲ级铁路上为 850 m、750 m、650 m 或 550 m。开行重载列车为主的铁路可采用大于 1 050 m 的到发线有效长度。

至于具体采用哪一种有效长度，应配合运输能力要求，结合地形条件，并考虑与相邻各铁路到发线有效长度相配合确定。

第二节　中间站

中间站是为沿线城乡人民及工农业生产的需要，提高铁路区段通过能力，保证行车安全而设的车站。它主要办理列车的到发、会让、越行以及客货运业务。

中间站设备规模虽然较小，但是数量很多，它遍布全国铁路沿线中、小城镇和农村。在发展地方工农业生产，沟通城乡物资交流中起着很重要的作用。中间站的设置位置，既要符合线路通过能力的要求，又要适当满足地方工农业生产发展的需要，并应考虑地形、地质等自然条件。

我国铁路中间站可分为：无货场的中间站，一般只办理列车的通过、会让和越行，不设货场，不办理摘挂列车甩挂车组的作业；有货场的中间站，除办理与无货场的中间站同样的作业外，另设有货场，办理货物运输业务及摘挂列车甩挂车组的作业。

一、中间站的作业和设备

1. 中间站的主要作业

（1）列车的到发、通过、会让和越行，这是中间站的主要行车工作。

（2）旅客的乘降、行李以及包裹的承运、保管与交付。

（3）货物的承运、装卸、保管与交付。

（4）摘挂列车的车辆摘挂，以及向货物线、专用线取送车辆的调车作业。

有的中间站如有工业企业线接轨或加力牵引起终点以及机车折返时，尚需办理去专用线取送车、补机的摘挂和机车整备等作业。

另外，在客、货运量较大的个别中间站，还应有始发、终到旅客列车及编组始发货物列车的作业等。

2. 中间站的主要设备

为了完成上述作业，中间站应根据作业的性质和工作量大小而设置以下设备：

（1）客运设备：包括旅客站舍（售票房、候车室、行包房）、旅客站台、雨棚和跨越设备（天桥、地道、平过道）等。

（2）货运设备：包括货物仓库、货物站台、货物堆场和货运室、装卸机械等。

（3）站内线路：包括到发线、牵出线和货物线等，它们分别用于接发列车、调车作业和货物装卸作业。

（4）信号及通信设备：包括信号机、信号表示器、站内电话、对讲设备、广播及扩音设施等。

二、无摘挂作业中间站

无摘挂作业中间站，一般只办理列车的通过、会让和越行以及少量的客货运作业，不设货场，不办理摘挂列车甩挂车组的作业。

1. 会让站

会让站设在单线铁路上，主要办理列车的到发和会让，也办理少量的客货运业务。因此，会让站应铺设到发线、旅客乘降设备，并设置信号及通信设备、技术办公用房，但没有专门的货运设备。在会让站上，既可以实现会车，也可以实现越行。两列反向列车互相交会，即先到的列车在本站停车，等待反方向的列车到达或通过本站后，再继续开行，叫作会车。两列同向列车先后到达，先行列车在本站停车，等待后行列车通过本站或到达本站停车后变为先行称为越行，图 7.16 是会让站的一种布置图。

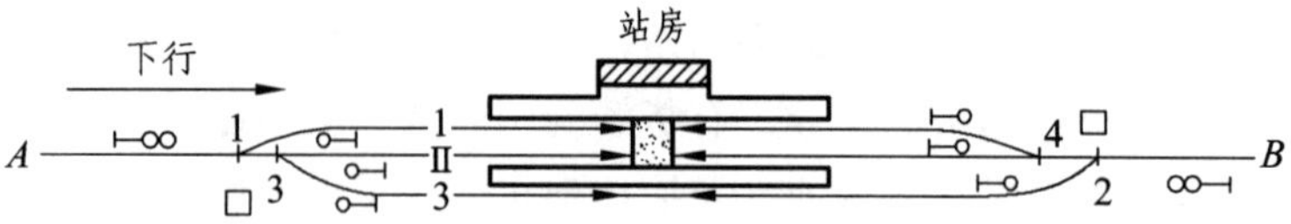

图 7.16　会让站

2. 越行站

越行站设在双线铁路上，主要办理同方向列车的越行业务，必要时办理反方向列车的转线，也办理少量的客、货运业务。因此越行站应有到发线、旅客乘降设备、信号及通信设备、技术办公房屋等，图 7.17 所示为越行站。

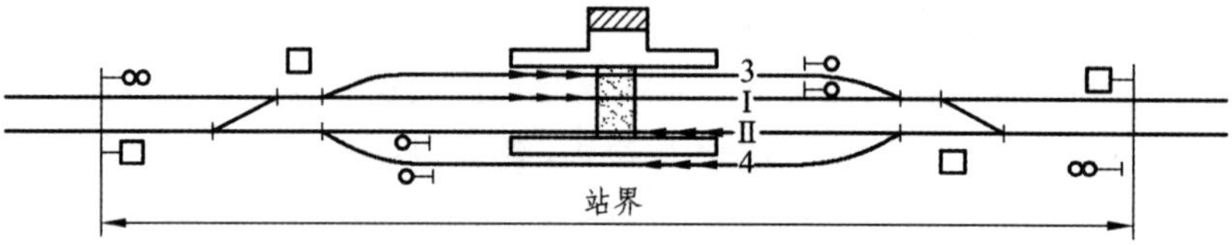

图 7.17　越行站

在正常情况下，双线铁路的每一条正线规定只开行某一方向的列车。车站的到发线是按上、下行方向分别设置的。相对方向运行的列车，在区间内或车站上都可以交会。每一方向等待越行的列车可停在到发线上（见图 7.17 中的 3 或 4 道），不用跨越正线。车站两端设有渡线，在必要时作为调整列车运行方向或车站实行反方向接发列车之用。

三、有摘挂作业中间站

有摘挂作业中间站，除办理与无货场的中间站同样的作业外，另设有货场，办理摘挂列车甩挂车组的作业。装卸作业是在货场进行，因此需要进行摘车和挂车的调车作业。到达本站的作业车辆，与车列摘钩后，由本务机车送入货场装卸线，本务机车返回到发线后继续牵引列车运行。从本站发出的车辆，由到达本站的摘挂列车的本务机车从货场装卸线取至到发线，连挂在本次列车上，运往前方站。图 7.18（a）、图 7.18（b）分别是有摘挂作业的单线铁路中间站布置图型和有摘挂作业的双线铁路中间站布置图型。

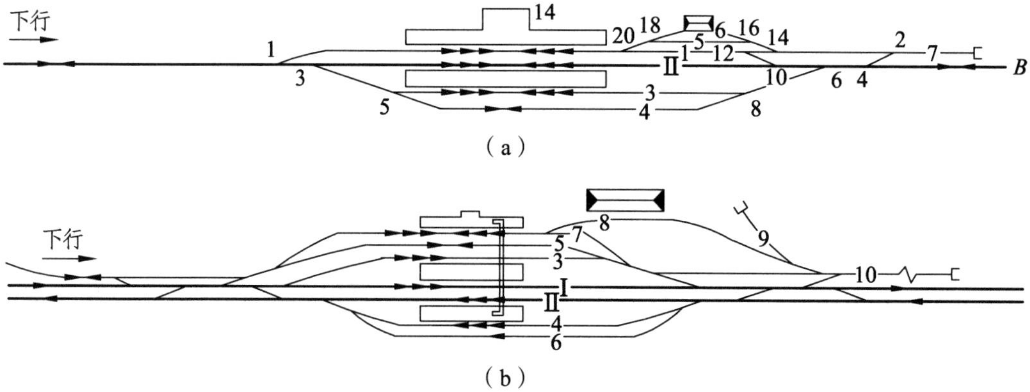

（a）

（b）

图 7.18　有摘挂作业的中间站布置图

四、中间站布置图

中间站布置图按到发线的相互位置，主要分为横列式和纵列式两种。

1. 横列式中间站布置图

横列式中间站布置的特点是到发线沿正线横向排列。这种布置图具有站坪长度短，工程投资省；设备布置紧凑，便于管理；到发线使用灵活等优点。因此在中间站上广泛采用此种布置图（见图 7.10、图 7.11）。

2. 纵列式中间站布置图

纵列式中间站布置图的特点是：到发线沿正线纵向排列，通常逆运转方向错移一个货物列车到发线的有效长度。纵列式中间站布置图有利于组织列车不停车会车，提高区间通过能力；适应重载列车到发的需要；便于车站值班员与司机交接行车凭证。但这种布置图站坪长度长、工程投资大，且增加了中间咽喉，车站定员多，管理也不方便；车站值班员瞭望信号确认进路也不方便，车长与值班员联系工作走行距离长。因此这种布置图利少弊多，一般只在山区因地势陡窄或需组织不停车会让才采用，如图 7.19 所示。

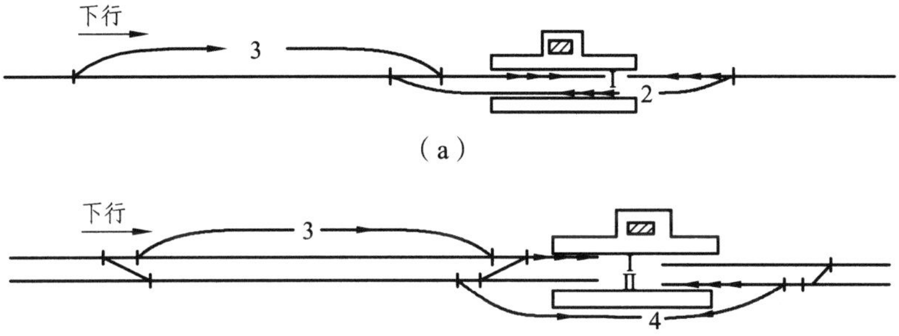

（a）

（b）

图 7.19　纵列式中间站布置图

第三节　区段站

区段站多设在铁路网上牵引区段（机车交路）的起点或终点。区段站的主要任务是为邻接的铁路区段供应或整备机车及更换机车乘务组，并为无改编中转货物列车办理规定的技术作业；此外，还办理一定数量的列车解编作业及客货运业务。在设备条件具备时，还进行机车、车辆的检修业务。区段站位于铁路网上各牵引区段的分界处，其设置位置主要决定于三个因素，即牵引区段长度、路网的技术作业要求、地区及城镇发展规划。

一、区段站的作业与设备

区段站的作业和设备尽管在数量和规模上都不是最大的，但是作业和设备的种类是比较齐全的。

1. 区段站的作业

根据区段站所担负的任务，主要办理的作业可以归纳如下：

（1）客运业务：与中间站办理的客运业务大致相同，只是数量较大。

（2）货运业务：与中间站办理的货运业务大致相同，但一般作业量更大。

（3）运转作业。

① 与旅客列车有关的运转作业，主要办理通过旅客列车的接发作业及机车更换、列车技术检查、上水等。有的车站还办理局管内或市郊旅客列车的始发、终到作业及个别车辆的甩挂作业。

② 与货物列车有关的运转作业，主要办理无改编中转列车的接发及有关作业。对区段列车和摘挂列车，要进行解体和编组作业；同时还办理向货场、工业企业线取送作业车等。某些区段站还担当少量的始发直达列车的编组任务。

（4）机车业务：主要是换挂机车和更换乘务组，对机车进行整备、修理和检查等。

（5）车辆业务：办理列车的技术检查和车辆的检修任务。在少数设有车辆段的区段站上，还办理车辆的段修业务。

所有到达区段站的货物列车，按其在该站所进行的作业性质，可以分为两类：一类是到达本站不解体，只做技术检查和机车换挂等作业，然后继续运行的列车，叫作无改编中转列车；另一类是到达本站后，要将车列解体，这种列车叫作解体列车或改编列车。

所谓解体，就是把车列中不同去向的车辆分别送入调车场的指定线路上；所谓编组，就是把停留在调车线上同一去向的车辆，按有关规定与要求连挂起来，编成一个新的车列。编组应按货物列车编组计划进行，对于重车来说大多是对到达某一范围内车流的一种界定，对于空车而言是指定其编组的车种。

由此可知，区段站所办理的作业，无论从数量上或种类上，都远较中间站繁多。而在所办理的解、编及中转列车中，又以无改编中转列车所占的比重为大，成为区段站行车组织的重要环节。

2. 区段站的设备

为了保证上述作业的完成，在区段站上设有以下设备：

（1）客运业务设备：主要有旅客站房、站台、雨棚及跨越线路设备等。

（2）货运业务设备：货场及其有关设备，如装卸线、货物站台、货物仓库、货场堆场及装卸机械等。

（3）运转设备：主要有旅客列车到发线；货物列车到发线、调车线、牵出线（有时设驼峰设备），机车走行线等。

（4）机务设备：机务段或机务折返段。在机务段所在的区段站上，如采用循环运转制时，在到发场应设有机车整备设备。采用长交路轮乘制时可设置机车运用段或换乘点。

（5）车辆设备：包括车辆段、列车检修所和站修所等。

除上述设备外，还有信号、通信、照明、办公房舍等设备。

二、区段站的布置图

由于受地形、城市规划、运量及运输性质、正线数目等因素的影响，可以形成多种多样的布置图形。常见的有横列式、纵列式及客货纵列式区段站三类。

（一）配置主要设备的基本原则

（1）旅客列车到发线应紧靠正线，以便使旅客列车到发有顺直的进路。所有客运设备应设在靠城镇的一侧，以利客运业务的组织及旅客出入车站。

（2）货物列车到发场也应尽可能紧靠正线，以便使无改编货物列车到发有顺直便捷的进路。

（3）调车场应尽量靠近到发场，使车列转线的行程较短、干扰较少。

（4）机务段（或机务折返段）的位置尽可能接近到发场，并且要有便捷的通路，以利机车及时出入段。

（5）货场的位置，一方面希望设于靠城镇一侧，便于货物搬运；另一方面又希望靠近调车场，以减少车辆取送时间及干扰。工业企业线应尽可能从调车场或货场接轨，以利车辆的取送。

（6）站修所（或车辆段）要靠近调车场，以缩短扣修车辆的取送行程。

区段站是为相邻牵引区段服务的，主要办理无改编中转列车的作业，因此区段站设备的布置主要应考虑如何缩短中转列车的停站时间和提高车站的通过能力。

（二）区段站的基本图型

1. 横列式区段站布置图

当上下行到发线（场）平行布置在正线一侧，编组场在到发场的一侧时，称为横列式区段站布置图。

图 7.20 为单线铁路横列式区段站布置图。图中，Ⅱ道是正线；1、Ⅱ、3 道是旅客列车到发线，在必要时也可以接发货物列车；4、6、7 道是货物列车到发线，车站到发线的布置，可以保证从上下行两个方向同时接发列车；5 道是机车走行线，下行出发和到达的货物列车机车，可经由 5 道出入段；8～11 道是调车线。调车场两端均有牵出线，并设有一个简易驼峰，以保证解体、编组和取送车辆等调车作业的顺利进行。

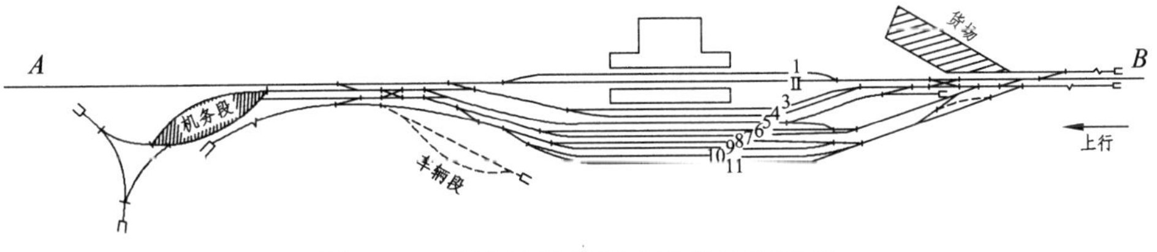

图 7.20　单线铁路横列式区段站布置图

单线铁路横列式区段站布置图的优点：布置紧凑，站坪长度短，占地少，设备集中，投资省，管理方便，作业灵活性大，对部分改编中转列车的甩挂作业较方便；对各种不同地形的适应性强，并便于进一步发展。其缺点是一个方向的列车机车出入段走行距离长，货场取送车和正线有交叉干扰，并且对与站房同侧的工业企业线接轨不方便。

我国大部分单线铁路区段站均采用横列式图型。其适宜于客货运量不大、地形受限的单线铁路。部分运量不大的双线铁路也采用横列式布置图，如图 7.21 所示。

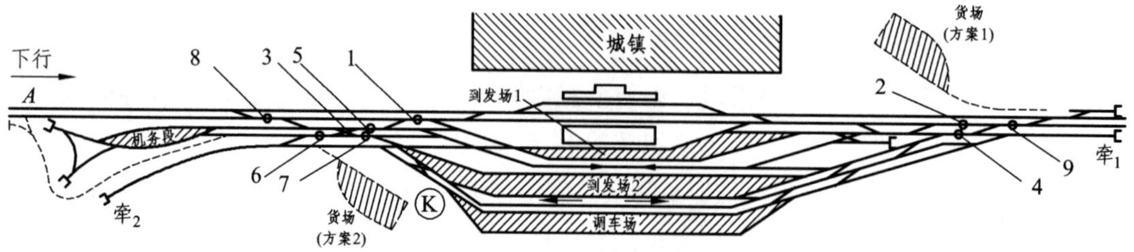

图 7.21　双线铁路横列式区段站布置图

图 7.21 中，站房等客运业务设备位于城镇一侧，旅客列车到发线紧靠正线，设有基本站台及中间站台各 1 座，可供 3 列旅客列车同时在站台停靠。为便于旅客列车换挂机车，旅客列车到发线与机务段有渡线连通。两条牵出线与旅客列车到发线均有直接通路，便于个别车辆的摘挂。货物列车到发场按左侧行车制分别使用。到发场 1 供下行货物列车使用，到发场 2 供上行货物列车使用。在同一到发场中，无改编中转列车一般使用靠正线一侧的线路，改编列车使用靠近调车场一侧的线路，以尽可能避免无改编中转列车到发与改编列车转线的交叉。调车场位于到发场 2 的外侧，在主要牵出线上设简易驼峰，货场设在方案 1 或 2 的位置，根据当地具体情况进行选择。机务段位于站对右的位置，有两条机车出入段线，设一条机车走行线，位于两个到发场之间，供下行方向列车机车出（入）段走行之用。*B* 端咽喉设尽头式机待线，供下行列车机车出入段时停留。*A* 端最大平行作业数可达到 5 项，即下行旅客列车到达、上行旅客列车出发、机车出段、机车入段、调车作业。 *B* 端最大平行作业数可达到 4 项，即下行货物列车或旅客列车出发、上行货物列车或旅客列车到达、机车经机待线出（入）段、调车作业。

客、货列车到发进路产生的交叉干扰是双线横列式区段站的主要矛盾。当双线铁路行车量不大，旅客列车对数不多时，这种交叉对列车到、发作业干扰尚不严重。但随着旅客列车对数的增加，这种进路交叉就会严重影响行车安全，增加列车在进站信号机外方停车或列车晚点发车的可能性。同时，对于车站通过能力、机车车辆的周转时间也会产生不利的影响。要从根本上解决这一矛盾，就需要采用另一种区段站布置图形，变更到发场与正线相互间的配置位置。

2. 纵列式区段站布置图

其基本布置形式为上、下行到发场分设在正线两侧，并逆运行方向全部错移，在其中某一到发场一侧设一个双方向共用的调车场。如图 7.22 所示。图中，客运业务设备、客运运转设备、货场、机务设备、车辆设备的位置大体与横列式区段站的布置图相似。其不同之处是上下行两个方向的到发场分设于正线两侧，且逆行车方向全部错移。*A* 端咽喉区可以保证两项平行作业：列车到和列车发；*B* 端咽喉区可以保证 3 项平行作业；列车到、列车发和调车作业；中部咽喉区能保证 4 项平行作业；下行列车发、上行列车发、机车出入段和调车作业。

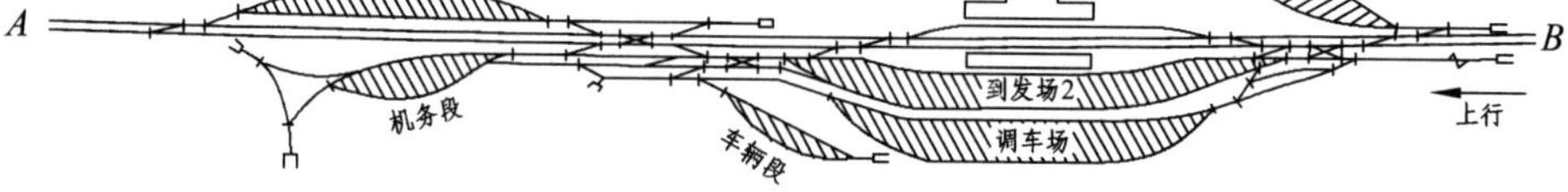

图 7.22　双线铁路纵列式区段站布置图

纵列式区段站布置宜在运量较大的双线铁路上采用，其优点是作业交叉干扰比横列式区段站要小，如疏解了下行中转货物列车与上行旅客列车在车站两端咽喉区进路上的交叉点；上下行机车出入段的走行距离都较短；当机车采用循环运转制时，到发线上的整备设备比较集中；同时对站舍同侧的工业企业线接轨比较方便；具有较大的能力。但是，也产生了一些新的矛盾：由于只设一个调车场，下行改编列车就需全部在上行到发场 2 靠近调车场一侧的线路上到发，下行改编列车的到达（出发）进路与上行无改编中转列车的出发（到达）进路有交叉干扰；由于下行到发场 1 在正线另一侧，下行无改编中转货物列车的机车出入段必须跨越正线，与上、下行旅客列车的到发进路发生交叉；由于上、下行到发场系纵列式布置，故要求有很长的站坪，在工程造价和运营支出方面都比横列式有较大增加。

3. 客货纵列式区段站

在双线铁路，客运量很大，需要建立专用的客运车场；否则，若仍采用纵列式区段站布置图形，各项作业的相互干扰则很难同时保证客、货列车的正常运营及货物列车的解编工作。

在我国既有区段站改建工作中，有时车站的横向发展往往受到城市既有建筑物、线路纵断面或地形的限制，为了充分利用既有设备，不得已将原有站场改为专门办理客运之用，而另建与客运设备纵列的货物运转设备，既构成客运运转设备（主要指旅客列车到发场）与货运运转设备（主要指货物列车到发场）纵向配列，以保证各自工作的正常进行。这种区段站称为客、货纵列式区段站，其基本布置图如图 7.23 所示。

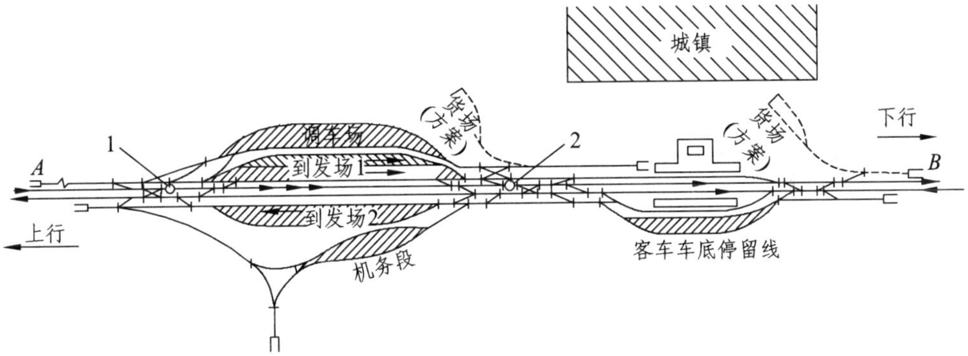

图 7.23　客货纵列式区段站布置图

在旅客列车到发场中，站房对侧的客车车底停留线供本站始发、终到的客车车底及个别客车的停留及整备之用。货物列车到发场 1、2 分设于正线两侧，互相平行配列。到发场 2 办理上行无改编中转列车的到发；到发场 1 除接发下行无改编中转列车外，还办理两个方向全部改编列车的到发作业。调车场可根据各方向的解编作业量以及货场、工业企业线的位置，设在比较适宜的地点。机务段设在到发场 2 的一侧，有两个出入口，上、下行货物列车的机车出入段都比较方便，走行距离也较短。货场宜设在靠城镇一侧，以便利城镇的搬运作业。

图 7.23 中，*A* 端咽喉区可保证 4 项平行作业，即列车到、列车发、机车出（入）段、调车；*B* 端咽喉区可保证 3 项平行作业，即列车到、列车发、客车车底整编；中部咽喉区可保证 4 项平行作业，即列车到、列车发、机车出（入）段、调车。

由于这种图型往往是在改建时逐步形成的，故客、货运转设备和机务设备相互位置的配置形式很多。其优缺点与纵列式图形大致相同。它的站坪长度一般较纵列式图型稍短。由于客、货两场分设并专用，货物运转设备较纵列式图形相对集中，客货作业相互干扰少，管理也较纵列式方便。此外，客、货纵列式图型的调车场更有可能布置在城镇一侧，有利于工业企业线的接轨和取送作业。其缺点是客、货运转场分开，定员增加；机务段位置往往不容易与客、货运车场很好配合；客、货两场距离较近时，靠客运场一端牵出线的长度往往不能满足整列调车需要或部分位于曲线上；有一个方向机车出、入段需横切正线。

第四节　编组站

编组站是指在铁路网上办理大量货物列车解体和编组作业，并为此设有比较完善的调车设备的车站。它是铁路运输的主要基本生产单位，在完成铁路货物运输任务中，起着十分重要的作用。

编组站和区段站统称为技术站。它们办理的技术作业种类大致相同，都办理列车的接发、解编、机车乘务组的更换、机车整备及车辆检修等作业。但二者又有区别，区段站以办理无调中转列车为主，改编列车较小，办理少量区段列车和摘挂列车的改编作业；而编组站按照编组计划要求，除办理通过列车外，主要是解体和编组直达、直通、区段、摘挂及小运转等各种货物列车，以办理改编列车为主，所以编组站又叫“货物列车制造工厂”。

编组站通常设在几条主要干线的汇合处，也可以设在有大量装卸作业地点的大城市、港口或大工矿企业附近。

一、编组站的分类

由于运输组织变化和区域经济发展不平衡，有的编组站工作量明显减少、作用明显降低，原有关于路网、区域和地方性的编组站定位和分工不适应延长机车交路、减少改编次数、压缩周转时间等运输组织要求，自 2008 年 1 月 1 日起，编组站由 49 个调整为 40 个，分为路网性和区域性两类。

1. 路网性编组站

路网性编组站位于几条铁路干线的汇合点，编组两个及以上远程技术直达列车，年度日均改编车数一般在 6 000 辆以上。设有单向或双向纵列式抑或混合式编组站，其驼峰设有自动或半自动控制设备。

2. 区域性编组站

区域性编组站分布在铁路干线交会的重要地点，是路网重要支点。主要编组相邻编组站间直通列车，年度日均改编车数在 4 000 辆以上，具有半自动或机械化调车设备。

我国现有编组站 40 处，其类别及名称表见表 7.2。

表 7.2 编组站类别及名称表

性质	数量	名称
路网性	20	郑州北、兰州北、成都北、襄阳北、株洲北、徐州北、阜阳北、武汉北、沈阳西、丰台西、济南西、向塘西、哈尔滨南、柳州南、贵阳南、南京东、安康东、新丰镇、苏家屯、南仓
区域性	20	包头西、乌鲁木齐西、武昌南、怀化南、芜湖东、昆明东、宝鸡东、衡阳北、石家庄、南翔、乔司、鹰潭、江村、兴隆场、迎水桥、三间房、四平、山海关、通辽、大同、哈南

若在一个铁路枢纽内设有两个及以上的编组站，则根据作业分工和作业量，将其分为以下两类：

（1）主要编组站。主要编组站主要承担路网上中转车流的改编任务，以解编直达、直通列车为主。

（2）辅助编组站。辅助编组站协助主要编组站作业，以解编地区小运转车流为主，个别情况也编组少量直达列车。

二、编组站的主要作业及设备

1. 编组站主要作业

（1）改编货物列车作业。这是编组站最主要的作业，包括解体列车的到达作业、解体作业、编组作业及出发作业。这几项作业的数量多而且又复杂，是分别在相应不同地点和车场办理的。

（2）无调中转列车作业。这种列车作业比较简单，其主要作业是换挂机车和列车的技术检查，时间短，办理地点只限于到发场（或专门的通过车场）。

（3）货物作业车作业。货物作业车是指到达本站及工业企业线或段管线内进行货物装卸或倒装的车辆。其作业过程比改编中转列车增加了送车、装卸及取车 3 项作业。

（4）机车整备和检修作业。这项作业与区段站相同。

（5）车辆检修作业。编组站上的车辆检修作业包括在到发线上进行的车列技术检查及不摘车维修；在列检或调车过程中发现车辆损坏需摘车倒装后送往车辆段或站修所进行修理（即站修）；根据任务扣车送段维修（即段修）。

此外，根据具体情况，编组站有时还需办理以下少量作业：

（1）客运作业，包括旅客乘降或换乘。

（2）货运作业，包括货物装卸、换装等。

（3）军用列车供应作业。

为了减少对编组站解编作业的干扰，确保主要任务的完成，应尽量不在编组站上办理或少办理客、货运业务。

2. 编组站主要设备

（1）调车设备。即编组站的核心设备，包括调车驼峰、调车场、牵出线、辅助调车场等几部分，用以办理列车的解体和编组作业。

（2）行车设备。即接发货物列车的到发线，用以办理货物列车的到达和出发作业。根据其作业量的大小和不同的作业性质，可设置到发场、出发场（包括通过车场）。

（3）机务设备。即机务段。编组站的机务段规模比较大，供本务机车和调车机车办理检修和整备作业。

（4）车辆设备。包括列检所、站修所和车辆段。

（5）客运设备。编组站客运业务很少，一般利用正线接发旅客列车。当客车对数较多时，也可设置 1 ~ 2 条到发线和 1 ~ 2 个旅客站台。

（6）货运设备。编组站一般不设专门的货运设备，按照具体情况可设零担中转换装站台、冷藏车加冰设备以及牲畜车、鱼苗车的上水换水设备。

此外，编组站还必须有信号、联锁、闭塞、通信和照明等设备。

三、编组站布置图型

编组站的主要工作是进行列车的解编作业，而列车的到达、解体、编组和出发等一系列作业过程，又是在编组站的各个车场上完成的。因此，到达场、编组场（又名调车场）、出发场就成为列车改编作业的主要场地。调车设备是编组站的核心设备。调车设备的数量与规模以及各车场的相互位置，就构成了编组站不同形式的布置图。

1. 按照调车设备的套数及调车驼峰方向分类

（1）单向编组站。只有一个调车场，上下行合用一套调车设备（包括驼峰、调车场、牵出线），其驼峰溜车方向一般朝向主要改编车流运行方向（也称顺向）。

（2）双向编组站。有两个调车场，上下行各有一套调车设备。两系统的调车驼峰应朝向各自的上行和下行调车方向。

2. 按照每一套系统内车场的相互位置和数目分类

（1）横列式编组站。上下行到发场与调车场并列配置。

（2）纵列式编组站。到达场、调车场、出发场主要车场顺序纵向排列。

（3）混合式编组站。主要车场纵列、另一部分车场横列。

我国编组站布置图的基本类型归纳起来共有 6 类，其他类型都是在这个基础上派生的，并且数量很少。为了更清楚地表述编组站布置图形的基本排列特征和车场个数，在我国铁路设计单位及现场对编组站图型有所谓“几级几场”的称呼。所谓“级”，可以理解为车站中轴线上车场排列形式，即车场处于纵向不同的“台级”，因而横列式又称为一级式，混合式又称为二级式，纵列式又称为三级式；所谓“场”，是指车场个数。同样是双向纵列式，根据车场数量的不同，又可能会产生双向三级六场、双向三级八场等各种形式的布置图形。我国编组站部分常见布置类型及名称见表 7.3。

表 7.3　编组站布置类型及典型布置形式

单向	类型	单向横列式	单向混合式	单向纵列式
	典型布置形式	单向横列式一级三场	单向混合式二级三场 单向混合式二级四场	单向纵列式三级三场
双向	类型	双向横列式	双向混合式	双向纵列式
	典型布置形式	/	双向混合式二级五场 双向混合式二级六场	双向纵列式三级六场

四、典型编组站布置图及作业流程分析

1. 单向二级四场编组站

图 7.24 所示为单向二级四场编组站布置图。图形中各衔接线路方向的共用到达场和编组场（调车场）纵列配置；而上、下行的出发场分别并列在编组场两侧，供编组成列的列车停放、技检并按列车运行图规定时间发车；办理上、下行无改编中转列车作业的通过车场或股道，分别设在两出发场的外侧。到达场与调车场间大多设有机械化驼峰供解体用，编组场尾部设有两条牵出线供编组用。

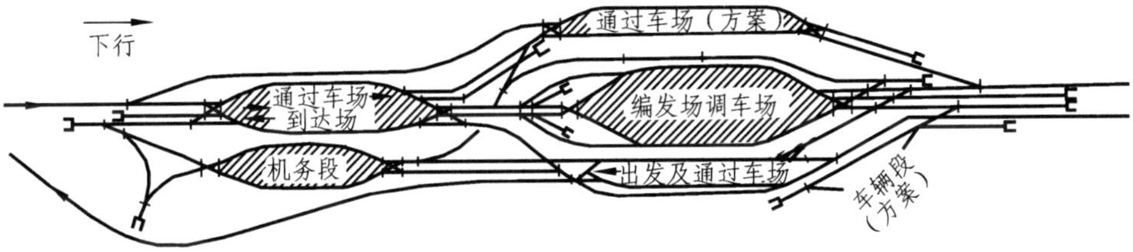

图 7.24　单向二级四场编组站布置图

二级四场编组站的作业过程，可用图 7.25 所示作业流程图来说明。

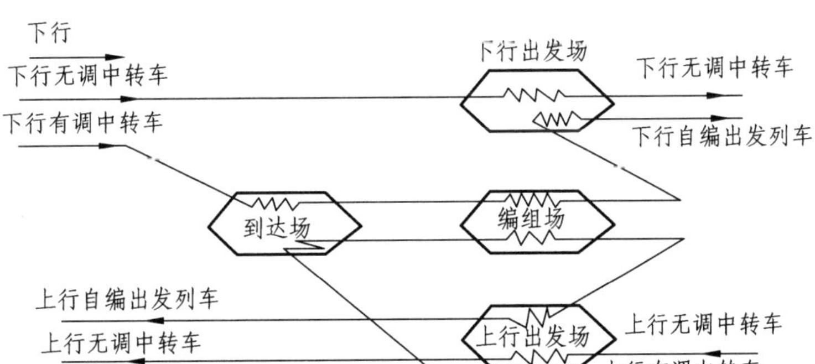

图 7.25　单向二级四场编组站作业流程图

（1）改编中转列车。顺驼峰方向改编中转列车接入峰前到达场，经到达技术作业后由解体调车机车推上驼峰解体，解体后的车辆在调车场集结，尾部调机编组出发列车，将其转线至下行出发场；该列车在出发场进行出发技术作业后等待出发。

反驼峰方向改编中转列车接入共用峰前到达场。其后，解、编、发过程与顺驼峰方向相同，只是编成车列转入反向（图 7.25 中上行）出发场而已。

（2）无改编中转列车。双方向无改编中转列车分别进入各自的通过车场，技术作业完毕后出发。由于通过车场设在到发场外侧，无改编中转列车接发与改编中转列车转线互不干扰且与调车场连通，有成组甩挂作业时也很方便。

（3）本务机车出入段。反驼峰方向到达解体列车的本务机车经到达场入口咽喉由机务段尾部入段，走行距离短而且方便。反向无改编中转列车和自编出发列车的本务机车出入段，在上行（反向）出发场出口咽喉与机务段之间走行径路顺直。顺驼峰方向到达解体列车的本务机车由到达场出口咽喉经峰下机走线入段，进路交叉少。顺驼峰方向无改编中转列车的本务机车由出发场出口咽喉，沿出发场空闲线路至峰下机走线出、入段也很方便。顺向自编出发列车本务机出段径路与无改编中转列车本务机出段径路相同。

单向二级四场编组站图型的主要优点有：由于顺反方向改编列车均接入与调车场纵列配置的峰前到达场，避免了一级三场布置图中牵引定数较大的到解列车整列牵出的困难；改编列车和驼峰调机的作业行程均较短，而且列车解体作业时分较短，驼峰作业效率较高，解体能力与纵列式基本相同；车站站坪长度较纵列式布置图短，可减少工程量，节约用地。

存在的主要问题：由于二级式编组站的驼峰解体能力较大，上、下行出发场与调车场并列布置，因此，自编列车都经牵出线转线，产生多余的折返行程，从而造成调车场头部和尾部能力不相适应，影响全站设备能力的发挥；反向改编列车到达与自编列车出发产生交叉。

单向二级四场编组站图型一般适用于解、编作业量较大或解、编作业量大而地形困难的区域性编组站。尤其是当顺向改编车流较大或顺、反向改编车流较均衡而顺向车流为重车流时，在运营上是有利的。当头部配置 2 台调机，实行双推单溜作业方式，尾部设 2 条牵出线和 2 台调机时，二级四场编组站图型可适应 4 500 ~ 5 200 辆/日的解编作业量。

2. 单向三级三场编组站

三级三场编组站图型如图 7.26 所示，布置图中设有为各方向共用的到达场、调车场和出发场，3 个车场依次纵向排列，上下行调车系统共用一套调车设备。上、下行通过车场一般分别设在出发场外侧，也可分别设在到达场外侧，还可以一个方向的通过车场设在到达场外侧，另一个方向的通过车场设在出发场外侧。反驼峰方向改编列车可以反到、反发或环到、环发。修建环线不仅增加工程投资，而且增加了列车到发的走行距离，所以，一般情况下宜采用反到和反发。当反驼峰方向衔接的线路方向及到发列车数较多时，应根据驼峰和尾部牵出线的能力分别对待，如能力受驼峰控制，可先修建到达环线。机务段可设在反方向改编列车到、发进路立交疏解所形成的空地上。根据需要和地形条件机务段也可设在顺驼峰方向到达场、出发场和调车场的内侧，从这 3 个方案中选择 1 个，这样有利于发展为双向时共用设备。车辆段从尾部牵出线上出岔，布置在调车场尾部与机务段同侧，既便利取送车辆作业，又可利用立交疏解形成的空地。单向三级三场编组站内作业流程图如图 7.27 所示。

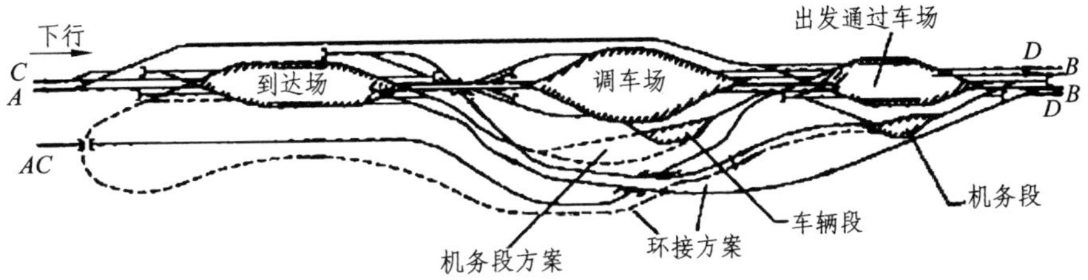

图 7.26　单向三级三场编组站布置图

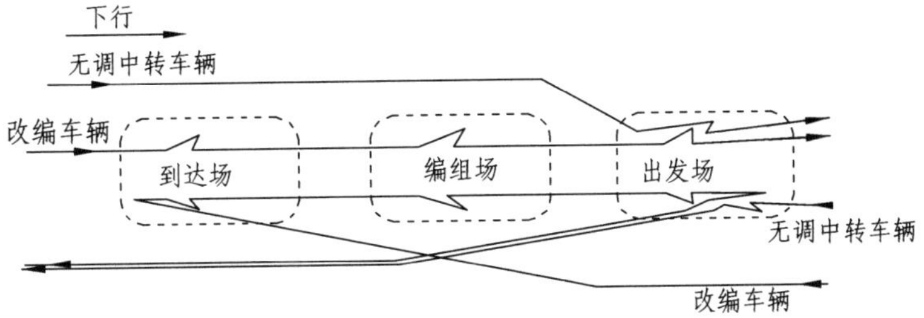

图 7.27　单向三级三场编组站作业流程图

单向三级三场编组站图型由于到、调、发纵向配列，其主要优点如下：顺、反向改编列车在站内的到达、解体、集结、编组、出发过程都是“流水式”作业；改编车辆和调机作业行程短，解编效率高，能力较大；站内各种作业交叉干扰较横列式和混合式都少，车站通过能力较大；同类车场集中布置且仅设一套调车设备，站内线路运用机动灵活，线路数量、用地面积和车站定员均较双向布置图有较大节省，有利于实现编组站现代化。

单向三级三场布置图的主要缺点包括：反向改编列车走行里程较长，这是单向编组站布置图的共同缺点；车站站坪长度较长，约 6 ~ 8 km；反向改编列车接车进路与反向改编列车出发进路交叉；反向改编列车反接、反发妨碍解体、编组作业。

三级三场布置图尤其适用于作业量较大且顺驼峰方向改编车流较强的大型编组站。一般日均解编量达到 6 500 ~ 8 000 辆/日，采用现代化的驼峰调车设备，解编能力将进一步提高，可达到 8 000 ~ 10 000 辆/日。

3. 双向三级六场编组站

双向三级六场编组站图型，如图 7.28 所示。双方向均为到达场、调车场和出发场纵列配置，是双向纵列式编组站的代表性图型，也是规模及能力最大的站型。办理无改编中转列车的通过车场，分别设在本系统出发场外侧，便于利用尾部牵出线办理甩挂作业。机务段设于两系统之间，同时铺设两条机车走行线。为了减少编组站另一端列车的本务机车出、入段走行距离，当另一端机车出、入段数量较大或作业能力需要时，可在另一端设第二套整备设备。双向三级六场编组站的车辆段，应设置在两调车系统之间，并靠近空车方向系统的调车场尾部。图 7.29 所示为双向三级六场编组站内作业流程图。

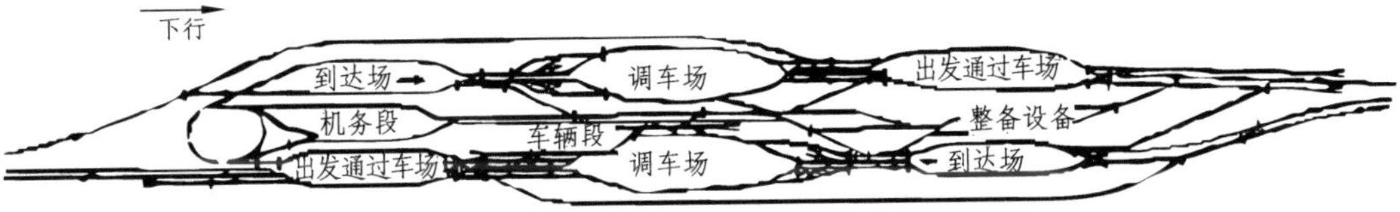

图 7.28　双向三级六场编组站布置图

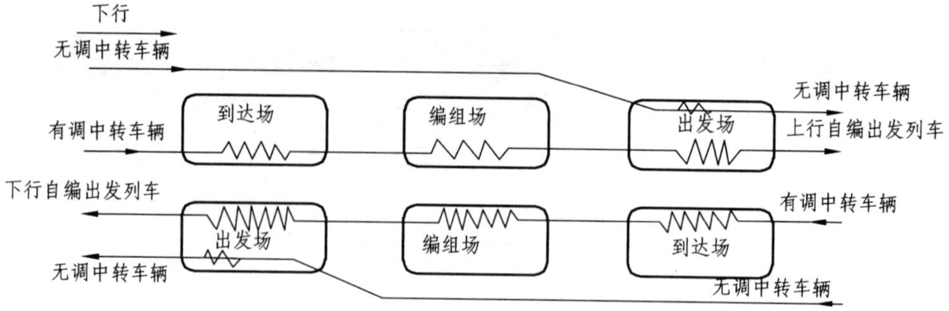

图 7.29　双向三级六场编组站作业流程图

双向三级六场编组站图形的优点有：反向改编车流无多余折返走行，除折角车流外，上、下行改编列车在站内的作业均是流水式的，径路顺直，可节省运营费；能力较大，车场均为纵向排列，进路交叉少，通过能力和改编能力均较大；由于车场多，线路容量大，对调整列车运行、适应运量波动有较大的机动性；当编组站衔接方向较多时，有利于减少进出站线路布置和疏解的复杂性。

双向三级六场的主要缺点包括：两个调车系统间交换折角车流的走行距离长，重复作业较多。衔接 3 个及以上方向的编组站，必然会产生折角车流。由于折角车流在车站的一端到发，对于双向编组站就必须将其由某一调车系统转到另一调车系统，这样不仅会增加机车车辆的折返走行，延长车辆在站停留时间，使运营费用增加，同时还会产生转场与其他作业的交叉干扰，而且对折角改编车流还需重复解体，消耗驼峰解体能力。占地面积大，车站定员多，工程费用高。两系统间相互协作困难，某一线路方向新线建成受分流影响，或其他原因导致车流减少时，易于出现忙闲不均或能力不协调现象。

双向编组站只要有 3 个及以上衔接方向，由于各衔接方向分别固定使用两个调车系统，因此就必然会产生两系统间的折角车流。对车站解编能力的消耗及造成的影响和损失随折角车流数量的增加而增大。因此，当采用双向编组站布置图时，必须考虑减少折角车流的措施和对不可避免的折角车流在站内的处理方法。

四、调车驼峰

调车工作是铁路运输过程中的重要组成部分，对于编组站来说，更是日常运输生产的主要活动。调车工作按使用设备分为牵出线调车和驼峰调车。牵出线调车时，车辆的动力是靠调车机车的推力作用，适合车列的编组作业。驼峰调车时，是利用其高差的位能，车辆溜放的动力以其自身的重力为主、调车机车的推力为辅，适合车列的解体作业。

平面牵出线和几种常见驼峰纵断面比较如图 7.30 所示。

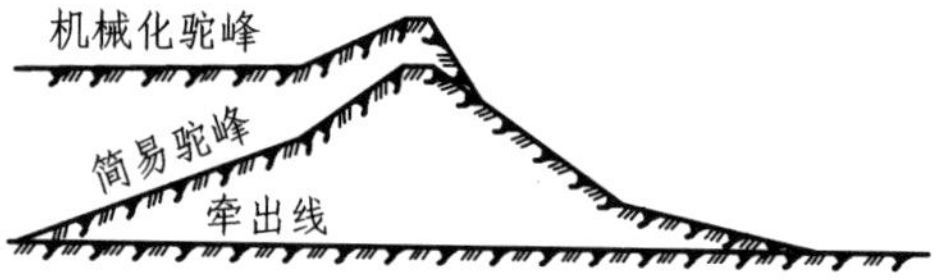

图 7.30　驼峰与牵出线纵断面比较图

（一）驼峰的组成

驼峰形似骆驼的峰背而得名。驼峰的范围是指峰前到达场至调车场头部的用于高效解体车列的部分，包括推送部分、溜放部分和峰顶平台等，如图 7.31 所示。

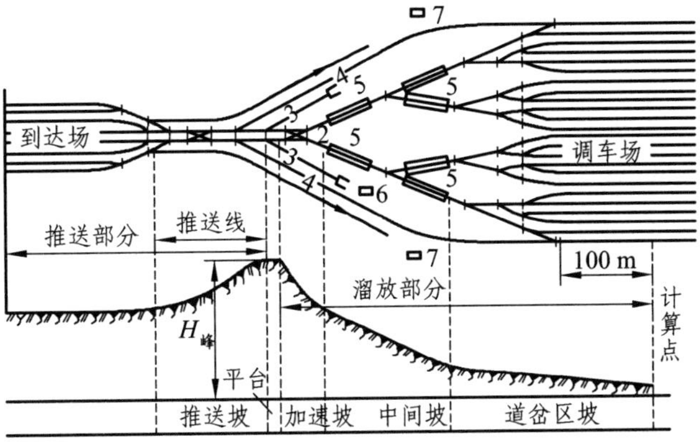

1—推送线；2—溜放线；3—禁溜线；4—迂回线；5—缓行线；6、7—信号楼。

图 7.31　机械化驼峰平纵断面图

（1）推送部分：经驼峰解体的车列其第一钩车辆位于峰顶平台始端时，车列全长所在的线路范围。设置推送部分的目的是使车辆得到必要的位能，并使车钩压紧，便于摘钩。

（2）溜放部分：由峰顶至调车场头部各股道警冲标后约 100 m（机械化驼峰）或 50 m（非机械化驼峰）处的线路范围。这个长度叫作驼峰计算长度，计算长度的末端叫作驼峰的计算点。溜放部分一般分为 3 个坡段，即加速坡、中间坡和道岔区坡，以便保证车组有较快的溜放速度和充分的溜放间隔。

（3）峰顶平台：推送部分与溜放部分的连接处，设有一段便于调车人员进行摘钩作业的平坦地段，叫作峰顶平台。

此外，驼峰部分为了便于作业，还设有从到达场往峰顶推送车列用的推送线、从峰顶往调车场溜放车组用的溜放线、存放禁止溜放车辆的禁溜线与迂回线等。

（二）驼峰调速工具的作用及原理

1. 调速工具的作用

车列在驼峰编组场进行解编作业时，为了保证作业安全和作业效率，必须在规定地点设置一定种类的调速工具用以调控溜放车辆速度。调速可分为间隔调速和目的调速两种。

（1）间隔调速：确保溜放过程中前后钩车之间有足够的间隔，该间隔距离应满足减速器制动与缓解位置的及时调整和道岔的及时转换，从而避免前后钩车在溜放过程中追尾、错入股道或进入相邻线路时在警冲标处发生侧面冲突。

（2）目的调速：保证各钩车以一定的安全速度溜放到调车场指定地点并与停留车安全连挂，以避免超速（>5 km/h）连挂和过大“天窗”的产生。

2. 驼峰调速工具及其简单原理

（1）调速工具的种类。

驼峰调车场调速工具，是为了提高驼峰的改编能力，保证作业安全所必需的设备。目前，我国铁路上常用的主要调速工具有减速器、减速顶、加速顶、加减速小车、制动铁鞋及手闸等。在机械化驼峰上，除调车场内使用铁鞋制动外，在驼峰溜放部分均采用车辆减速器；而在自动化驼峰上，根据车辆的走行性能、重量、预定的停车地点以及溜放速度等条件，由自动化装置控制减速器的制动能力。

（2）减速器。

减速器主要有压力式减速器和重力式减速器两种形式。压力式减速器是利用压缩空气作为动力，由钢轨两侧的制动夹板挤压车轮进行制动。重力式减速器主要借助于车辆本身的重量使制动夹板产生对车轮的压力而进行制动。

图 7.32 是压力式钳形减速器的构造简图，它当需要对车辆进行制动时，操纵制动按钮，使压缩空气进入气缸，活塞杆 5 和杠杆 4 的末端即被压向下方，而缸体 6 连同杠杆 3 的末端则上升。这样，由于两杠杆末端分开，使夹板 1 合拢而挤压车轮进行制动。

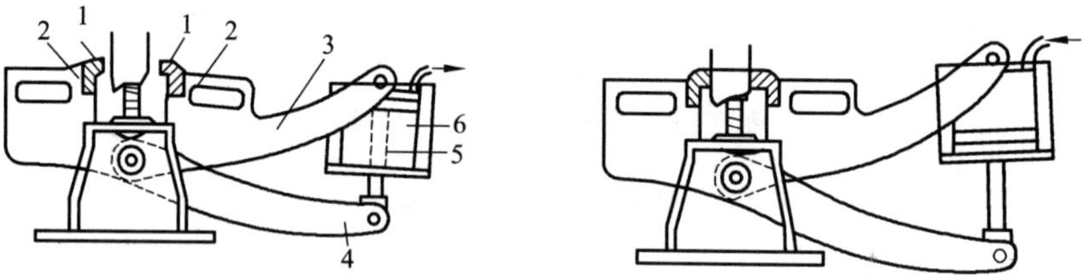

（a）缓解位　　（b）制动位

1—夹板；2—制动梁；3、4—杠杆；5—活塞杆；6—缸体。

图 7.32　压力式钳形减速器外形图

压力式钳形减速器的结构和工作原理请浏览下方 AR 资源——“压力式钳形减速器”，如图 7.33 所示。

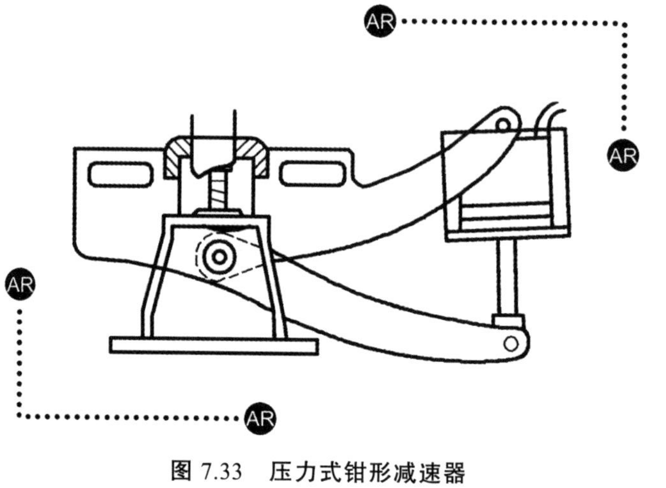

图 7.33　压力式钳形减速器

（3）减速顶。

减速顶是一种不需要外部能源，可以自动控制车辆溜放速度的小型目的调速工具，其灵敏度高、性能良好、维修简便，在各编组场普遍使用。减速顶一般安设在钢轨内侧或外侧，由外壳、吸能帽、活塞组合件和止冲装置等组成，如图 7.34 所示。车轮经过减速顶时，吸能帽斜对轮缘部分，对高于临界速度的车辆可起减速作用，对低于临界速度的车辆不起减速作用，在线路上安装许多这种装置，就能对车辆进行连续的速度控制。

减速顶结构和工作原理请浏览下方 AR 资源——“减速顶”。

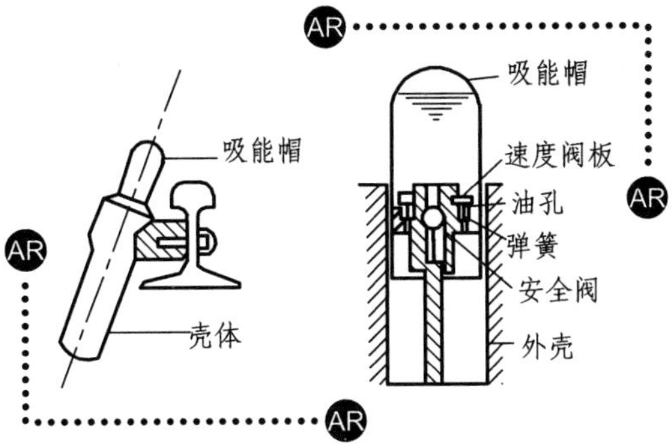

图 7.34　减速顶

（三）驼峰调速系统

驼峰调速系统，按其调速工具的类型和性能，以及它在纵断面上的分布和作用范围可分为点式、点连式、连续式 3 种。

1. 点式调速系统

点式调速系统是在钩车溜放的整个经路上设置数级，以减速器为调速工具的制动位，每一减速器制动位都能控制一定的钩车溜行距离。由测试设备在钩车溜放过程中随时测出影响减速器出口速度的各个参数（如钩车重量等级、车辆溜放阻力、停留车位置和车辆实际溜行速度），再由计算装置根据这些参数按一定的数学模型算出钩车在减速器上应有的出口速度，并自动地控制减速器的动作。各种制动位减速器通过控制放出钩车的速度就能来保证钩车间的间隔，并溜行预定的距离与停留车安全连挂。点式控制方式又称为目标打靶式。

点式调速系统的平纵断面和速度控制模型如图 7.35 所示。点式调速系统根据减速器制动位的分布有二级式（不设车场制动位），三级式（增设一级车场制动位）和四级式（增设二级车场制动位）等方式。点式调速系统设置的测控设备有测重设备、测阻设备、测长设备和测速雷达等。

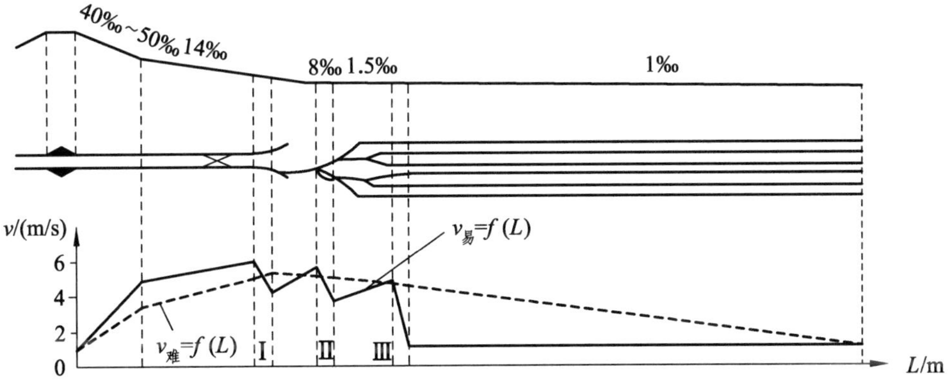

图 7.35　点式调速系统

2. 点连式调速系统

点连式调速系统一般在驼峰头部道岔区装设 1 或 2 个部位减速器制动位完成间隔调速任务，在调车场内线路上装设减速器（第Ⅲ制动位或叫车场制动位）和连续装设减速顶、加速顶和推送小车等调速工具，完成目的调速钩钩连挂的任务。也有不设间隔调速制动位的点连式驼峰。

（1）减速器和减速顶（或加减速顶）相结合的点连式调速系统。

该调速系统在峰下调车场每一线路头部设置车场减速器制动位，打靶一段距离（100～200 m）后在线路上连续设置减速顶（或加减速顶），调车场内的目的调速任务由车场减速器制动位和连续布置的减速顶共同完成。如图 7.36 所示。

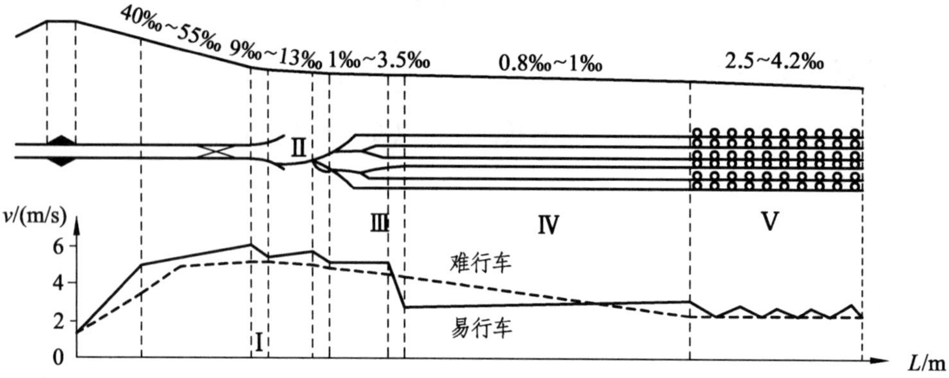

图 7.36　减速器—减速顶点连式调速系统

（2）减速器和推送小车相结合的点连式调速系统。

该调速系统与减速器和减速顶相结合的调速系统的区别在于车场减速器制动位后 300～500 m 范围内设置钢索推送小车，目的调速任务由车场减速器和推送小车共同完成。如图 7.37 所示。

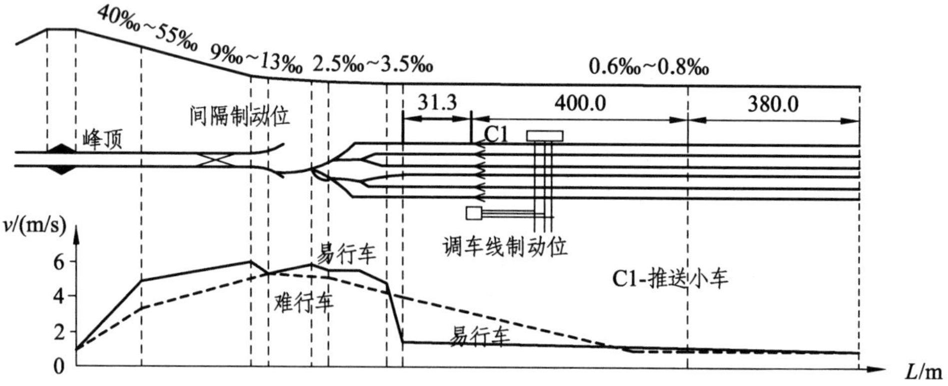

图 7.37　减速器—推送小车点连式调速系统

3. 连续式调速系统

全顶式调速系统是连续式调速系统的一种。在驼峰全顶式调速系统中溜放钩车的间隔调速和目的调速任务，完全由连续布置在驼峰咽喉区和调车场线路内的减速顶来完成。

如图 7.38 所示，为全顶式驼峰调速系统的平纵断面和速度控制模式。全顶式调速系统的速度控制模式应能使钩车到达第一分路道岔时加速到保证其安全转换的速度，并以此高速度通过整个道岔区并进入车场。线路头部密集布顶的顶群区将钩车速度降至安全连挂速度，以此速度在线路有效长度范围内的连挂区等速溜行，直至与停留车安全连挂为止。由于各种钩车在道岔区速度基本相同，走行时差趋近于 0，前后钩车间安全转换道岔的必要间隔自然得到保证；又由于各种钩车在调车线上以连续速度等速运行，任何地点都能安全连挂。调车场尾部设计成反坡，以使溜行钩车停在调车场内，并防止溜逸。

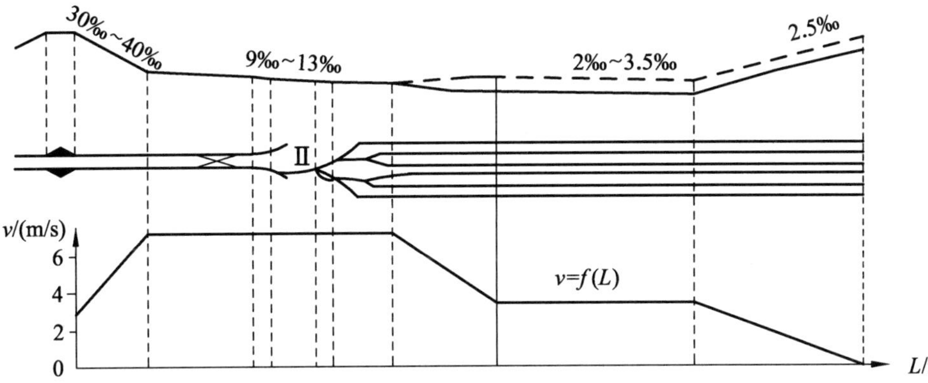

图 7.38　全顶式调速系统

4. 3 种调速系统评估

我国铁路由于车辆安全连挂速度低（5 km/h 以下），车辆溜放阻力离散度大，允许连挂速度低，要求溜行的距离远，以及驼峰作业量大等运营特点，采用点式调速系统效果并不理想。

全顶式调速系统的关键部位顶群区存在的问题是，易行车超速连挂，难行车达不到规定的连挂速度，造成“天窗”，大组车的制动不能“让头拦尾”，推峰速度较低，以及对调机轮缘磨耗等问题。但是全顶调速系统具有造价低、节约能源、节省投资等特点。在地形适合且驼峰能力要求不很高的新建中小型驼峰和改建原有调车场坡度较大时可采用。

点连式调速系统，由于保留了点式和连续式调速系统的长处，且又克服了它们各自的不足，比较适合我国驼峰的运营条件。大中型编组站应优先采用点连式调速系统。

五、编组站综合自动化

随着国民经济的迅速发展，铁路网的不断扩大，编组站的运输任务日益繁重，生产管理也日趋复杂，在技术设备和作业组织上都迫切需要不断地提高和革新。编组站作业综合自动化就是各国不断努力与完善的目标。

驼峰自动化是强化铁路编组站最有效的措施之一，也是编组站现代化的主要内容和重要标志。驼峰调车作业的自动化，不仅能提高驼峰作业效率和编组站的改编能力，而且能保证作业安全，改善劳动条件和减轻劳动强度。

驼峰自动化主要包括：车辆溜放速度的自动调节和自动控制；车辆溜放进路的自动选排和自动控制；驼峰机车推送速度的自动调节和自动控制；摘解制动软管和提钩作业的自动化等。其中，最关键的是车辆溜放速度的自动控制，它是驼峰自动化的核心内容。

编组站综合自动化系统，包括从列车到达、列车出发的全部站内作业过程的自动化，以及货车情报的收集、作业计划的编制和传递的自动化。整个系统可分为两大部分：作业控制系统和情报处理系统。控制系统是电子计算机通过基础设备（站场、信号、机车设备、测重、测长、测速、测阻及调速工具），对列车到达、出发和调车作业的进路，以及推峰解体的调车速度和货车溜放速度进行实时控制的系统。情报处理系统的任务是由电子计算机编制车站的基本计划和作业计划，并将这些计划进行传递和下达。同时，要对场内货车进行跟踪，随时将场内各股道上的当前车情报及作业结果存储到计算机的相应文件内，以供随时取用。情报系统还要通过电传打字机和相邻编组站进行到达和出发预确报的交换,以及货物报表的填制、整理和统计分析。

随着电子计算机在铁路上的广泛应用，我国在几个主要的编组站上也采用电子计算机进行信息处理和控制，如丰台西、郑州北等。目前，在郑州北站初步实现了货物列车解体作业自动化（溜放速度控制、溜放进路控制和推峰机车遥控）、编组作业自动化（编组场尾部采用道岔、信号微机集中）以及信息处理自动化（调车作业计划的编制、编组站现在车管理、列车确报的收集、转发以及统计报表和分析等）。

从国内外铁路运营的实践来看，编组站作业的综合自动化，能使编组站的工作条件、作业效率、作业安全和工作质量得到很大的改善，这对于加强编组站的生产能力，全面提高编组站的运营管理水平，均有显著的效果。通过信息传输网将其与全路电子计算中心连接起来，将为实现整个铁路运输管理自动化创造条件。

第五节　高速铁路车站

一、概　念

高速铁路车站（简称高铁车站），是指专为高速铁路运营而设计和修建的新型铁路车站。高速铁路车站不同于我们常见的铁路车站，此类车站的设计和修建应用了更加先进的服务理念，要考虑与城市轨道交通线路及其他城市公共交通方式的接驳，而且还要考虑到进、出站客流有序快速流动等问题。有些城市的高速铁路车站，已经能够满足旅客不出站换乘城市公共交通工具的要求。

二、高速铁路车站的分类

高速铁路车站按作业性质和所处线路上的位置分为：越行站、中间站和始发、终到站。

1. 越行站

设于站间距离较长的区间，为中速列车待避高速列车越行的车站。不办理客运业务，仅有两股到发线以及为值班员用的小站台 1 座。正线办理高速列车的通过，到发线办理中速列车的待避。如图 7.39 所示。

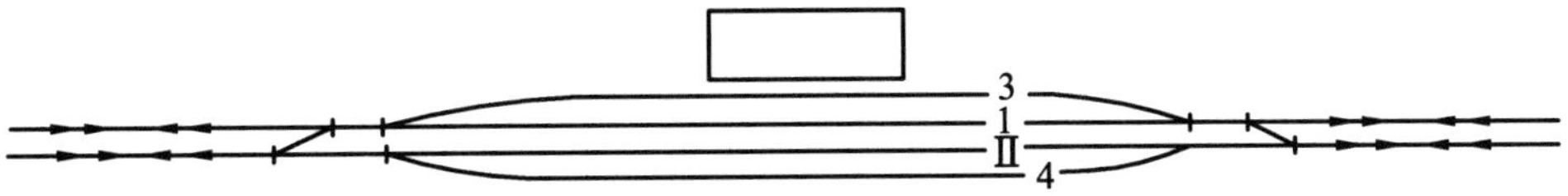

图 7.39　高速越行站布置图

2. 中间站

中间站是高速铁路上数量最多的车站，主要办理高、中速列车越行作业，停站高、中速列车的到发和不停站通过高、中速列车的作业，一般是通过列车多于停站列车，办理旅客上、下车以及换乘，较大的中间站还办理少量始发、终到或立即折返的高速列车作业。

中间站的基本图型有两种。一种是岛式图型，中间站台设在正线和到发线中间，站台一侧靠正线，另一侧靠到发线，如图 7.40（a）所示。另一种是对应式图型，中间站台设在到发线外侧或到发线之间，站台不靠正线，如图 7.40（b）所示。

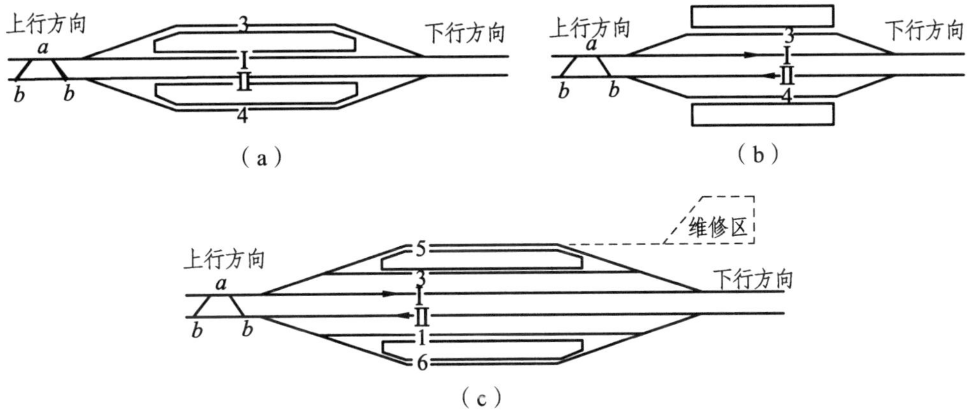

图 7.40　高速铁路中间站布置图

在经济发达城市连绵地带，一些中间站客运量相当大，需要开行立即折返的始发终到列车，这种中间站从全线看属于中间站，但还具有终点站的性质，办理折返列车的作业。如图 7.40（c）所示。维修车列可通过到发线 5 及上行端渡线向上行正线出发。通过到发线折返可直接进入下行正线。

3. 始发、终到站

始发、终到站只是相对于一条高速线而言，位于高速铁路的起讫点，如京沪高速铁路的北京和上海站。办理高速、中速列车到发作业，具有全线最大的客运量。始发、终到站设有高速列车动车段或综合维修基地和管理机构等，为全线高速列车进行检修和运营指挥。图 7.41 所示车站，车站有 8 条到发线、4 座站台。正线可设在靠近站台，兼作到发线使用，靠近正线一侧站台按规定设置防护栏。

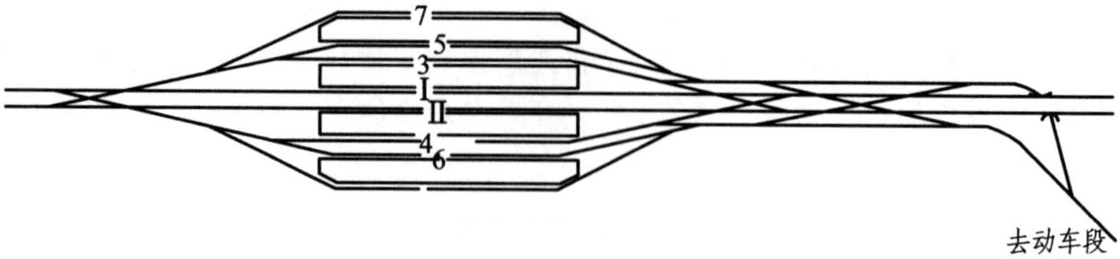

图 7.41　高速始发、终到站点布置图

三、高速铁路车站站房及附属设施特点

高速铁路运营方式将使旅客的行为模式发生较大变化，作为直接为旅客服务的客运站房，最能体现高速铁路的形象，充分体现高效、安全、方便、快捷的特点，在功能和形式上都能体现高速铁路全新风貌，以“功能性、系统性、先进性、文化性、经济性”为原则进行设计和设备布置。高速铁路站房设计应放在更大范围内与车站内旅客活动平台、站台、雨棚、跨线设施、相关功能用房综合考虑，形成以客运服务为主的车站建筑，并与周边的广场、城市公共交通设施、主要建筑相协调，使之成为铁路与城市的有机结合点，体现所在城市的地域特色和文化。

第六节　铁路枢纽

一、概　述

在铁路网上，几条铁路干线相互交叉或接轨的地点，需要修建一个联合车站，或修建几个专业车站以及连接这些车站的联络线、进站线路、跨线桥等设备，由这些车站和设备组成的整体称为铁路枢纽。铁路枢纽是铁路网的主要组成部分，它是客、货流从一条铁路到各衔接铁路的中转地区，也是所在城市客、货到发及联运的地区。因此，它除办理枢纽内各种车站的有关作业外，还担负着枢纽各衔接方向间车流转线、枢纽内小运转列车的交流及城市范围内的各种联运任务。

铁路枢纽是在铁路网建设和城市、国民经济以及社会发展中逐步建设形成的。各个铁路枢纽的结构、布局和设备，均有其地理特征、历史特点和发展条件，一般都经历由小到大、由简单到复杂、由不合理到合理的发展过程。

二、铁路枢纽内设备

（1）铁路线路：包括引入线路、联络线、环线、工业企业专用线等。

（2）车站：包括客运站、货运站、编组站、工业站、港湾站等。

（3）疏解设备：包括铁路线路与铁路线路的平面和立交疏解、铁路线路与城市道路的立交桥及道口以及线路所等。

（4）其他设备：包括机务段、车辆段、客车整备所等。

三、铁路枢纽的类型

（1）按在路网上的地位和作用，分为路网性（北京、郑州等枢纽）、区域性（太原、蚌埠等枢纽）和地方性枢纽（秦皇岛属港湾铁路枢纽等）。

（2）按衔接线路、车站数量和规模，分为特大、大、中、小型枢纽。

（3）按主要服务对象，分为工业、港湾、综合性枢纽。

（4）按布置图型，分为一站、三角形、十字形、顺列式、并列式、环形、混合形和尽端式铁路枢纽等，图 7.42 为混合式铁路枢纽示意图。

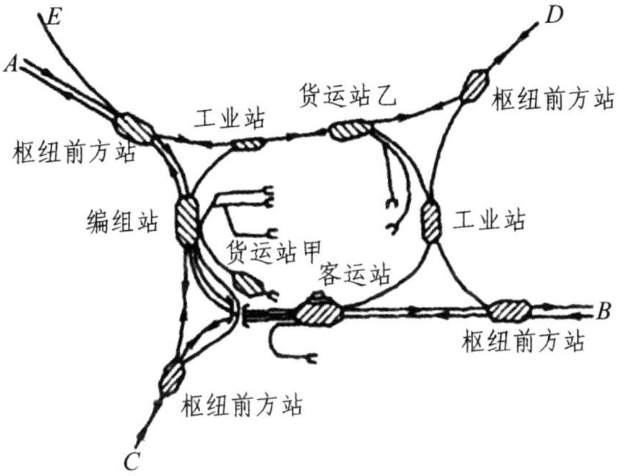

图 7.42　混合式铁路枢纽示意图

四、铁路枢纽实例

北京铁路枢纽（见图 7.43），是我国北方最大的铁路枢纽，京九、京广、京沪、京哈、京包、京承、京原、京通、京秦等我国主要铁路干线均汇集北京。其中，丰台西、丰台、双桥等为编组站；北京、北京西、北京北、北京南等为大型客运站；广安门、北京东等为大型货物站。枢纽有很多联络线。北京铁路枢纽到发的旅客列车达到 170 多对，通往 88 个城市、4 个国家，年旅客发送量达到 5 322 万人次。现在，北京局集团公司跨局特快列车平均旅行速度将达到 100.85 km/h，跨局快速列车平均旅行速度将达到 74.77 km/h。快速列车和特快列车，运行的最高时速达 160 km。北京西客站建于 1996 年，主站房正面长 740 m、高 90 m，主站区建筑面积约 50 万 m^2，是我国目前最大的客运站，也是亚洲最大的客运站，各客运设施也是最先进的。

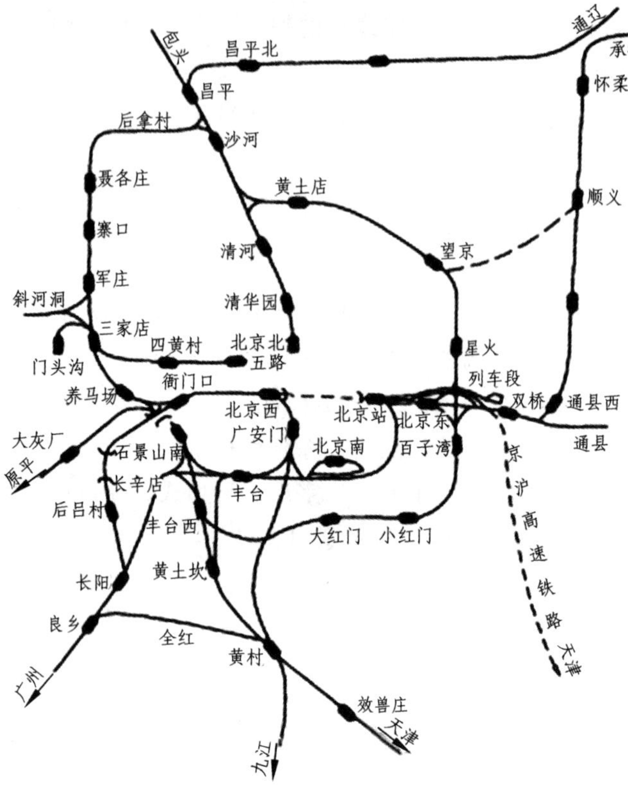

图 7.43　北京铁路枢纽示意图

拓展阅读六

复习与思考

1. 车站分类方式有哪些？
2. 简述车站线路名称及用途。
3. 简述中间站的任务、作业及设备。
4. 股道、道岔编号的基本原则是什么？
5. 简述股道有效长的概念和决定因素。
6. 铁路开行的货物列车种类有哪些？
7. 简述编组站作业特点和设备内容。
8. 在编组站布置图中，什么叫横列式？什么叫纵列式？什么叫几级几场？
9. 画图说明三级六场各项作业的流程。

10. 调速工具有哪些？作用是什么？
11. 分别解释何为高速列车、高速铁路、动车组？几者之间的关系是怎么样的？
12. 高速铁路车站在业务上有哪些特点？如何分类？
13. 高速铁路车站的站房、设备设施布置有哪些特点？
14. 为什么高速铁路车站和我国铁路既有的客运站之间有这么多的差别？

第八章　铁路运输组织

铁路运输是指铁路部门综合运用机车、车辆、线路、车站、通信信号等设备设施组织开行，安全、正点地把旅客、货物送到目的地的过程。铁路运输工作的范围包括整个生产过程的计划、组织与指挥。它包括客运工作，货运工作和行车组织 3 个方面。

第一节　旅客运输

旅客运输是铁路运输的一个重要组成部分。随着我国经济建设的迅速发展，人民物质文化生活水平的不断提高，经由铁路运送的旅客人数大幅度增长。因此，做好铁路旅客运输工作，对于国家经济建设、文化交流以及满足人民群众的生活需要，有着十分重要的意义。

旅客运输的基本任务是：最大限度地满足广大人民群众在旅行上的需要，安全、迅速、便利地运送旅客、行李、包裹和邮件，保证旅客在旅行途中舒适愉快并得到精神层面的优质服务。

一、铁路旅客运输概述

（一）旅客运输计划

为了做好铁路旅客运输组织工作，必须对客运市场和客流量进行准确的调查分析，根据预测结果制订详细的旅客运输计划，从而达到充分挖掘运输潜力，保证旅客安全、迅速、准确、便利地旅行的目的。

旅客运输计划分为长远计划、年度计划和日常计划 3 种，其中年度计划是旅客运输的任务计划。

1. 长远计划

长远计划一般为 5 年、10 年或更长时期的规划，是铁路旅客运输的发展计划，通常根据经济计划的周期进行编制。

2. 年度计划

年度计划是旅客运输的任务计划，根据长远计划结合年度具体情况编制，是确定旅客列车行车量及客运运营支出计划的依据。

3. 日常计划

日常计划是日常旅客运输的工作计划，是根据年度计划任务，结合日常和节假日客流波动而编制，是实现年度计划的保证计划。

（二）客　流

客流是指铁路某一方向上，一定时间内旅客的流量和流向，它由旅客运输的数量、行程和方向构成。根据旅客乘车距离和铁路局集团公司管辖范围，一般将客流分为以下两种：

（1）直通客流：旅客乘车距离跨及两个及以上铁路局的客流。

（2）管内客流：旅客乘车距离在一个铁路局集团公司范围内的客流。

近几年，铁路客流呈现了增长迅速、波动性大、分布不均衡等特点，所以我们需要通过对客流进行调查，从而正确掌握客流的特点及变化规律，为编制旅客运输计划提供依据。

（三）旅客列车的种类及车次

1. 旅客列车的种类

旅客列车按照列车的编组内容、旅行速度和运行要求的不同，主要分为动车组旅客列车、特快旅客列车、快速旅客列车、普通旅客列车、旅游列车、临时列车等。

2. 旅客列车的车次

为方便旅客区分列车种类及考虑铁路人员的工作需要，需要对每一列车编定一个识别码，即车次。上行列车车次编为双数；下行列车车次编为单数。一趟旅客列车在运行途中变换上下行方向时，其车次也随之变换。主要旅客列车种类及车次编号见表 8.1。

表 8.1　主要旅客列车种类及车次编号表

序号	列　车　种　类		车　次
1	高速动车组旅客列车	跨局	G1 ~ G5998
		管内	G6001 ~ G9998
2	城际动车组旅客列车	跨局	C1 ~ C1998
		管内	C2001 ~ C 9998
3	动车组	跨局	D1 ~ D3998
		管内	D4001 ~ D9998
4	直达特快旅客列车	Z1 ~ Z9998	
5	特快旅客列车	跨局	T1 ~ T4998
		管内	T5001 ~ T9998
6	快速旅客列车	跨局	K1 ~ K6998
		管内	K7001 ~ K 9998
7	普通旅客快车	跨三局及其以上	1001 ~ 1998
		跨两局	2001 ~ 3998
		管内	4001 ~ 5998

续表

序号	列车种类		车次
8	普通旅客慢车	跨局	6001～6198
		管内	6201～7598
9	通勤旅客列车		7601～8998
10	临时旅客列车	跨局	L1～L6998
		管内	L7001～L 9998
11	旅游列车	跨局	Y1～Y498
		管内	Y501～Y998
12	动车组检测车		DJ5501～DJ5598
13	回送出入厂客车车底列车		001～00298
14	回送图定客车底		在车次前冠以“0”
15	因故折返旅客列车		原车次前冠以“F”
16	行邮特快专列		X1～X198
17	行包快运专列		X201～X 998

（四）旅客运输合同

1. 铁路旅客运输合同及凭证

铁路旅客运输在法律上体现为铁路旅客运输合同关系。铁路旅客运输合同是明确承运人与旅客之间权利义务关系的协议。铁路旅客运输合同的基本凭证是车票（见图 8.1）。

铁路旅客运输合同从售出车票时成立，自旅客进站检验车票为合同履行开始，至按票面规定运输结束旅客出站时止，为合同履行完毕。

代用票是根据需要临时填发的票据。它是车站在无计算机售票设备或计算机设备故障等特殊情况下代用车票和办理旅游专列、团体旅客乘车、包车、旅行变更、旅客丢失车票补票以及在列车内补收票价、杂费时使用的一种票据。

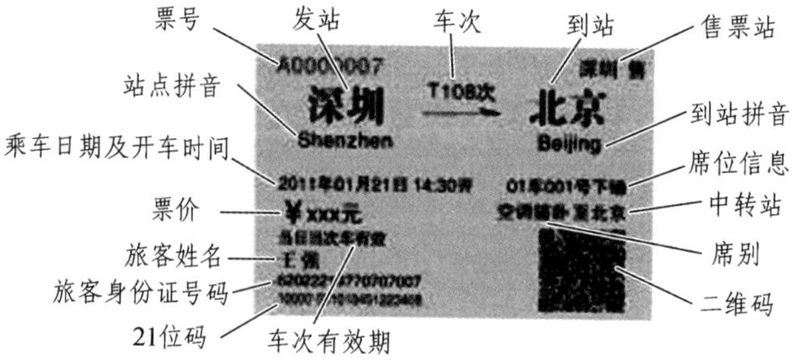

图 8.1　旅客车票票样

2. 承运人、旅客的权利和义务

承运人应为旅客提供良好的旅行环境和服务设施，文明礼貌地为旅客服务，确保旅客运输安全、正点；对运送期间发生的旅客身体损害以及因承运人过错造成的旅客随身携带物品损失，应予以赔偿。

旅客应购票乘车，在旅行中应遵守国家法令和铁路运输规章制度，爱护铁路设备、设施，维护公共秩序和运输安全，听从铁路车站、列车工作人员的引导，按照车站的引导标志进、出站。对运送期间发生的身体损害以及因承运人过错造成的随身携带物品损失，有权要求承运人赔偿。

3. 旅客票价

旅客票价是以每人每 km 的票价率为基础，按照旅客旅行的距离和不同的列车设备条件，采取递远递减的办法确定。儿童票可享受客票、加快票和空调票的优惠，儿童票票价按相应客票和附加票票价的 50%计算。免费乘车及持儿童票乘车的儿童单独使用卧铺时，应另收全价卧铺票价，有空调时还应另收半价空调票票价。

学生票可享受硬座客票、加快票、空调票及动车组列车二等座车的优惠，学生票票价按相应客票和附加票票价的 50%计算，动车组列车的学生票按全价票价的 75%核收。持学生票乘车的学生使用硬卧时，应另收全价卧铺票价，有空调时还应收半价空调票票价。

残疾军人票可享受客票和附加票优惠，票价按相应客票和附加票的 50%计算。

二、旅客运输生产过程

旅客运输生产过程如图 8.2 所示。

图 8.2　旅客运输生产过程

1. 售　票

为了更好地体现“人民铁路为人民”的宗旨，铁路对儿童、学生及残疾军人发售车票实行优惠。身高在 1.2 ~ 1.5 m 的儿童随同成人乘车时可购买儿童优惠票，每一成人旅客可免费携带身高不足 1.2 m 的儿童 1 名，超过 1 名时，超过的人数应购买儿童票；在普通大、专院校，军事院校，中、小学和中等专业学校，技工学校就读，没有工资收入的学生、研究生，家庭居住地和学校所在地不在同一城市时，凭减价证件，每年可享受 4 次限定在寒假（12 月 1 日—3 月 31 日）、暑假（6 月 1 日—9 月 30 日）家庭至院校之间的学生优惠票；中国人民解放军和中国人民武装警察部队因伤致残的军人凭“中华人民共和国残疾军人证”、因公致残的人民警察凭“中华人民共和国伤残人民警察证”购买残疾军人优惠票。

目前除了传统的售票方式以外，铁路部门还通过 12306 网络平台提供网络售票，旅客可以在网站注册购票、订票、异地订票，并可订购联程票、返程票等。在网上完成支付后，乘车之前可在任一售票窗口或自动售（取）票机取票，大大方便了旅客购票，减轻了车站售票压力，效果良好。

2. 候　车

候车室是旅客休息和等候乘车的场所。车站昼夜都有大量的旅客，而且流动性很大，必须为旅客创造一个良好舒适的候车环境。候车室一般实行凭票候车。候车室工作人员要主动、热情、诚恳、周到地为旅客服务，搞好清洁卫生，及时通告列车到、开和检票进站时间，加强安全和旅行常识的宣传，做好饮水、购物、娱乐等延伸服务。

为了维护站车的良好秩序，确保运输安全，方便旅客进出站、上下车，一般在旅客进入候车室之前需对旅客的随身携带品进行检查。旅客不得携带国家禁止或限制运输的物品、危险品、动物及妨碍公共卫生、能够损坏或污染车辆等的物品进站上车。

此外，每一个成人旅客可免费携带物品 20 kg，儿童（含免费儿童）10 kg，外交人员（持外交护照者）35 kg；旅客携带品的外部尺寸，每件长、宽、高之和不得超过 160 cm；对杆状物品不得超过 200 cm。残疾人旅行时代步的折叠式轮椅可免费携带，不计入上述范围。

3. 检　票

为了维护车站秩序，保证旅客安全，防止旅客乘错车，车站对进站的旅客和人员持有的车票、站台票要检验和加剪。检票时先重点（老、弱、病、残、孕等旅客）、后团体、再一般。在确认车票有效后，一般要在车票边沿上剪一个小口，表明铁路旅客运输合同开始履行。随着电子客票在全路范围内普及，检票工作变为开车前由旅客自行在进站闸机刷验身份证或乘车凭证。

4. 旅客上下车

上下车极易发生事故，为确保旅客安全，客运人员应有秩序地组织旅客上下车，做好进出站引导工作，派人值守检票口、天桥口、地道口及进站或出站通路交叉地点，严禁旅客钻车和横跨股道。对老、弱、病、残、孕等行动不便的旅客应提供帮助，督促购物旅客及时上车，保证旅客安全。

5. 列车服务

旅客旅行大部分时间是在列车上度过的，列车服务工作的好坏直接影响到铁路的声誉、形象。列车乘务人员应主动、热情、文明、礼貌地为旅客服务，妥善照顾旅客乘降，开展好验票工作，及时安排旅客席位，保持车厢内清洁卫生，维护车内秩序，做好广播宣传、餐饮和开水供应工作，保障旅客人身财产安全，保证列车运行安全。

列车服务工作由列车乘务组担当。列车乘务组包括客运人员（列车长、列车员、广播员、行李员、餐车服务员等）、公安乘警（乘警长、乘警等）和车辆乘务员（检车长、检车员、车电员等）3 部分人员。列车乘务组在列车长的统一领导下，相互密切配合，共同做好列车服务工作。

6. 出　站

旅客到达车站出站时，也将经过出站闸机刷验身份证或打印凭证或乘车电子凭证即可出站。

三、旅客运输非正常情况的处理

（一）退　票

铁路车票一经售出，铁路旅客运输合同即宣告成立。为了强化合同管理，旅客因故或因铁路责任要求铁路退票，即与铁路运输企业解除合同，铁路在一定的条件下才允许办理退票。

旅客因故退票，须在发站开车前办理，特殊情况也可在开车后 2 h 内办理，铁路退还全部票款；旅客开始旅行后不能退票，但如因伤、病不能继续旅行时，经站、车证实，可退还已收票价与已乘区间票价差额，均核收退票费。退票费执行梯次核收规定，即票面乘车站开车时间前 48 h 以上的按票价 5%计，24 h 以上、不足 48 h 的按票价 10%计，不足 24 h 的按票价 20%计。

旅客因列车超员、晚点、卧铺发售重号、车辆故障途中甩车、行车事故等铁路责任退票，退还全部票款或已收票价与已使用部分票价差，不收退票费。

（二）旅行变更

旅客购票及开始旅行后，要求办理旅行变更的情况经常发生，由于变更类别很多，办理的时间又紧迫，站、车应从方便旅客出发予以办理。

1. 提前或推迟乘车

旅客不能按票面指定的日期、车次乘车时，应当在票面指定的日期、车次开车前办理一次提前或推迟乘车签证手续，特殊情况经站长同意可在开车后 2 h 内办理。持动车组列车车票的旅客改乘当日其他动车组列车时不受开车后 2 h 内限制。团体旅客不应晚于开车前 48 h。在车站售票预售期内且有运输能力的前提下，车站应予办理。

2. 变更等级

旅客办理中转签证或在列车上办理补签、变更席（铺）位时，签证或变更后的车次、席（铺）位票价高于原票价时，核收票价差额；签证或变更后的车次、席（铺）位票价低于原票价时，票价差额部分不予退还。

因承运人责任使旅客不能按票面记载的日期、车次、座别、铺别乘车时，站、车应重新妥善安排。重新安排的列车、座席、铺位高于原票等级时，超过部分票价不予补收。低于原票等级时，应退还票价差额，不收退票费。

3. 变更径路

变更径路是指发到站不变，只改变经过的线路。持通票的旅客在中转站和列车上要求变更径路时，必须在通票有效期能够到达到站时方可办理。办理时，原票价低于变径后的票价时，应补收新旧径路里程票价差额，核收手续费；原票价高于或相当于变更后的径路票价时，持原票乘车有效，差额部分（包括列车等级不符的差额）不予退还。

4. 越站乘车

旅客在车票到站前要求越过到站继续乘车时，在有运输能力的情况下列车应予以办理，核收越站区间的票价和手续费。

5. 旅客分乘

两名以上旅客共持 1 张代用票要求办理分票手续时，站、车应从方便旅客出发予以办理。

（三）误售、误购、误乘的处理

由于站名相似、口音不同等原因，发生车票误售、误购时，在发站应换发新票。在中途站、原票到站或列车内应补收票价时，换发代用票，补收票价差额。应退还票价时，站、车应编制客运记录交旅客，作为乘车至正当到站要求退还票价差额的凭证，并应以最方便的列车将旅客运送至正当到站，均不收取手续费或退票费。

因误售、误购或误乘需送回时，承运人应免费将旅客送回。在免费送回区间，旅客不得中途下车。如中途下车，对往返乘车区间补收票价，核收手续费。

（四）丢失车票的处理

旅客丢失车票应另行购票。在列车上应自丢失站起（不能判明时从列车始发站起）补收票价，核收手续费。旅客补票后又找到原票时，列车长应编制客运记录交旅客，作为在到站出站前向到站要求退还后补票价的依据。退票核收退票费。

旅客丢失实名制车票时，可提供购票时所使用的有效身份证件原件、原车票乘车日期和购票地车站名称等到车站售票窗口办理挂失补办手续，办理时间不晚于票面发站停止检票时间前 20 min。

（五）不符合乘车条件的处理

不符合乘车条件的情况是多方面的，由于情况不同，处理方法也不同：

（1）属于有意取巧，不履行义务的，除按规定补票，核收手续费以外，铁路运输企业有权对其身份进行登记，并须加收已乘区间应补票价 50%的票款。如无票乘车、持失效车票乘车、持用伪造或涂改的车票乘车、持儿童票、学生票、残疾军人票没有规定的减价凭证或不符合减价条件等。

（2）属于客观原因，不符合乘车条件的，只补收票价，核收手续费。如应买票而未买票的儿童、主动补票或者经站、车同意上车补票的。

四、行李、包裹运输

（一）行李、包裹的范围

1. 行李范围

行李是指旅客自用的被褥、衣物、个人阅读的书籍、残疾人车和其他旅行必需品。另外，凭地、市级以上文化行政部门证明和“营业演出许可证”要求托运的文艺团体演出器材也可按行李运输。

为了保证行车安全、贯彻国家有关运输政策，行李中不得夹带货币、证券、珍贵文物、金银珠宝、档案材料等贵重物品和国家禁止、限制运输的物品、危险品。

行李每件最大质量为 50 kg，体积以适于装入行李车为限，但最小不小于 0.01 m^3。

2. 包裹范围

包裹是指适合在旅客列车行李车内运输的小件货物。包裹分为 4 类：

一类包裹：自发刊日起 5 天以内的报纸；中央、省级政府宣传用非卖品；新闻图片和中、小学生课本。

二类包裹：抢险救灾物资、书刊、鲜或冻鱼类、肉、蛋、奶类、果蔬类。

三类包裹：不属于一、二、四类包裹的物品。

四类包裹：一级运输包装的放射性同位素、摩托车；泡沫塑料及其制品；国务院铁路主管部门指定的其他需要特殊运输条件的物品。

另外，为保证安全，有些物品是不能按包裹运输的，如危险品。每件包裹的体积、质量的规定与行李相同。

（二）行李、包裹的运送

1. 托　运

旅客或托运人向车站要求运输行李或包裹称为托运。

旅客托运行李时，必须提出有效的客票（市郊定期客票除外）和行李托运单。旅客凭客票在乘车区段内，可从任何营业站托运至另一营业站，但每张客票仅限托运一次（残疾人用车除外）。

旅客托运包裹时，应提出包裹托运单。托运某些特殊物品时，还应提交规定部门签发的运输证明，例如托运金银珠宝、货币、证券，应提交中国人民银行的正式文件或当地铁路公安局（处）或公安分局（分处）的免检证明。

行李、包裹的运输方式分为保价运输和不保价运输，旅客或托运人可选择其中一种运输方式，并在托运单上注明。参加保价运输的行李、包裹，需交纳保价费。车站对保价运输的行李、包裹可以检查其声明价格与实际价格是否相符，如旅客或托运人拒绝检查，则不能按保价运输办理。

2. 验　货

车站在受理时，必须对下列项目认真检查核对。

（1）物品名称、件数是否与托运单记载相符，物品状态是否完好，有否夹带危险品及国家禁止或限制运输的物品。

（2）包装是否符合运输要求。

（3）货签、安全标志是否齐全，填写是否正确。发现问题要求托运人及时更正，否则不予受理。

3. 承　运

车站行李员应对要求托运的行李、包裹进行必要的检查。当检查完毕后，认为符合运输条件，即可办理承运手续，填制行李或包裹票（行李、包裹票一式 5 页，其中丙页为领货凭证），收运杂费。

4. 运　送

运送行李、包裹时，应先行李、后包裹，做到行李随人走、人到行李到。所以，行李应随旅客所乘列车装运或提前装运，包裹应按其类别的顺序及性质统筹安排运输，保证行李、包裹在一定期限（即行李、包裹运到期限）内运至到站。

行李、包裹运到期限以运价里程计算，从承运日起，行李 600 km 以内为 3 天，超过 600 km，每增加 600 km 增加 1 天，不足 600 km 也按 1 天计算。包裹 400 km 以内为 3 天，超过 400 km，每增加 400 km 增加 1 天，不足 400 km 也按 1 天计算。

由于不可抗力等非承运人责任发生的停留时间加算在运到期限内。

逾期运到的行李、包裹，承运人应按逾期天数及所收运费的百分比向收货人支付违约金，违约金最高不超过运费的 30%。

5. 到达、保管、交付

行李随旅客所乘坐的列车运至到站，旅客即可领取。包裹由托运人在发站办理托运手续后，告知收货人按时领取，同时承运人在包裹到达后也应及时通知收货人领取。铁路对到达的行李、包裹免费保管 3 天（行李从运到日起，包裹从发出通知日起）；逾期到达的行李、包裹免费保管 10 天。超过免费保管期限时，按超过日期天数核收保管费。

旅客或收货人领取行李、包裹时，凭行李、包裹领取凭证领取。如领取凭证未收到或丢失，必须提交本人身份证、物品清单和担保人的担保书，承运人对所提交的单、证和担保人的担保资格认可后，由旅客或收货人签收办理交付。

第二节　货物运输组织

铁路货运组织是铁路运输组织工作的一个重要组成部分。因为货物运输与国家经济建设、国防建设和人民生活息息相关，所以做好铁路货物运输有着重要的意义。随着经济结构的变化和人民生活水平的提高，运输市场的需求发生了变化，高效、便捷、安全将是货物运输的主要特征。

一、货物运输概述

（一）铁路货物运输合同

铁路货物运输是利用铁路运输工具将货物从发站运往到站的运输生产过程，在法律上体现为铁路运输合同关系。根据《中华人民共和国铁路法》和《铁路货物运输合同实施细则》，承运人和托运人（代表收货人）就铁路货物运输须签订铁路货物运输合同（见图 8.3）。铁路货物运输合同是承运人与托运人、收货人之间为明确铁路货物运输中的权利、责任、义务而签订的协议，即承运人根据托运人的要求，按约定将托运人的货物运至目的地，完好无损地交与收货人的合同。

GF-91-0402

铁路货物运输合同

（示范文本）

年　　月份要车计划表

月　日提交　批准假话号码　单位章

发货单位	
	名称：
	代号：
	地址：
	电话：

顺号	到局			收货单位				货物			车种代号	车数	特征代号	铁路		换装港	终到港	备注	发局
	到站	电报号	专用线	部门/省市 名称	部门/省市 代号	名称	代号	名称	代号	吨数				核减号	不合理				
1																			发站电报表
2																			
3																			
4																			品类代号
5																			
6																			
合计																			

注：车种代号：棚车P，敞车C，平板N，轻油罐车Q，其他罐车G，保温车B，毒品PD，特种车T，自备车在车种前加Z。

规格：135×297(500)

图 8.3　铁路货物运输合同

（二）货物运输的种类

根据托运人托运货物的数量、性质、形状和运输条件等，结合我国铁路技术设备条件，铁路货物运输分为整车、零担和集装箱运输 3 类。

1. 整车运输

一批货物的质量、体积或形状需要使用一辆及以上货车运输的，应按整车托运。整车货物运输费用较低，运送速度较快，安全性能好，承担的运量也较大，是铁路的主要运输方式。

需要冷藏、保温或加温的货物，规定限按整车办理的危险货物，易于污染其他货物的污秽品，蜜蜂，不易计算件数的货物，未装容器的活动物（铁路局规定在管内可按零担运输的除外），一件货物质量超过 2 t、体积超过 3 m^3 或长度超过 9 m 的货物（经发站确认不致影响中转站和到站装卸车作业的除外），都应按整车托运。

2. 零担运输

凡是不够整车运输条件的，即一批货物的质量、体积或形状都不需要单独使用一辆货车来运输的，应按零担货物托运。按零担托运的货物，一件货物体积最小不得小于 0.02 m^3（一件质量在 10 kg 以上的除外），每批不得超过 300 件。

零担货物运输具有运量零星、批数较多、到站分散、品种繁多、性质复杂、包装条件不一、作业复杂等特点。零担运输在铁路总运量中所占的比重虽然不大，但占据了铁路货物运输的大部分工作。目前铁路部门已停止办理零担中转业务，零担业务量大幅下降。

3. 集装箱运输

托运人托运的货物符合集装箱运输条件的，可使用铁路集装箱或自备集装箱装运，按集装箱托运。

集装箱运输具有保证货运安全、简化货物包装、提高装卸效率、加速车辆周转、便于组织"门到门"运输等优点，是一种现代化的运输方式，是铁路运输的发展方向。目前铁路集装箱运输业务只能在指定的车站办理，集装箱运输应按《铁路集装箱运输办法》的有关规定办理。

（三）按一批托运的条件

铁路货运工作中的所谓"一批"，就是指承运货物和计算运输费用的一个单位，"一批"是指使用一张运单和一份货票，按照同一运输条件运输的货物。按一批托运的货物，必须是托运人、收货人、发站、到站和装卸地点相同（整车分卸货物除外）。具体规定是：

（1）整车货物以每车为一批，跨装、爬装和使用游车的货物，每一车组为一批。

（2）零担货物和使用集装箱运输的货物，以每张货物运单为一批。使用集装箱运输的货物，每批必须是同一箱型，至少一箱，最多不得超过铁路一辆货车所能装运的箱数。

（3）易腐货物与非易腐货物，危险货物与非危险货物（另有规定者除外），根据货物性质不能混装运输的货物，运输条件不同的货物，一般不得按一批托运。

（四）货物运到期限

货物运到期限是铁路在现有技术设备和运输组织水平的条件下，将货物运送一定距离所需的时间。铁路承运的货物，应在规定的运到期限内运至到站，这是铁路运输的基本职责之一。

货物运到期限是指从发站承运货物的次日起，至到站卸车完毕时止或货车调到卸车地点或货车交接地点时止的时间。

货物运到期限是由下列 3 部分时间组成的：

（1）货物发送期间为 1 天。

（2）货物运输期间：每 250 运价公里或其未满为 1 天；按快运办理的整车货物每 500 运阶公里或其未满为 1 天。

（3）特殊作业时间留时间。

二、货物运输生产过程

货物运输生产过程可分为发送作业、途中作业和到达作业 3 部分。

（一）发送作业

货物的发送作业一般包括货物的托运、受理、进货与验货、制票、承运和装车作业等。

1. 托　运

托运人向车站按批提出货物运单和运输要求，称为货物的托运。托运人托运的货物，分为保价运输与不保价运输两种，按哪种方式运输，由托运人确定，并在货物运单的托运人记载事项栏内注明。

保价运输是铁路对事故货物实行限额赔偿后，为保证承运人、托运人权益对等而采取的一种措施。该措施对加强内部管理，保障货物运输安全，提高运输质量也具有重要意义。

2. 受　理

托运人提出的货物运单经车站审查，符合运输要求后，车站在货物运单上签证，指定进货日期或装车日期，即为受理。

3. 进货与验货

托运人凭车站签证后的货物运单，按运单上指定的日期将货物搬入货场指定的货位，即进货。

对搬入货场的货物，为了保证货物运输安全、完整，划清承运人与托运人之间的责任，货运员应按照货物运单记载认真检查现货。货物验收完毕后，货运员应在货物运单上签证，注明货物堆放货位和验收完毕日期。

4. 制　票

整车货物装车后（零担货物过秤完了，集装箱货物装箱后或接收重箱后），将运单移交货运室填制货票，向托运人核收运杂费。货票是铁路运输货物的凭证，也是一种财务性质的票据。货票一式四联，分别是发站存查联、报告联、报销联和运输凭证。

5. 承　运

填制货票、核收运杂费后，发站在货物运单和货票上加盖车站日期戳（另须在领货凭证及货物运单与领货凭证接缝处加盖车站日期戳）时起，即为承运。承运后，托运人应及时将领货凭证寄交收货人，便于收货人及时领取货物。自承运时起，货物运输合同成立，承、托双方就要分别履行运输合同的权利、义务和责任。

6. 装　车

货物的装车作业，应在保证货物安全的条件下，积极组织快装、快卸，昼夜不间断地作业，以缩短货车停留时间，加速货物运输。装车有以下要求：

装车前，必须对货车进行技术检查和货运检查，以确保行车安全和货物运输安全。

装车时，必须核对运单、货票、实际货物，保证运单、货票、货物“三统一”，努力提高装车质量，巧装满载，充分利用车辆的载重量和有效容积。

装车后，要认真检查重车、运单、货位，保证装车质量。

（二）途中作业

货物在途中的作业主要包括货物的交接检查、货物的换装整理、货物运输合同的变更和解除及运输阻碍的处理等。

1. 货物的交接、检查

为了保证行车安全和货物的安全、完整，明确各自的责任，列车和车站（车务段）各工种之间对运输中的货物（车）和运输票据应进行交接检查，并按规定处理。

2. 货物的换装整理

货物的换装整理是指装载货物的车辆在运送过程中，发生可能危及行车安全和货物完整等情况时，所进行的更换货车或货物的整理作业。

在运输途中发现货车偏载、超载、货物撒漏以及因车辆技术状态不良，经车辆部门扣留，不能继续运行，或根据交接货物（车）时交接、检查处理事项中规定需换装整理的货物，由发现站及时换装或整理，以确保行车安全和货物完整。

3. 货物运输合同的变更和合同解除

托运人或收货人由于特殊原因，对已经装车挂运的货物，可按批向货物所在的中途站或到站提出变更到站、变更收货人，即为货物运输合同的变更。

托运人对承运后装车前（整车货物和大型集装箱在承运后挂运前）的货物可向发站临时取消托运，经承运人同意，货物运输合同即告解除。

4. 运输阻碍的处理

因不可抗力的原因致使行车中断、货物运输发生阻碍时，铁路局集团公司对已承运的货物，可指示绕路运输；或者在必要时先将货物卸下，妥善保管，待恢复运输时再行装车继续运输。因货物性质特殊，绕路运输或卸下再装可能造成货物损失时，车站应联系托运人或收货人提出处理办法。

（三）到达作业

1. 重车和票据的接收

重车到达到站后，车站应按规定接收重车及票据。车站有关人员检查核对无误后，将到达票据送交货运室。

2. 卸车作业

卸车作业是铁路运输的又一个重要环节，其工作质量直接影响装车质量、车辆的周转以及排空任务的完成。因此，卸车作业各环节都应及时、认真完成。做好卸车工作有以下要求：

卸车前，要认真检查货位、运输票据和现车，做好卸车的准备工作。

卸车时，必须核对运单、货票、实际货物，保证运单、货票、货物“三统一”，认真进行监卸工作。

卸车后，进行车辆、线路的清扫，卸后货物的登记、货物安全距离检查等工作，并将卸完时间通知货运室，报告货调，以便取车。

3. 货物的催领和保管

承运人组织卸车的货物，到站应在不迟于卸车完毕的次日内，用电话、电报、登广告或书信等通知方式，向收货人发出催领通知。收货人也可与到站商定其他通知方式。

货物运至到站，收货人应及时领取，及时领取货物是收货人应尽的义务。承运人组织卸车的货物，收货人应于承运人发出催领通知的次日（不能实现催领通知或会同收货人卸车的货物从卸车的次日）起 2 日内将货物搬出货场，否则要核收保管费。

4. 交　付

收货人在到站领取货物时，须提交领货凭证，如领货凭证未收到或丢失，须提交相关证明。承运人在收货人办完货物领取手续和支付完费用后，应将货物连同运单一并交给收货人。

承运人组织卸车的，卸车完毕即可交付；收货人组织卸车的，货车调送至交接地点或卸车地点即可交付。交付完毕，运输合同的权利义务终止。

三、铁路集装箱与集装化运输

（一）铁路集装箱运输

1. 集装箱的定义

集装箱是指具有一定强度、刚度和规格专供周转使用的大型装货容器。按国际标准化组织（ISO）技术委员会的规定，集装箱应具备下列条件：

（1）能长期反复使用，具有足够的强度。

（2）途中转运时，不动箱内的货物，可以直接换装。

（3）可以进行机械装卸，并可从一种运输方式比较方便地直接换装到另一种运输方式。

（4）便于货物的装卸作业和充分利用装载容积。

（5）内部几何容积在 1 m^3 以上。

2. 集装箱的分类

集装箱可按货物种类、总重、材料、结构、用途等分类。

（1）按总重分有 30 t 集装箱、20 t 集装箱、10 t 集装箱、5 t 集装箱、2.5 t 集装箱等。

（2）按用途分有冷冻集装箱，挂衣集装箱，开顶集装箱，框架集装箱，罐式集装箱，冷藏集装箱，平台集装箱，通风集装箱，保温集装箱等。

（3）按照尺寸可分为 20 ft 和 40 ft 集装箱。

3. 集装箱运输的优点

（1）保证货物运输安全。集装箱运输减少了运输工程中的装卸次数，从而避免人为或者自然因素对货物造成的损坏，保证运输安全，减少经济损失。

（2）节省货物包装材料。使用集装箱运输，可以简化或取消运输包装，节省包装材料和费用，降低商品的成本。

（3）简化货运作业手续。货物采用集装箱运输后，以箱作为货物的运输单元，减少了繁杂的作业环节，简化了货运作业手续。

（4）提高装卸作业效率。由于集装箱的装卸作业适于机械化，缩短了货物装卸的时间，加速了车辆的周转和货物的送达，其装卸作业效率得到了大幅度的提高。

（5）降低运输成本。集装箱运输可以方便地实现铁路与公路和水路的多式联运，提高运输效率，降低运输成本。

（二）集装化运输

1. 集装化运输的定义

凡使用集装用具或自货包装、捆扎等方法将散装、小件包装、不易使用装卸机械作业的货物按规定集装成特定的单元后运往到站的，皆为集装化运输。

2. 集装化运输的条件

（1）集装运输的货件，集装后每件体积不应小于 0.5 m^3，或质量不少于 500 kg。棚车装运的，每件质量不得超过 1 t、长度不超过 1.5 m，体积不超过 2 m^3，到站限制为叉式车配属站。敞车装运的，每件质量不得超过到站的最大起重能力（经到站同意者除外）。

（2）集装化货物与非集装化货物不得按一批运输。集装货件符合整车条件的按整车办理，不够整车条件的按零担办理。按零担办理的，一批只能采用同一集装方式。

四、铁路超限、超长、集重货物运输

（一）超限货物的运输

1. 超限货物的定义

铁路所承运的货物，高度和宽度有一定的限制，如果一件货物装车后有任何部位超出机车车辆限界即为超限货物。

由于机车车辆限界和建筑接近限界之间有一定的安全空间，如采取一定的措施，有些超限的大件货物还是可以通过铁路运输，这就是超限货物运输。

2. 超限等级

超限货物以装车站列车运行方向为准，由线路中心线起分为左侧、右侧和两侧超限，并按其超限部位和超限程度划分为下列等级：

（1）上部超限：由轨面起高度（以下简称高度）超过 3 600 mm，有任何部位超限者，按其超限程度划分为一、二级和超级超限。

（2）在高度 1 250 ~ 3 600 mm，有任何部位超限者，按其超限程度划分为一、二级和超级超限。

（3）在高度 150 ~ 1 250 mm，有任何部位超限者，按其超限程度划分为二级和超级超限。图 8.4 所示为各级超限限界图。

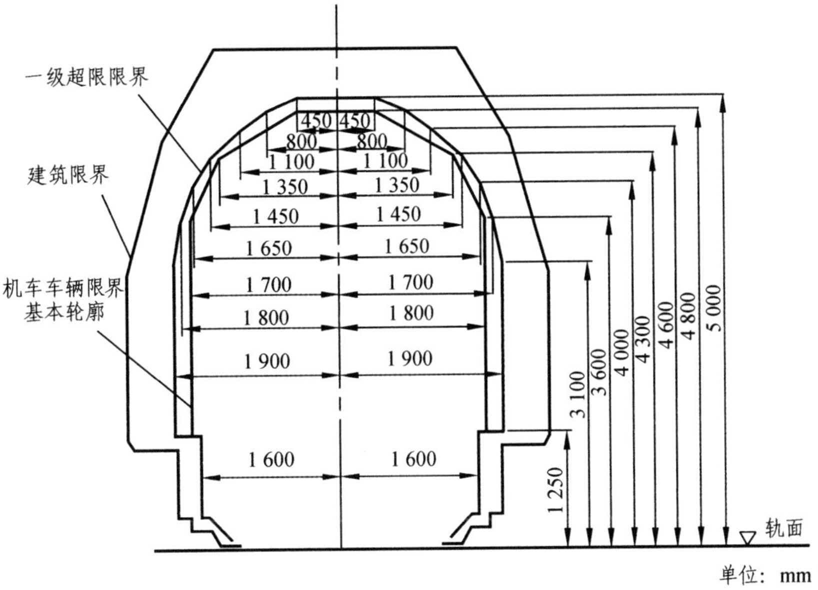

（a）一级超限限界

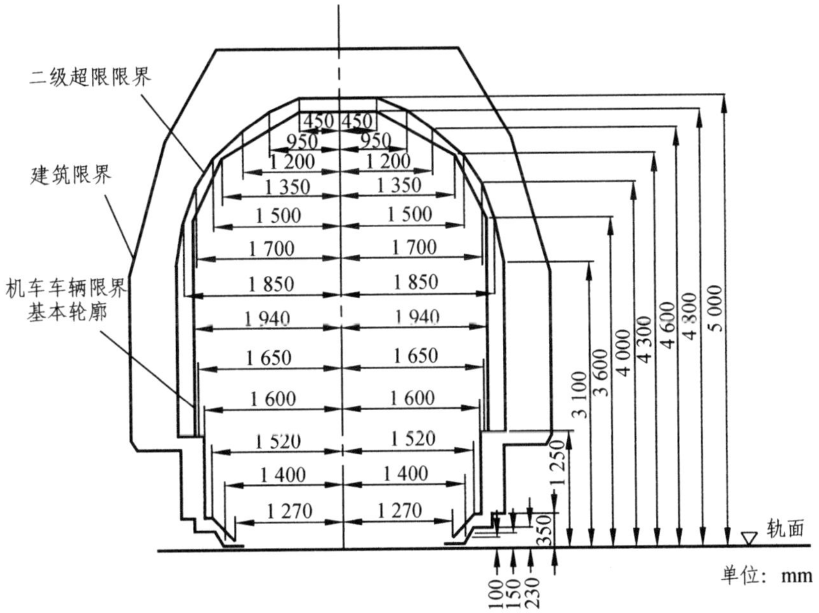

（b）二级超限限界

图 8.4　各级超限限界图

3. 超限货物的运输

为了保证迅速、安全地运输超限货物，铁路局集团公司和车站应指定专人审查、处理超限货物运输有关事宜。必要时可在车站主持下，根据超限货物的具体情况，会同工务、电务、车辆和有关单位共同审查，确定超限货物等级，请求批示和进行装车前后的检查工作。

发货人托运超限货物时，应向车站提供超限货物说明书、外形尺寸的三视图。对那些自带运转车轮的超限货物，还要提供自重、轴数、固定轴距、长度、制动器形式等资料。发站受理超限货物时，应按托运人提出的有关资料进行复测，必要时组织有关部门共同研究装车方案，确定超限等级。然后要向上级有关部门请示装运办法。

当车站接到铁路局指示装运办法的文电后，必须做好装车前的准备工作，严格按指示文电内容装车。装车后，应用颜料在车底板上按货物轮廓外形的主要处所，标画易于辨别货物是否移动的检查线。

（二）超长货物的运输

1. 超长货物的定义

一件货物的长度，超过所装平车的长度，需要使用游车或跨装运输时，称为超长货物。运输超长货物的途径称之为超长货物运输。

2. 超长货物运输的基本条件

一车负重装运超长货物：

（1）均重超长货物使用 60 t 平车两端均衡突出装载时，其装载量不得超过《铁路货物装载加固规则》的规定。

（2）均重或非均重货物一端突出端梁装载时，重心最大容许纵向偏移量应符合有关规定要求。

（3）所用横垫木或支（座）梁的高度，也应符合规定要求。

（4）两件超长货物共用游车时，两货物突出端间距不小于 500 mm。

（5）游车上装载的货物，与货物突出端间距不小于 350 mm，货物突出部分的两侧不得装载货物。

跨装超长货物：

（1）跨装运送超长货物，只准两车负重。负重车车地板高度应该相等，如高度不等时，需使用横垫木使货物装平。

（2）在两辆负重车的中间只准加挂一辆游车。

（3）超长货物不得直接放在车辆地板上，而应放在货物转向架上，货物转向架的支承面以及货物转向架的纵向位移应符合有关规定。

（4）加固方法不得影响连挂车组顺利通过曲线，并将提钩杆用镀锌铁线捆紧。

（5）加挂中间游车的跨装车组通过 9 号及其以下道岔时不得推送调车，以防脱轨。当设备条件不容许或为尽头线时，可以每小时不超过 5 km 的速度匀速推进。

（6）跨装连挂车组禁止溜放。

图 8.5 所示为超长货物装载形式。

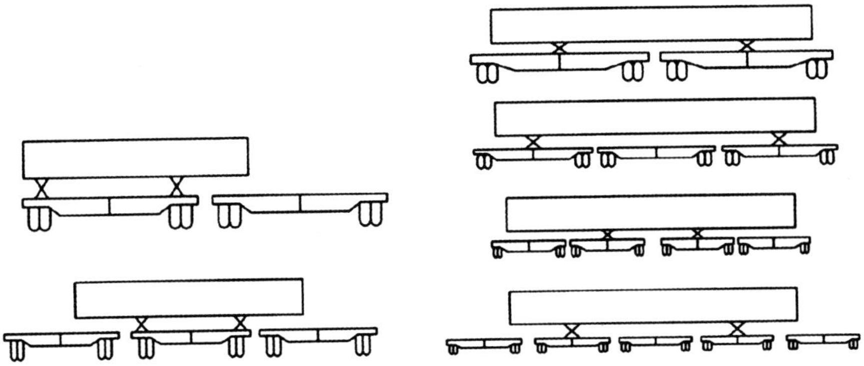

图 8.5　超长货物装载形式

（三）集重装载货物运输

1. 集重装载的定义

一件货物的质量大于所装车辆负重面长度的最大容许载质量的货物称为集重装载货物。

2. 避免集重装载的方法

对于给定的货物，其质量和支重面长度是不变的。因此，只需将货物质量及支重面长度与所装车辆负重面长度最大容许载质量相比较，即可判定是否为集重装载。若货物质量小于所装车辆负重面长度的最大容许载质量时，可直接装载；否则，应采用下列避免集重装载的方法：

（1）当货物支重面长度小于所装车辆负重面长度，而大于两横垫木之间的最小距离时，可在货物底部铺设两根横垫木。

（2）当货物支重面长度小于所需两横垫木之间的最小距离时，可按需要先铺设两根横垫木，然后在横垫木上加纵垫木，将货物均衡地装在纵垫木上。使用纵横垫木避免集重装载。

五、铁路危险货物运输

1. 危险货物的定义

在铁路运输中，具有爆炸、易燃、毒害、腐蚀、放射性等特性，在运输、装卸和储存保管过程中，容易造成人身伤亡和财产毁损而需要特别防护的货物，均属危险货物。

2. 危险货物的分类

按照危险性和运输要求，危险货物可以分为 9 类：

（1）爆炸品。

（2）气体。

（3）易燃液体。

（4）易燃固体、易于自燃的物质、遇水放出易燃气体的物质。

（5）氧化性物质和有机过氧化物。

（6）毒性物质和感染性物质。

（7）放射性物质。

（8）腐蚀性物质。

（9）杂类危险货物和物品。

3. 危险货物运输的基本条件

铁路危险货物运输的承运人、托运人，必须具有铁路危险货物承运人资质或铁路危险货物托运人资质。托运危险货物必须在危险货物办理站进行。

危险货物办理站是指站内、专用线、专用铁路办理危险货物发送、到达业务的车站。按类型分为专办站、兼办站、集装箱办理站、专用线接轨站和综合办理站 5 种。

托运人托运危险货物时，应在货物运单“货物名称”栏内填写危险货物品名索引表内列载的品名和编号，并在运单的右上角用红色戳记标明类项。

危险货物应按铁路危险货物品名表及危险货物包装表的规定确定包装方法。

六、铁路鲜活货物运输

1. 鲜活货物的定义

鲜活货物指在铁路运输过程中需要采取制冷、加温、保温、通风、上水等特殊措施，以防止腐烂变质或病残死亡的货物；托运人认为须按鲜活货物运输条件办理的货物。

2. 鲜活货物的分类

鲜活货物分为两大类，一类是易腐货物，包括肉、鱼、蛋、奶、鲜水果、鲜蔬菜、冰、鲜活植物等；另一类为活动物，包括禽、畜、兽、蜜蜂、活鱼以及鱼苗等。

3. 易腐货物运输的基本条件

易腐货物按照热状态分为冻结货物、冷却货物、未冷却货物。不同热状态的易腐货物不得按一批托运。

托运人托运易腐货物时，易腐货物的质量、温度、包装和选用的车辆要符合相关规定。易腐货物的容许运输期限至少要大于铁路规定的运到期限（3 天）时，方可承运。承运货物时，车站员要根据《铁路鲜活货物运输规则》，认真抽查货物的质量、温度和包装。

4. 活动物运输的基本条件

托运活动物时，托运人应按照国家有关规定提出检疫证明，在货物运单“托运人记载事项”栏内注明检疫证明的名称和号码，并将随货同行联牢固地粘贴在运单背面。

托运蜜蜂时，托运人要按车填写物品清单，清单需记录蜜蜂的空箱数、有蜂箱数、押运人所带的生活用品，饲养工具及蜜蜂饲料等。托运猛禽、猛兽时，应与发站点商定运输条件和运输防护方法，报发送铁路局批准。运输活动物时，托运人必须派熟悉动物特性的押运人随车押运，负责做好动物的饲养、饮水、换水、洒水、看护和安全工作。

第三节　铁路行车组织

铁路行车组织是铁路运输组织工作的重要组成部分。铁路行车组织工作，必须贯彻安全生产的方针，坚持高度集中，统一领导的原则。运输、机务、车辆、工务、电务、供电、信息、房建等部门要发扬协作精神，主动配合，紧密联系，协同动作，组织均衡生产，不断提高效率，挖掘运输潜力，完成和超额完成铁路运输任务。

一、列车的编组

（一）列车的定义、分类、车次

1. 列车的定义

列车是指编成的车列并挂有机车及规定的列车标志。动车组列车为自走行固定编组列车。

2. 列车的分类

为适应旅客和货物运输的不同需要，列车按运输性质的分类如下：

（1）旅客列车（动车组列车，特快、快速、普通旅客列车）。

（2）特快货物班列。

（3）军用列车。

（4）货物列车（快速货物班列、五定班列、快运、重载、直达、直通、冷藏、自备车、区段、摘挂、超限及小运转列车）。

（5）路用列车。

图 8.6 所示为货物列车分类示意图。

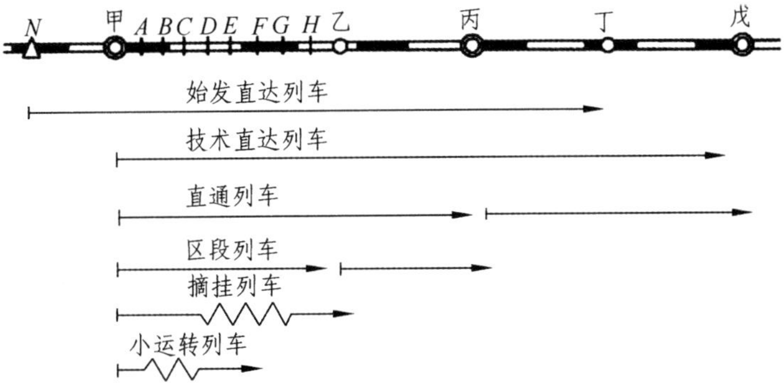

图 8.6　货物列车分类示意图

3. 列车的车次

铁路列车车次是国铁集团对不同行驶方向、不同车种、不同行驶区段和不同运行时刻的列车编订的标示码，以方便区别。

车次用阿拉伯数字表示，按行驶方向的不同以单双数来区别。当列车行驶方向为线路的上行方向，车次的数字为双数；反之经线路下行方向运行，车次的数字为单数。列车运行方向的上行或下行方向依以下几个方针界定：

（1）以北京为中心，从北京始发的列车为下行，开往北京方向的列车为上行。

（2）在连接北京的铁路干线上往北京方向运行为上行，反之下行。

（3）如果所经铁路与北京不连通或为支线，则以朝向北京的干线方向为上行，背离北京干线方向为下行。

（4）在同一条铁路线上，由靠近线路起点的车站开往靠近线路终点的车站为下行，反之为上行。

（二）列车编组

1. 旅客列车编组

动车组以外的旅客列车按列车编组表编组，机车后第一位编挂一辆未搭乘旅客的列车作为隔离车。行李车、邮政车、发电车等非乘坐旅客的车辆应分别挂于机车后第一位和列车尾部，起隔离作用；在装设集中连锁的区段，并设有列车运行监控装置时，旅客列车可不挂隔离车。如隔离车在途中发生故障摘下时，可无隔离车继续运行。局管内旅客列车经铁路局局长批准，可不隔离，图 8.7 所示为旅客列车编组表。

南昌—青岛	车辆乘务 南昌		1	2	3	4	5	6	7	8	9	10	11	12	13	14	15	16	17	18	19		计	
		顺序 昌开	1	2	3	4	5	6	7	8	9	10	11	12	13	14	15	16	17	18	19			
		顺序 青开	1	2	3	4	5	6	7	8	9	10	11	12	13	14	15	16	17	18	19			
		车厢编号	1	2	3	4	5	6	7	8	9	10	11	12	13	14	15	16	17	18	19		19	19
		车种	KD	YZ	YZ	YZ	YZ	YZ	YZ	YZ	CA	RW	YW	YW	YW	YW	YW	YW	YW	YW	XL			
		定员		118	118	118	118	118	118	112		36	60	66	66	66	66	66					1246	
		吨数	69	54	54	54	54	54	54	54	54	51	54	54	54	54	54	54		54	61		991	
		附注								办			广						欠	宿				
快速 K342/3 K344/1次	车辆段 客运段 担任	青岛 南昌																						

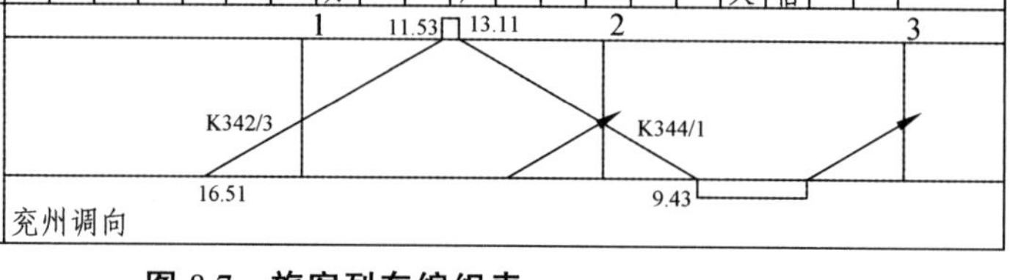

图 8.7　旅客列车编组表

2. 货物列车的编组

铁路行车组织的一个重要问题，就是如何正确地组织重空车流及合理地将规定车辆编入相应列车向目的地运送。

在流向有同有异、流量有大有小、流程有远有近、各站设备条件不尽相同、作业性质与能力互有差异的复杂条件下，如何将发、到站各不相同的重车流及不同车种的空车流合理地组织起来，在适当的地点编组成各种不同去向和种类的列车，这就是车流组织所要解决的问题。为此，铁路要制定货物列车编组计划，使全路编组的列车互相配合、互相衔接，成为统一的整体，保证各站产生的车流都能迅速而经济地运送到目的地。货物列车编组计划是全路车流组织计划，由装车地直达列车方案和技术站列车编组方案两大部分组成。它根据全路车流结构、各站设备能力和作业条件，统一安排全路各站的解编作业任务，具体规定全路各货运站、编组站和区段站编组货物列车的种类、到站及车组编挂办法。

首先在装车站利用自装车流编组装车地直达列车。装车地直达列车能最大限度地减少中间作业环节，降低运输成本，减轻运行途中有关技术站的改编作业负担，加速机车车辆周转和货物送达。

没有被装车地直达列车吸收的车流，要将其送往技术站加以集中，以便和技术站自装车流汇合在一起分别编组不同种类和到站的列车。

货物列车的编制应满足以下条件：

（1）编入货物列车的车辆去向、车辆编挂方法等应符合列车编组计划的规定。

（2）货物列车的重量和计长应符合列车运行图的规定（摘挂列车除外）。未经有关部门批准，车站不准发出欠轴、超重和超长列车。

（3）编入货物列车中的车辆技术条件、装载危险货物车辆的隔离、关门车的编挂、机车编入列车的条件等，均应符合《铁路技术管理规程》的规定。

二、车站的作用和分类

（一）车站的作用

车站主要承担对内和对外两方面的任务，具体来说，对外代表铁路与旅客、托运人和收货人直接办理客、货运业务，对内办理列车、车辆的各种技术作业，保证客、货运输任务的完成。

车站的生产活动包括客运作业、货运作业和行车技术作业。客运作业是指车站办理的与旅客旅行有关的作业，货运作业是指货物在车站始发、中转和终到所必须办理的各项作业，而行车技术作业是指车站办理的与列车运行及调车有关的作业。

车站工作组织水平在很大程度上影响着铁路运输的安全、效率等指标，因此，完善车站作业组织对保证安全、迅速、高效、准确地完成各项运输任务有着重要作用。

（二）车站的分类

1. 按业务性质分

（1）客运站：专门办理售票、行李与包裹运送和旅客列车的始发与终到等行车工作及客车整备等作业的车站。

（2）货运站：专门办理货物交付、承运、装卸和货物列车到发和取送及货物联运等作业的车站。

（3）客货运站：既办理客运业务，又办理货运业务的车站。

（4）不办理客、货运业务的车站：路网上既不办理客运业务，又不办理货运业务的车站。

2. 按技术作业性质分

（1）编组站：主要进行改编车流工作的车站，即货物列车的解体和集结、机车整备和车辆检修等。编组站通常设立在大城市或大厂矿所在地或者衔接3个及以上铁路线的铁路枢纽上。根据其在路网中的作用和地位，编组站分为路网性编组站、区域性编组站和地方性编组站。按调车系统的数量分为单向编组站和双向编组站，两者均有横列式、纵列式和混合式3种配置形式。

（2）区段站：区段站多设置在中等城市和铁路网上牵引区段的起点或终点，主要任务是负责改编区段到发的车流，解体、编组区段列车、摘挂列车、更换机车或乘务员。

（3）中间站：中间站是设置在铁路区段内，为了提高铁路区段通过能力，保证行车安全而设的车站。主要负责办理列车通过、会让、越行等工作。在客流和货流量较大的车站还办理旅客的乘降，货物的承运、交付和装卸等工作。

3. 按客、货运量和技术作业量的大小分

车站按客、货运量和技术作业量的大小，在国家政治、经济、文化、外事上的地位，以及全路运输布局等方面因素划分为特、一、二、三、四、五等站6个等级。

三、车站行车组织工作

车站是铁路运输的基层生产单位，是客货运输的起始、中转和终到地点，铁路运输生产过程中的绝大部分作业环节都是在车站上进行的。车站工作的质量直接影响着铁路区段方向乃至整个路网运输工作的安全性、准确性、连续性和节奏性，决定着全路运输工作任务完成的数量和质量。因此，正确组织车站工作，特别是车站的行车组织工作，对于保证实现安全、正点、畅通、优质、高效等运输生产管理的基本要求有着十分重要的意义。车站行车组织工作的主要内容包括接发列车工作和调车工作等。

（一）接发列车工作

铁路行车与公路行车不同，列车的会让和越行必须在车站上进行，因此要办理接发列车作业。保证不间断地接发列车、严格按列车运行图行车是对车站接发列车工作的基本要求。

车站内的接发列车工作由车站值班员统一指挥。接发列车工作包括办理闭塞、布置进路（准备进路）、开闭信号（交接凭证）、接送列车等作业，这些作业原则上应由车站值班员亲自办理。如因设备条件和业务量关系难以做到时，除了布置进路必须由车站值班员亲自办理外，其他各项工作可以指派助理值班员、信号员或扳道员等办理。

1. 接车作业

（1）当接车站接到发车闭塞请求（双线为发车预告）时，车站值班员在确认区间空闲后，与邻站办理闭塞手续并填写《行车日志》。

（2）确定接车线路及将接车计划通知有关人员和指示检查接车线路。列车由邻站出发后，车站值班员应复诵发车站开车通知并填写《行车日志》，及时通知信号员或扳道员（长）停止影响接车进路的调车作业，而后发布准备接车进路的命令。

（3）经确认接车线路空闲、进路道岔位置正确、影响接车进路的调车作业已经停止后，方可开放进站信号。

（4）当列车接近后，车站值班员应通知有关人员迎接列车。在听取列车整列到达的报告后，办理闭塞复原手续，开通区间，最后将列车到达时刻通知发车站、填写《行车日志》并向列车调度员报点。

2. 发车作业

发车站值班员在确认区间空闲后，向接车站请求闭塞（双线为预告发车），办完闭塞手续后填写《行车日志》。

（二）调车工作

在铁路运输生产中，除列车运行以外的机车或机车带动调车车列在战线或其他线路上一切有目的的移动都属于调车。

1. 调车作业的组织及领导

车站的调车工作，由车站调度员（未设车站调度员的由调车区长，未设调车区长的由车站值班员）统一领导。分场（区）时，各场（区）的调车工作，由负责该场（区）的车站调度员或该场（区）的调车区长领导。

调车作业由调车长单一指挥。利用本务机车进行调车作业时，可由车站值班员或助理值班员担任指挥工作。遇有特殊情况，可由经鉴定、考试合格取得调车长资格的胜任人员代替。

2. 驼峰调车作业方案

在铁路运输中，驼峰是调车中使用的土坡，由于它的纵断面形状似骆驼的峰背而得名。车辆可以凭本身的重力自动溜到各股铁道上。驼峰作业的主要任务是解体列车，必要时也协助峰尾牵出线进行编组作业。

驼峰调车作业的工作原理请浏览下方 AR 资源——“驼峰调车作业”，如图 8.8 所示。

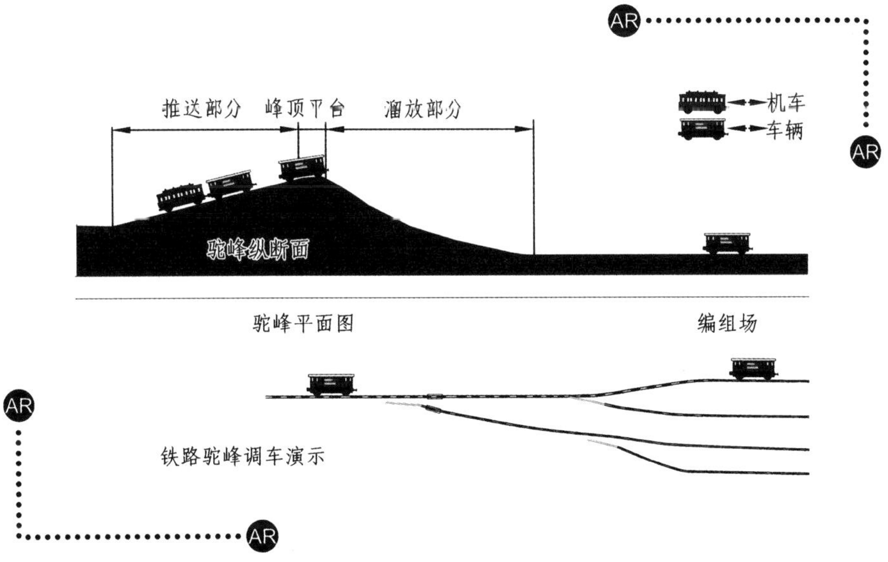

图 8.8　驼峰调车作业

驼峰解体车列的作业过程主要为：

挂车：机车自峰顶至到达场入口，进入车列停留线连挂车列，在到达场与调车平行配置时，还包括将车列牵引至峰前推送线。

推峰：机车将车列推至峰顶。

溜放：机车继续推送车列，使被摘解的车组脱钩溜向调车场内的指定线路。

整理车场：在连续解体几个车列以后，机车下峰连挂车组并尽可能向尾部推送，为驼峰继续溜放创造条件。

驼峰的调车作业组织方法主要有：

单推单溜：一条推送线，一条溜放线，一台机车连续进行挂车、推峰和溜放作业，必要时下峰整理车场。

单推单溜驼峰调车作业的工作原理请浏览下方 AR 资源——“单推单溜驼峰调车作业”，如图 8.9 所示。

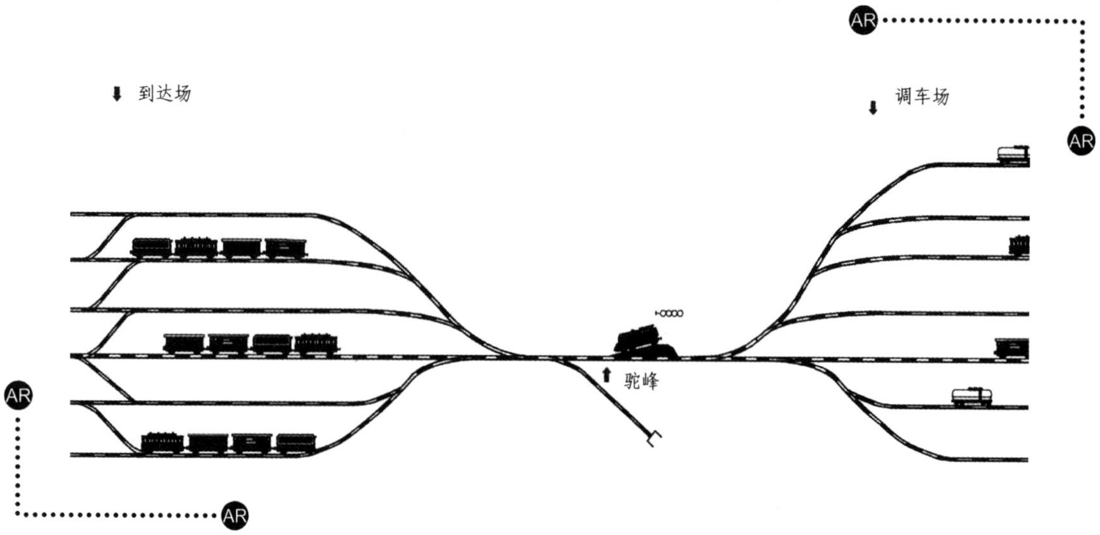

图 8.9　单推单溜驼峰调车作业

此方案对驼峰机车的利用效率较高，但是对驼峰设备的利用效率较低，适合改编作业量小的编组站。

双推单溜：两条推送线，一条溜放线，两台调车机车交替进行挂车、推峰和溜放作业。

双推单溜驼峰调车作业的工作原理请浏览下方 AR 资源——“双推单溜驼峰调车作业”，如图 8.10 所示。

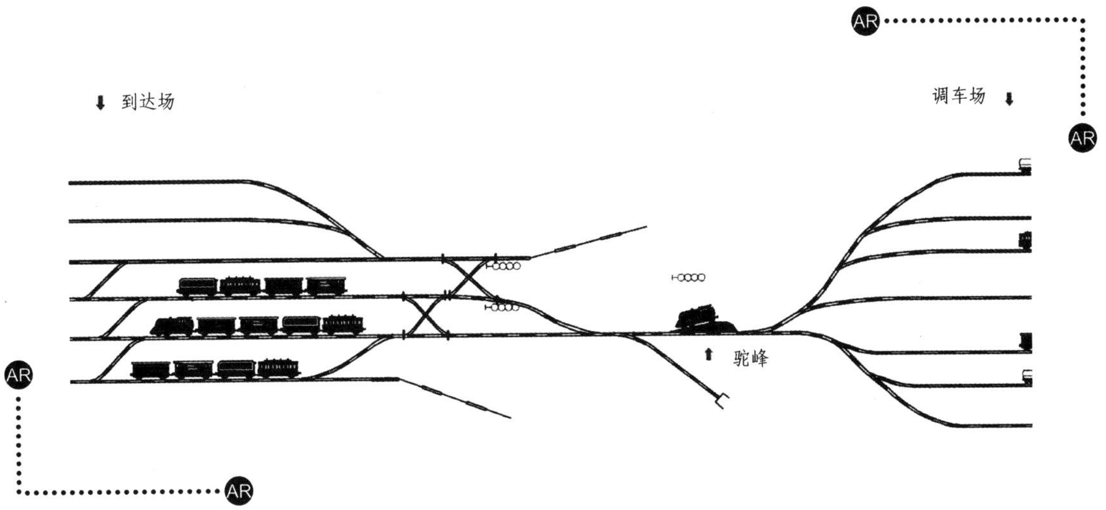

图 8.10　双推单溜驼峰调车作业

此方案相比于单推单溜的方案，驼峰设备的利用率较高，驼峰解体车列的能力也更强，适合改编作业较大的编组站。

双推双溜：具有两条及以上推送线，两条溜放线，两台及以上的调车机车，两套驼峰信号系统，调车场线路在 24 条以上。

双推双溜驼峰调车作业的工作原理请浏览下方 AR 资源——“双推双溜驼峰调车作业”，如图 8.11 所示。

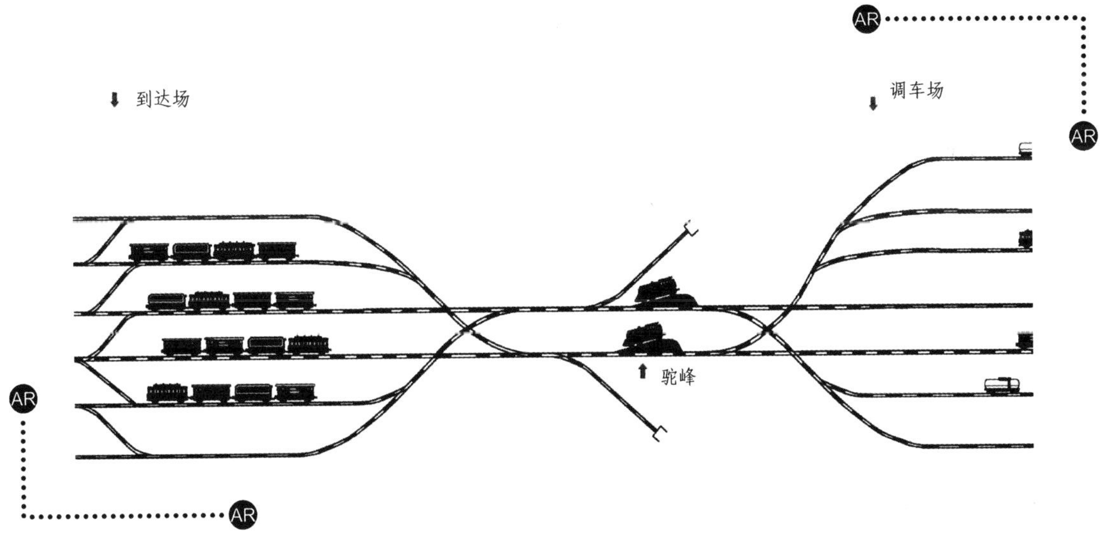

图 8.11　双推双溜驼峰调车作业

此方案可以充分利用驼峰设备，解体能力大。但是大量的折角车流会造成解体能力的损失，因为适用于改编作业量很大，但是折角车流量不大的编组站。

3. 牵出线调车作业方案

牵出线是供调车机车牵出车列进行解体、编组等调车作业的线路，一般按尽头式布置。牵出线多数负责编组。

牵出线的主要作业方法分为：

推送调车法：推送调车法是利用机车将车辆移动到适当地点，停稳后再摘车的调车方法。

推送调车法的工作原理请浏览下方 AR 资源——“推送调车法”，如图 8.12 所示。

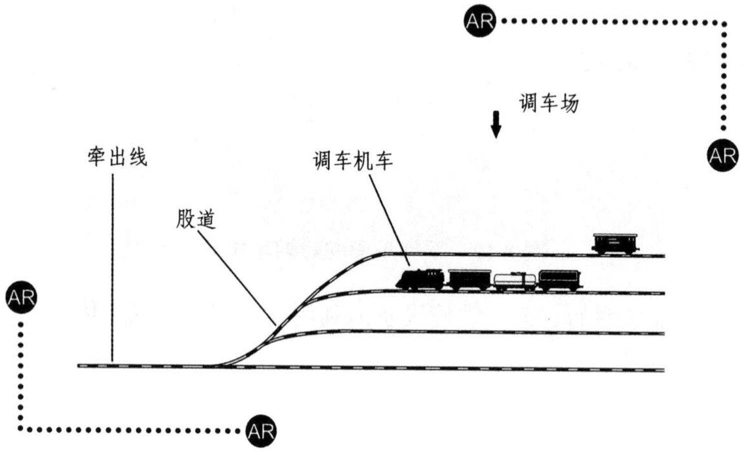

图 8.12 推送调车法

推送调车法可以较好控制车组速度，作业安全性好，但是一个推送摘车钩负责推送和牵出两个过程，消耗时间长，效率低。

溜放调车法：

溜放调车法是在机车推送车列行进的过程中，摘下车辆摘钩，然后机车制动，摘下的车组利用获得的动能溜放至指定地点。

溜放调车法的工作原理请浏览下方 AR 资源——“溜放调车法”，如图 8.13 所示。

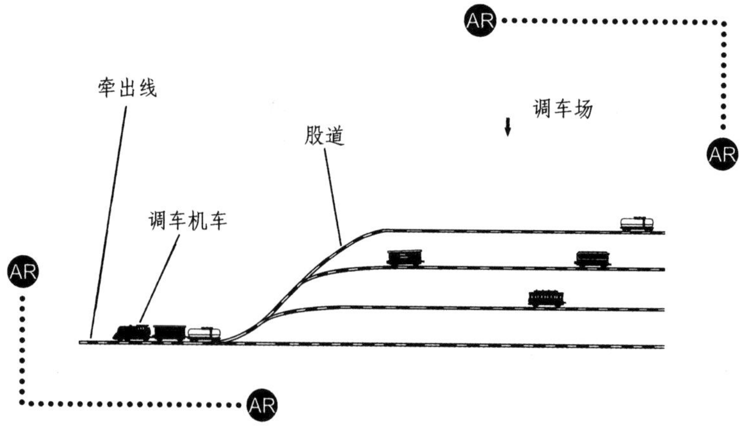

图 8.13 溜放调车法

相比于推送调车法，溜放调车的分解行程更短，因此调车效率更高，所以摘解车组时通常使用溜放调车法。

调车作业是车站组织工作的中心环节，是铁路运输的重要组成部分。良好的调车作业对办证车站作业安全和高效有着重要的意义。车站调车工作的组织水平，直接影响着全路的运输能力是否得到充分的利用和列车运行秩序能否得到有效的保证。因此，保证调车作业的安全，提高调车作业的效率，对于铁路安全高效生产至关重要。

（三）列车运行与调度指挥

1. 列车运行图

铁路运输生产是一个需要各个部门协调、各项作业相互配合、利用多种铁路技术设备的复杂过程。其中，列车运行图对于保证行车安全和运输效率，起着重要作用。

列车运行图规定了列车占用区间的次序，列车在每一车站出发、到达或通过的时刻，在区间的运行时分，在车站的停站时分以及列车的重量和长度等。运行图还规定了线路、站场、机车、车辆等设备的运用，以及与行车有关各部门的工作。因此，列车运行图是全路行车运输的基础。

2. 列车运行图的分类

按使用范围以及铁路线路的技术设备（如单线、复线）和列车运行速度、上下行方向的列车数量、列车的运行方式等条件，列车运行图可以分为多种不同类型。

（1）列车运行图按使用范围可以分为铁路内部使用的列车运行图和社会使用的列车运行图。铁路内部使用的列车运行图是铁路组织运输生产的依据，是实现“按图行车”的技术组织措施，是确保铁路运输产品质量的基础。社会使用的列车运行图对铁路来说是铁路运输产品的供销计划，而对社会用户来说，则是旅客安排旅行计划、货主安排货物销售计划的依据。在我国，有旅客列车时刻表和“五定”班列时刻表两种列车运行图供社会使用。旅客列车时刻表和班列时刻表都应在新运行图实行之前向社会公布。

（2）列车运行图按正线数可以分为单线运行图（见图 8.14）、双线运行图（见图 8.15）和单双线运行图。单线运行图在单线区段，上下行方向列车都在同一正线上运行，因此，两个方向列车必须在车站上进行交会。双线运行图在双线区段，上下行方向列车在各自的正线上运行，因此，上下行方向列车的运行互不干扰，可以在区间内或车站上交会。但列车的越行必须在车站上进行。单双线运行图，在有部分双线的区段，单线区间和双线区间各按单线运行图和双线运行图的特点铺画运行线。

（3）列车运行图按上下行方向列车数可以分为成对运行图和不成对运行图。成对运行图：是上下行方向列车数相等的列车运行图。不成对运行图：是上下行方向列车数不相等的列车运行图。

（4）列车运行图按同方向列车运行方式可以分为连发运行图和追踪运行图。连发运行图：在这种运行图上，同方向列车的运行以站间区间为间隔。单线区段采取这种运行图时，在连发的一组列车之间不能铺画对向列车。追踪运行图：在这种运行图上，同方向列车的运行以闭塞分区为间隔。

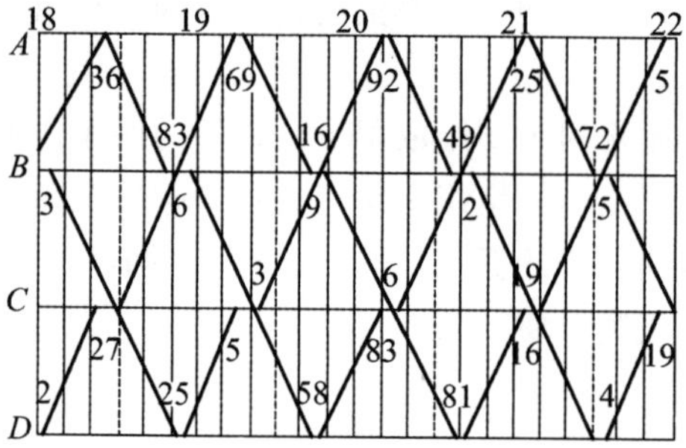

图 8.14　单线非追踪平行运行图

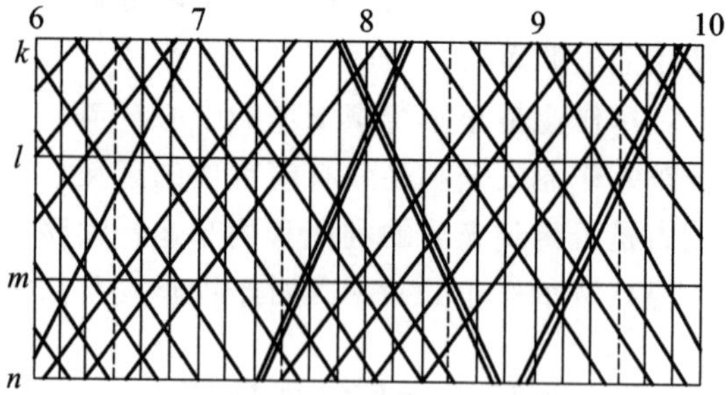

图 8.15　双线追踪非平行运行图

（四）铁路运输调度指挥

铁路运输业具有点多、线长、部门分工细、各作业环节紧密联系等特点。运输生产过程是在长距离的连续空间带上进行的，涉及部门多、变化大、时间性强，常常是一点不通影响一线，一线不畅影响一片。为使铁路这一庞大而复杂的系统能够不间断地、均衡地、高效地运转，就必须对铁路的日常生产活动实行分级管理、集中统一指挥。为此，我国铁路的各级运输部门都建立了相应的调度机构，即国铁集团设调度处，铁路局集团公司设调度所，车站（主要是编组站、区段站及大货运站）设调度室。

在各级调度机构中按照业务分工设有不同职名的调度员，如计划调度员、列车调度员、机车调度员、货运调度员、客运调度员等，分别代表各级领导掌管一定范围内的日常运输指挥工作。

铁路运输调度的基本任务是认真执行国家政策，完成国家规定的旅客和货物运输任务，正确地编制和执行运输工作日常计划，科学地组织客流、货流和车流，搞好均衡运输，经济合理地使用机车车辆及运输设备，组织与运输有关各部门紧密配合，协同动作，实现列车编组计划、列车运行图和运输方案，努力提高运输效率。

列车运行图是列车运行计划，列车应按图运行。但实际列车运行的条件随时都有可能发生变化，如每天的车流有可能增加或减少，列车运行图中所规定的车次有可能要停运，有时又需要增开列车，图定列车有可能发生晚点，有的列车需要调整作业时间等，因此在列车运行日常工作中，需要根据变化的情况采取相应的措施来进行运行调整，使列车尽可能按列车运行图行车，这就需要由列车调度员来进行调度指挥。

拓展阅读七

复习与思考

1. 铁路旅客运输的基本任务是什么？
2. 铁路旅客运输合同的含义和凭证是什么？

3. 简述旅客运输生产过程。
4. 行李的范围和包裹的分类是如何规定的?
5. 铁路货物运输如何分类?
6. 货物运到期限是如何规定的?
7. 简述货物发送作业和到达作业的流程。
8. 何谓“一批”?
9. 简述铁路办理鲜活、危险货物运输的方式。
10. 列车按运输性质可以分为哪几类?
11. 简述列车运行图的作用和内容。
12. 在列车编组计划中,货物列车主要有哪几种?
13. 简述接发列车的主要程序。
14. 简述调车的概念和分类。

第九章 铁路运输安全及管理

铁路是国家重要的基础设施和民生工程，是资源节约型、环境友好型运输方式，作为国民经济发展的大动脉，其主要任务是将旅客和货物安全、快速地运送到目的地。因此，铁路运输的地位和任务决定了其必须将安全放在工作的首要位置。

从事铁路建设、运输、设备制造维修的单位要加强安全管理，建立健全安全生产管理制度，落实企业安全生产主体责任，设置安全管理机构或者配备安全管理人员，执行保障生产安全和产品质量安全的国家标准、行业标准，加强对从业人员的安全教育培训，保证安全生产所必需的资金投入。铁路建设、运输、设备制造维修单位的工作人员要严格执行规章制度，实行标准化作业，保证铁路安全。

第一节 铁路运输安全现状

国家铁路局发布《2019 年铁路安全情况公告》，2019 年全国铁路未发生铁路交通特别重大、重大事故；发生较大事故 4 件，同比增加 3 件。铁路交通事故死亡人数 788 人，同比减少死亡 69 人，下降 8.1%；10 亿吨公里死亡率［注释：10 亿吨公里死亡率 = 铁路交通事故死亡人数/换算周转量（10 亿吨公里）］0.173，同比下降 13.1%。“十三五”以来铁路交通事故趋势如图 9.1、图 9.2 所示。

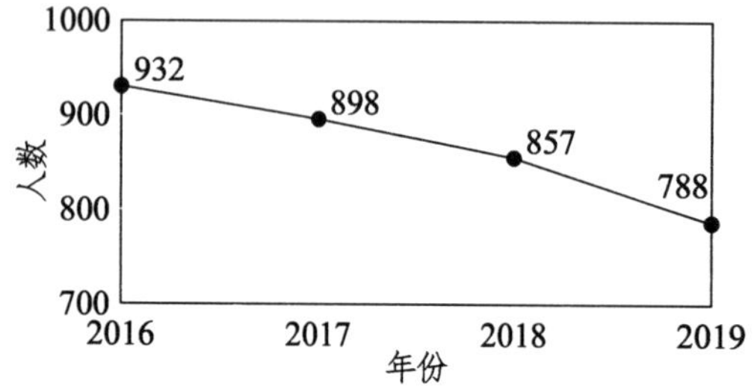

图 9.1 “十三五”以来铁路交通事故死亡人数变化趋势

图 9.2 “十三五”以来铁路交通事故10 亿吨公里死亡率变化趋势

第二节 铁路运输安全影响因素

铁路运输系统是一个在时间、空间上分布广泛的动态系统，影响运输安全的因素错综复杂，涉及面很广。从系统论的观点出发，应从人员、设备、环境和管理等方面进行分析。

一、人员因素

由于人在运输工作中的重要地位，使得人的因素在运输安全中起关键作用。

影响铁路运输安全的人员包括：运输系统内人员和运输系统外人员。其思想素质、技术和业务水平、生理和心理素质等构成了影响铁路运输安全的人员因素。

运输系统内人员主要指车务、机务、工务、电务、车辆、安监、客运、货运等部门的各级领导人员、专职管理人员和基层工作人员，他们是保证运输安全的关键和核心因素，要具有良好的思想品质、技术水平及心理素质等，要具备履行岗位职责的基本能力素质。

运输系统外人员主要指旅客、货主以及铁路沿线居民、机动车驾驶人员等。其对运输安全的影响主要表现在：旅客携带“三品”上车而酿成事故；货主托运危险品而不如实申报导致事故；在铁路-公路平交道口，车辆行人强行过道导致事故；铁路沿线人员拆卸铁路设备以及在线路上放置障碍物等威胁铁路运输安全。

因此，有必要加强系统内、外人员管理，减少人员因素对铁路运输安全的影响，共同维护铁路运输安全。

二、设备因素

设备是影响运输安全的另一个重要因素。质量良好的设备既是运输生产的物质基础，又是运输安全的重要保证。

影响运输安全的铁路运输设备包括运输基础设备和运输安全技术设备两类。影响运输安全的设备因素主要指运输基础设备和运输安全技术设备的安全性能，包括设计安全性和使用安全性。

运输基础设备有线路（路基、桥隧建筑物、轨道）、车站、信号设备、机车、车辆、通信设备等；运输安全技术设备包括安全监控设备、检测设备、自然灾害预报与防治设备、事故救援设备等。这些设备具有如下特点：① 种类多，数量大，整体性强；② 延伸面广，配置分散，连续运转；③ 冲击剧烈，自然力影响大，有形损耗严重；④ 运用中监控难度大，故障处理时间紧。

除及时更新设备外，加强对现有设备的维修，提高设备完好率，是提高安全运输必不可少的条件。

三、环境因素

影响铁路运输安全的环境是指铁路沿线的自然环境和社会环境。例如大水、暴雨、大风沙、大风雨、泥石流等都会危及铁路运输安全。铁路沿线社会环境不好也会破坏铁路运输秩序，严重时，会造成行车中断，导致交通事故频发。

四、管理因素

在铁路运输安全管理中，以管理作为控制、协调的手段，协调人、设备、环境之间的相互关系，并通过反馈作用将系统状态的信息反馈给管理系统，从而改进安全管理方法，最终得到更为安全的系统。

第三节　铁路运输安全系统分析及评价

铁路犹如一台大联动机，其运输生产过程是由车、机、工、电、辆等多工种联合的多环节作业过程，涉及设备的数量庞大、种类繁多，设备布局的延续纵深和操作人员岗位独立分散的特点决定了铁路运输安全及管理是一个复杂的系统工程。

一、铁路运输安全系统分析方法

铁路运输安全常用的分析方法有事件树、事故树、安全检查表法、排列图法和因果分析图法等。

（一）事件树分析法

事件树分析法（Event Tree Analysis，ETA）是安全系统工程中常用的一种演绎推理分析方法，起源于决策树分析（DTA），它是一种按事故发展的时间顺序由初始事件开始推论可能的后果，从而进行危险源辨识的方法。这种方法将系统可能发生的某种事故与导致事故发生的各种原因之间的逻辑关系用一种称为事件树的树形图表示，通过对事件树的定性与定量分析，找出事故发生的主要原因，为确定安全对策提供可靠依据，以达到预测与预防事故发生的目的。

例 1　火车上有易燃品引起火灾事故的事件树分析。

在铁路旅客运输中是严禁旅客携带易燃品上车的，以确保旅客运输安全。但有的旅客违反规定携带易燃品，进站时未查出，将其带上火车，这就可能引起火灾事故，造成人员伤亡和财物损失；但处理得当，也可以避免火灾事故的发生。

具体分析如图 9.3 所示。

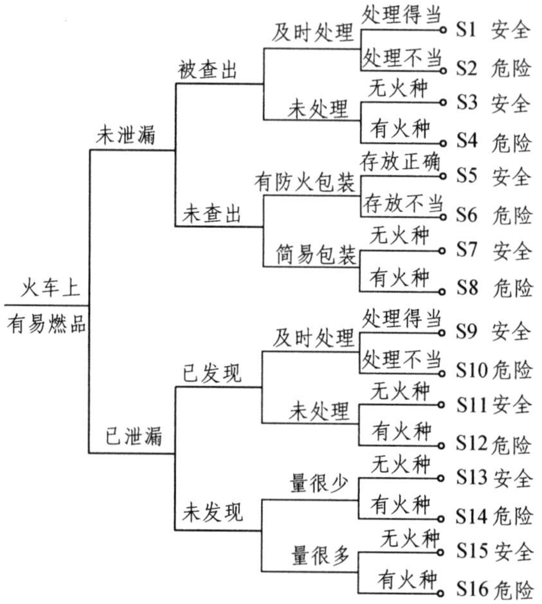

图 9.3　火车上有易燃品引起火灾事故的分析

例 2 机动车辆行驶在无人看守的平交道口，发动机突然熄火，车辆正停留在轨道上。这一事件可能导致的事故用事件树分析如图 9.4 所示。

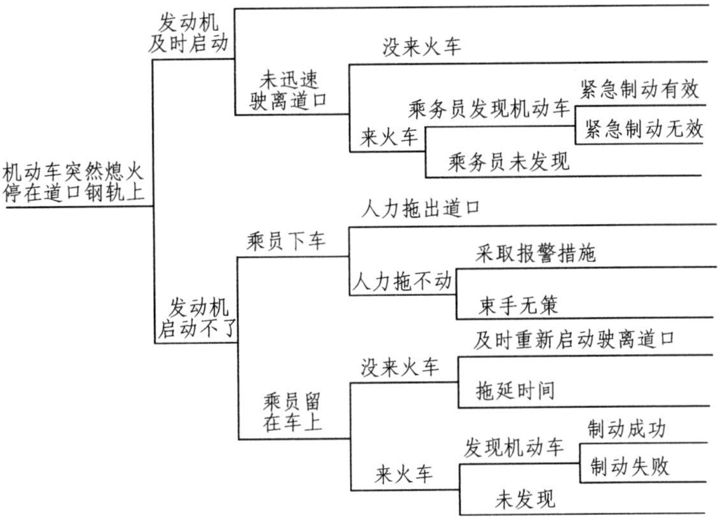

图 9.4　事件树分析

（二）事故树分析方法

事故树分析（Fault Tree Analysis，FTA）方法是安全系统工程的重要分析方法之一。其运用逻辑推理对各种系统的危险性进行辨识和评价，不仅能分析出事故的直接原因，还能深入地揭示潜在原因。

1. 基本符号

事故树是由各种符号和其连接的逻辑门组成的，如图 9.5 所示。

图 9.5　基本符号

最简单、最基本的符号有：

（1）矩形符号。表示顶上事件或中间事件，将事件扼要记入矩形框内。

（2）圆形符号。表示基本（原因）事件，可以是人的差错，也可以是设备、机械故障、环境因素等。其表示最基本的事件，不能再继续往下分析了。将事故原因扼要记入圆形符号内。

（3）屋形符号。表示正常事件，是系统在正常状态下发生的正常事件。将事件扼要记入屋形符号内。

（4）菱形符号。表示省略事件，即表示事前不能分析，或者没有再分析下去的必要的事件。

2. 逻辑门符号

即连接各个事件，并表示逻辑关系的符号。其中主要有：与门、或门、条件与门、条件或门，以及限制门。

（1）与门符号。与门连接表示输入事件 B1、B2 同时发生的情况下，输出事件 A 才会发生的连接关系。二者缺一不可，表现为逻辑积的关系，即 $A = B1 \cap B2$。

（2）或门符号。表示输入事件 B1 或 B2 中，任何一个事件发生都可以使事件 A 发生，表现为逻辑和的关系即 $A = B1 \cup B2$。在有若干输入事件时，情况也是如此。

（3）条件与门符号。表示只有当 B1、B2 同时发生，且满足条件α的情况下，A 才会发生，相当于 3 个输入事件的与门。即 $A = B1 \cap B2 \cap \alpha$，将条件$\alpha$记入六边形内。

（4）条件或门符号。表示 B1 或 B2 任何一个事件发生，且满足条件β，输出事件 A 才会发生，将条件β记入六边形内。

（5）限制门符号。它是逻辑上的一种修正符号，即输入事件发生且满足条件γ时，才产生输出事件。相反，如果不满足，则不发生输出事件，条件γ写在椭圆形符号内。

3. 转移符号

当事故树规模很大时，需要将某些部分画在别的纸上，这就要用转出和转入符号，以标出向何处转出和从何处转入。

（三）其他安全分析方法

（1）安全检查表法。安全检查表法是将系统中的检查对象加以剖析，界定检查范围，拟定检查项目表格，通过一定的方式获得系统安全状况的检查结果。

（2）排列图法。其全称为主次因素排列图，可用于确定系统安全的关键因素，以便明确主攻方向和工作重点所在。

（3）因果分析图法。运输事故的发生，常常是由于多种复杂因素影响所致，可通过因果分析图将引发事故的重要因素分层加以分析。

二、铁路运输安全系统评价方法

安全评价的基本方法很多，在此只简单介绍如下几种常用方法。

（一）专家打分评价法

（1）组成评价组。由熟悉作业现场、相关法规、标准的有关管理人员、技术人员、有经验工作人员、外请专家等组成评价小组，一般由 5～7 人组成。

（2）打分取值。评价组成员按《评价专家打分法分值表》对辨识出的每一项危害因素进行逐个打分，然后将各专家的分值相加，再除以人数，所得分数即为危害因素级别分值。

（3）级别判断。根据打分取值判断危险级别。

（二）作业条件危险性评价法（*LEC* 法）

由于 *LEC* 法简单、综合性强，被大多企业所采用。它是在危害因素辨识的基础上，利用 3 种因素加权计算出每一种危害因素所带来的风险大小（主要评价操作人员伤亡风险大小）。其表达式为：

$$D = LEC$$

式中：D 代表风险值；L 代表发生事故的可能性大小；E 代表暴露于危险环境的频繁程度；C 代表发生事故产生的后果。

企业可根据实际情况确定 L、E、C 在不同情况下的对应值。按照 $D = LEC$，求出风险值（D），根据风险值划分危险性等级。

需要注意的是，无论是专家打分法还是 LEC 法，风险等级的划分都是凭经验判断，难免带有局限性，应用时要根据实际情况进行修正。

（三）故障类型及影响分析（FMEA）

FMEA 是一种归纳分析法，采用自下而上的方式，在设计阶段对系统的各个组成部分，即元件、组件、子系统等进行分析，找出它们所能产生的故障及其类型，查明每种故障对系统的安全所带来的影响，判明故障的重要度，以便采取措施予以防止和消除。

（四）安全检查表法（SCL）

在铁路运输中，为了查找工程、系统中各种设备设施、物料、工件、操作、管理和组织措施中的危险、有害因素，事先把检查对象加以分解，将大系统分割成若干小的子系统，以提问或打分的形式，将检查项目列表逐项检查，避免遗漏，这种表称为安全检查表。

它适用于建设项目的任何阶段，也适用现有装置（在役装置）的评价。

（五）预先危险性分析法（PHA）

预先危险性分析方法是一种起源于美国军用标准安全计划要求的方法。主要用于对危险物质和装置的主要区域等进行分析，包括设计、施工和生产前，首先对系统中存在的危险性类别、出现条件、导致事故的后果进行分析，其目的是识别系统中的潜在危险，确定其危险等级，防止危险发展成事故。

该方法通常用于潜在危险了解较少和无法凭经验觉察的项目的初期阶段。如初步设计或工艺装置的研究和开发。当现有装置或环境无法使用更为系统的方法时，常优先考虑 PHA 法。

（六）多指标综合安全评价方法

多指标安全综合评价法，是对指标体系的安全综合评价的方法，它是把多个描述被评价对象不同方面且量纲不同的定性和定量指标，转化为无量纲的评价值，并综合这些评价值以得出对该评价对象的一个整体评价。

多指标安全综合评价法具有多指标、多层次特性，能较好地处理大型复杂系统的安全评价问题，因而得到了广泛的应用。

1. 评价步骤

该步骤：明确评价对象—建立评价指标体系—定性与定量指标评价值的确定—评价指标权系数的确定—确定指标间合成关系，求综合评价值—根据评价过程得到的信息，进行系统分析和决策。

其中，最为关键的问题是指标体系的建立、指标评价值和权系数的确定以及合成关系的处理。只有解决好上述问题，才能得到较为切合实际的安全评价结果。

2. 铁路运输安全评价体系及其构建

铁路运输安全评价体系由多因素、多指标构成。为保证综合评价模型的稳定性和评价精度，并减少信息重叠，避免反复评价，简化实际评价工作，采用因子分析的方法构建评价指标体系。因子分析是研究相关矩阵的内部依赖关系，将多个变量综合为少数几个抽象的因子，以再现原始变量与因子之间的相关关系。

首先通过因子分析将初步选择的项目指标综合为少数几个因子，然后，依据初步选择的项目指标与因子之间的相关关系及这些指标对安全评价的影响程度，筛选铁路运输安全的指标体系。

运用因子分析方法，首先确定铁路运输安全评价体系，如图 9.6 所示。其次，逐层分析各指标体系。如以“安全基础管理评价指标”为例，其体系分析如图 9.7 所示。

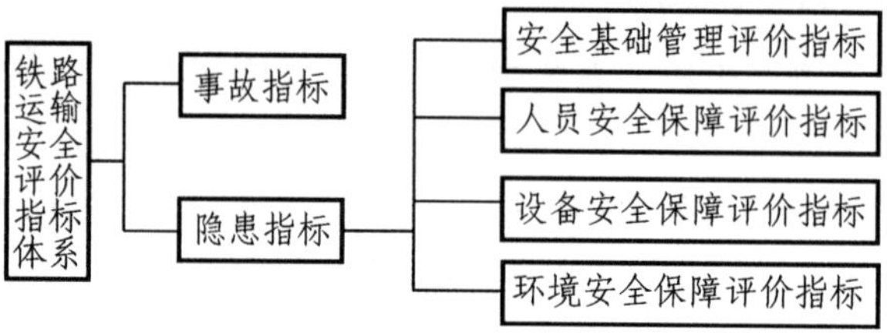

图 9.6　铁路运输安全评价体系

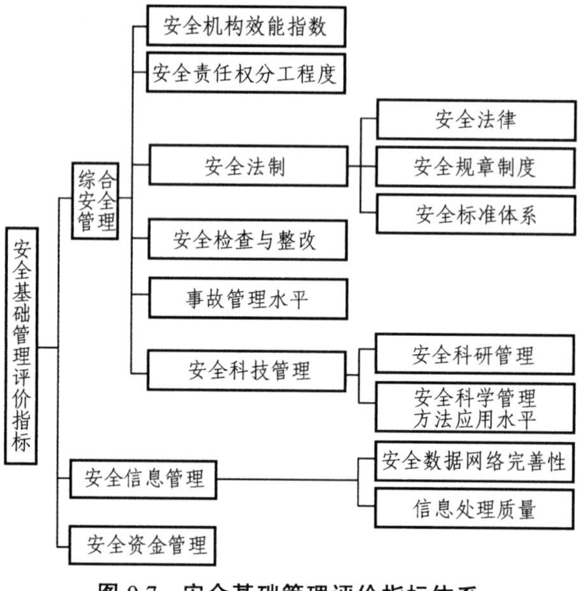

图 9.7　安全基础管理评价指标体系

进行定量分析时，指标值计算方法可采用层次分析法和加权平均法相结合的综合评价法。层次分析法可以较为简便地描述系统功能的依存关系，是分解复杂系统的简便方法。加权平均法计算简单，可操作性强，结合层次分析法可以最大程度地发挥专家在评价工作中的作用。

第四节　铁路运输安全管理

铁路运输安全管理是指管理者按照安全生产的客观规律，对运输系统的人、财、物、信息等资源进行计划、组织、指挥、协调和控制，以达到减少或避免铁路运输事故的目的。

一、铁路运输安全管理方针

“安全第一，预防为主、综合治理”是中国铁路运输安全管理方针。

“安全第一”就是要求铁路运输企业在组织生产、指挥生产时，坚持把安全生产作为企业生存与发展的第一要素和保证条件。“预防为主”就是要求铁路运输企业以主动积极的态度，从组织管理和技术措施上，增强运输安全保障系统的整体功能，把事故遏制在萌芽状态，做到防患于未然。“综合治理”要求相关人员自觉遵守相关规定，共同保护铁路运输安全。

二、铁路运输安全管理法律法规

铁路运输法规是指国家立法机关为了加强铁路运输管理而颁布的法律以及国家按有关规定制定和发布的行政法规、规章，它是集行政法、民法和经济法为一体的法律规范的总称。其涉及铁路规划、建设、养护、营运和管理等有关方面的职责、权利和义务，协调与铁路运输有关的各种关系。

我国现行的铁路运输法律规范由国家专门立法机关制定的法律、国家最高行政机关制定的行政法规和政府的铁路主管机关颁发的行政规章 3 方面构成。

（一）国家专门立法机关制定的法律

为了保障铁路运输和铁路建设的顺利进行，1990 年 9 月 7 日第七届全国人民代表大会常务委员会第十五次会议审议并通过了《中华人民共和国铁路法》，自 1991 年 5 月 1 日起施行，并经 2015 年 4 月 24 日第十二届全国人民代表大会常务委员会第十四次会议修正。

《铁路法》针对危害铁路运输安全的违法行为，规定了相应的行政责任、刑事责任和民事责任。《铁路法》是同违法行为进行斗争，建立良好的铁路运输秩序，保证铁路运输畅通无阻的有力武器。

（二）国家最高行政机关制定的行政法规

国务院颁布的与铁路运输安全及其管理有关的安全法规，是经国务院办公会议通过并以国务院总理令颁发的行政法规。

2013 年 8 月 17 日，中华人民共和国国务院令第 639 号公布了《铁路安全管理条例》，自 2014 年 1 月 1 日起施行。该《条例》是在总结《铁路运输安全保护条例》施行经验的基础上，围绕着加强铁路安全管理、保障铁路安全畅通、保护人身安全和财产安全等方面内容做出的新的规定。

《条例》是一部关于铁路安全管理的综合性法规，在内容设定上涵盖铁路建设质量安全、铁路专用设备质量安全、铁路线路安全、铁路运营安全等铁路安全生产的主要领域，对全面推进铁路安全管理的法治化，更好地保障公民人身财产安全，促进铁路科学发展、安全发展具有重要意义。

（三）铁路主管机关颁发的行政规章

1.《铁路技术管理规程》（简称《技规》）

为了确保铁路安全正点、方便快捷、高速高效，2014 年 5 月 27 日中国铁路总公司总经理办公会议审议通过了《铁路技术管理规程》，并于 2014 年 11 月 1 日起施行，规程由高速铁路部分和普速铁路部分组成。

《技规》是我国铁路技术管理的基本法规。

在《技规》中明确了铁路在基本建设、产品制造、验收交接、使用管理及保养维修方面的基本要求和标准；规定了铁路各部门、各单位、各工种在从事运输生产时，必须遵循的基本原则、责任范围、工作方法、作业程序和相互关系；规定了信号的显示方式和执行要求；明确了铁路工作人员的主要职责和必须具备的基本条件。

《技规》中还规定了对行车组织的基本要求，编组列车、调车工作、行车闭塞及列车运行的办法和安全作业的规定。《技规》是全路行车组织和行车安全管理的基本依据。

2.《铁路行车组织规则》（简称《行规》）

《行规》是各铁路局根据《技规》的要求，结合本局管内的具体情况制定的，是对《技规》的补充，也是铁路局行车安全管理的准则。

其主要内容包括：

（1）《技规》中明文规定由《行规》规定的事项。如枢纽地区的列车运行方向、超长列车运行办法等。

（2）《技规》中未做统一规定，又不宜由站段等基层单位自行规定的行车方法。

（3）根据铁路局集团公司管内特殊地段的平纵断面情况，信号、联锁、闭塞设备和机车类型等特点，对行车工作应规定的特殊要求和注意事项。

（4）广大职工在生产实践中，创造推广的先进经验和行之有效的安全生产措施等。

3.《车站行车工作细则》（简称《站细》）

《站细》是车站根据《技规》《行规》等有关规定，结合本站具体情况编制的，是对《技规》和《行规》的补充，也是车站行车安全管理的细则。

其主要包括以下内容：

（1）车站的性质、等级和任务。

（2）车站技术设备的使用和管理。

（3）接发列车和调车工作组织。

（4）列车在站技术作业过程和时间标准，作业计划的编制、执行制度。

（5）车站通过能力和改编能力的计算和确定。

4.《铁路行车事故处理规则》（简称《事规》）

《事规》是国铁集团为了及时处理行车事故，尽快恢复正常的运输秩序，减轻或避免事故损失而制定的，是正确处理各类行车事故的依据。

其主要内容包括：

（1）行车事故处理的原则要求。

（2）行车事故及其分类。

（3）行车事故的通报、调查和处理。

（4）行车事故责任的判定和处理。

（5）事故的统计、分析和总结报告等。

5.《行车安全监察工作规程》

《行车安全监察工作规程》是行车安全监察机构维护铁路行车安全法规的实施，加强行车安全管理，保证运输安全，严格实行监察制度的重要依据。其主要内容包括：

（1）各级行车安全监察机构的设置、任务、职责及行车安全监察机构的职权。

（2）行车安全监察机构的组织领导和工作准则。

（3）各级行车安全监察人员的行政级别和综合素质要求等。

为加强铁路装备管理，确保铁路运输安全，还有各类设备许可证实施的制度和细则，各职能部门针对各业务系统特点制定并颁布的规则等等。为保证行车安全，国铁集团、铁路局集团公司相关部门还下发了有关行车安全的文件、电报、通知和考核办法等。

这些法律法规为铁路运输安全及管理提供了重要保障，为保障我国铁路运输事业安全发挥了重要作用。

三、铁路运输安全管理体制

铁路运输安全管理体制是与铁路运输管理体制一脉相承的。《铁路法》规定：“国务院铁路主管部门主管全国铁路工作，对国家铁路实行高度集中，统一指挥的运输管理体制，对地方铁路，专用铁路和铁路专用线进行指导、协调、监督和帮助。国家铁路运输企业行使法律、行政法规授予的行政管理职能。”“铁路沿线各级地方人民政府应当协助铁路运输企业保证铁路运输安全畅通，车站、列车秩序良好，铁路设施完好和铁路建设顺利进行。”这就从铁路运输的内部关系和同地方各级人民政府的外部关系两个方面，确定了铁路运输管理体制。所有这些规定对铁路运输安全管理体制的形成和发展具有重要的导向作用。

1. 国家铁路实行高度集中、统一指挥的运输安全管理体制

国家铁路运输生产素有“高、大、半”的特点。“高”即高度集中，如各运输企业的行车工作都要服从国铁集团的统一管理、统一指挥和统一调度，运输安全法规统一由国家铁路局

制定。“大”即运输生产具有大联动机的性质，技术性和时间性强，管理程序复杂，作业环节众多。通常一个运输企业不能独立完成旅客和货物安全运输任务，需要其他铁路运输企业的通力协作与配合。无论是远程货物列车还是长途旅客列车，时空跨度大，沿途有为数众多的铁路职工，按照统一的运输法规和作业规定为列车安全运行服务。任何一个作业环节违章操作，都会影响联动机的正常运转。“半”即运输系统的生产活动具有半军事化的特点。国铁集团、铁路局集团公司对基层生产单位的运输调度指挥工作以命令形式下达，各基层站段必须服从。

2. 国家铁路局对地方铁路、专用铁路和铁路专用线进行指导、协调、监督和帮助

《铁路法》规定，铁路运输安全必须遵守的技术管理规程和有关作业标准，由国家铁路局制定，实行行业统一归口管理，这是社会化大生产的客观要求和选择。地方铁路、专用铁路和铁路专用线因主管部门和工作性质不同，需要国家铁路在运输安全生产上给予技术政策和咨询及信息等方面的指导，在安全技术问题上协调处理好各种铁路之间的关系，监督各种铁路执行《铁路法》《技规》及作业标准情况，在人力、财力、物力上力所能及地支持地方铁路、专用铁路和铁路专用线，包括帮助培训运输业务干部、进行技术改造等。通过指导、协调、监督和帮助，使其他铁路不断提高安全管理水平和安全运输的可靠程度。

3. 铁路沿线地方政府协助铁路做好运输安全工作

铁路线路四通八达，穿越南北，横贯东西，这就使得铁路运输企业比其他一般企业更多地需要取得地方政府的支持和帮助。实践证明，凡是运输畅通无阻、治安秩序好的区段，都是和地方政府积极支持分不开的。因此，地方政府协助铁路运输安全工作是铁路运输安全管理体制的重要内容。

拓展阅读八

复习与思考

1. 我国铁路安全运输现状如何？
2. 影响铁路运输安全的因素有哪些？
3. 常用的铁路运输安全系统分析方法有哪些？
4. 用事件树分析方法对火车上有易燃品引起火灾事故进行分析。
5. 铁路运输安全管理的方针是什么？
6. 我国现行的铁路运输法律规范有哪些？
7.《铁路技术管理规程》包含哪些方面内容？
8. 试分析我国铁路运输安全管理体制。

参考文献

[1] 中国铁路总公司. 铁路技术管理规程（普速铁路部分）[M]. 北京：中国铁道出版社，2014

[2] 中国铁路总公司. 铁路技术管理规程（高速铁路部分）[M]. 北京：中国铁道出版社，2014

[3] 李海军. 铁路运输设备[M]. 成都：西南交通大学出版社，2012

[4] 佟立本. 铁道概论[M]. 7版. 北京：中国铁道出版社，2016.

[5] 周平. 铁道概论[M]. 2版. 北京：中国铁道出版社，2015

[6] 韩军锋，等. 铁道概论[M]. 北京：北京交通大学出版社，2016.

[7] 肖荣，等. 铁道概论[M]. 北京：人民交通出版社，2013.

[8] 吴芳. 铁路运输设备[M]. 北京：中国铁道出版社，2007

[9] 宋瑞. 铁路运输设备[M]. 北京：中国铁道出版社，2012.

[10] 交通运输部. 2020年交通运输行业发展统计公报.

[11] 中华人民共和国国家发展和改革委员会. 中长期铁路网规划——发改基础〔2016〕1536号.

[12] 钱名军，等. 铁路行车组织基础[M]. 2版. 北京：中国铁道出版社，2015.

[13] 盖宇仙. 铁路货运组织[M]. 北京：中国铁道出版社，2010

[14] 贾俊芳. 铁路旅客运输组织[M]. 北京：中国铁道出版社，2016

[15] 中国铁路总公司. 中国铁道年鉴2019[M]. 北京：中国铁道出版社，2020.

[16] 秦进. 铁路运输安全管理[M]. 长沙：中南大学出版社，2011.

[17] 贡力，李明顺. 土木工程概论[M]. 北京：中国铁道出版社，2009.

[18] 马学宁，夏琼. 路基工程[M]. 成都：西南交大出版社，2011.

[19] 李建成，丁士昭. BIM应用·导论[M]. 上海：同济大学出版社，2015.

[20] 欧国立. 轨道交通经济学[M]. 北京：中国铁道出版社，2014.

[21] 赵岚. 铁路运输市场营销[M]. 北京：中国铁道出版社，2003.

[22] 朱德惠，薛任福. 中国总会计师实用大全[M]. 沈阳：东北大学出版社，1994.

[23] 夏栋，谢淑润. 铁路线路及站场[M]. 北京：人民交通出版社，2019.

[24] 李东侠. 铁路线路[M]. 北京：北京理工大学出版社，2017.

[25] 中国国家铁路集团有限公司党组宣传部.铁路红色故事[M]. 北京：中国铁道出版社，2021.

[26] 中国铁路总公司. 普速铁路线路修理规则（TG/GW102—2019）[S]. 北京：中国铁道出版社，2019.

[27] 国家铁路局. 铁路桥涵设计规范（TB 10002—2017）[S]. 北京：中国铁道出版社，2017.

[28] 国家铁路局. 铁路轨道设计规范（TB 10082—2017）[S]. 北京：中国铁道出版社，2017.
[29] 中国铁路总公司. 钢轨使用规范（Q/CR583—2017）[S]. 北京：中国铁道出版社，2017.
[30] 国家铁路局. 铁路线路设计规范（TB10098—2017）[S]. 北京：中国铁道出版社，2017.
[31] 中国宝桥集团有限公司. 铁路道岔参数手册[M]. 北京：中国铁道出版社，2017.
[32] 杨绍清. 铁路车辆技术[M]. 北京：中国铁道出版社，2011.
[33] 严隽耄. 车辆工程[M]. 2 版. 北京：中国铁道出版社，2006.
[34] 交通运输部推进交通强国建设领导小组. 交通强国建设专项研究成果汇编[M]. 北京：人民交通出版社，2020.
[35] 顾炎. 漫画运输[M]. 北京：中国铁道出版社，2009.
[36] 贾利民. 交通运输领域前沿技术及其展望[M]. 北京：人民交通出版社，2020.
[37] 郑州铁路局. 高速铁路调度[M]. 北京：中国铁道出版社，2013.
[38] 刘志明. 动车组设备[M]. 北京：中国铁道出版社，2016.
[39] 陈光伟. 铁路信息系统应用技术[M]. 北京：中国铁道出版社，2017.
[40] 倪少权. 铁路旅客运输组织[M]. 北京：科学出版社，2020.
[41] 贾俊芳. 铁路旅客运输[M]. 北京：中国铁道出版社，2020.
[42] 左瑛. 铁路货运组织[M]. 成都：西南交通大学出版社，2013.
[43] 欧国立. 建党百年看中国交通运输发展 铁路篇[M]. 北京：经济科学出版社，2021.
[44] 中国国家铁路集团有限公司党组宣传部. 铁路红色基因[M]. 北京：中国铁道出版社，2021.
[45] 汪波. 城市轨道交通网络运营管理方法与应用[M]. 北京：人民交通出版社，2020.
[46] 李永强. CTC3.0 系统功能及应用技术研究[J]. 铁路通信信号工程技术（RSCE） 2018，15（9）：21-24.
[47] 白龙. 浅析包神铁路包神南线机车乘务制度的优化[J]. 神华科技，16（7）：79-82.
[48] 常效辉. 编组站综合自动化系统功能[J]. 铁路通信信号工程技术（RSCE）2017, 14（6）：56-59.
[49] 李逸群. 城市轨道交通车辆选型的研究[J]. 轨道交通装备与技术，2020（3），32-34.
[50] 黄勇. CIPS 与 SAM 编组站综合自动化系统功能与运用研究[J]. 铁道运营技术 2017，23（4）：12-15.
[51] 林瑜筠. 铁路信号基础[M]. 北京：中国铁道出版社，2019.
[52] 陈永生，罗云飞，等. 高铁信号与控制[M]. 上海：上海科学技术文献出版社，2019.
[53] 李映红. 高速铁路信号系统[M]. 成都：西南交通大学出版社，2017.
[54] 张春民. 铁路站场及枢纽设计[M]. 2 版. 成都：西南交通大学出版社，2019.
[55] 张志文. 智能重载铁路[M]. 北京：中国铁道出版社，2021.
[56] 铁道第四勘察设计院. 铁路工程设计技术手册站场及枢纽[M]. 修订版. 北京：中国铁道出版社，2004.
[57] 国家铁路局. TB 10099—2017 铁路车站及枢纽设计规范[S]. 北京：中国铁道出版社，2017.
[58] 国家铁路局. TB 10621—2014 高速铁路设计规范[S]. 北京：中国铁道出版社，2014.